国家出版基金资助项目
现代数学中的著名定理纵横谈丛书
丛书主编　王梓坤

LAGRANGE INTERPOLATING POLYNOMIAL

Lagrange 插值多项式

刘培杰数学工作室　编译

哈尔滨工业大学出版社
HARBIN INSTITUTE OF TECHNOLOGY PRESS

内 容 简 介

本书共分6编,详细介绍了拉格朗日插值多项式的概念及相关的应用方法.本书内容主要包括:拉格朗日插值在数值计算与逼近论中的应用,特殊集的拉格朗日插值,伯格曼空间和维纳空间的拉格朗日插值,多元拉格朗日插值及复平面的拉格朗日插值.

本书适合高校数学教师、数学相关专业的学生研读.

图书在版编目(CIP)数据

Lagrange 插值多项式/刘培杰数学工作室编译.
—哈尔滨:哈尔滨工业大学出版社,2018.2
(现代数学中的著名定理纵横谈丛书)
ISBN 978-7-5603-6492-6

Ⅰ.①L… Ⅱ.①刘… Ⅲ.①拉格朗日多项式-插值多项式 Ⅳ.①O174.21

中国版本图书馆 CIP 数据核字(2017)第 042294 号

策划编辑	刘培杰　张永芹
责任编辑	刘春雷
封面设计	孙茵艾
出版发行	哈尔滨工业大学出版社
社　　址	哈尔滨市南岗区复华四道街 10 号　邮编 150006
传　　真	0451—86414749
网　　址	http://hitpress.hit.edu.cn
印　　刷	哈尔滨市石桥印务有限公司
开　　本	787mm×960mm　1/16　印张 23.5　字数 242 千字
版　　次	2018 年 2 月第 1 版　2018 年 2 月第 1 次印刷
书　　号	ISBN 978-7-5603-6492-6
定　　价	98.00 元

(如因印装质量问题影响阅读,我社负责调换)

○代序

读书的乐趣

你最喜爱什么——书籍.

你经常去哪里——书店.

你最大的乐趣是什么——读书.

这是友人提出的问题和我的回答.真的,我这一辈子算是和书籍,特别是好书结下了不解之缘.有人说,读书要费那么大的劲,又发不了财,读它做什么?我却至今不悔,不仅不悔,反而情趣越来越浓.想当年,我也曾爱打球,也曾爱下棋,对操琴也有兴趣,还登台伴奏过.但后来却都一一断交,"终身不复鼓琴".那原因便是怕花费时间,玩物丧志,误了我的大事——求学.这当然过激了一些.剩下来唯有读书一事,自幼至今,无日少废,谓之书痴也可,谓之书橱也可,管它呢,人各有志,不可相强.我的一生大志,便是教书,而当教师,不多读书是不行的.

读好书是一种乐趣,一种情操;一种向全世界古往今来的伟人和名人求教的方法,一种和他们展开讨论的方式;一封出席各种活动、体验各种生活、结识各种人物的邀请信;一张迈进科学宫殿和未知世界的入场券;一股改造自己、丰富自己的强大力量.书籍是全人类有史以来共同创造的财富,是永不枯竭的智慧的源泉.失意时读书,可以使人重整旗鼓;得意时读书,可以使人头脑清醒;疑难时读书,可以得到解答或启示;年轻人读书,可明奋进之道;年老人读书,能知健神之理.浩浩乎!洋洋乎!如临大海,或波涛汹涌,或清风微拂,取之不尽,用之不竭.吾于读书,无疑义矣,三日不读,则头脑麻木,心摇摇无主.

潜能需要激发

我和书籍结缘,开始于一次非常偶然的机会.大概是八九岁吧,家里穷得揭不开锅,我每天从早到晚都要去田园里帮工.一天,偶然从旧木柜阴湿的角落里,找到一本蜡光纸的小书,自然很破了.屋内光线暗淡,又是黄昏时分,只好拿到大门外去看.封面已经脱落,扉页上写的是《薛仁贵征东》.管它呢,且往下看.第一回的标题已忘记,只是那首开卷诗不知为什么至今仍记忆犹新:

日出遥遥一点红,飘飘四海影无踪.

三岁孩童千两价,保主跨海去征东.

第一句指山东,二、三两句分别点出薛仁贵(雪、人贵).那时识字很少,半看半猜,居然引起了我极大的兴趣,同时也教我认识了许多生字.这是我有生以来独立看的第一本书.尝到甜头以后,我便千方百计去找书,向小朋友借,到亲友家找,居然断断续续看了《薛丁山征西》《彭公案》《二度梅》等,樊梨花便成了我心中的女英雄.我真入迷了.从此,放牛也罢,车水也罢,我总要带一本书,还练出了边走田间小路边读书的本领,读得津津有味,不知人间别有他事.

当我们安静下来回想往事时,往往会发现一些偶然的小事却影响了自己的一生.如果不是找到那本《薛仁贵征东》,我的好学心也许激发不起来.我这一生,也许会走另一条路.人的潜能,好比一座汽油库,星星之火,可以使它雷声隆隆、光照天地;但若少了这粒火星,它便会成为一潭死水,永归沉寂.

抄,总抄得起

好不容易上了中学,做完功课还有点时间,便常光顾图书馆.好书借了实在舍不得还,但买不到也买不起,便下决心动手抄书.抄,总抄得起.我抄过林语堂写的《高级英文法》,抄过英文的《英文典大全》,还抄过《孙子兵法》,这本书实在爱得狠了,竟一口气抄了两份.人们虽知抄书之苦,未知抄书之益,抄完毫末俱见,一览无余,胜读十遍.

始于精于一,返于精于博

关于康有为的教学法,他的弟子梁启超说:"康先生之教,专标专精、涉猎二条,无专精则不能成,无涉猎则不能通也."可见康有为强烈要求学生把专精和广博(即"涉猎")相结合.

在先后次序上,我认为要从精于一开始.首先应集中精力学好专业,并在专业的科研中做出成绩,然后逐步扩大领域,力求多方面的精.年轻时,我曾精读杜布(J. L. Doob)的《随机过程论》,哈尔莫斯(P. R. Halmos)的《测度论》等世界数学名著,使我终身受益.简言之,即"始于精于一,返于精于博".正如中国革命一样,必须先有一块根据地,站稳后再开创几块,最后连成一片.

丰富我文采,澡雪我精神

辛苦了一周,人相当疲劳了,每到星期六,我便到旧书店走走,这已成为生活中的一部分,多年如此.一次,偶然看到一套《纲鉴易知录》,编者之一便是选编《古文观止》的吴楚材.这部书提纲挈领地讲中国历史,上自盘古氏,直到明末,记事简明,文字古雅,又富于故事性,便把这部书从头到尾读了一遍.从此启发了我读史书的兴趣.

我爱读中国的古典小说,例如《三国演义》和《东周列国志》.我常对人说,这两部书简直是世界上政治阴谋诡计大全.即以近年来极时髦的人质问题(伊朗人质、劫机人质等),这些书中早就有了,秦始皇的父亲便是受害者,堪称"人质之父".

《庄子》超尘绝俗,不屑于名利.其中"秋水""解牛"诸篇,诚绝唱也.《论语》束身严谨,勇于面世,"己所不欲,勿施于人",有长者之风.司马迁的《报任少卿书》,读之我心两伤,既伤少卿,又伤司马;我不知道少卿是否收到这封信,希望有人做点研究.我也爱读鲁迅的杂文,果戈理、梅里美的小说.我非常敬重文天祥、秋瑾的人品,常记他们的诗句:"人生自古谁无死,留取丹心照汗青""休言女子非英物,夜夜龙泉壁上鸣".唐诗、宋词、《西厢记》《牡丹亭》,丰富我文采,澡雪我精神,其中精粹,实是人间神品.

读了邓拓的《燕山夜话》,既叹服其广博,也使我动了写《科学发现纵横谈》的心.不料这本小册子竟给我招来了上千封鼓励信.以后人们便写出了许许多多的"纵横谈".

从学生时代起,我就喜读方法论方面的论著.我想,做什么事情都要讲究方法,追求效率、效果和效益,方法好能事半而功倍.我很留心一些著名科学家、文学家写的心得体会和经验.我曾惊讶为什么巴尔扎克在51年短短的一生中能写出上百本书,并从他的传记中去寻找答案.文史哲和科学的海洋无边无际,先哲们的明智之光沐浴着人们的心灵,我衷心感谢他们的恩惠.

读书的另一面

以上我谈了读书的好处,现在要回过头来说说事情的另一面.

读书要选择.世上有各种各样的书:有的不值一看,有的只值看20分钟,有的可看5年,有的可保存一辈子,有的将永远不朽.即使是不朽的超级名著,由于我们的精力与时间有限,也必须加以选择.决不要看坏书,对一般书,要学会速读.

读书要多思考.应该想想,作者说得对吗?完全吗?适合今天的情况吗?从书本中迅速获得效果的好办法是有的放矢地读书,带着问题去读,或偏重某一方面去读.这时我们的思维处于主动寻找的地位,就像猎人追找猎物一样主动,很快就能找到答案,或者发现书中的问题.

有的书浏览即止,有的要读出声来,有的要心头记住,有的要笔头记录.对重要的专业书或名著,要勤做笔记,"不动笔墨不读书".动脑加动手,手脑并用,既可加深理解,又可避忘备查,特别是自己的灵感,更要及时抓住.清代章学诚在《文史通义》中说:"札记之功必不可少,如不札记,则无穷妙绪如雨珠落大海矣."

许多大事业、大作品,都是长期积累和短期突击相结合的产物.涓涓不息,将成江河;无此涓涓,何来江河?

爱好读书是许多伟人的共同特性,不仅学者专家如此,一些大政治家、大军事家也如此.曹操、康熙、拿破仑、毛泽东都是手不释卷,嗜书如命的人.他们的巨大成就与毕生刻苦自学密切相关.

王梓坤

第一编 从初等数学的视角看拉格朗日插值多项式

第 1 章 引言 //3

第 2 章 拉格朗日插值多项式在竞赛中较复杂的应用 //11

第二编 拉格朗日插值在数值计算与逼近论中的应用

第 3 章 拉格朗日插值多项式在多项式外推法中的应用 //19

§1 多项式插值法基础 //20

§2 多项式外推法及其推广 //25

§3 广义多项式外推法 //33

§4 广义多项式插值法与理查森外推法的关系 //40

§5 误差估计 //42
§6 收敛性与稳定性 //49

第4章 关于修正的拉格朗日插值多项式 //56
§1 引言 //56
§2 一些引理 //61
§3 定理的证明 //63
§4 注记 //70

第5章 关于拉格朗日内插过程的"1/2"平均 //72

第6章 拉格朗日插值多项式于加权 L_p 下的收敛逼近阶 //84
§1 引言 //85
§2 几个引理 //86
§3 定理6.1的证明及推论 //90
§4 定理6.2的证明及推论 //94

第7章 埃尔米特－费耶尔和拉格朗日插值逼近的 Steckin-Marchaud 不等式 //99
§1 引言 //99
§2 几个引理 //102
§3 定理7.1的证明 //106

第三编 特殊集的拉格朗日插值

第8章 基于切比雪夫多项式零点的拉格朗日插值多项式逼近的注记 //111
§1 引言 //111
§2 一个例子 //113
§3 一个新的不等式 //115

第9章　单位圆上有理函数插值序列的收敛性
　　　　问题　//119
　　§1　引言　//119
　　§2　插值有理函数的平均收敛性　//120
　　§3　插值有理函数的一致收敛性　//126

第10章　渐近单位根上的拉格朗日插值多项式的
　　　　逼近阶　//131
　　§1　引言　//131
　　§2　辅助引理　//134
　　§3　定理的证明　//140

第11章　代数曲线上的拉格朗日插值　//149

第12章　渐近费耶尔点上的拉格朗日插值多项式的
　　　　逼近阶　//159
　　§1　引言　//159
　　§2　辅助引理　//162
　　§3　定理的证明　//170

第四编　伯格曼空间和维纳空间的拉格朗日插值

第13章　伯格曼空间的插值多项式逼近　//177
　　§1　引言　//177
　　§2　插值多项式的构造　//178
　　§3　几个引理　//184
　　§4　定理13.1的证明　//189

第14章　拉格朗日插值在一重积分维纳空间下的

同时逼近平均误差　//194
　　§1　引言　//195
　　§2　几个引理　//200
　　§3　定理 14.1 的证明　//202
　　§4　定理 14.2 的证明　//213
　　§5　定理 14.3 的证明　//220

第五编　多元拉格朗日插值

第 15 章　多元插值的拉格朗日表达式　//235
　　§1　引言　//235
　　§2　多元古典插值的适定性问题　//238
　　§3　多元扩张插值的拉格朗日表达式　//242
　　§4　结果的进一步扩充　//247

第 16 章　多元分次拉格朗日插值　//252
　　§1　引言　//253
　　§2　沿无重复分量分次代数曲线的分次拉格朗日插值　//257
　　§3　平面代数曲线上的分次拉格朗日插值　//261

第六编　复平面的拉格朗日插值

第 17 章　拉格朗日插值多项式在复平面上的平均逼近阶　//267

第 18 章　复插值逼近　//276
　　§1　问题的提出　//277
　　§2　紧集上解析函数的拉格朗日插值　//283
　　§3　$A(|z|\leqslant 1)$ 的拉格朗日插值多项式的收敛与发散问题　//287

§4 一般区域上插值的收敛性问题 //292
§5 调和多项式插值 //304
§6 埃尔米特与埃尔米特-费耶尔插值的收敛与发散问题 //309
§7 有理函数插值的收敛性问题 //312

第19章 关于复数域上插值多项式的沃尔什过收敛理论 //316

§1 拉格朗日插值情况 //316
§2 埃尔米特与埃尔米特-伯克霍夫插值情况 //329
§3 L_2—逼近 //333
§4 其他情况 //340

附录 //349

编辑手记 //353

第一编
从初等数学的视角看拉格朗日插值多项式

引　言

第 1 章

据中国科学技术大学数学系的苏淳教授介绍:俄罗斯数学奥林匹克的举办经历了若干个不同的阶段.在最早的年代里,由于莫斯科的首都地位,莫斯科数学奥林匹克与圣彼得堡数学奥林匹克并列为苏联的两大数学竞赛,竞赛组委会都是由当年苏联最著名的数学家组成的,这些专家不仅参与命题,而且参与竞赛辅导,一直保持着很高的学术水平.1960年莫斯科数学奥林匹克还一度成为全俄罗斯竞赛的替代品,被称为"第0届全俄罗斯数学奥林匹克".在接下来的年代里,莫斯科数学奥林匹克都兼具双重功能:既是独立的数学竞赛,又是全苏和全俄数学奥林匹克中的一轮比赛,承担着选拔参加全苏和全俄竞赛的莫斯科选手的功能.这一状况到了第72届(2009年)有所改变.根据俄罗斯教育与科学部的决定,莫斯科竞赛

Lagrange 插值多项式

不再作为全俄竞赛的一个阶段.这不能不说是莫斯科数学竞赛活动中的一个重大转折点.

完全独立后的莫斯科数学奥林匹克不仅没有退化,相反地,却是越办越好,越办越出彩,不仅题目出得越来越漂亮,而且解答做得越来越深刻.它已经超越了为竞赛而竞赛的境界,到达了让学生享受数学之美的层面.学生参加这个竞赛完全是出于对数学的热爱.因为它不再兼具选拔功能,即使考了第一,也不能取得参加全俄竞赛的决赛资格,完全去除了功利色彩.或许正因为如此,它才有了昂首绽放的机会!

支撑着这个竞赛的不仅是莫斯科数学会,或是莫斯科大学,还有一个闻名遐迩的莫斯科不间断数学教育中心.这个中心不仅为中学生开设讲座,拥有自己的书店和出版社,而且是莫斯科数学界精英们的聚会场所.每当闲暇时光,尤其是到了周末,莫斯科的数学爱好者们纷纷云集这里,开设讨论班,甚或是毫无拘束地闲聊,他们海阔天空地高谈阔论,随心所欲地道古论今.其中不乏争论,不乏独到的见解,一些极具创新性的想法便在这种争论之中涓涓流出.他们不拘小节,不拘形式,就像一群数学疯子.只要看看他们是如何布置餐厅的墙壁的,就可以知道他们是何等热爱数学、何等痴迷数学了.正是这样一批一心热爱数学的人引导了这样一个丝毫不带功利色彩的竞赛活动,才使得它办得越来越精彩,越来越生动活泼.

为了使读者更好地了解俄罗斯数学竞赛,我们先来看一道 2013 年举办的莫斯科数学竞赛的试题.它的两种解法都是数学家常用的一般性方法.第一种方法是差分方法,这种方法应用广泛,现在已发展出了一整

第一编 从初等数学的视角看拉格朗日插值多项式

套理论. 第二种方法就是本书要介绍的拉格朗日(Lagrange)插值多项式法,它的背景更深远,先从试题解法开始:

试题 1.1 给定函数 $f(x)$,它在任何整数 x 处的值都是整数. 今知,对任何质数 p,都存在一个次数不大于 2 013 的整系数多项式 $Q_p(x)$,使得对任何整数 n,差值 $f(n)-Q_p(n)$ 都可被 p 整除. 试问,是否存在一个实系数多项式 $g(x)$,使得对任何整数 n,都有 $g(n)=f(n)$?

注 本题的两个解法均取自苏淳教授编译,申强先生校对的《第 51—76 届莫斯科数学奥林匹克》(中国科学技术大学出版社,2015 年版).

解 存在.

解法 1 我们来通过对 k 归纳证明一个更为广泛的命题:如果对任何质数 p,满足题中条件的多项式 $Q_p(x)$ 的次数都不大于 k,那么函数 $f(x)$ 在所有整点上的值都与某个次数不大于 k 的多项式的值相等.

当 $k=0$ 时,对于每个质数 p,都存在一个常数 Q_p,使得对任何整数 x,差值 $f(x)-Q_p$ 都可被 p 整除. 从而对任何 x,y 和任何质数 p,差值

$$(f(x)-Q_p)-(f(y)-Q_p)=f(x)-f(y)$$

都可被 p 整除. 而这只有当 $f(x)=f(y)$ 时才有可能成立,即 $f(x)$ 在整点上为一常值,故结论对 $k=0$ 成立.

为从 k 向 $k+1$ 过渡,需要两个引理.

对于函数 $h(x)$,我们用 $\Delta h(x)$ 表示 $h(x+1)-h(x)$.

引理 1.1 如果 $h(x)$ 是次数不高于 m 的多项式,

Lagrange 插值多项式

那么 $\Delta h(x)$ 是次数不高于 $m-1$ 的多项式①.

引理 1.1 之证 $h(x+1)$ 与 $h(x)$ 是次数相同的多项式,且首项系数相等,所以 $\Delta h(x)$,即 $h(x+1)-h(x)$ 的次数低于 $h(x)$ 的次数. 引理 1.1 证毕.

引理 1.2 如果 $\Delta h(x)$ 在所有整点上的值重合于某个次数不高于 $m-1$ 的多项式的值,那么 $h(x)$ 在所有整点上的值重合于一个次数不高于 m 的多项式的值.

引理 1.2 之证 我们来对 m 归纳. 当 $m=1$ 时, $\Delta h(x)$ 在所有整点上的值都等于一个常数 c, 于是对于任何整数 x, 都有 $h(x)=h(0)+cx$. 假设结论已对 m 成立, 我们来向 $m+1$ 过渡. 假设 $\Delta h(x)$ 在所有整点上的值都与某个次数不高于 m 的多项式的值相同, 设该多项式的 x^m 项的系数等于 a(a 可能为 0). 我们令

$$h_0(x)=h(x)-\frac{a}{m+1}x(x-1)(x-2)\cdots(x-m+1)(x-m)$$

则有

$$\begin{aligned}\Delta h_0(x)&=h_0(x+1)-h_0(x)\\&=\Delta h(x)-ax(x-1)(x-2)\cdots(x-m+1)\end{aligned}$$

且其在所有整点上的值与某个次数不高于 $m-1$ 的多项式的值相同. 因此,根据归纳假设, $h_0(x)$ 在所有整点上的值与一个次数不高于 m 的多项式的值相同. 由于 $h(x)-h_0(x)$ 是一个次数不高于 $m+1$ 的多项式,所以 $h(x)$ 是次数不高于 $m+1$ 的多项式. 归纳过渡完成,

---

① 事实上, $h(x)$ 是刚好比 $\Delta h(x)$ 高 1 次的多项式.

第一编　从初等数学的视角看拉格朗日插值多项式

引理 1.2 证毕.

现在来实现主干证明中的归纳过渡. 不难看出,函数 $\Delta f(x)$ 满足归纳的假设条件,因为 $\Delta f(x) - \Delta Q_p(x)$ 在任何整数 x 处都可被 p 整除,而根据引理 1.1,$\Delta Q_p(x)$ 是次数不高于 $k-1$ 的多项式. 因此,$\Delta f(x)$ 在整点处的值都与某个次数不高于 $k-1$ 的多项式的值相同. 由此即可根据引理 1.2 得知,$f(x)$ 在整点处的值都与某个次数不高于 k 的多项式的值相同. 归纳过渡完成.

解法 2　我们来尝试接近题目的解答:寻找一个次数不高于 2 013 的多项式 $f_0(x)$,使得它在点 1,2,$\cdots$,2 014 处的值都与 $f(x)$ 的值相同. 这种多项式称为拉格朗日插值多项式,在我们的问题中,它的形式为

$$f_0(x) = f(1) \cdot \frac{(x-2)(x-3)\cdots(x-2\ 014)}{(1-2)(1-3)\cdots(1-2\ 014)} +$$
$$f(2) \cdot \frac{(x-1)(x-3)(x-4)\cdots(x-2\ 014)}{(2-1)(2-3)(2-4)\cdots(2-2\ 014)} + \cdots +$$
$$f(i) \cdot \frac{(x-1)\cdots(x-(i-1))(x-(i+1))\cdots(x-2\ 014)}{(i-1)\cdots(i-(i-1))(i-(i+1))\cdots(i-2\ 014)} + \cdots +$$
$$f(2\ 014) \cdot \frac{(x-1)(x-2)\cdots(x-2\ 013)}{(2\ 014-1)(2\ 014-2)\cdots(2\ 014-2\ 013)}$$

可以看出,对于 $f_0(i)$,除了第 i 项外,其余各项都等于 0,而第 i 项的值刚好就是 $f(i)$,所以 $f_0(x)$ 满足我们的愿望.

为简单起见,我们记 $c = (2\ 013!)^2$,易见 $cf_0(x)$ 的各项系数都是整数. 设 p 是大于 c 的质数,则 $cQ_p(x) - cf_0(x)$ 的次数不高于 2 013,且依模 p 有 2 014 个互不相同的根,这些根就是 1,2,$\cdots$,2 014,因此对于 $i = 1$,2,$\cdots$,2 014,都有

Lagrange 插值多项式

$$cQ_p(i) - cf_0(i) = c(Q_p(i) - f_0(i)) = 0$$

所以该多项式模 p 恒等于 0. 这就意味着

$$c(f(x) - Q_p(x)) + c(Q_p(x) - f_0(x))$$
$$= cf(x) - cf_0(x)$$

在任何整点 x 处都能被足够大的质数 p 整除,即在任何整点 x 处,都有 $f(x) = f_0(x)$.

我们再来看一道流传于中学数学界的老题:

试题 1.2 设函数 $f(x) = ax^2 + bx + c(a,b,c \in \mathbf{R})$,且 $|f(-1)| \leqslant 1, |f(0)| \leqslant 1, |f(1)| \leqslant 1$. 证明:当 $-1 \leqslant x \leqslant 1$ 时,恒有 $|f(x)| \leqslant \dfrac{5}{4}$.

证明 因为 $f(-1) = a - b + c, f(1) = a + b + c, f(0) = c$,所以 $a = \dfrac{1}{2}(f(1) + f(-1) - 2f(0)), b = \dfrac{1}{2}(f(1) - f(-1)), c = f(0)$,代入 $f(x)$ 的解析式,整理得

$$f(x) = f(1)\left(\dfrac{x^2 + x}{2}\right) + f(-1)\left(\dfrac{x^2 - x}{2}\right) + f(0)(1 - x^2) \qquad (*)$$

于是,当 $-1 \leqslant x \leqslant 1$ 时,有

$$|f(x)| = \left|f(1)\left(\dfrac{x^2 + x}{2}\right) + f(-1)\left(\dfrac{x^2 - x}{2}\right) + f(0)(1 - x^2)\right|$$

$$\leqslant |f(1)| \cdot \left|\dfrac{x^2 + x}{2}\right| + |f(-1)| \cdot \left|\dfrac{x^2 - x}{2}\right| + |f(0)| \cdot |1 - x^2|$$

$$\leqslant \dfrac{|x(x+1)|}{2} + \dfrac{|x(x-1)|}{2} + |1 - x^2|$$

$$= \dfrac{|x|}{2}(|x+1| + |x-1|) + |1 - x^2|$$

第一编 从初等数学的视角看拉格朗日插值多项式

$$= -x^2 + |x| + 1 = \frac{5}{4} - (|x| - \frac{1}{2})^2$$

$$\leqslant \frac{5}{4}$$

在解答的过程中如果不了解拉格朗日插值多项式的内容是很难理解式(*)是如何想到的.

而且这个方法具有一般性,便于推广可得下面的定理:

定理 1.1 设实系数多项式 $f(x)$ 的次数最多是 $2n$ 次(n 是一个正整数),且对闭区间 $[-n,n]$ 内每个整数 k,存在正整数 A,使得 $|f(k)| \leqslant A$. 求证:对于闭区间 $[-n,n]$ 内任意实数 x, $f(x) \leqslant 2^{2n} A$.

证明 根据拉格朗日插值公式,有

$$f(x) = \sum_{k=-n}^{n} f(k) \prod_{\substack{j=-n \\ j \neq k}}^{n} \frac{x-j}{k-j} \quad (1.1)$$

利用上式及题目条件,有

$$|f(x)| \leqslant \sum_{k=-n}^{n} |f(k)| \prod_{\substack{j=-n \\ j \neq k}}^{n} \left| \frac{x-j}{k-j} \right|$$

$$\leqslant A \sum_{k=-n}^{n} \prod_{\substack{j=-n \\ j \neq k}}^{n} \left| \frac{x-j}{k-j} \right| \quad (1.2)$$

因此,需要先估计 $\prod_{\substack{j=-n \\ j \neq k}}^{n} |x-j|$.

在实数轴的闭区间 $[-n,n]$ 内,有 $2n$ 个整数点 $-n, -n+1, -n+2, \cdots, k-1, k+1, \cdots, n-1, n$. 对于 $[-n,n]$ 内每个实数点 x, x 取定后,它与上述 $2n$ 个整数点的最短距离小于或等于 1,即存在整数 j_0,$-n \leqslant j_0 \leqslant n$, $j_0 \neq k$,使得 $|x-j_0| \leqslant 1$. 显然,在上述 $2n$ 个整数点中,必有第二个点,与点 x 的距离小于或

Lagrange 插值多项式

等于 2；必有第三个点，与点 x 的距离小于或等于 3，……，必有第 $2n$ 个点，与点 x 的距离小于或等于 $2n$. 于是，对于 $[-n, n]$ 内任一实数 x，有

$$\prod_{\substack{j=-n \\ j \neq k}}^{n} |x - j| \leqslant (2n)! \tag{1.3}$$

另外，可以看到

$$\prod_{\substack{j=-n \\ j \neq k}}^{n} |x - j| = |k+n||k+n-1|\cdots|k-(k-1)| \cdot$$
$$|k-(k+1)||k-(k+2)|\cdot\cdots\cdot$$
$$|k-n|$$
$$= (k+n)!\,(n-k)! \tag{1.4}$$

利用式(1.1)(1.2)(1.3)，有

$$|f(x)| \leqslant A \sum_{k=-n}^{n} \frac{(2n)!}{(k+n)!\,(n-k)!}$$
$$= A \sum_{s=0}^{2n} \frac{(2n)!}{s!\,(2n-s)!} \quad (\text{令 } s = k+n)$$
$$= A \sum_{s=0}^{2n} C_{2n}^{s} = 2^{2n} A$$

拉格朗日插值多项式在竞赛中较复杂的应用

第 2 章

拉格朗日插值多项式在中学数学中的应用不仅具有广泛性和普遍性,而且在解许多高难度的数学奥林匹克问题中也起到了关键作用. 在复旦大学黄宣国教授所著的《数学奥林匹克大集新编》一书中有一个很好的应用.

例 2.1 正整数 $n \geqslant 2$,$x_1, x_2, \cdots, x_n$ 是 n 个两两不同的实数,记 $f(k) = |x_k - x_1| |x_k - x_2| \cdots |x_k - x_{k-1}| \cdot |x_k - x_{k+1}| \cdots |x_k - x_n|$ $(1 \leqslant k \leqslant n)$,$S(x_1, x_2, \cdots, x_n) = \sum_{k=1}^{n} \dfrac{(1 + x_k^2)^{\frac{n}{2}}}{f(k)}$,求证:$S(x_1, x_2, \cdots, x_n) \geqslant n$.

证明 记
$$f^*(k) = (x_k - x_1)(x_k - x_2) \cdots$$
$$(x_k - x_{k-1})(x_k - x_{k+1}) \cdots$$
$$(x_k - x_n) \quad (1 \leqslant k \leqslant n)$$
(2.1)

Lagrange 插值多项式

从上式,以及题目条件,有
$$f(k) = |f^*(k)| \quad (1 \leqslant k \leqslant n) \quad (2.2)$$
又记
$$g(x) = (1+x^2)^{\frac{n}{2}} \quad (2.3)$$

题目中 $S(x_1, x_2, \cdots, x_n)$ 的表达式关于 $x_1, x_2, \cdots, x_n$ 是对称的. 因此,不妨设 $x_n < x_{n-1} < \cdots < x_2 < x_1$,再从题目条件,有
$$S(x_1, x_2, \cdots, x_n) = \sum_{k=1}^{n} \frac{(-1)^{k-1} g(x_k)}{f^*(k)} \quad (2.4)$$

引入一个多项式
$$Q(x) = \sum_{k=1}^{n} (-1)^{k-1} \frac{g(x_k)}{f^*(k)} (x-x_1)(x-x_2)\cdots$$
$$(x-x_{k-1})(x-x_{k+1})\cdots(x-x_n) \quad (2.5)$$

$Q(x)$ 是 x 的至多 $n-1$ 次多项式,由公式(2.4)和(2.5),可以看到
$$Q(x) = S(x_1, x_2, \cdots, x_n) x^{n-1} + \cdots \quad (2.6)$$

上式省略的项是 x 的不超过 $n-2$ 次幂的项,令
$$(x+\mathrm{i})^n = h_1(x) + \mathrm{i} h_2(x) \quad (2.7)$$

这里 $\mathrm{i} = \sqrt{-1}$,$h_1(x)$ 和 $h_2(x)$ 都是 x 的实系数多项式,展开上式的左端,有
$$\begin{cases} h_1(x) = x^n - C_n^2 x^{n-2} + \cdots \\ h_2(x) = nx^{n-1} - C_n^3 x^{n-3} + \cdots \end{cases} \quad (2.8)$$

公式(2.7)两端取共轭,有
$$(x-\mathrm{i})^n = h_1(x) - \mathrm{i} h_2(x) \quad (2.9)$$

注意这里 x 是实数变数.

利用公式(2.3)(2.7)和(2.9),可以得到
$$(g(x))^2 = (1+x^2)^n = (x+\mathrm{i})^n (x-\mathrm{i})^n$$
$$= (h_1(x) + \mathrm{i} h_2(x))(h_1(x) - \mathrm{i} h_2(x))$$

$$= (h_1(x))^2 + (h_2(x))^2 \qquad (2.10)$$

利用公式(2.3),有 $g(x) > 0$(这里 x 是任意实数).再利用公式(2.10),对于任意实数 x,有

$$-g(x) \leqslant h_2(x) \leqslant g(x) \qquad (2.11)$$

对于任意实数 x,有

$$x + \mathrm{i} = \sqrt{x^2+1}(\cos\theta + \mathrm{i}\sin\theta) \qquad (2.12)$$

这里

$$\cos\theta = \frac{x}{\sqrt{x^2+1}}, \sin\theta = \frac{1}{\sqrt{x^2+1}}, \quad \theta \in (0,\pi) \qquad (2.13)$$

利用上式,有

$$x = \frac{1}{\tan\theta} \qquad (2.14)$$

将公式(2.12)两端 n 次方,有

$$(x+\mathrm{i})^n = (x^2+1)^{\frac{n}{2}}(\cos n\theta + \mathrm{i}\sin n\theta) \qquad (2.15)$$

取

$$\theta_k = \frac{1}{2n}(2k-1)\pi \quad (k=1,2,\cdots,n) \qquad (2.16)$$

上述 n 个角 $\theta_1,\theta_2,\cdots,\theta_n$ 都在开区间 $(0,\pi)$ 内,对应地,取

$$x_k = \frac{1}{\tan\theta_k} \quad (k=1,2,\cdots,n) \qquad (2.17)$$

明显地,由上式定义的 $x_1,x_2,\cdots,x_n$ 是两两不同的,由公式(2.16),有

$$\sin n\theta_k = \sin\frac{1}{2}(2k-1)\pi = (-1)^{k-1} \qquad (2.18)$$

$$\cos n\theta_k = 0 \qquad (2.19)$$

利用公式(2.15)(2.17)(2.18) 和(2.19),有

Lagrange 插值多项式

$$(x_k+\mathrm{i})^n = (x_k^2+1)^{\frac{n}{2}}(-1)^{k-1}\mathrm{i} \quad (2.20)$$

比较公式(2.7)和(2.20),有

$$h_1(x_k)=0, h_2(x_k)=(x_k^2+1)^{\frac{n}{2}}(-1)^{k-1}$$

$$(2.21)$$

这里 $k=1,2,\cdots,n$.

利用公式(2.1)(2.3)(2.5)和(2.21),有

$$Q(x_k)=(-1)^{k-1}g(x_k)=h_2(x_k) \quad (2.22)$$

这里 $k=1,2,\cdots,n$,由公式(2.8),知道 $h_2(x)$ 是 x 的 $n-1$ 次多项式,而 $Q(x)$ 也是 x 的至多 $n-1$ 次多项式(利用公式(2.6)),利用公式(2.22),它们在 n 个两两不同的点 $x_1,x_2,\cdots,x_n$ 处取相同的实数值,必有

$$h_2(x)=Q(x) \quad (2.23)$$

这里 x 是任意实数,比较上式两端的首项系数,利用公式(2.6)和(2.8),有

$$S(x_1,x_2,\cdots,x_n)=n \quad (2.24)$$

上述证明了这样一个事实,在一组特定的实数值 $x_1,x_2,\cdots,x_n$ 上,公式(2.24)成立.下面证明:对于任意 n 个两两不同的实数 $x_1^*,x_2^*,\cdots,x_n^*$,不妨设 $x_n^* < x_{n-1}^* < \cdots < x_2^* < x_1^*$,恒有

$$S(x_1^*,x_2^*,\cdots,x_n^*) \geqslant S(x_1,x_2,\cdots,x_n) \quad (2.25)$$

令

$$Q^*(x) = \sum_{k=1}^{n}(-1)^{k-1}g(x_k^*) \cdot$$

$$\frac{(x-x_1^*)(x-x_2^*)\cdots(x-x_{k-1}^*)(x-x_{k+1}^*)\cdots(x-x_n^*)}{(x_k^*-x_1^*)(x_k^*-x_2^*)\cdots(x_k^*-x_{k-1}^*)(x_k^*-x_{k+1}^*)\cdots(x_k^*-x_n^*)}$$

$$=S(x_1^*,x_2^*,\cdots,x_n^*)x^{n-1}+x \text{ 的低阶项}$$

$$(2.26)$$

这里利用公式(2.1)和(2.4),只不过 $x_1,x_2,\cdots$,

第一编 从初等数学的视角看拉格朗日插值多项式

x_n 全部被 $x_1^*,x_2^*,\cdots,x_n^*$ 所代替. $Q^*(x)$ 也是 x 的至多 $n-1$ 次多项式. 利用公式(2.26), 有

$$Q^*(x_k^*) = (-1)^{k-1}g(x_k^*) \quad (k=1,2,\cdots,n)$$
(2.27)

利用上式, 有

$$(-1)^{k-1}(Q^*(x_k^*) - Q(x_k^*)) = g(x_k^*) + (-1)^k Q(x_k^*)$$
(2.28)

这里 $k=1,2,\cdots,n$.

利用公式(2.23)和(2.11), 有

$$g(x_k^*) + (-1)^k Q(x_k^*) = g(x_k^*) + (-1)^k h_2(x_k^*) \geqslant 0$$
(2.29)

对于上述不等式, 分两种情况讨论:

① 不等式(2.29)中 n 个不等式全部取等号, 再利用公式(2.28), 有

$$Q^*(x_k^*) = Q(x_k) \quad (k=1,2,\cdots,n) \quad (2.30)$$

由于 $Q^*(x)$ 和 $Q(x)$ 都是 x 的至多 $n-1$ 次多项式, 因而必有

$$Q^*(x) = Q(x) \quad (\text{这里 } x \text{ 是任意实数}) \quad (2.31)$$

因此, 上式两端的首项系数相等, 有

$$S(x_1^*,x_2^*,\cdots,x_n^*) = S(x_1,x_2,\cdots,x_n) \quad (2.32)$$

这里利用公式(2.26)和(2.6), 再利用公式(2.24), 题目结论成立.

② 不等式(2.29)中至少有一个不取等号, 即至少存在一个 $k(1 \leqslant k \leqslant n)$, 有

$$(-1)^{k-1}(Q^*(x_k^*) - Q(x_k^*)) > 0 \quad (2.33)$$

这里利用公式(2.28).

利用公式(2.6)和(2.26), 有

$$Q^*(x) - Q(x) = (S(x_1^*,x_2^*,\cdots,x_n^*) -$$

Lagrange 插值多项式

$$S(x_1,x_2,\cdots,x_n))x^{n-1}+\cdots \quad (2.34)$$

另外,对多项式 $Q^*(x)-Q(x)$,利用拉格朗日插值公式,有

$$Q^*(x)-Q(x)=$$

$$(Q^*(x_1^*)-Q(x_1^*))\frac{(x-x_2^*)\cdots(x-x_n^*)}{(x_1^*-x_2^*)\cdots(x_1^*-x_n^*)}+$$

$$(Q^*(x_2^*)-Q(x_2^*))\frac{(x-x_1^*)(x-x_3^*)\cdots(x-x_n^*)}{(x_2^*-x_1^*)(x_2^*-x_3^*)\cdots(x_2^*-x_n^*)}+\cdots+$$

$$(Q^*(x_n^*)-Q(x_n^*))\frac{(x-x_1^*)(x-x_2^*)\cdots(x-x_{n-1}^*)}{(x_n^*-x_1^*)(x_n^*-x_2^*)\cdots(x_n^*-x_{n-1}^*)}$$

$$(2.35)$$

利用上式可以知道 $Q^*(x)-Q(x)$ 的含 x^{n-1} 项的系数是

$$\frac{Q^*(x_1^*)-Q(x_1^*)}{(x_1^*-x_2^*)\cdots(x_1^*-x_n^*)}+$$

$$\frac{(-1)(Q^*(x_2^*)-Q(x_2^*))}{(x_1^*-x_2^*)(x_2^*-x_3^*)\cdots(x_2^*-x_n^*)}+\cdots+$$

$$\frac{(-1)^{n-1}(Q^*(x_n^*)-Q(x_n^*))}{(x_1^*-x_n^*)(x_2^*-x_n^*)\cdots(x_{n-1}^*-x_n^*)}>0$$

$$(2.36)$$

这里利用 $x_n^*<x_{n-1}^*<\cdots<x_2^*<x_1^*$,不等式(2.29)和(2.33)(注意不等式(2.29)和公式(2.28)的关系)再利用公式(2.6)和(2.26),有

$$S(x_1^*,x_2^*,\cdots,x_n^*)>S(x_1,x_2,\cdots,x_n) \quad (2.37)$$

再利用公式(2.24),知道题目结论成立.

第二编
拉格朗日插值在数值计算与逼近论中的应用

第二编　拉格朗日插值在数值计算与逼近论中的应用

拉格朗日插值多项式在多项式外推法中的应用[①]

第 3 章

近五十年来有一种迅速发展的计算方法——外推极限法（Extrapolation to the limit）或延伸极限法（Deferred approach to the limit）简称外推法. 目前已应用到数值计算的各个方面, 数值积分中广泛使用的龙贝格（Romberg）积分法, 常微分方程数值解法中通常最有效的 GBS 算法, 就是外推法. 1971 年乔伊斯（D. J. Joyce）给出了一综合报告, 是一篇好文章, 西安交通大学的邓建中教授对此做了介绍.

---

① 选自:邓建中《外推法及其应用》,上海科学技术出版社,1984.

Lagrange 插值多项式

§1　多项式插值法基础

龙贝格外推算法求出的 $T_m^{(i)}$,其实不仅可看作 $T(h_i)$ 逐步消去误差项的结果,也可看作 $T(h)$ 的插值多项式当 $h=0$ 时的值.为了说明这一点,也为了进一步推广,我们先回忆一下多项式插值法的基本知识.

大家知道,所谓函数 $f(x)$ 的插值多项式 $P_m^{(i)}(x)$,就是在 $m+1$ 个节点 $x_i, x_{i+1}, \cdots, x_{i+m}$ 处满足插值条件

$$P_m^{(i)}(x_k) = f(x_k) \quad (k=i, i+1, \cdots, i+m) \tag{3.1}$$

的次数至多为 m 的多项式,这里假定节点互不相同.设

$$P_m^{(i)}(x) = a_0 + a_1 x + a_2 x^2 + \cdots + a_m x^m \tag{3.2}$$

则插值条件(3.1)相当于要求系数 $a_0, a_1, \cdots, a_m$ 满足方程组

$$a_0 + a_1 x_k + a_2 x_k^2 + \cdots + a_m x_k^m = f(x_k)$$
$$(k=i, i+1, \cdots, i+m) \tag{3.3}$$

由于这个方程组的系数行列式(范德蒙德 (Vandermonde) 行列式)

$$V(x_i, x_{i+1}, \cdots, x_{i+m}) = \begin{vmatrix} 1 & x_i & x_i^2 & \cdots & x_i^m \\ 1 & x_{i+1} & x_{i+1}^2 & \cdots & x_{i+1}^m \\ \vdots & \vdots & \vdots & & \vdots \\ 1 & x_{i+m} & x_{i+m}^2 & \cdots & x_{i+m}^m \end{vmatrix}$$

$$= \prod_{k=i+1}^{i+m} \prod_{j=i}^{k-1} (x_k - x_j) \neq 0 \tag{3.4}$$

它的解存在而且唯一,这说明,满足插值条件(3.1)的

第二编　拉格朗日插值在数值计算与逼近论中的应用

次数至多为 m 的插值多项式存在而且唯一,同时与节点的顺序无关.

插值多项式可以有不同的表达形式.

一种,是拉格朗日插值公式

$$P_m^{(i)}(x) = \sum_{k=i}^{i+m} L_k(x) f(x_k)$$
$$= \sum_{k=i}^{i+m} \left(\prod_{j=i}^{i+m}{}' \frac{x - x_j}{x_k - x_j} \right) f(x_k) \quad (3.5)$$

其中 $\prod{}'$ 表示 $j \neq k$ 的乘积. 该公式表达了插值多项式为节点处函数值线性组合的特点,但因"组合系数" $L_k(x)$ 在节点变化时需从头计算,故它不便于改变节点和次数.

另一种,是牛顿(Newton)插值公式

$$P_m^{(i)}(x) = C_0^{(i)} + C_1^{(i)}(x - x_i) + C_2^{(i)}(x - x_i)(x - x_{i+1}) + \cdots +$$
$$C_m^{(i)}(x - x_i)(x - x_{i+1}) \cdots (x - x_{i+m-1}) \quad (3.6)$$

它也可以改写为如下"链锁"的形式

$$\begin{cases} P_m^{(i)}(x) = V_0^{(i)}(x) = C_0^{(i)} + (x - x_i) V_1^{(i)}(x) \\ \quad V_1^{(i)}(x) = C_1^{(i)} + (x - x_{i+1}) V_2^{(i)}(x) \\ \quad V_2^{(i)}(x) = C_2^{(i)} + (x - x_{i+2}) V_3^{(i)}(x) \\ \quad \vdots \\ \quad V_{m-1}^{(i)}(x) = C_{m-1}^{(i)} + (x - x_{i+m-1}) V_m^{(i)}(x) \\ \quad V_m^{(i)}(x) = C_m^{(i)} \end{cases}$$
$$(3.7)$$

令 $x = x_{i+k}$,注意 $P_m^{(i)}(x_{i+k}) = f(x_{i+k})$,则有

$$V_0^{(i)}(x_{i+k}) = f(x_{i+k})$$
$$V_k^{(i)}(x_{i+k}) = C_k^{(i)}$$
$$V_j^{(i)}(x_{i+k}) = C_j^{(i)} + (x_{i+k} - x_{i+j}) V_{j+1}^{(i)}(x_{i+k})$$

Lagrange 插值多项式

由此可见
$$C_0^{(i)} = V_0^{(i)}(x_i) = f(x_i)$$
而当 $k = 1, 2, \cdots, m$ 时
$$\begin{cases} V_0^{(i)}(x_{i+k}) = f(x_{i+k}) \\ V_{j+1}^{(i)}(x_{i+k}) = \dfrac{V_j^{(i)}(x_{i+k}) - C_j^{(i)}}{x_{i+k} - x_{i+j}} \quad (j = 0, 1, \cdots, k-1) \\ C_k^{(i)} = V_k^{(i)}(x_{i+k}) \end{cases}$$

(3.8)

根据这个公式可算出 $C_0^{(i)}, C_1^{(i)}, \cdots, C_m^{(i)}$，然后按式(3.7)倒算，便可算出 $P_m^{(i)}(x)$ 的值。从公式(3.8)可知，$C_k^{(i)}$ 是由一系列差值之商构成的，并且只同 $x_i, x_{i+1}, \cdots, x_{i+k}$ 处的函数值有关，因此称为差商，记为 $f(x_i, x_{i+1}, \cdots, x_{i+k})$，并称牛顿公式(3.6)为差商插值多项式。这种形式的插值多项式在增加一个节点 x_{i+m+1} 时，系数 $C_0^{(i)}, C_1^{(i)}, \cdots, C_m^{(i)}$ 不变，只需再算一个 $C_{m+1}^{(i)}$，因而便于增加节点，提高插值多项式的系数。不过，要是改变初始节点 x_i，系数 $C_0^{(i)}, C_1^{(i)}, \cdots, C_m^{(i)}$ 都得改变，那么按公式(3.8)计算系数就不大方便了。

差商 $f(x_i, x_{i+1}, \cdots, x_{i+k}) = C_k^{(i)}$ 同 $k+1$ 个点有关，称为 k 阶差商。它也可以通过低阶差商 $C_{k-1}^{(i+1)}$ 和 $C_{k-1}^{(i)}$ 来直接算出。事实上，比较(3.5)和(3.6)两式中最高次幂项 x^m 的系数，可知

$$f(x_i, x_{i+1}, \cdots, x_{i+m}) = C_m^{(i)} = \sum_{k=i}^{i+m} \frac{f(x_k)}{\prod\limits_{j=i}^{i+m}{}'(x_k - x_j)}$$

这个式子表明，差商 $f(x_i, x_{i+1}, \cdots, x_{i+m})$ 是所含节点 $x_i, x_{i+1}, \cdots, x_{i+m}$ 的函数值之线性组合，关于所含节点对称，因而同节点顺序无关。这样，从所含节点中去掉

x_i 或 x_{i+m}，分别得到低阶差商 $f(x_{i+1},x_{i+2},\cdots,x_{i+m}) = C_{m-1}^{(i+1)}$ 与 $f(x_i,x_{i+1},\cdots,x_{i+m-1}) = C_{m-1}^{(i)}$ 当然也是所含节点函数值的线性组合，因此应有

$$C_m^{(i)} = \alpha C_{m-1}^{(i+1)} + \beta C_{m-1}^{(i)}$$

即

$$\sum_{k=i}^{i+m} \frac{f(x_k)}{\prod_{j=i}^{i+m-1}{}'(x_k - x_j)} = \alpha \sum_{k=i+1}^{i+m} \frac{f(x_k)}{\prod_{j=i+1}^{i+m}{}'(x_k - x_j)} + \beta \sum_{k=i}^{i+m-1} \frac{f(x_k)}{\prod_{j=i}^{i+m-1}{}'(x_k - x_j)}$$

比较两边 $f(x_i)$ 和 $f(x_{i+m})$ 的系数，可得

$$\beta = 1/(x_i - x_{i+m}), \alpha = 1/(x_{i+m} - x_i) = -\beta$$

故有

$$C_m^{(i)} = \frac{C_{m-1}^{(i+1)} - C_{m-1}^{(i)}}{x_{i+m} - x_i}$$

$$= \frac{f(x_{i+1},\cdots,x_{i+m}) - f(x_i,\cdots,x_{i+m-1})}{x_{i+m} - x_i} \quad (3.9)$$

这便是通过低阶差商计算差商的递推公式．差商 $C_m^{(i)}$ 也可列成表（这里我们并不列出这个表），只是把 $T_m^{(i)}$ 改为 $C_m^{(i)}$，并按公式（3.9）计算．利用这个表，在增加节点或改变起始节点时，按式（3.7）计算差商插值多项式 $P_m^{(i)}(x)$ 的值，就比较方便了．

再一种，是内维尔（Neville）插值公式

$$P_0^{(i)}(x) = f(x_i)$$

$$P_m^{(i)}(x) = \frac{(x - x_i) P_{m-1}^{(i+1)}(x) - (x - x_{i+m}) P_{m-1}^{(i)}(x)}{x_{i+m} - x_i}$$

$$(3.10)$$

当 $m = 1$ 时，这个公式变为

Lagrange 插值多项式

$$P_1^{(i)}(x) = \frac{(x-x_i)f(x_{i+1}) - (x-x_{i+1})f(x_i)}{x_{i+1} - x_i}$$

这正是线性插值公式. $P_m^{(i)}(x)$ 可看成是由低次插值多项式按线性插值公式构造出来的,因此内维尔插值公式也称为逐次线性插值公式. 显然, $P_m^{(i)}(x)$ 是次数至多为 m 的多项式. 为了证明它确实是插值多项式,尚需证明它满足插值条件(3.1). 这可用数学归纳法证明. 显然 $m=0$ 时, $P_0^{(i)}(x)$ 满足插值条件(3.1). 现设 $P_{m-1}^{(i+1)}(x)$ 和 $P_{m-1}^{(i)}(x)$ 满足插值条件(3.1),即设

$$P_{m-1}^{(i+1)}(x_k) = f(x_k) \quad (k=i+1, i+2, \cdots, i+m)$$

$$P_{m-1}^{(i)}(x_k) = f(x_k) \quad (k=i, i+1, \cdots, i+m-1)$$

那么,由式(3.10)可知

$$P_m^{(i)}(x_i) = \frac{0 - (x_i - x_{i+m})f(x_i)}{x_{i+m} - x_i} = f(x_i)$$

$$P_m^{(i)}(x_{i+m}) = \frac{(x_{i+m} - x_i)f(x_{i+m}) - 0}{x_{i+m} - x_i} = f(x_{i+m})$$

$$P_m^{(i)}(x_k) = \frac{(x_k - x_i)f(x_k) - (x_k - x_{i+m})f(x_k)}{x_{i+m} - x_i} = f(x_k)$$

$$(k = i+1, i+2, \cdots, i+m-1)$$

这表明 $P_m^{(i)}(x)$ 确实满足插值条件(3.1), $P_m^{(i)}(x)$ 也可以排成表(这里我们也不列出这个表),只要将 $T_m^{(i)}$ 改为 $P_m^{(i)}(x)$ 即可. 从这样的表可见,由 $x_i, x_{i+1}, \cdots, x_{i+m}$ 增加一节点 x_{i+m+1},要算相应插值多项式 $P_{m+1}^{(i)}(x)$ 的值,只要按式(3.10)再算一行元素 $P_0^{(i+m+1)}(x)$, $P_1^{(i+m)}(x)$, $P_2^{(i+m-1)}(x)$, $\cdots$, $P_{m+1}^{(i)}(x)$ 即可,这一行倒数第二个元素是将起始节点 x_i 改为 x_{i+1} 时的插值多项式值 $P_m^{(i+1)}(x)$. 由此可见,逐次线性插值公式(3.10)特别适宜于变动节点、提高次数时计算插值多项式的值.

利用微分学中值定理可以证明,插值多项式 $P_m^{(i)}(x)$ 的误差

$$P_m^{(i)}(x) - f(x) = \frac{f^{(m+1)}(\xi)}{(m+1)!} \prod_{k=i}^{i+m}(x - x_k)$$

(3.11)

其中 ξ 在 $x_i, x_{i+1}, \cdots, x_{i+m}$ 和 x 之间.

§2 多项式外推法及其推广

前面提到,龙贝格外推法算出的 $T_m^{(i)}$ 是 $T(h)$ 的插值多项式当 $h=0$ 时的值. 现在予以证明,令 $x=h^2$,则据公式(3.10), $f(x)=T(h)$ 满足插值条件
$P_m^{(i)}(x_k) = f(x_k) = T(h_k) \quad (k=i, i+1, \cdots, i+m)$
的插值多项式 $P_m^{(i)}(x)$,它在 $h=0$ 时的值 $P_m^{(i)}(0)$ 应按下式计算

$$\begin{cases} P_0^{(i)}(0) = T(h_i) \\ P_m^{(i)}(0) = \dfrac{h_{i+m}^2 P_{m-1}^{(i)}(0) - h_i^2 P_{m-1}^{(i+1)}(0)}{h_{i+m}^2 - h_i^2} \end{cases}$$

利用插值多项式的误差公式(3.11),很容易导出龙贝格外推算法的误差估计式. 事实上,当 $T(h)$ 有 (3.9) 形式的渐近展开式时

$$f(x) = T(h) = \tau_0 + \tau_1 x + \tau_2 x^2 + \tau_3 x^3 + \cdots$$
$$f^{(m+1)}(0) = (m+1)! \, \tau_{m+1}$$

故按公式(3.11),有

$$T_m^{(i)} - \tau_0 = P_m^{(i)}(0) - T(0)$$
$$\approx -\tau_{m+1} \prod_{k=i}^{i+m}(-h_k^2)$$

Lagrange 插值多项式

$$= (-1)^m \tau_{m+1} h_i^2 h_{i+1}^2 \cdots h_{i+m}^2$$

类似地,如果离散化近似值 $T(h)$ 具有渐近展开式

$$T(h) = \tau_0 + \tau_1 h^r + \tau_2 h^{2r} + \cdots + \tau_N h^{Nr} + \tau_{N+1} h^{(N+1)r}$$
(3.12)

令 $x = h^r$,用 $f(x) = T(h)$ 的插值多项式 $P_m^{(i)}(x)$,当 $x = 0$ 时的值 $P_m^{(i)}(0)$ 去近似 $T(0)$,即令 $T_m^{(i)} = P_m^{(i)}(0)$ 近似 τ_0,则按公式(3.10) 有

$$T_0^{(i)} = T(h_i) \quad (3.13)$$

$$T_m^{(i)} = \frac{h_{i+m}^r T_{m-1}^{(i)} - h_i^r T_{m-1}^{(i+1)}}{h_{i+m}^r - h_i^r}$$

$$= T_{m-1}^{(i+1)} + \frac{T_{m-1}^{(i+1)} - T_{m-1}^{(i)}}{(h_i/h_{i+m})^r - 1} \quad (3.14)$$

而按公式(3.11) 有

$$T_m^{(i)} - \tau_0 \approx (-1)^m \tau_{m+1} h_i^r h_{i+1}^r \cdots h_{i+m}^r \quad (3.15)$$

按公式(3.13) 和(3.14) 推算 τ_0 近似值 $T_m^{(i)}$ 的方法,称为多项式外推法或内维尔外推算法. 它是 1964 年 R. Bulirsch 提出来的.

龙贝格外推算法实质上是多项式外推法当 $r = 2$ 时的特殊情形. 其他外推算法也是这样,均有 $T_0^{(i)} = T(h_i)$,只是递推公式不同. 因此,今后如无特别声明,对一种外推算法,只写出其递推公式.

如果 $T(h)$ 具有如下形式的渐近展开式

$$T(h) = \tau_0 + \tau_1 h^{r_1} + \tau_2 h^{r_2} + \cdots + \tau_N h^{r_N} + \tau_{N+1} h^{r_{N+1}}$$
(3.16)

其中 $r_1 < r_2 < r_3 < \cdots < r_N < r_{N+1}$,我们也可用递推公式(3.14) 来计算 $T(0)$ 的较精确近似值

$$T_1^{(i)} = T(h_{i+1}) + \frac{T(h_{i+1}) - T(h_i)}{(h_i/h_{i+1})^{r_1} - 1} \quad (3.17)$$

即做 h^r 外推. 但是, 如果 $r_j \neq jr$, 对于一般的参数数列 $\{h_i\}$, 却不能用递推公式(3.14)来做进一步的外推. 不过, 对于特殊的、然而常用的第一种参数数列 H_1, 即 $h_i = h_0 b^i$, 则有类似于内维尔算法的 Bulirsch-Stoer 外推算法, 其递推公式为

$$T_m^{(i)} = \frac{T_{m-1}^{(i+1)} - b^{r_m} T_{m-1}^{(i)}}{1 - b^{r_m}}$$

$$= T_{m-1}^{(i+1)} + \frac{T_{m-1}^{(i+1)} - T_{m-1}^{(i)}}{b^{-r_m} - 1} \tag{3.18}$$

这种算法是 1964 年 R. Bulirsch 和 J. Stoer 提出来的.

可以证明, 按这种算法算出的 $T_m^{(i)}$, 相当于满足插值条件

$$P_m^{(i)}(h_k) = T(h_k) \quad (k = i, i+1, \cdots, i+m) \tag{3.19}$$

的"多项式"

$$P_m^{(i)}(h) = a_0 + a_1 h^{r_1} + a_2 h^{r_2} + \cdots + a_m h^{r_m}$$

当 $h = 0$ 时的值, 即 $T_m^{(i)} = P_m^{(i)}(0)$. 事实上, 若定义一线性算子 Λ_m^i, 具有下列性质:

(a) $\quad \Lambda_m^i T(h) = \sum_{k=i}^{i+m} C_{mk}^{(i)} T(h_k)$

(b) $\quad \Lambda_m^i 1 = 1 \tag{3.20}$

(c) $\quad \Lambda_m^i h^{r_j} = 0 \quad (j = 1, 2, \cdots, m)$

那么

$$\Lambda_m^i T(h) = \sum_{k=i}^{i+m} C_{mk}^{(i)} T(h_k) = \sum_{k=i}^{i+m} C_{mk}^{(i)} P_m^{(i)}(h_k)$$

$$= \Lambda_m^i P_m^{(i)}(h)$$

$$= \Lambda_m^i (a_0 + a_1 h^{r_1} + \cdots + a_m h^{r_m})$$

$$= a_0 = P_m^{(i)}(0)$$

Lagrange 插值多项式

这就是说,计算 $P_m^{(i)}(0)$ 相当于确定 $\Lambda_m^i T(h)$ 的值. 然而, $\Lambda_m^i T(h)$ 的值跟组合系数 $C_{mk}^{(i)}$ 有关. 根据性质(a)和(c)知

$$0 = \Lambda_m^i h^{r_j} = \sum_{k=i}^{i+m} C_{mk}^{(i)} h_k^{r_j} = \sum_{k=i}^{i+m} C_{mk}^{(i)} (h_0 b^k)^{r_j}$$
$$= h_0^{r_j} b^{ir_j} \sum_{k=0}^{m} C_{m,k+i}^{(i)} (b^{r_j})^k$$
$$(j = 1, 2, \cdots, m)$$

这说明, $b^{r_j} (j=1,2,\cdots,m)$ 恰是多项式

$$Q_m^{(i)}(x) = \sum_{k=0}^{m} C_{m,k+1}^{(i)} x^k$$

的根,因而

$$Q_m^{(i)}(x) = A \prod_{j=1}^{m} (x - b^{r_j})$$

其中 A 为常数,但由性质(b)

$$1 = \Lambda_m^i 1 = \sum_{k=0}^{m} C_{m,i+k}^{(i)} \cdot 1 = Q_m^{(1)}(1) = A \prod_{j=1}^{m} (1 - b^{r_j})$$

所以

$$A = \frac{1}{\prod_{j=1}^{m}(1-b^{r_j})}$$

$$Q_m^{(i)}(x) = \prod_{j=1}^{m} \frac{x - b^{r_j}}{1 - b^{r_j}}$$

由此式可见, $Q_m^{(i)}(x)$ 跟 i 无关,从而

$$Q_m^{(i)}(x) = Q_m^{(0)}(x) = \prod_{j=1}^{m} \frac{x - b^{r_j}}{1 - b^{r_j}} \quad (3.21)$$

$$C_{m,i+k}^{(i)} = C_{mk}^{(0)}$$

$$P_m^{(i)}(0) = \Lambda_m^i P_m^{(i)}(h) = \sum_{k=i}^{i+m} C_{mk}^{(i)} T(h_k)$$

$$= \sum_{k=0}^{m} C_{m,i+k}^{(i)} T(h_{i+k})$$

$$= \sum_{k=0}^{m} C_{mk}^{(0)} T(h_{i+k}) \qquad (3.22)$$

由式(3.21)可得

$$Q_m^{(0)}(x) = \frac{x - b^{r_m}}{1 - b^{r_m}} Q_{m-1}^{(0)}(x)$$

比较等号两边 x 同次幂项的系数,知

$$C_{m,m}^{(0)} = \frac{C_{m-1,m-1}^{(0)}}{1 - b^{r_m}}, C_{m,0}^{(0)} = -\frac{b^{r_m}}{1 - b^{r_m}} C_{m-1,0}^{(0)}$$

$$C_{m,k}^{(0)} = \frac{C_{m-1,k-1}^{(0)} - b^{r_m} C_{m-1,k}^{(0)}}{1 - b^{r_m}} \quad (k = 1, 2, \cdots, m-1)$$

于是,由式(3.22)得

$$P_m^{(i)}(0) = \frac{1}{1 - b^{r_m}} (C_{m-1,m-1}^{(0)} T(h_{i+m}) - b^{r_m} C_{m-1,0}^{(0)} T(h_i) +$$

$$\sum_{k=1}^{m-1} (C_{m-1,k-1}^{(0)} - b^{r_m} C_{m-1,k}^{(0)}) T(h_{i+k}))$$

$$= \frac{1}{1 - b^{r_m}} (\sum_{k=1}^{m} C_{m-1,k-1}^{(0)} T(h_{i+k}) - b^{r_m} \cdot$$

$$\sum_{k=0}^{m-1} C_{m-1,k}^{(0)} T(h_{i+k}))$$

$$= \frac{1}{1 - b^{r_m}} (\sum_{k=0}^{m-1} C_{m-1,k}^{(0)} T(h_{i+1+k}) - b^{r_m} P_{m-1}^{(i)}(0))$$

$$= \frac{1}{1 - b^{r_m}} (P_{m-1}^{(i+1)}(0) - b^{r_m} P_{m-1}^{(i)}(0))$$

比较式(3.18),可见计算 $T_m^{(i)}$ 与 $P_m^{(i)}(0)$ 的公式完全相同,因此 $T_m^{(i)} = P_m^{(i)}(0)$. 证毕.

前面指出,多项式外推法的实质,是用 $T(h)$ 的插值多项式

Lagrange 插值多项式

$$P_m^{(i)}(h) = a_0 + a_1 h^r + a_2 h^{2r} + \cdots + a_m h^{mr}$$
(3.23)

的值 $P_m^{(i)}(0)$ 来近似极限值 $T(0)$. 计算插值多项式值的方法,有内维尔插值公式、牛顿差商插值公式和拉格朗日插值公式. 利用内维尔插值公式,我们已得到了内维尔外推算法(3.14). 利用后两种插值公式,则得出另外两类多项式外推算法.

利用牛顿差商插值公式(3.9)和(3.7)时,需先算

$$C_m^{(i)} = \frac{C_{m-1}^{(i+1)} - C_{m-1}^{(i)}}{h_{i+1}^r - h_i^r}$$

然后再算

$$\begin{cases} V_m^{(i)}(0) = C_m^{(i)} \\ V_k^{(i)}(0) = C_k^{(i)} - h_{i+k}^r V_{k+1}^{(i)}(0) \quad (k = m-1, m-2, \cdots, 0) \\ P_m^{(i)}(0) = V_0^{(i)}(0) \end{cases}$$

比起内维尔外推算法(3.14)来,这种算法使用起来不够方便.

利用拉格朗日插值公式(3.5)时,可得外推公式

$$T(0) \approx P_m^{(0)}(0) = \sum_{k=0}^{m} C_{mk}^{(0)} T(h_k) \quad (3.24)$$

其中

$$C_{mk}^{(0)} = \prod_{j=0}^{m}{}' \frac{h_j^r}{h_j^r - h_k^r}$$

对于一些具体的参数数列 $\{h_i\}$,外推公式(3.24)可具体地写出来.

当 $r = 1$ 时,有

$$T(0) \approx -T(h_0) + 2T(h_0/2) \quad (3.25)$$

$$T(0) \approx \frac{1}{3}(T(h_0) - 6T(h_0/2) + 8T(h_0/4))$$

第二编　拉格朗日插值在数值计算与逼近论中的应用

$$T(0) \approx \frac{1}{2}(T(h_0) - 8T(h_0/2) + 9T(h_0/3))$$

$$T(0) \approx \frac{1}{6}(-T(h_0) + 24T(h_0/2) - 81T(h_0/3) + 64T(h_0/4))$$

$$T(0) \approx \frac{1}{21}(-T(h_0) + 14T(h_0/2) - 56T(h_0/4) + 64T(h_0/4))$$

$$T(0) \approx \frac{1}{6}(-8T(h_0/2) + 81T(h_0/3) - 192T(h_0/4) + 125T(h_0/5))$$

$$T(0) \approx \frac{1}{6}(-343T(h_0/7) + 1\,536T(h_0/8) - 2\,187T(h_0/9) + 1\,000T(h_0/10))$$

$$T(0) \approx \frac{1}{2}(-576T(h_0/12) + 2\,197T(h_0/13) - 2\,744T(h_0/14) + 1\,125T(h_0/15))$$

$$T(0) \approx \frac{1}{6}(-4\,913T(h_0/17) + 17\,496T(h_0/18) - 20\,577T(h_0/19) + 8\,000T(h_0/20))$$

$$T(0) \approx \frac{1}{24}(T(h_0) - 64T(h_0/2) + 486T(h_0/3) - 1\,024T(h_0/4) + 625T(h_0/5))$$

$$T(0) \approx \frac{1}{315}(T(h_0) - 30T(h_0/2) + 280T(h_0/4) - 960T(h_0/8) + 1\,024T(h_0/16))$$

$$T(0) \approx \frac{1}{30}(T(h_0) - 60T(h_0/2) + 405T(h_0/3) - 640T(h_0/4) + 324T(h_0/6))$$

当 $r=2$ 时,有

Lagrange 插值多项式

$$T(0) \approx \frac{1}{3}(-T(h_0) + 4T(h_0/2)) \tag{3.26}$$

$$T(0) \approx \frac{1}{120}(5T(h_0) - 128T(h_0/2) + 243T(h_0/3))$$

$$T(0) \approx \frac{1}{45}(T(h_0) - 20T(h_0/2) + 64T(h_0/4))$$

$$T(0) \approx \frac{1}{2\,520}(-7T(h_0) + 896T(h_0/2) - 6\,561T(h_0/3) + 8\,192T(h_0/4))$$

$$T(0) \approx \frac{1}{2\,835}(-T(h_0) + 84T(h_0/2) - 1\,344T(h_0/4) + 4\,096T(h_0/8))$$

$$T(0) \approx \frac{1}{362\,880}(42T(h_0) - 24\,576T(h_0/2) + 531\,441T(h_0/3) - 2\,097\,152T(h_0/4) + 1\,953\,125T(h_0/5))$$

$$T(0) \approx \frac{1}{12\,600}(T(h_0) - 560T(h_0/2) + 10\,935T(h_0) - 32\,768T(h_0/4) + 34\,992T(h_0/6))$$

$$T(0) \approx \frac{1}{722\,925}(T(h_0) - 340T(h_0/2) + 22\,848T(h_0/4) - 348\,160T(h_0/8) + 1\,048\,576T(h_0/16))$$

利用(3.25)或(3.26)中某一公式,或由公式(3.24)导出的其他公式,来推算 $T(0)$ 的算法,统称为拉格朗日外推算法.(3.25)中第六到第九个公式,是1954年萨尔泽(E. Salzer)提出来的. 显然,对于固定的参数 $\{h_i\}$,利用拉格朗日外推算法是十分方便的,但要改变参数 h_i,就不方便了.

第二编　拉格朗日插值在数值计算与逼近论中的应用

§3　广义多项式外推法

在一般情况下,离散化近似值 $T(h)$ 与极限值 $T(0)$ 之间,可能存在如下形式的渐近展开式
$$T(h) = \tau_0 \psi_0(h) + \tau_1 \psi_1(h) + \cdots +$$
$$\tau_N \psi_N(h) + \tau_{N+1}(h) \psi_{N+1}(h) \quad (3.27)$$
其中 $\tau_0, \tau_1, \cdots, \tau_{N+1}$ 为常数,$\tau_{N+1}(h)$ 有界,且
$$\psi_0(h) = 1, \lim_{h \to 0} \psi_{j+1}(h)/\psi_j(h) = 0 \quad (3.28)$$
此时,我们自然想用满足插值条件(3.19)的"多项式"
$$P_m^{(i)}(h) = a_0 \psi_0(h) + a_1 \psi_1(h) + \cdots + a_m \psi_m(h)$$
$$(3.29)$$
当 $h=0$ 时的值 $T_m^{(i)} = P_m^{(i)}(0)$ 来推算 $T(0) = \tau_0$.

为使插值"多项式"$P_m^{(i)}(h)$ 存在而且唯一,需要插值条件(3.19)对应的方程组
$$a_0 \psi_0(h_k) + a_1 \psi_1(h_k) + \cdots + a_m \psi_m(h_k) = T(h_k)$$
$$(k = i, i+1, \cdots, i+m) \quad (3.30)$$
的解 $(a_0, a_1, \cdots, a_m)$ 存在而且唯一,由线性方程组的理论知道,这相当于要求方程组(3.30)的系数行列式不等于 0,即广义范德蒙德行列式
$$V \begin{bmatrix} \psi_0 & \cdots & \psi_m \\ h_i & \cdots & h_{i+m} \end{bmatrix}$$
$$= \begin{vmatrix} \psi_0(h_i) & \psi_1(h_i) & \cdots & \psi_m(h_i) \\ \psi_0(h_{i+1}) & \psi_1(h_{i+1}) & \cdots & \psi_m(h_{i+1}) \\ \vdots & \vdots & & \vdots \\ \psi_0(h_{i+m}) & \psi_1(h_{i+m}) & \cdots & \psi_m(h_{i+m}) \end{vmatrix} \neq 0$$
$$(3.31)$$

Lagrange 插值多项式

对区间 I 上任意 $m+1$ 个点 $h_i, h_{i+1}, \cdots, h_{i+m}$ 满足 (3.31) 的连续函数组 $(\psi_0, \psi_1, \cdots, \psi_m)$ 称为切比雪夫 (Chebyshev) 函数组. 因此, 对区间 I 上任意 $m+1$ 个点 $h_i, h_{i+1}, \cdots, h_{i+m}$, 要求满足插值条件 (3.30) 的"多项式"$P_m^{(i)}(h)$ 存在而且唯一, 相当于要求 $(\psi_0, \psi_1, \cdots, \psi_m)$ 是切比雪夫函数组. 下面, 我们假定 $(\psi_0, \psi_1, \cdots, \psi_m)$ 是包含 $h=0$ 的某个区间 I 上的切比雪夫函数组, 并称"多项式"(3.29) 为广义插值多项式.

由于条件 (3.31) 也是线性齐次方程组
$$a_0 \psi_0(h_k) + a_1 \psi_1(h_k) + \cdots + a_m \psi_m(h_k) = 0$$
$$(k = i, i+1, \cdots, i+m) \qquad (3.32)$$
没有非零解的充要条件, 因此说 $(\psi_0, \psi_1, \cdots, \psi_m)$ 在区间 I 上是切比雪夫函数组, 也等价于说 $\psi_0, \psi_1, \cdots, \psi_m$ 的任何非零的线性组合, 即系数 $a_0, a_1, \cdots, a_m$ 不全为零的广义多项式, 在区间 I 上至多有 m 个零点. 设有函数序列 $\{\psi_i\}$, 若对任意 m 来说 $(\psi_0, \psi_1, \cdots, \psi_m)$ 都是区间 I 上的切比雪夫函数组, 则称 $\{\psi_i\}$ 为区间 I 上的完全切比雪夫函数系. 以后我们假定 $\{\psi_i\}$ 是在包含 $h=0$ 的某个区间 I 上的完全切比雪夫函数系. 利用式 (3.4) 不难验证, $\{h^i\}$ 是任意区间 I 上的完全切比雪夫函数系.

现在我们来导出计算广义插值多项式 $P_m^{(i)}(h)$ 的递推公式. 由于从式 (3.30) 解出的 $a_0, a_1, \cdots, a_m$ 是 $T(h_k)(k=i, i+1, \cdots, i+m)$ 的线性组合, 代入式 (3.29), $P_m^{(i)}(h)$ 当然也是 $T(h_k)$ 的线性组合, 组合系数同 $T(h)$ 无关. $P_{m-1}^{(i+1)}(h)$ 和 $P_{m-1}^{(i)}(h)$ 的情况也是如此. 所以, 可设想
$$P_m^{(i)}(h) = \lambda(h) P_{m-1}^{(i+1)}(h) + \mu(h) P_{m-1}^{(i)}(h) \quad (3.33)$$
由广义插值多项式的唯一性可知, $T(h) = \psi_0(h) = 1$ 时

第二编 拉格朗日插值在数值计算与逼近论中的应用

$$P_m^{(i)}(h) = P_{m-1}^{(i+1)}(h) = P_{m-1}^{(i)}(h) = \psi_0(h) = 1$$

式(3.33)变为

$$1 = \lambda(h) + \mu(h)$$

所以

$$\mu(h) = 1 - \lambda(h)$$

当 $T(h) = \psi_m(h)$ 时，$P_m^{(i)}(h) = \psi_m(h)$，分别记这时的广义插值多项式 $P_{m-1}^{(i+1)}(h), P_{m-1}^{(i)}(h)$ 为 $\widetilde{P}_{m-1}^{(i+1)}(h), \widetilde{P}_{m-1}^{(i)}(h)$，则式(3.33)变为

$$\psi_m(h) = \lambda(h)\widetilde{P}_{m-1}^{(i+1)}(h) + \mu(h)\widetilde{P}_{m-1}^{(i)}(h)$$

由此可解出

$$\begin{cases} \lambda(h) = \dfrac{\psi_m(h) - \widetilde{P}_{m-1}^{(i)}(h)}{\widetilde{P}_{m-1}^{(i+1)}(h) - \widetilde{P}_{m-1}^{(i)}(h)} \\ \mu(h) = -\dfrac{\psi_m(h) - \widetilde{P}_{m-1}^{(i+1)}(h)}{\widetilde{P}_{m-1}^{(i+1)}(h) - \widetilde{P}_{m-1}^{(i)}(h)} \end{cases} \tag{3.34}$$

当 $h \neq h_i, h_{i+1}, \cdots, h_{i+m}$ 时，这里的分母不会等于 0。这是因为，它是 $\psi_0, \psi_1, \cdots, \psi_{m-1}$ 的线性组合，$h_{i+1}, h_{i+2}, \cdots, h_{i+m-1}$ 是它的 $m-1$ 个零点，若组合系数不全为 0，由于 $\psi_0, \psi_1, \cdots, \psi_{m-1}$ 为切比雪夫函数组，它就不应再有零点；若组合系数全为 0，则 $\widetilde{P}_{m-1}^{(i+1)}(h) \equiv \widetilde{P}_{m-1}^{(i)}(h)$，它们的公共系数 $a_0, a_1, \cdots, a_{m-1}$ 满足对应于方程组(3.30)的方程组

$$a_0\psi_0(h_k) + a_1\psi_1(h_k) + \cdots +$$
$$a_{m-1}\psi_{m-1}(h_k) - 1 \cdot \psi_m(h_k) = 0$$
$$(k = i, i+1, \cdots, i+m)$$

这个方程组有非零解 $(a_0, a_1, \cdots, a_{m-1}, -1)$，故系数行列式

$$V\begin{Bmatrix} \psi_0 & \psi_1 & \cdots & \psi_m \\ h_i & h_{i+1} & \cdots & h_{i+m} \end{Bmatrix} = 0$$

35

Lagrange 插值多项式

这同(3.31)矛盾.

将式(3.34)代入式(3.33),并令 $e_m^{(i)}T(h)$ 表示广义插值多项式 $P_m^{(i)}(h)$ 的误差,即

$$e_m^{(i)}T(h) = P_m^{(i)}(h) - T(h) \quad (3.35)$$

则得

$$P_m^{(i)}(h) = \frac{e_{m-1}^{(i)}\psi_m(h)P_{m-1}^{(i+1)}(h) - e_{m-1}^{(i+1)}\psi_m(h)P_{m-1}^{(i)}(h)}{e_{m-1}^{(i)}\psi_m(h) - e_{m-1}^{(i+1)}\psi_m(h)}$$

$$= P_{m-1}^{(i+1)}(h) + \frac{P_{m-1}^{(i+1)}(h) - P_{m-1}^{(i)}(h)}{\dfrac{e_{m-1}^{(i)}\psi_m(h)}{e_{m-1}^{(i+1)}\psi_m(h)} - 1} \quad (3.36)$$

将 $T(h) = \psi_j(h)(j > m)$ 代入,并注意式(3.35),则得

$$e_m^{(i)}\psi_j(h) = \frac{e_{m-1}^{(i)}\psi_m(h)P_{m-1}^{(i+1)}(h) - e_{m-1}^{(i+1)}\psi_m(h)P_{m-1}^{(i)}(h)}{e_{m-1}^{(i)}\psi_m(h) - e_{m-1}^{(i+1)}\psi_m(h)} -$$

$$\psi_j(h)$$

$$= (e_{m-1}^{(i)}\psi_m(h)(P_{m-1}^{(i+1)}(h) - \psi_j(h)) -$$

$$e_{m-1}^{(i+1)}\psi_m(h)(P_{m-1}^{(i)}(h) - \psi_j(h)))/$$

$$(e_{m-1}^{(i)}\psi_m(h) - e_{m-1}^{(i+1)}\psi_m(h))$$

即

$$e_m^{(i)}\psi_j(h) = \frac{e_{m-1}^{(i)}\psi_m(h)e_{m-1}^{(i+1)}\psi_j(h) - e_{m-1}^{(i+1)}\psi_m(h)e_{m-1}^{(i)}\psi_j(h)}{e_{m-1}^{(i)}\psi_m(h) - e_{m-1}^{(i+1)}\psi_m(h)}$$

$$= e_{m-1}^{(i+1)}\psi_j(h) + \frac{e_{m-1}^{(i+1)}\psi_j(h) - e_{m-1}^{(i)}\psi_j(h)}{\dfrac{e_{m-1}^{(i)}\psi_m(h)}{e_{m-1}^{(i+1)}\psi_m(h)} - 1} \quad (3.37)$$

公式(3.36)就是计算广义插值多项式 $P_m^{(i)}(h)$ 的递推公式,其中用到的 $e_{m-1}^{(i)}\psi_m(h)$ 和 $e_{m-1}^{(i+1)}\psi_m(h)$ 可根据递推公式(3.37)预先算出. 当然,$m=0$ 时

$$P_0^{(i)}(h) = T(h_i)$$

$$e_0^{(i)}\psi_j(h) = \psi_j(h_i) - \psi_j(h)$$

为了利用这些公式推算极限值 $T(0)$,令 $h=0$,仍记

$P_m^{(i)}(0) = T_m^{(i)}$,注意由条件(3.28)知 $\psi_j(0) = 0 (j > 0)$,便得

$$\begin{cases} T_0^{(i)} = T(h_i) \\ T_m^{(i)} = \dfrac{e_{m-1}^{(i)} \psi_m(0) T_{m-1}^{(i+1)} - e_{m-1}^{(i+1)} \psi_m(0) T_{m-1}^{(i)}}{e_{m-1}^{(i)} \psi_m(0) - e_{m-1}^{(i+1)} \psi_m(0)} \\ \qquad = T_{m-1}^{(i+1)} + \dfrac{T_{m-1}^{(i+1)} - T_{m-1}^{(i)}}{\dfrac{e_{m-1}^{(i)} \psi_m(0)}{e_{m-1}^{(i+1)} \psi_m(0)} - 1} \end{cases} \quad (3.38)$$

$$\begin{cases} e_0^{(i)} \psi_j(0) = \psi_j(h_i) \\ e_m^{(i)} \psi_j(0) = \dfrac{e_{m-1}^{(i)} \psi_m(0) e_{m-1}^{(i+1)} \psi_j(0) - e_{m-1}^{(i+1)} \psi_m(0) e_{m-1}^{(i)} \psi_j(0)}{e_{m-1}^{(i)} \psi_m(0) - e_{m-1}^{(i+1)} \psi_m(0)} \\ \qquad = e_{m-1}^{(i+1)} \psi_j(0) + \dfrac{e_{m-1}^{(i+1)} \psi_j(0) - e_{m-1}^{(i)} \psi_j(0)}{\dfrac{e_{m-1}^{(i)} \psi_m(0)}{e_{m-1}^{(i+1)} \psi_m(0)} - 1} \end{cases}$$

$$(3.39)$$

利用递推公式(3.38)推算 $T(0)$ 的近似值 $T_m^{(i)}$ 的方法称为 Mühlbach 外推算法,它是 1976 年 G. Mühlbach 提出来的.公式(3.38)中所用的 $e_{m-1}^{(i)} \psi_m(0)$ 和 $e_{m-1}^{(i+1)} \psi_m(0)$ 可根据公式(3.39)算出.

显然,递推公式(3.38)类似于(3.3)(3.14)和(3.18),但比较复杂,需要另外计算 $e_{m-1}^{(i)} \psi_m(0)$ 和 $e_{m-1}^{(i+1)} \psi_m(0)$.不过,这些量同 $T(h)$ 无关,一旦选定 $\{\psi_i\}$ 和 $\{h_i\}$,就可预先算出.注意公式(3.39)类似于(3.38),只要把式(3.38)中的 $T_{m-1}^{(i)}$ 和 $T_{m-1}^{(i+1)}$ 分别换为 $e_{m-1}^{(i)} \psi_j(0)$ 和 $e_{m-1}^{(i+1)} \psi_j(0)$,就变为(3.39),因而 $e_m^{(i)} \psi_j(0)$ 和 $T_m^{(i)}$ 的计算过程相同.然而,根据广义插值多项式的唯一性可知,当 $m \geqslant j$ 时,$e_m^{(i)} \psi_j(h) = 0$,所以实际只需计算 $e_0^{(i)} \psi_j(0), e_1^{(i)} \psi_j(0), \cdots, e_{j-1}^{(i)} \psi_j(0)$.

余项 $e_m^{(i)} T(h)$ 和 $e_m^{(i)} \psi_j(0)$ 还可用广义范德蒙德行列

Lagrange 插值多项式

式来表示和计算. 事实上, 由插值条件(3.30)和 $e_m^{(i)}T(h)$ 的定义(3.35)有

$$\begin{cases} a_0\psi_0(h_k)+\cdots+a_m\psi_m(h_k)-1\cdot T(h_k)=0 \\ \quad (k=i,i+1,\cdots,i+m) \\ a_0\psi_0(h)+\cdots+a_m\psi_m(h)-1\cdot(e_m^{(i)}T(h)+T(h))=0 \end{cases}$$

这是 $(a_0,a_1,\cdots,a_m,-1)$ 的线性齐次方程组, 它有非零解, 故

$$\begin{vmatrix} \psi_0(h_i) & \cdots & \psi_m(h_i) & T(h_i)+0 \\ \vdots & & \vdots & \vdots \\ \psi_0(h_{i+m}) & \cdots & \psi_m(h_{i+m}) & T(h_{i+m})+0 \\ \psi_0(h) & \cdots & \psi_m(h) & T(h)+e_m^{(i)}T(h) \end{vmatrix}=0$$

从而

$$e_m^{(i)}T(h)=-V\begin{bmatrix}\psi_0 & \cdots & \psi_m & \psi_j \\ h_i & \cdots & h_{i+m} & h\end{bmatrix}\Big/V\begin{bmatrix}\psi_0 & \cdots & \psi_m \\ h_i & \cdots & h_{i+m}\end{bmatrix}$$

(3.40)

令 $T(h)=\psi_j(h), h=0$, 得

$$e_m^{(i)}\psi_j(0)=-V\begin{bmatrix}\psi_0 & \cdots & \psi_m & \psi_j \\ h_i & \cdots & h_{i+m} & h\end{bmatrix}\Big/V\begin{bmatrix}\psi_0 & \cdots & \psi_m \\ h_i & \cdots & h_{i+m}\end{bmatrix}$$

注意 $\psi_0(h)=1, \psi_j(0)=0(j>0)$, 上式中分子

$$\begin{vmatrix}\psi_0(h_i) & \cdots & \psi_m(h_i) & \psi_j(h_i) \\ \vdots & & \vdots & \vdots \\ \psi_0(h_{i+m}) & \cdots & \psi_m(h_{i+m}) & \psi_j(h_{i+m}) \\ 1 & \cdots & 0 & 0 \end{vmatrix}$$

$$=(-1)^{m+3}V\begin{bmatrix}\psi_1 & \cdots & \psi_m & \psi_j \\ h_i & \cdots & \cdots & h_{i+m}\end{bmatrix}$$

故得

第二编　拉格朗日插值在数值计算与逼近论中的应用

$$e_m^{(i)}\psi_j(0)=(-1)^m\frac{V\begin{bmatrix}\psi_1&\cdots&\psi_m&\psi_j\\h_i&\cdots&\cdots&h_{i+m}\end{bmatrix}}{V\begin{bmatrix}\psi_0&\cdots&\psi_m\\h_i&\cdots&h_{i+m}\end{bmatrix}} \quad (3.41)$$

在 $\{\psi_j\}=\{h^r\}$ 的具体情况下，从公式(3.41)分子行列式的第一行中提出公因子 h_i^r，从第二行中提出公因子 h_{i+1}^r，……，从第 $m+1$ 行中提出公因子 h_{i+m}^r，则得

$$e_m^{(i)}\psi_j(0)=(-1)^m h_i^r h_{i+1}^r\cdots h_{i+m}^r\frac{V\begin{bmatrix}\psi_0&\cdots&\psi_{m-1}&\psi_{j-1}\\h_i&\cdots&\cdots&h_{i+m}\end{bmatrix}}{V\begin{bmatrix}\psi_0&\cdots&\psi_m\\h_i&\cdots&h_{i+m}\end{bmatrix}}$$

由此可见

$$\begin{cases}e_m^{(i)}\psi_{m+1}(0)=(-1)^m h_i^r h_{i+1}^r\cdots h_{i+m}^r\\ e_m^{(i)}\psi_j(0)=(-1)^m h_i^r h_{i+1}^r\cdots h_{i+m}^r\times o(h_i^r)\end{cases} \quad (j>m+1)$$

$$(3.42)$$

其中 $o(h_i^r)$ 表示 h_i^r 的高阶无穷小量，于是

$$e_{m-1}^{(i)}\psi_m(0)/e_{m-1}^{(i+1)}\psi_m(0)=h_i^r/h_{i+m}^r$$

代入公式(3.38)，则得到式(3.14)．这说明，内维尔外推算法(3.14)及 $r=2$ 时的龙贝格外推算法是 Mühlbach 外推算法的特殊情形．

在 $\{\psi_j\}=\{h^{r_j}\}$ 而 $h_k=h_0 b^k$ 的特殊情况下

$$\frac{e_{m-1}^{(i)}\psi_m(0)}{e_{m-1}^{(i+1)}\psi_m(0)}=\frac{V\begin{bmatrix}\psi_1&\cdots&\psi_m\\h_i&\cdots&h_{i+m-1}\end{bmatrix}}{V\begin{bmatrix}\psi_1&\cdots&\psi_m\\h_{i+1}&\cdots&h_{i+m}\end{bmatrix}}\cdot\frac{V\begin{bmatrix}\psi_0&\cdots&\psi_{m-1}\\h_{i+1}&\cdots&h_{i+m}\end{bmatrix}}{V\begin{bmatrix}\psi_0&\cdots&\psi_{m-1}\\h_i&\cdots&h_{i+m-1}\end{bmatrix}}$$

对右边第一个分式的分母行列式，由各列分别提出公因子 $b^{r_1},b^{r_2},\cdots,b^{r_m}$，则所得行列式与分子相同；对第二个分式的分子行列式，由各列分别提出 $1,b^{r_1},\cdots,b^{r_{m-1}}$，则所得

Lagrange 插值多项式

行列式与分母相同,于是

$$\frac{e_{m-1}^{(i)}\psi_m(0)}{e_{m-1}^{(i+1)}\psi_m(0)} = \frac{1}{b^{r_1}b^{r_2}\cdots b^{r_{m-1}}} \cdot b^{r_1}\cdots b^{r_{m-1}} = b^{-r_m}$$

将此结果代入式(3.38),得到式(3.18). 这说明,Bulirsch-Stoer 外推算法是 Mühlbach 外推算法的特殊情形.

对于 $\{\psi_j(h)\} = \{h^{r_j}\}$,按照公式(3.39)可得

$$e_0^{(i)}\psi_j(0) = \psi_j(h_i) = h_i^{r_j} = h_0 b^{ir_j}$$

$$e_1^{(i)}\psi_j(0) = \frac{h_0^{r_1} b^{ir_1} \cdot h_0^{r_j} b^{(i+1)r_j} - h_0^{r_1} b^{(i+1)r_1} \cdot h_0^{r_j} b^{ir_j}}{h_0^{r_1} b^{ir_1} - h_0^{r_1} b^{(i+1)r_1}}$$

$$= h_i^{r_j} = \frac{b^{r_j} - b^{r_1}}{1 - b^{r_1}}$$

$$\vdots$$

$$e_m^{(i)}\psi_j(0) = h_i^{r_j} \prod_{k=1}^{m} \frac{b^{r_j} - b^{r_k}}{1 - b^{r_k}} \qquad (3.43)$$

§4 广义多项式插值法与理查森外推法的关系

广义插值多项式 $P_m^{(i)}(h)$ 可以看成从 $T(h)$ 的近似多项式

$$P_0^{(i)}(h) = T(h_i)$$

中逐步消去误差项 $\tau_1\psi_1(h), \tau_2\psi_2(h), \cdots$ 的结果. 证明如下:由式(3.37),即

$$T(h) = \tau_0 + \tau_1\psi_1(h) + \tau_2\psi_2(h) + \cdots$$

我们有

$$P_0^{(i)}(h) = T(h_i) = \tau_0 + \tau_1\psi_1(h_i) + \tau_2\psi_2(h_i) + \cdots$$

两式相减,得

40

第二编　拉格朗日插值在数值计算与逼近论中的应用

$$P_0^{(i)}(h) = T(h) + \tau_1(\psi_1(h_i) - \psi_1(h)) +$$
$$\tau_2(\psi_2(h_i) - \psi_2(h)) + \cdots$$
$$= T(h) + \tau_1 e_0^{(i)}\psi_1(h) + \tau_2 e_0^{(i)}\psi_2(h) + \cdots$$
$$(3.44)$$

这里 $\tau_1 e_0^{(i)}\psi_1(h), \tau_2 e_0^{(i)}\psi_2(h), \cdots$ 是 $T(h)$ 的近似多项式 $P_0^{(i)}(h)$ 包含的误差项,由此式得

$$P_0^{(i+1)} = T(h) + \tau_1 e_0^{(i+1)}\psi_1(h) + \tau_2 e_0^{(i+1)}\psi_2(h) + \cdots$$

将此式和式(3.44)分别乘 $e_0^{(i)}\psi_1(h), e_0^{(i+1)}\psi_1(h)$,然后相减,并除以 $e_0^{(i)}\psi_1(h) - e_0^{(i+1)}\psi_1(h)$,则得

$$\frac{e_0^{(i)}\psi_1(h)P_0^{(i+1)}(h) - e_0^{(i+1)}\psi_1(h)P_0^{(i)}(h)}{e_0^{(i)}\psi_1(h) - e_0^{(i+1)}\psi_1(h)}$$
$$= T(h) + \tau_2\frac{e_0^{(i)}\psi_1(h)e_0^{(i+1)}\psi_2(h) - e_0^{(i+1)}\psi_1(h)e_0^{(i)}\psi_2(h)}{e_0^{(i)}\psi_1(h) - e_0^{(i+1)}\psi_1(h)} + \cdots$$

根据(3.36)(3.37)两式,此式即

$$P_1^{(i)}(h) = T(h) + \tau_2 e_1^{(i)}\psi_2(h) + \tau_3 e_1^{(i)}\psi_3(h) + \cdots$$

这说明,$P_1^{(i)}(h)$ 是从 $P_0^{(i)}(h) = T(h_i)$ 中消去首项误差 $e_0^{(i)}\psi_1(h)$ 的结果,它只含有 $\tau_2 e_1^{(i)}\psi_2(h), \tau_3 e_1^{(i)}\psi_3(h), \cdots$ 等项的误差.一般地,当 $m < N$ 时,设有

$$P_{m-1}^{(i)}(h) = T(h) + \tau_m e_{m-1}^{(i)}\psi_m(h) + \tau_{m+1}e_{m-1}^{(i)}\psi_{m+1}(h) + \cdots$$

则

$$P_{m-1}^{(i+1)}(h) = T(h) + \tau_m e_{m-1}^{(i+1)}\psi_m(h) + \tau_{m+1}e_{m-1}^{(i+1)}\psi_{m+1}(h) + \cdots$$

由此两式得

$$\frac{e_{m-1}^{(i)}\psi_m(h)P_{m-1}^{(i+1)}(h) - e_{m-1}^{(i+1)}\psi_m(h)P_{m-1}^{(i)}(h)}{e_{m-1}^{(i)}\psi_m(h) - e_{m-1}^{(i+1)}\psi_m(h)}$$
$$= T(h) + \tau_{m+1}(e_{m-1}^{(i)}\psi_m(h)e_{m-1}^{(i+1)}\psi_{m+1}(h) -$$
$$e_{m-1}^{(i+1)}\psi_m(h)e_{m-1}^{(i)}\psi_{m+1}(h))/$$
$$(e_{m-1}^{(i)}\psi_m(h) - e_{m-1}^{(i+1)}\psi_m(h)) + \cdots$$

根据(3.36)(3.37)两式,此式亦即

Lagrange 插值多项式

$$P_m^{(i)}(h) = T(h) + \tau_{m+1}e_m^{(i)}\psi_{m+1}(h) + \tau_{m+2}e_m^{(i)}\psi_{m+2}(h) + \cdots$$
$$(3.45)$$

这样,我们便用数学归纳法证明了式(3.45),即证明了广义插值多项式 $P_m^{(i)}(h)$ 是由 $T(h)$ 的近似式 $T(h_i) = P_0^{(i)}(h)$ 中逐步消去误差项的结果;它作为 $T(h)$ 的近似式,只含有首项是 $\tau_{m+1}e_m^{(i)}\psi_{m+1}(h)$ 的一些误差项.或者说,广义插值多项式 $P_m^{(i)}(h)$,是对 $T(h_i)$ 应用理查森(Richardson)外推法的结果.

作为特例,$T_m^{(i)} = P_m^{(i)}(0)$ 自然也是从 $T(0)$ 的近似值 $T(h_i)$ 中逐步消去误差项的结果.这说明,广义多项式外推法,即 Mühlbach 外推法,也是理查森外推法.这还说明,对固定的 i,随着 m 的增加,$T_m^{(i)}$ 的误差阶数逐步提高.正是由于这个原因,广义多项式外推法,可用来加速 $\{T(h_i)\}$ 的收敛,成为数值计算的重要工具.当然,这些话都只是在 $m < N$(见渐近展开式(3.27))时才成立.如果 $m \geqslant N$,那就未必收敛了.渐近展开式(3.27)不存在,可看作 $N = 0$ 或 $\tau_{N+1}(h)$ 不一定有界.这时广义多项式外推法未必加速收敛.

§5 误 差 估 计

由公式(3.45)立即可得 $T_m^{(i)}$ 的误差表示式
$$T_m^{(i)} - T(0) = \tau_{m+1}e_m^{(i)}\psi_{m+1}(0) + \tau_{m+2}e_m^{(i)}\psi_{m+2}(0) + \cdots$$
$$(3.46)$$

当然,这里 $m < N$.

在 $\{\psi_j\} = \{h^{j_r}\}$ 的情况下,即对多项式外推法,由(3.46)和(3.42)两式得到

$$T_m^{(i)} - T(0) = (-1)^m h_i^r h_{i+1}^r \cdots h_{i+m}^r \{\tau_{m+1} + o(h_i^r)\}$$
(3.47)

在 $\{\psi_j\} = \{h^{r_j}\}$ 而 $h_i = h_0 b^i (0 < b < 1)$ 的情况下，即对 Bulirsch-Stoer 外推算法，由(3.46)和(3.43)两式得

$$T_m^{(i)} - T(0) = \tau_{m+1} h_i^{r_{m+1}} \prod_{k=1}^{m} \frac{b^{r_{m+1}} - b^{r_k}}{1 - b^{r_k}} +$$

$$\tau_{m+2} h_i^{r_{m+2}} \prod_{k=1}^{m} \frac{b^{r_{m+2}} - b^{r_k}}{1 - b^{r_k}} + \cdots$$

$$= (-1)^m h_i^{r_{m+1}} b^{\sum_{k=1}^{m} r_k} \prod_{k=1}^{m} \frac{1 - b^{r_{m+1} - r_k}}{1 - b^{r_k}} \cdot$$

$$(\tau_{m+1} + o(h_i^{r_{m+2} - r_{m+1}}))$$
(3.48)

利用类似于式(3.20)定义的线性外推算子，我们可以导出 $T_m^{(i)}$ 的误差的另一种表示式。

设线性外推算子 Λ_m^i 具有如下性质

$$\begin{cases} (a) \Lambda_m^i T(h) = \sum_{k=i}^{i+m} C_{mk}^{(i)} T(h_k) \\ (b) \Lambda_m^i 1 = 1 \\ (c) \Lambda_m^i \psi_j(h) = 0 \quad (j = 1, 2, \cdots, m) \end{cases}$$
(3.49)

那么，对于广义插值多项式 $P_m^{(i)}(h)$，有

$$\Lambda_m^i T(h) = \sum_{k=i}^{i+m} C_{mk}^{(i)} T(h_k) = \sum_{k=i}^{i+m} C_{mk}^{(i)} P_m^{(i)}(h_k) = \Lambda_m^i P_m^{(i)}(h)$$

$$= \Lambda_m^i \Big(\sum_{j=0}^{m} a_j \psi_j(h)\Big) = a_0 = P_m^{(i)}(0)$$

这说明，$T_m^{(i)} = P_m^{(i)}(0)$ 不仅可以看成是从 $P_0^{(i)}(0)$ 中逐步消去低次误差项的结果，还可以看成是线性外推算子 Λ_m^i 作用于 $T(h)$ 的结果。

性质(3.49)中的 $C_{mk}^{(i)}$ 可由(3.40)求出。事实上，

Lagrange 插值多项式

将式(3.40)右边分子行列式按最后一列展开,则得

$$P_m^{(i)}(h) - T(h)$$
$$= e_m^{(i)} T(h)$$
$$= \sum_{k=i}^{i+m} \frac{V\begin{pmatrix} \psi_0, \cdots\cdots\cdots\cdots, \psi_m \\ h_i, \cdots, h_{k-1}, h, h_{k+1}, \cdots, h_{i+m} \end{pmatrix}}{V\begin{pmatrix} \psi_0, \cdots, \psi_m \\ h_i, \cdots, h_{i+m} \end{pmatrix}} T(h_k) - T(h)$$

可见

$$P_m^{(i)}(h) = \sum_{k=i}^{i+m} \frac{V\begin{pmatrix} \psi_0, \cdots\cdots\cdots\cdots, \psi_m \\ h_i, \cdots, h_{k-1}, h, h_{k+1}, \cdots, h_{i+m} \end{pmatrix}}{V\begin{pmatrix} \psi_0, \cdots, \psi_m \\ h_i, \cdots, h_{i+m} \end{pmatrix}} T(h_k)$$

(3.50)

此式用函数值 $T(h_i), T(h_{i+1}), \cdots, T(h_{i+m})$ 的线性组合表达了广义插值多项式,而且当 $\psi_j(h) = h^j$ 时变为通常的拉格朗日插值多项式,故称为广义拉格朗日插值多项式. 令 $h = 0$,式(3.50) 左方成为 $T_m^{(i)}$,故据式(3.49)(a) 得

$$C_{mk}^{(i)} = \frac{V\begin{pmatrix} \psi_0, \cdots\cdots\cdots\cdots, \psi_m \\ h_i, \cdots, h_{k-1}, h, h_{k+1}, \cdots, h_{i+m} \end{pmatrix}}{V\begin{pmatrix} \psi_0, \cdots, \psi_m \\ h_i, \cdots, h_{i+m} \end{pmatrix}} \quad (3.51)$$

特别地,当 $\psi_j(h) = h^{jr}$ 时,由此可得

$$C_{mk}^{(i)} = \prod_{j=i}^{i+m}{'} \frac{h_j^r}{h_j^r - h_k^r} \quad (3.52)$$

这一结果,与在拉格朗日插值公式(3.5)中,令 $x = h^r$ 所得结果是一致的.

现在,把线性外推算子 Λ_m^i 作用于渐近展开式

(3.27),则当 $m \geqslant N$ 时

$$\begin{aligned} T_m^{(i)} &= \Lambda_m^i T(h) = \Lambda_m^i \Big(\sum_{j=0}^N \tau_j \psi_j(h) + \tau_{N+1}(h) \psi_{N+1}(h) \Big) \\ &= \tau_0 + \Lambda_m^i (\tau_{N+1}(h) \psi_{N+1}(h)) \\ &= \tau_0 + \sum_{k=i}^{i+m} C_{mk}^{(i)} \tau_{N+1}(h_k) \psi_{N+1}(h_k) \end{aligned}$$

故得 $T_m^{(i)}$ 的另一种误差表达式

$$T_m^{(i)} - \tau_0 = \sum_{k=i}^{i+m} C_{mk}^{(i)} \tau_{N+1}(h_k) \psi_{N+1}(h_k) \quad (3.53)$$

这个公式虽然是在 $m \geqslant N$ 的假定下推出来的,但对 $m < N$ 的情形也仍然有用. 这是因为,当 $m < N$ 时令 $n \leqslant m$, 公式(3.27)可改写为

$$T(h) = \tau_0 + \tau_1 \psi_1(h) + \cdots + \tau_n \psi_n(h) + \tau_{n+1} \psi_{n+1}(h)$$

其中

$$\begin{aligned} \tau_{n+1}(h) &= (\tau_{n+1} \psi_{n+1}(h) + \tau_{n+2} \psi_{n+2}(h) + \cdots)/\psi_{n+1}(h) \\ &= \tau_{n+1} + O(\psi_{n+2}(h)/\psi_{n+1}(h)) \quad (3.54) \end{aligned}$$

于是,把 n 看成 N, 则由式(3.53)得

$$T_m^{(i)} - \tau_0 = \sum_{k=i}^{i+m} C_{mk}^{(i)} (\tau_{n+1} + O(\psi_{n+2}(h_k)/\psi_{n+1}(h_k)) \psi_{n+1}(h_k)$$

$$(3.55)$$

特别地,取 $n = m$, 便有

$$T_m^{(i)} - \tau_0 = \sum_{k=i}^{i+m} C_{mk}^{(i)} (\tau_{m+1} + O(\psi_{m+2}(h_k)/\psi_{m+1}(h_k))) \psi_{m+1}(h_k)$$

$$(3.56)$$

这个结果的形式与(3.47)(3.48)相似.

上面导出的误差估计式,实际上很难应用. 这是因为,对于一个实际的问题,尽管可以肯定渐近展开式(3.27)存在,但 τ_{m+1} 的具体数值往往难以确定. 这时较好的办法,是通过计算过程中得到的量来估计误差.

Lagrange 插值多项式

显然,若能找到夹住极限 $T(0)$ 的两个趋于 $T(0)$ 的量,则将它们的中间值取为 $T(0)$ 的近似值时,其误差不会超过它们之差绝对值的一半.这两个量称为 $T(0)$ 的渐近上、下限.

对于多项式外推算法,由误差估计式(3.47)可见,若 m 固定 ($m<N$) 且 i 充分大,则当 i 增加时,$T_m^{(i)}$ 单调地趋于 $T(0)$,可作为 $T(0)$ 的渐近上限或下限.为了求出由 $T(0)$ 另一侧单调地趋于 $T(0)$ 的 $U_m^{(i)}$,可令

$$U_m^{(i)} \equiv (1+\alpha) T_m^{(i+1)} - \alpha T_m^{(i)} \tag{3.57}$$

使 $U_m^{(i)} - T(0)$ 与式(3.47)的符号相反,即

$$U_m^{(i)} - T(0) = (-1)^{m+1} h_i^r h_{i+1}^r \cdots h_{i+m}^r (\tau_{m+1} + o(h_i^r))$$

由(3.57)和(3.47)两式可得

$$U_m^{(i)} - T(0) = (-1)^m h_i^r h_{i+1}^r \cdots h_{i+m}^r \cdot$$

$$\left(\tau_{m+1}\left((1+\alpha)\frac{h_{i+m+1}^r}{h_i^r} - \alpha\right) + o(h_i^r)\right)$$

只需 α 满足

$$(1+\alpha) h_{i+m+1}^r / h_i^r - \alpha = -1$$

即

$$\alpha = 1 + \frac{2}{(h_i/h_{i+m+1})^r - 1} \tag{3.58}$$

当 α 满足此条件时,$T_m^{(i)}$ 和 $U_m^{(i)}$ 是 $T(0)$ 的渐近上下限,故

$$\left|\frac{1}{2}(T_m^{(i)} + U_m^{(i)}) - T(0)\right| \leqslant \frac{1}{2} \mid T_m^{(i)} - U_m^{(i)} \mid$$

$$\tag{3.59}$$

由式(3.57)(3.58)和(3.14),可知

$$\frac{1}{2}(T_m^{(i)} + U_m^{(i)}) = T_m^{(i+1)} + \frac{T_m^{(i+1)} - T_m^{(i)}}{\left(\dfrac{h_i}{h_{i+m+1}}\right)^r - 1} = T_{m+1}^{(i)}$$

第二编　拉格朗日插值在数值计算与逼近论中的应用

$$\frac{1}{2}(T_m^{(i)} - U_m^{(i)}) = \frac{h_i^r}{h_{i+m+1}^r - h_i^r}(T_m^{(i+1)} - T_m^{(i)})$$

$$= \frac{(T_m^{(i+1)} - T_m^{(i)})}{\left(\frac{h_{i+m+1}}{h_i}\right)^r - 1}$$

故式(3.59)可改写为

$$|T_{m+1}^{(i)} - T(0)| \leqslant \frac{|T_m^{(i+1)} - T_m^{(i)}|}{1 - (h_{i+m+1}/h_i)^r} = |T_{m+1}^{(i)} - T_m^{(i)}| \tag{3.60}$$

若在式(3.57)中直接令 $\alpha = 1$,即令

$$U_m^{(i)} = 2T_m^{(i+1)} - T_m^{(i)} \tag{3.61}$$

则由式(3.47)有

$$U_m^{(i)} - T(0) = (-1)^m h_i^r \cdots h_{i+m}^r \cdot$$

$$\left(\tau_{m+1}\left(\frac{2h_{i+m+1}^r}{h^r} - 1\right) + o(h_i^r)\right)$$

由此可见,若

$$2(h_{i+m+1}/h_i)^r - 1 < 0 \tag{3.62}$$

则 $T_m^{(i)}, U_m^{(i)}$ 仍然是 $T(0)$ 的渐近上下限,式(3.59)仍然成立.但这时

$$\frac{1}{2}(T_m^{(i)} + U_m^{(i)}) = T_m^{(i+1)}$$

$$\frac{1}{2}(U_m^{(i)} - T_m^{(i)}) = T_m^{(i+1)} - T_m^{(i)}$$

故式(3.59)变为

$$|T_m^{(i+1)} - T(0)| \leqslant |T_m^{(i+1)} - T_m^{(i)}| \tag{3.63}$$

用此公式估计误差实际上很保守.因为,由式(3.47)可知

$$T_m^{(i+1)} - T(0) = (-1)^m h_{i+1}^r \cdots h_{i+m+1}^r (\tau_{m+1} + o(h_{i+1}^r))$$

$$T_m^{(i+1)} - T_m^{(i)} = (-1)^m h_{i+1}^r \cdots h_{i+m+1}^r \cdot$$

47

Lagrange 插值多项式

$$\left(\tau_{m+1}\left(1 - \frac{h_i^r}{h_{i+m+1}^r}\right) + o(h_i^r)\right)$$

所以

$$|T_m^{(i+1)} - T(0)| \approx \frac{|T_m^{(i+1)} - T_m^{(i)}|}{(h_i/h_{i+m+1})^r - 1} = |T_{m+1}^{(i)} - T_m^{(i+1)}|$$

$$(3.64)$$

公式(3.60)(3.63)(3.64)表明,当 i 充分大时,外推表中某元素作为 $T(0)$ 近似值的误差,可用该元素与同一对角线上(或同一列上或同一行上)前一元素之差来估计.在应用外推法时,通常发现同行或同列元素相差很小时便停止计算,其理论根据就在这里.

什么样的 i 才算"充分大"呢?这就是式(3.47)中 $o(h_i^r)$ 可以忽略.此时 $T_m^{(i)}$ 随 i 的增加而单调递减或单调递增,而

$$D_m^{(i)} \equiv \left(\frac{h_i}{h_{i+m}}\right)^r \frac{T_{m+1}^{(i)} - T_m^{(i+1)}}{T_{m+1}^{(i-1)} - T_m^{(i)}}$$

$$= \left(\frac{h_i}{h_{i+m}}\right)^r \frac{h_{i+m}^r - h_{i-1}^r}{h_{i+m+1}^r - h_i^r} \cdot \frac{T_m^{(i+1)} - T_m^{(i)}}{T_m^{(i)} - T_m^{(i-1)}}$$

$$= \left(\frac{h_i}{h_{i+m}}\right)^r \frac{h_{i+m}^r - h_{i-1}^r}{h_{i+m+1}^r - h_i^r} \cdot$$

$$\frac{(-1)^m h_{i+1}^r \cdots h_{i+m}^r (\tau_{m+1}(h_{i+m+1}^r - h_i^r) + o(h_i^r))}{(-1)^m h_i^r \cdots h_{i+m-1}^r (\tau_{m+1}(h_{i+m}^r - h_{i-1}^r) + o(h_{i-1}^r))}$$

$$\approx 1 \qquad (3.65)$$

实用中, $T_m^{(i)}$ 单调或 $D_m^{(i)} \approx 1$,就算是 i 充分大的标志.

对于 Bulirsch-Stoer 外推算法,根据式(3.48)也可做类似的讨论,只是公式(3.58)(3.60)(3.62)(3.64)(3.65)应分别修改为

$$\alpha = 1 + \frac{2}{b^{-r_{m+1}} - 1} \qquad (3.58')$$

第二编　拉格朗日插值在数值计算与逼近论中的应用

$$|T_{m+1}^{(i)} - T(0)| \leqslant \frac{1}{1-b^{r_{m+1}}} |T_m^{i+1} - T_m^{(i)}|$$
$$(3.60')$$

$$2b^{r_{m+1}} < 1 \qquad (3.62')$$

$$|T_m^{(i+1)} - T(0)| \approx \frac{|T_m^{(i+1)} - T_m^{(i)}|}{b^{-r_{m+1}} - 1} = |T_{m+1}^{(i)} - T_m^{(i+1)}|$$
$$(3.64')$$

$$D_m^{(i)} \equiv \frac{T_m^{(i+1)} - T_m^{(i)}}{T_m^{(i)} - T_m^{(i-1)}} b^{-r_{m+1}} \approx 1 \qquad (3.65')$$

在实际问题中,有时可以肯定 $T(h)$ 具有式 (3.16) 形式的渐近展开式,但其中的指数 $r_1, r_2, \cdots$ 却难以确定,这时由式 (3.65') 可见,当 i 充分大时

$$b^{r_{m+1}} \approx \frac{T_m^{(i+1)} - T_m^{(i)}}{T_m^{(i)} - T_m^{(i-1)}}$$

根据此式我们可以确定 $r_1, r_2, \cdots$. 当然,由右边分式是否随 i 增大而趋于定值,也可判断式 (3.16) 形式的渐近展开式是否确实成立.

§6　收敛性与稳定性

对于多项式外推算法和 Bulirsch-Stoer 外推算法,由公式 (3.47)(3.48) 可见,当 m 固定且小于渐近展开式 (3.12)(3.16) 中的 N 时

$$\lim_{i \to \infty} T_m^{(i)} = T(0) \qquad (3.66)$$

这表明,外推表中的第 $m(m < N)$ 列元素收敛于 $T(0)$.

其实,在更一般的条件下,即对多项式外推法假定 $h_{i+1}/h_i \leqslant b < 1$,对 Bulirsch-Stoer 算法假定级数

Lagrange 插值多项式

$$\sum_{j=1}^{\infty} b^{r_j}$$

收敛,我们不但可以证明列收敛,即式(3.66)成立,而且还可以证明对角线收敛,即对固定的 i,有

$$\lim_{m\to\infty} T_m^{(i)} = T(0) \qquad (3.67)$$

当然,由于外推算法不过用来加速 $\{T(h_i)\}$ 的收敛,所以序列 $\{T(h_i)\}$ 收敛于 $T(0) = \tau_0$ 应是自然的假定.

先证列收敛. 由条件(3.49)的(a)和(b)可知

$$T_m^{(i)} = \Lambda_m^i T(h) = \sum_{k=i}^{i+m} C_{mk}^{(i)} T(h_k) \qquad (3.68)$$

$$\sum_{k=i}^{i+m} C_{mk}^{(i)} = \Lambda_m^i 1 = 1 \qquad (3.69)$$

如此,如果能证

$$\sum_{k=i}^{i+m} |C_{mk}^{(i)}| \leqslant M \quad (M \text{为常数}) \qquad (3.70)$$

便可证明式(3.66),这是因为,对于任意 $\varepsilon > 0$,由 $\{T(h_i)\}$ 的收敛性知,一定存在 N,使当 $i > N$ 时 $|T(h_i) - T(0)| < \varepsilon/M$,从而

$$|T_m^{(i)} - T(0)| = \left| \sum_{k=i}^{i+m} C_{mk}^{(i)} T(h_k) - \sum_{k=i}^{i+m} C_{mk}^{(i)} T(0) \right|$$

$$\leqslant \sum_{k=i}^{i+m} |C_{mk}^{(i)}| |T(h_k) - T(0)|$$

$$< \sum_{k=i}^{i+m} |C_{mk}^{(i)}| \frac{\varepsilon}{M} \leqslant \varepsilon$$

所以关键在于证明式(3.70).

对于多项式外推法,由式(3.52)知

$$\sum_{k=i}^{i+m} |C_{mk}^{(i)}| = \sum_{k=i}^{i+m} \prod_{j=i}^{i+m}{}' \frac{h_j^r}{|h_j^r - h_k^r|}$$

$$= \sum_{k=0}^{m} \prod_{j=i}^{i+m}{}' \frac{h_j^r}{|h_j^r - h_{i+m-k}^r|}$$

第二编 拉格朗日插值在数值计算与逼近论中的应用

$$\begin{aligned}&= \sum_{k=0}^{m} \prod_{j=i}^{i+m-k-1} \frac{1}{1-h_{i+m-k}^r/h_j^r} \cdot \\ &\quad \prod_{j=i+m-k+1}^{i+m} \frac{1}{h_{i+m-k}^r/h_j^r - 1} \\ &\leqslant \sum_{k=0}^{m} \prod_{j=1}^{m-k} \frac{1}{1-b^{jr}} \cdot \prod_{j=1}^{k} \frac{1}{b^{-jr}-1} \\ &< \prod_{j=1}^{\infty} \frac{1}{1-b^{jr}} \sum_{k=0}^{\infty} \prod_{j=1}^{k} \frac{1}{b^{-jr}-1} = M_1 \end{aligned}$$

(3.71)

说明式(3.70)确实成立.

对于 Bulirsch-Stoer 算法,我们在推导式(3.18)时曾经看到,$C_{m,k+i}^{(i)}$ 是 $Q_m^{(i)}(x)$ 中含 x^k 项的系数,即

$$Q_m^{(i)}(x) = \sum_{k=0}^{m} C_{m,k+i}^{(i)} x^k$$

而由式(3.21)知

$$Q_m^{(i)}(x) = \prod_{j=1}^{m}(x-b^{r_j})/\prod_{j=1}^{m}(1-b^{r_j})$$

因此

$$\sum_{k=i}^{i+m} |C_{mk}^{(i)}| = \sum_{k=0}^{m} |C_{m,i+k}^{(i)}| \leqslant \prod_{j=1}^{m}(1+b^{r_j})/\prod_{j=1}^{m}(1-b^{r_j})$$
$$< \prod_{j=1}^{\infty}(1+b^{r_j})/\prod_{j=1}^{\infty}(1-b^{r_j}) = M_2 \quad (3.72)$$

故对 Bulirsch-Stoer 算法,式(3.70)也成立.

这样,我们便完成了式(3.66)的证明.

为了证明对角线的收敛性,我们需要引用特普利茨(Toeplitz)定理,即:若数列$\{x_i\}$收敛于τ_0,数组$\{C_{mk}\}$满足以下三个条件:

(a) 对所有 m,$\sum_{k=0}^{m} C_{mk} = 1$;

Lagrange 插值多项式

(b) 对所有 m,存在常数 M,使 $\sum_{k=0}^{m} |C_{mk}| < M$;

(c) 对固定的 k, $\lim_{m \to \infty} C_{mk} = 0$.

那么,若令 $\widetilde{x}_m = \sum_{k=0}^{m} C_{mk} x_k$,则数列 $\{\widetilde{x}_m\}$ 也收敛于 τ_0.

此定理证明如下:任给 $\varepsilon > 0$,由于数列 $\{x_i\}$ 收敛于 τ_0,一定存在 N,使当 $m > N$ 时 $|x_m - \tau_0| < \varepsilon/2M$,因此,根据条件(a),可得

$$|\widetilde{x}_m - \tau_0| = \Big|\sum_{k=0}^{m} C_{mk} x_k - \sum_{k=0}^{m} C_{mk} \tau_0 \Big|$$
$$\leqslant \sum_{k=0}^{N} |C_{mk}(x_k - \tau_0)| + \sum_{k=N+1}^{m} |C_{mk}||x_k - \tau_0|$$
$$< \sum_{k=0}^{N} |C_{mk}(x_k - \tau_0)| + \frac{\varepsilon}{2M} \sum_{k=N+1}^{m} |C_{mk}|$$

根据条件(b),知

$$\frac{\varepsilon}{2M} \sum_{k=N+1}^{m} |C_{mk}| < \frac{\varepsilon}{2M} \cdot M = \frac{\varepsilon}{2}$$

而根据条件(c),因 N 固定,可选取 $N_1 > N$,使 $m > N_1$ 时

$$\sum_{k=0}^{N} |C_{mk}(x_k - \tau_0)| < \frac{\varepsilon}{2}$$

于是,$m > N_1$ 时

$$|\widetilde{x}_m - \tau_0| < \frac{\varepsilon}{2} + \frac{\varepsilon}{2} = \varepsilon$$

特普利茨定理证毕.

利用特普利茨定理,很容易证明对角线的收敛性,即式(3.67),事实上,把 $\{T(h_i)\}$ 看作 $\{x_i\}$, $\{C_{m,i+k}^{(i)}\}$ 看作 $\{C_{mk}\}$,则由(3.69)和(3.70)两式可知

$$\sum_{k=0}^{m} C_{m,i+k}^{(i)} = \sum_{k=i}^{i+m} C_{mk}^{(i)} = 1$$

$$\sum_{k=0}^{m} \mid C_{m,i+k}^{(i)} \mid = \sum_{k=i}^{i+m} \mid C_{mk}^{(i)} \mid < M$$

说明条件(a)(b)成立. 当 k 固定时,对于多项式外推算法,由式(3.52)知,当 $m \to \infty$ 时

$$\frac{C_{m+1,k+i}^{(i)}}{C_{m,i+k}^{(i)}} = \frac{h_{i+m+1}^{r}}{h_{i+k}^{r} - h_{i+m+r}^{r}} \to 0$$

可见 $\lim_{m\to\infty} C_{m,i+k}^{(i)} = 0$,对于 Bulirsch-Stoer 外推算法,我们在推导式(3.18)时曾经指出,$C_{m,i+k}^{(i)}$ 是多项式

$$Q_m^{(i)}(x) = \sum_{k=0}^{m} C_{m,i+k}^{(i)} x^k = \prod_{j=1}^{m} \frac{x - b^{r_j}}{1 - b^{r_j}}$$

中含 x^k 项的系数. 由多项式根与系数的关系(韦达(Viète)定理)知,$\left| C_{m,i+k}^{(i)} \prod_{j=1}^{m}(1-b^{r_j}) \right|$ 应是 $Q_m^{(i)}(x)$ 的 m 个根 $b^{r_1}, b^{r_2}, \cdots, b^{r_m}$ 中取 $m-k$ 个根的乘积之和. 这种乘积不超过 $b^{(m-k)r_1}$,而乘积个数是牛顿二项式系数

$$\binom{m}{m-k} = \frac{m!}{(m-k)!\ k!}$$
$$= \frac{m(m-1)\cdots(m-k+1)}{k!} \leqslant m^k$$

故

$$\mid C_{m,i+k}^{(i)} \mid < m^k b^{(m-k)r_1} / \prod_{j=1}^{m}(1-b^{r_j})$$
$$< m^k b^{mr_1} / b^{kr_1} \prod_{j=1}^{\infty}(1-b^{r_j})$$

当 $m \to \infty$ 时,因 $m^k b^{mr_1} \to 0$,便知 $\mid C_{m,i+k}^{(i)} \mid \to 0$. 这样,对于两种外推算法,条件(c)都成立. 于是根据特普利茨定理,式(3.67)成立,证毕.

Lagrange 插值多项式

应当注意,我们证明外推表中列和对角线的收敛性时,没有涉及 $T(h)$ 的渐近展开式. 因此,不管渐近展开式(3.12)(3.16)是否成立,只要 $\{T(h_i)\}$ 收敛于 τ_0,按照多项式外推算法(假定 $h_{i+1}/h_i \leqslant b < 1$)或 Bulirsch-Stoer 外推算法(假定 $\sum\limits_{j=1}^{\infty} b^{r_j}$ 收敛)构造外推表,每一列或每一对角线都收敛于 τ_0. 不过,这是否加速了 $\{T(h_i)\}$ 的收敛,那就难说了.

在渐近展开式(3.12)(3.16)成立的情况下,多项式外推法与 Bulirsch-Stoer 外推法会大大加速 $\{T(h_i)\}$ 的收敛性,则是毫无疑问的. 这是因为,对固定的 i,当 m 增加时,如果 m 不超过渐近展开式中的 N,误差的阶数会逐步提高. 而对固定的 m,由误差估计式(3.47)和(3.48)可见

$$T_m^{(i)} - T(0) = O(h_i^r \cdots h_{i+m}^r)$$

或

$$O(h_i^{r_{m+1}} b^{\sum\limits_{j=1}^{m} r_j})$$

应当注意,对固定的 i,如果 $m \geqslant N$,则由误差估计式(3.53)可见,当 m 增大时,$T_m^{(i)}$ 的误差阶数不会再提高. 正是由于这个原因,当渐近展开式中的 N 为有限值时,计算 $T_m^{(i)}(m > N)$ 的意义不大. 如果渐近展开式(3.12)(3.16)根本不成立,可设想此时(3.12)(3.16)中的 $N = 0$,$\tau_{N+1}(h)$ 数值很大,因而,式(3.53)右方很大,多项式外推法与 Bulirsch-Stoer 外推法就不能加速 $\{T(h_i)\}$ 的收敛了.

从公式(3.70)还可得出有关多项式外推算法与 Bulirsch-Stoer 外推算法稳定性的推论. 事实上,设 $\widetilde{T}(h_i)$ 是 $T(h_i)$ 的近似值,$\widetilde{T}_m^{(i)}$ 是由 $\widetilde{T}(h_i)$ 出发按这两

种外推算法算出的结果,则根据(3.68)和(3.70)两式有

$$\begin{aligned}
|\widetilde{T}_m^{(i)} - T_m^{(i)}| &= \Big|\sum_{k=i}^{i+m} C_{mk}^{(i)} \widetilde{T}(h_k) - \sum_{k=i}^{i+m} C_{mk}^{(i)} T(h_k)\Big| \\
&\leqslant \sum_{k=i}^{i+m} |C_{mk}^{(i)}| |\widetilde{T}(h_k) - T(h_k)| \\
&\leqslant \max_k |\widetilde{T}(h_k) - T(h_k)| \sum_{k=i}^{i+m} |C_{mk}^{(i)}| \\
&\leqslant M \cdot \max_k |\widetilde{T}(h_k) - T(h_k)|
\end{aligned}$$

(3.73)

这表明,M 越大,这两种外推算法越不稳定;M 越小,则越稳定.由式(3.71)和(3.72)可见,b 越小 M 越小;b 越接近 1,M 就越大,算法就越不稳定.

现将龙贝格算法的 M 之值列表(表 3.1)如下:

表 3.1

M \ h_i \ m	$h_0/(1+i)$	$h_0\begin{cases}2^{-\frac{i+1}{2}}\\3^{-1}2^{-\frac{i-2}{2}}\end{cases}$	$2^{-i}h_0$	$10^{-i}h_0$	$(0.9)^i h_0$
1	1.67	1.67	1.67	1.02	9.53
2	3.13	3.13	1.89	1.02	45.88
5	26.44	6.43	1.97	1.02	780
6	55.82	7.37	1.97	1.02	1 394
12	5 730	7.74	1.97	1.02	7 980
14	27 670	7.75	1.97	1.02	10 086

Lagrange 插值多项式

关于修正的拉格朗日插值多项式[①]

第 4 章

1932年,伯恩斯坦(S. Bernstein)以第一类切比雪夫多项式的零点作为插值结点构造了 $f(x) \in C_{[-1,1]}$ 的次数小于 $\lambda n (1 < \lambda < 2)$ 的修正的拉格朗日插值多项式 $Q_n(f,x)$,证得了当 $n \to \infty$ 时 $Q_n(f,x)$ 在 $[-1,1]$ 上一致收敛于 $f(x)$,中国人民大学信息系的朱来义教授在1993年得到了伯恩斯坦这一结果的点态估计.

§1 引 言

根据法贝尔(Faber)和伯恩斯坦定理,我们知道:对于任一组给定的点

---

① 选自:数学学报,1993年第36卷第1期.

第二编　拉格朗日插值在数值计算与逼近论中的应用

$$-1 < x_n < \cdots < x_1 < 1 \quad (n=1,2,\cdots) \quad (4.1)$$

我们可以找到一个函数 $f(x) \in C_{[-1,1]}$，使得 $f(x)$ 的在 $\{x_k\}_{k=1}^n$ 上的拉格朗日插值多项式

$$L_n(f,x) = \sum_{k=1}^n f(x_k) I_k^{(n)}(x) \quad (4.2)$$

在区间 $[-1,1]$ 上不一致收敛于 $f(x)$，其中

$$\begin{cases} I_k^{(n)}(x) = \dfrac{\omega_n(x)}{(x-x_k)\omega'_n(x_k)} \\ \omega_n(x) = \prod\limits_{k=1}^n (x-x_k) \end{cases} \quad (4.3)$$

1916 年，费耶尔(L. Fejér)考虑了以第一类切比雪夫多项式 $T_n(x) = \cos n\arccos x$ 的零点

$$x_k = \cos\frac{2k-1}{2n}\pi \quad (k=1,2,\cdots,n) \quad (4.4)$$

作为插值结点的埃尔米特－费耶尔插值过程，这时埃尔米特－费耶尔插值多项式 $H_{2n-1}(f,x)$ 为

$$H_{2n-1}(f,x) = \sum_{k=1}^n f(x_k)(1-xx_k)\left(\frac{T_n(x)}{n(x-x_k)}\right)^2 \quad (4.5)$$

由费耶尔的一些著作[①]我们知道

$$\lim_{n\to\infty} H_{2n-1}(f,x) = f(x)$$

在 $[-1,1]$ 上一致成立. 1981 年，谢庭藩[②]得到了费耶尔结果的点态估计，他证得

---

①　Fejér L. Über Interpolation，Götlmger. Nachr.，1916；66 － 91.

②　Xie Ting-fan. On the approximation of the continuous functions by Hermite-Fejér interpolation polynomials，Chin. Ann. of Math.，1981(2)：463 － 474.

Lagrange 插值多项式

$$|f(x) - H_{2n-1}(f,x)|$$
$$\leqslant C\Big(\omega\Big(f, \frac{1}{2}|x||\theta - \theta_{k_0}|^2 + \sqrt{1-x^2}|\theta - \theta_{k_0}|\Big) +$$
$$\frac{|T_n(x)|^2}{n}\int_{\frac{1}{n}}^{1} \frac{\omega(f, |x|t^2 + \sqrt{1-x^2}t)}{t^2} dt\Big) \quad (4.6)$$

其中 $x_{k_0} = \cos\theta_{k_0}$ 是最靠近 $x = \cos\theta$ 的 $T_n(x)$ 的零点,$\omega(f,\delta)$ 是 $f(x)$ 的连续模.

我们知道在埃尔米特 — 费耶尔插值过程中,$\{H_{2n-1}(f,x)\}$ 的收敛性是由于 $H_{2n-1}(f,x)$ 的次数是 $L_n(f,x)$ 的 2 倍. 1930 年,伯恩斯坦在哈尔科夫召开的"全苏数学代表大会"上提出了如下问题:给定 $\lambda(1 < \lambda < 2)$,对于任意的连续函数 $f(x)$,是否可以构造次数 $M < \lambda N$ 的插值多项式与 $f(x)$ 在给定的 N 个点上相同,当 $N \to \infty$ 时,一致收敛于 $f(x)$?在已有文献[①]中,伯恩斯坦利用修正的拉格朗日插值多项式回答了这一问题. 他的构造如下:给定偶数 $2l$,将结点 $x_1 > x_2 > \cdots > x_n$ 按 $2l$ 分成若干组. 在每组中的 $2l - 1$ 个点上让 $Q_n(f,x)$ 与 $f(x)$ 相同,而第 $2l$ 个点上 $Q_n(f,x)$ 由下式定义

$$A_{2l(t-1)+1} + A_{2l(t-1)+3} + \cdots + A_{2lt-1} = A_{2l(t-1)+2} + \cdots + A_{2lt}$$
$$(4.7)$$

其中 $A_{2l(t-1)+p} = f(x_{2l(t-1)+p}), 1 \leqslant p \leqslant 2l-1, A_{2lt} = Q_n(f, x_{2lt})$. 按这种方式,当 $\{x_k\}_{k=1}^{n}$ 是 $T_n(x)$ 的零点时,我们有

---

① Bernstein S. On a class of modifing Lagrange interpolation formulea, Acad. Nauk. S. S. S. R. S. N. Bernstein collected works, 1954(Ⅱ):130 - 140(Russion).

第二编　拉格朗日插值在数值计算与逼近论中的应用

$$Q_n(f,x) = \frac{T_n(x)}{n} \sum_{k=1}^{n} \frac{(-1)^{k+1} A_k \sqrt{1-x_k^2}}{x-x_k}$$

(4.8)

由式(4.8)我们知道,$Q_n(f,x)$是次数为$M=n-1$的多项式,在$N \geqslant \frac{2l-1}{2l}n$个点上与$f(x)$相同,$\frac{M}{N} < \frac{2l}{2l-1} = \lambda$.

同时,伯恩斯坦还考虑了其他一些修正的拉格朗日插值多项式,其中之一就是

$$P_n(f,x) = \frac{2T_n(x)}{n(2h+1)} \sum_{k=1}^{n} \frac{(-1)^{k+1} f(x_k) \sqrt{1-x_k^2}}{(x-x_k)^2} \cdot$$
$$\sin(2h+1)\arcsin\frac{x-x_k}{2} \quad (4.9)$$

其中$f(x) \in C_{[-1,1]}$,$0 < \delta_1 \leqslant \frac{2h}{n} < \delta_2 < 1$,$h$是正整数,$\delta_1,\delta_2$是给定的数. 由式(4.9),$P_n(f,x)$是$n+2h-1$次多项式,在$n$个点上与$f(x)$相同. 由上页脚注文献,序列$\{P_n(j,x)\}$在$(-1,1)$中点收敛于$f(x)$,且在$(-1,1)$中内闭一致收敛,在端点$-1,1$处发散.

本章我们主要考虑由(4.8)定义的插值多项式序列$\{Q_n(f,x)\}$的收敛速度,并且考虑如下插值多项式序列$\{F_n(f,x)\}$的收敛速度

$$F_n(f,x) = \frac{2T_n(x)}{n(2h+1)} \sum_{k=1}^{n} \frac{(-1)^{k+1} f(x_k) \sqrt{1-x_k^2}}{(x-x_k)^2} \cdot$$
$$(1-xx_k)\sin(2h+1)\arcsin\frac{x-x_k}{2}$$

(4.10)

它是$n+2h$次多项式在n个点上与$f(x)(1-x^2)$相

Lagrange 插值多项式

同,我们的主要结果为:

定理 4.1 给定偶数 $2l, f(x) \in C_{[-1,1]}, x_k = \cos\dfrac{2k-1}{2n}\pi, Q_n(f,x)$ 是由式(4.8)定义的修正的拉格朗日插值多项式,那么对所有的 $x \in [-1,1]$,有

$$|f(x) - Q_n(f,x)|$$
$$\leqslant C_l \left(\omega\left(f, \dfrac{1}{2}|x||\theta-\theta_{k_0}|^2 + \sqrt{1-x^2}|\theta-\theta_{k_0}|\right) + \right.$$
$$|T_n(x)|\omega\left(f, \dfrac{\sqrt{1-x^2}}{n} + \dfrac{1}{n^2}\right) +$$
$$\left. \dfrac{|T_n(x)|}{n} \int_{\frac{1}{n}}^{1} \dfrac{\omega(f, |x|t^2 + \sqrt{1-x^2}\,t)}{t^2} dt \right)$$

其中 $x_{k_0} = \cos\theta_{k_0}$ 是 $T_n(x)$ 的最靠近 $x = \cos\theta$, 且 $\dfrac{k_0}{2l}$ 不是整数的零点, C_l 是只依赖于 l 的常数.

定理 4.2 给定数 $\delta_1, \delta_2, 1 > \delta_2 > \delta_1 > 0, f(x) \in C_{[-1,1]}$, 设 $F_n(f,x)$ 是由式(4.10)定义的修正的拉格朗日插值多项式, $\dfrac{2h}{n} \in [\delta_1, \delta_2)$, 那么对所有的 $x \in [-1,1]$, 我们有

$$|f(x)(1-x^2) - F_n(f,x)|$$
$$\leqslant C_\delta \left(\omega\left(f, \dfrac{1}{2}|x||\theta-\theta_{k_0}|^2 + \sqrt{1-x^2}|\theta-\theta_{k_0}|\right) \cdot \right.$$
$$\left(\dfrac{1}{2}|x||\theta-\theta_{k_0}|^2 + \sqrt{1-x^2}|\theta-\theta_{k_0}|\right)^2 +$$
$$\left. \dfrac{|T_n(x)|}{n} \int_{\frac{1}{n}}^{1} \dfrac{\omega(f, |x|t^2 + \sqrt{1-x^2}\,t)}{t^2} dt \right)$$

其中 $x_{k_0} = \cos\theta_{k_0}$ 是 $T_n(x)$ 的最靠近 $x = \cos\theta$ 的零点, C_δ 是一个只依赖于 δ_1, δ_2 的常数.

§2 一些引理

为了证明我们的主要结果,我们需要如下一些引理.

引理 4.1 对所有的 $\theta \in [0, \pi]$,我们有

$$\left| \frac{\cos n\theta}{n} \frac{\sin n\theta_k}{\cos \theta - \cos \theta_k} \right| \leqslant 2 \quad (k=1,2,\cdots,n)$$

(4.11)

其中 $\theta_k = \dfrac{2k-1}{2n}\pi$.

引理 4.2 给定偶数 $2l$,设 $n = 2ls + r, 0 \leqslant r < 2l$

$$u_k(x) = \frac{\sqrt{1-x_k^2}}{x - x_k} \quad (k=1,2,\cdots,n) \quad (4.12)$$

其中 $\left\{ x_k = \cos \dfrac{2k-1}{2n}\pi \right\}$ 是 $T_n(x)$ 的零点,那么我们有如下估计.

(a) 若 $x \notin [x_{2lt+2p}, x_{2lt+2p-1}], 0 \leqslant t \leqslant s, 1 \leqslant p \leqslant l$

$$|u_{2lt+2p-1}(x) - u_{2lt+2p}(x)|$$
$$= O\left(\frac{1}{n}\right) \max\left\{ \frac{1}{|\theta - \theta_{2lt+2p-1}|^2}, \frac{1}{|\theta - \theta_{2lt+2p}|^2} \right\}$$

(4.13)

(b) 若 $x \notin [x_{2l(t+1)}, x_{2lt+2p}], 0 \leqslant t \leqslant s-1, 1 \leqslant p \leqslant l$

$$|u_{2lt+2p}(x) - u_{2l(t+1)}(x)|$$
$$= O\left(\frac{l-p}{n}\right) \max\left\{ \frac{1}{|\theta - \theta_{2lt+2p}|^2}, \frac{1}{|\theta - \theta_{2l(t+1)}|^2} \right\}$$

(4.14)

Lagrange 插值多项式

(c) 若 $x \notin [x_n, x_{2ls+1}]$

$$|u_{2ls+p}(x)| = O\left(\frac{l}{n}\right) \frac{1}{|\theta - \theta_{2ls+p}|^2} \quad (1 \leqslant p \leqslant r)$$
(4.15)

证明 由平均值定理,我们有

$$|u_{2lt+2p-1}(x) - u_{2lt+2p}(x)|$$
$$= |x_{2lt+2p-1} - x_{2lt+2p}| \frac{1 - \xi_{t,p} x}{(x - \xi_{t,p})^2 \sqrt{1 - \xi_{t,p}^2}}$$
(4.16)

其中 $\xi_{t,p} \in (x_{2lt+2p}, x_{2lt+2p-1})$,即

$$\xi_{t,p} = \cos \frac{4lt + 4p - 3 + 2\xi}{2n} \pi, \ |\xi| < 1$$

因此

$$|x_{2lt+2p-1} - x_{2lt+2p}| \frac{1}{\sqrt{1 - \xi_{t,p}^2}} = O\left(\frac{1}{n}\right) \quad (4.17)$$

另外,函数 $\frac{1 - xz}{(x-z)^2}$,当 $x > z$ 时是 z 的单增函数. 当 $x < z$ 时,是 z 的单减函数,由于 $x \notin [x_{2lt+2p}, x_{2lt+2p-1}]$

$$\frac{1 - \xi_{t,p} x}{(x - \xi_{t,p})^2} = O(1) \max\left\{\frac{1}{|\theta - \theta_{2lt+2p-1}|^2}, \frac{1}{|\theta - \theta_{2lt+2p}|^2}\right\}$$

同理,我们有估计式(4.14).

因为

$$\sqrt{1 - x_{2ls+p}^2} = O\left(\frac{1}{n}\right)$$

$$|x - x_{2ls+p}| = 2 \left|\sin \frac{\theta + \theta_{2ls+p}}{2}\right| \left|\sin \frac{\theta - \theta_{2ls+p}}{2}\right|$$

注意到 $\theta_{2ls+p} \sim \pi$,若 $\theta \notin [\theta_{2ls+1}, \theta_n]$,则

$$\left|\sin \frac{\theta + \theta_{2ls+p}}{2}\right| \sim \left|\sin \frac{\theta - \theta_{2ls+p}}{2}\right| \quad (4.18)$$

因此得到估计式(4.15),这就完成了引理 4.2 的证明.

引理 4.3 给定两个数 $\delta_1, \delta_2, 1 > \delta_2 > \delta_1 > 0$，设 $\{x_k\}_{k=1}^n$ 是 $T_k(x)$ 的零点，$\dfrac{2h}{n} \in [\delta_1, \delta_2)$，那么

$$\frac{2T_n(x)}{n(2h+1)} \sum_{k=1}^n \frac{(-1)^{k+1}\sqrt{1-x_k^2}(1-xx_k)}{(x-x_k)^2} \cdot$$

$$\sin(2h+1)\arcsin\frac{x-x_k}{2} = 1-x^2 \tag{4.19}$$

引理 4.3 的证明是平凡的.

§3 定理的证明

现在我们可以证明定理 4.1 和定理 4.2 了.

定理 4.1 的证明 由 (4.7) 和 (4.8) 两式，当 $f(x) \equiv 1$ 时，$A_k = 1(k=1,2,\cdots,n)$，因此由式 (4.2) 我们有

$$f(x) - Q_n(f,x)$$
$$= \frac{T_n(x)}{n} \sum_{k=1}^n (-1)^{k+1}(f(x)-A_k)u_k(x) \quad (4.20)$$

设 $n = 2ls + r, 0 \leqslant r < 2l$，由式 (4.7) 可得

$$f(x) - Q_n(f,x)$$
$$= \frac{T_n(x)}{n} \sum_{p=1}^r (-1)^{p+1}(f(x)-A_{2ls+p})u_{2ls+p}(x) +$$
$$\frac{T_n(x)}{n} \sum_{t=0}^{s-1} \sum_{p=1}^l (f(x)-A_{2lt+2p-1}) \cdot$$
$$(u_{2lt+2p-1}(x) - u_{2lt+2p}(x)) +$$
$$\frac{T_n(x)}{n} \sum_{t=0}^{s-1} \sum_{p=1}^l (A_{2lt+2p} - A_{2lt+2p-1}) \cdot$$

Lagrange 插值多项式

$$(u_{2l(t+1)}(x) - u_{2lt+2p}(x))$$
$$\stackrel{\text{def}}{=\!=} \sum\nolimits_1 + \sum\nolimits_2 + \sum\nolimits_3$$

注意到

$$\begin{aligned}
|x - x_k| &= |\cos\theta - \cos\theta_k| \\
&= 2\left|\sin\frac{\theta - \theta_k}{2}\right|\left|\sin\left(\frac{\theta_k - \theta}{2} + \theta\right)\right| \\
&\leqslant \frac{1}{2}|x||\theta - \theta_k|^2 + \sqrt{1-x^2}|\theta - \theta_k|
\end{aligned}$$
(4.21)

我们分别考虑五种情形.

情形 1 $\theta \in [\theta_n, \pi]$. 由式(4.15),我们有

$$\frac{1}{n}|u_{2ls+p}(x)| \leqslant C \quad (1 \leqslant p \leqslant r-1) \quad (4.22)$$

因此

$$\left|\sum\nolimits_1\right| \leqslant C_l\left(\omega\left(f, \frac{1}{2}|x||\theta - \theta_n|^2 + \sqrt{1-x^2}|\theta - \theta_n|\right) + \right.$$
$$\left. |T_n(x)|\omega\left(f, \frac{\sqrt{1-x^2}}{n} + \frac{1}{n^2}\right)\right) \quad (4.23)$$

由引理 4.2,我们有

$$\left|\sum\nolimits_2\right| \leqslant C\frac{|T_n(x)|}{n^2}\sum_{t=0}^{s-1}\sum_{p=1}^{l}\omega\left(f, \frac{1}{2}|x||\theta - \theta_{2lt+2p-1}|^2 + \right.$$
$$\left. \sqrt{1-x^2}|\theta - \theta_{2lt+2p-1}|\right) \cdot \frac{1}{|\theta - \theta_{2lt+2p}|^2}$$
$$\leqslant C|T_n(x)|\sum_{p=1}^{n-r}\omega\left(f, |x|\frac{(n-p)^2}{n^2} + \right.$$
$$\left. \sqrt{1-x^2}\,\frac{n-p}{n}\right)\frac{1}{(n-p)^2}$$

因此

$$\left|\sum\nolimits_2\right| \leqslant \frac{C|T_n(x)|}{n}\int_{\frac{1}{n}}^{1}\frac{\omega(f, |x|t^2 + \sqrt{1-x^2}\,t)}{t^2}\mathrm{d}t$$

(4.24)

因为 $|A_{2lt+2p} - A_{2lt+2p-1}| \leqslant 2\omega(f, |x - x_{2lt+2p-1}|)$，由引理 4.2 可得

$$|\sum\nolimits_3| \leqslant \frac{C_l |T_n(x)|}{n^2} \int_{\frac{1}{n}}^{1} \frac{\omega(f, |x| t^2 + \sqrt{1-x^2} t)}{t^2} dt$$

(4.25)

这就证得

$$|f(x) - Q_n(f, x)|$$

$$\leqslant C_l \Big(\omega\Big(f, \frac{1}{2}|x| |\theta - \theta_n|^2 + \sqrt{1-x^2} |\theta - \theta_n|\Big) +$$

$$|T_n(x)| \omega\Big(f, \frac{\sqrt{1-x^2}}{n} + \frac{1}{n^2}\Big) +$$

$$\frac{|T_n(x)|}{n} \int_{\frac{1}{n}}^{1} \frac{\omega(f, |x| t^2 + \sqrt{1-x^2} t)}{t^2} dt \Big) \quad (4.26)$$

情形 2 $\theta \in [0, \theta_1]$. 注意到，在这种情形下

$$|u_{2ls+p}(x)| \leqslant \frac{c}{n} \quad (1 \leqslant p \leqslant r)$$

我们有

$$|\sum\nolimits_1| \leqslant \frac{C |T_n(x)|}{n} \int_{\frac{n-r}{n}}^{1} \frac{\omega(f, |x| t^2 + \sqrt{1-x^2} t)}{t^2} dt$$

(4.27)

由引理 4.1 和引理 4.2 我们有

$$|\sum\nolimits_2| \leqslant C_l \Big(\omega\Big(f, \frac{1}{2}|x| |\theta - \theta_1|^2 + \sqrt{1-x^2} |\theta - \theta_1|\Big) +$$

$$\frac{|T_n(x)|}{n} \int_{\frac{1}{n}}^{1} \frac{\omega(f, |x| t^2 + \sqrt{1-x^2} t)}{t^2} dt \Big)$$

(4.28)

$$|\sum\nolimits_3| \leqslant C_l \frac{|T_n(x)|}{n} \int_{\frac{1}{n}}^{1} \frac{\omega(f, |x| t^2 + \sqrt{1-x^2} t)}{t^2} dt$$

Lagrange 插值多项式

这就证得 (4.29)

$$|f(x) - Q_n(f,x)|$$

$$\leq C_l \left(\omega\left(f, \frac{1}{2}|x||\theta - \theta_1|^2 + \sqrt{1-x^2}|\theta - \theta_1|\right) + \frac{|T_n(x)|}{n} \int_{\frac{1}{n}}^{1} \frac{\omega(f, |x|t^2 + \sqrt{1-x^2}t)}{t^2} dt \right) \quad (4.30)$$

情形 3 $|\theta - \theta_{2ls+p}| \leq \frac{\pi}{2n}, 1 \leq p \leq r$. 类似于情形 1 的证明,我们有

$$|f(x) - Q_n(f,x)|$$

$$\leq C_l \Big(\omega\Big(f, \frac{1}{2}|x||\theta - \theta_{2ls+p}|^2 + \sqrt{1-x^2}|\theta - \theta_{2ls+p}|\Big) +$$

$$|T_n(x)| \omega\Big(f, \frac{\sqrt{1-x^2}}{n} + \frac{1}{n^2}\Big)$$

$$\frac{|T_n(x)|}{n} \int_{\frac{1}{n}}^{1} \frac{\omega(f, |x|t^2 + \sqrt{1-x^2}t)}{t^2} dt \Big) \quad (4.31)$$

情形 4 $|\theta - \theta_{2u_0 + 2p_0}| \leq \frac{\pi}{2n}, 0 \leq t_0 \leq s-1, 1 \leq p_0 \leq l$. 首先,由式(4.15) 我们有

$$\Big|\sum_1\Big| \leq C_l \frac{|T_n(x)|}{n} \int_{\frac{1}{n}}^{1} \frac{\omega(f, |x|t^2 + \sqrt{1-x^2}t)}{t^2} dt$$

(4.32)

其次,记

$$\sum_2 = \frac{T_n(x)}{n}(f(x) - A_{2u_0 + 2p_0 - 1}) \cdot$$

$$(u_{2u_0 + 2p_0 - 1}(x) - u_{2u_0 + 2p_0}(x)) +$$

$$\frac{T_n(x)}{n} \sum_{k \neq 2u_0 + 2p_0 - 1} (f(x) - A_k) \cdot$$

$$(u_k(x) - u_{k+1}(x)) \xlongequal{\text{det}} \sum\nolimits_{21} + \sum\nolimits_{22}$$

由引理 4.2,我们有

$$|\sum\nolimits_{22}| \leqslant C_l \frac{|T_n(x)|}{n} \int_{\frac{1}{n}}^{1} \frac{\omega(f, |x| t^2 + \sqrt{1-x^2} t)}{t^2} \mathrm{d}t$$

(4.33)

由引理 4.1,我们有

$$|\sum\nolimits_{21}| \leqslant C\omega(f, \frac{1}{2}|x||\theta - \theta_{2u_0 + 2p_0 - 1}|^2 +$$

$$\sqrt{1-x^2}|\theta - \theta_{2u_0 + 2p_0 - 1}|)$$

(4.34)

因此

$$|\sum\nolimits_{2}| \leqslant C_l \Big(\omega(f, \frac{1}{2}|x||\theta - \theta_{2u_0 + 2p_0 - 1}|^2 +$$

$$\sqrt{1-x^2}|\theta - \theta_{2u_0 + 2p_0 - 1}|) +$$

$$\frac{|T_n(x)|}{n} \int_{\frac{1}{n}}^{1} \frac{\omega(f, |x| t^2 + \sqrt{1-x^2} t)}{t^2} \mathrm{d}t \Big)$$

(4.35)

最后,我们估计 $\sum_3$,记

$$\sum\nolimits_{3} = \frac{T_n(x)}{n} \sum_{p=1}^{l} (A_{2u_0 + 2p} - A_{2u_0 + 2p - 1}) \cdot$$

$$(u_{2l(t_0+1)}(x) - u_{2u_0 + 2p}(x)) +$$

$$\frac{T_n(x)}{n} \sum_{t \neq t_0} \sum_{p=1}^{l} (A_{2u + 2p} - A_{2u + 2p - 1}) \cdot$$

$$(u_{2l(t+1)}(x) - u_{2u + 2p}(x)) \xlongequal{\text{def}} \sum\nolimits_{31} + \sum\nolimits_{32}$$

注意到

$$\left| \frac{\sin \theta_{2u_0 + 2p}}{\sin \frac{\theta + \theta_{2u_0 + 2p}}{2}} \right| = O(1) \quad (1 \leqslant p \leqslant l) \quad (4.36)$$

Lagrange 插值多项式

我们有

$$|u_{2u_0+2p}(x)| = O(1) \frac{1}{|\theta - \theta_{2u_0+2p}|} \quad (4.37)$$

由引理 4.1 及式(4.37)可得

$$\left|\sum\nolimits_{31}\right| \leqslant C_l \Big(\omega\Big(f, \frac{1}{2}|x||\theta - \theta_{2u_0+2p_0-1}|^2 + \sqrt{1-x^2}|\theta - \theta_{2u_0+2p_0-1}|\Big) +$$

$$\frac{|T_n(x)|}{n} \int_{\frac{1}{n}}^{1} \frac{\omega(f, |x|t^2 + \sqrt{1-x^2}\,t)}{t^2} dt \Big) \quad (4.38)$$

由引理 4.2,我们有

$$\left|\sum\nolimits_{32}\right| \leqslant C_l \frac{|T_n(x)|}{n} \int_{\frac{1}{n}}^{1} \frac{\omega(f, |x|t^2 + \sqrt{1-x^2}\,t)}{t^2} dt \quad (4.39)$$

因此,我们得到

$$\left|\sum\nolimits_{3}\right| \leqslant C_l \Big(\omega(f, \frac{1}{2}|x||\theta - \theta_{2u_0+2p_0-1}|^2 + \sqrt{1-x^2}|\theta - \theta_{2u_0+2p_0-1}|) +$$

$$\frac{|T_n(x)|}{n} \int_{\frac{1}{n}}^{1} \frac{\omega(f, |x|t^2 + \sqrt{1-x^2}\,t)}{t^2} dt \Big) \quad (4.40)$$

由式(4.32)(4.35)和(4.40),在情形 4,我们有

$$|f(x) - Q_n(f, x)|$$

$$\leqslant C_l \Big(\omega(f, \frac{1}{2}|x||\theta - \theta_{2u_0+2p_0-1}|^2 +$$

$$\sqrt{1-x^2}|\theta - \theta_{2u_0+2p_0-1}|) +$$

$$\frac{|T_n(x)|}{n} \int_{\frac{1}{n}}^{1} \frac{\omega(f, |x|t^2 + \sqrt{1-x^2}\,t)}{t^2} dt \Big) \quad (4.41)$$

情形 5

第二编 拉格朗日插值在数值计算与逼近论中的应用

$$|\theta - \theta_{2t_0+2p_0-1}| \leqslant \frac{\pi}{2n}$$

$$(0 \leqslant t_0 \leqslant s-1, 1 \leqslant p_0 \leqslant l)$$

完全类似于情形 4 的证明. 在情形 5,我们有式(4.40)成立.

综上所述,我们得到

$$|f(x) - Q_n(f,x)|$$

$$\leqslant C_l \Big(\omega \Big(f, \frac{1}{2}|x||\theta - \theta_{k_0}|^2 + \sqrt{1-x^2}|\theta - \theta_{k_0}| \Big) +$$

$$|T_n(x)| \omega \Big(f, \frac{\sqrt{1-x^2}}{n} + \frac{1}{n^2} \Big) +$$

$$\frac{|T_n(x)|}{n} \int_{\frac{1}{n}}^{1} \frac{\omega(f, |x|t^2 + \sqrt{1-x^2}\,t)}{t^2} \mathrm{d}t \Big) \quad (4.42)$$

其中 $x_{k_0} = \cos\theta_{k_0}$ 是最靠近 $x = \cos\theta, T_n(x)$ 的使得 $\frac{k_0}{2l}$ 不为整数的零点,这就完成了定理 4.1 的证明.

定理 4.2 的证明 由引理 4.3,我们有

$$f(x)(1-x^2) - F_n(f,x)$$

$$= \frac{2T_n(x)}{n(2h+1)} \sum_{k=1}^{n} (-1)^{k+1} \frac{f(x) - f(x_k)}{(x-x_k)^2} \sqrt{1-x_k^2}(1-xx_k) \cdot$$

$$\sin(2h+1)\arcsin\frac{x-x_k}{2}$$

设 $x_{k_0} = \cos\theta_{k_0}$ 是最靠近 $x = \cos\theta$ 的 $T_n(x)$ 的零点,对一切 $x \in [-1,1]$,注意到

$$|S_{2h}(x)| < \frac{\pi}{2} \quad (4.43)$$

$$\frac{1-xx_k}{(x-x_k)^2} = O\Big(\frac{1}{|\theta - \theta_k|^2}\Big) \quad (k=1,2,\cdots,n)$$

$$(4.44)$$

我们有

Lagrange 插值多项式

$$|f(x)(1-x^2) - F_n(f,x)|$$

$$\leqslant C_\delta \Big(\omega\Big(f, \frac{1}{2}|x| |\theta - \theta_{k_0}|^2 + \sqrt{1-x^2}|\theta - \theta_{k_0}|\Big) \cdot$$

$$\Big(\frac{1}{2}|x| |\theta - \theta_{k_0}^2| + \sqrt{1-x^2}|\theta - \theta_{k_0}|^2\Big) +$$

$$\frac{|T_n(x)|}{n} \int_{\frac{1}{n}}^{1} \frac{\omega(f, |x|t^2 + \sqrt{1-x^2}\,t)}{t^2} dt \Big) \quad (4.45)$$

这就完成了定理 4.2 的证明.

§4 注 记

(1) 修正的拉格朗日插值多项式(4.10)与(4.9)有本质的区别. 因为若在式(4.9)中置 $f(x) = (1-x^2)g(x), g(x) \in C_{[-1,1]}$, 我们得不到式(4.45).

(2) 如果用平均收敛代替一致收敛, 爱尔迪希(P. Erdös)和德海姆(E. Feldheim)证得[①]: 对所有 $f(x) \in C_{[-1,1]}$, 有

$$\lim_{n \to \infty} \int_{-1}^{1} |f(x) - L_n(f,x)|^p \frac{dx}{\sqrt{1-x^2}} = 0 \quad (p > 0)$$
(4.46)

其中 $L_n(f,x)$ 是 $f(x)$ 的以 $T_n(x)$ 的零点作为插值结点的拉格朗日插值多项式. 我们知道修正的拉格朗日插值多项式(4.9)满足

---

① Erdös P, Feldheim E. Sur le mode de convergence l'interpolation de Lagrange, C. R. Acad. Sci. Paris,1936(203):913 – 915.

第二编　拉格朗日插值在数值计算与逼近论中的应用

$$\lim_{n\to\infty} \mid f(x)-P_n(f,x)\mid \sqrt{1-x^2}=0, x\in(-1,1)$$
(4.47)

显然式(4.47)推不出式(4.46),因此我们提出如下一个有趣的问题:式(4.9)的平均收敛性如何? 关于平均收敛性可参看相关的已有文献[①].

---

① GU XIAO YING. Approximation of meromorphic function by rational interpolating functions in the complex plane, J. Math. Research & Exposition,1990,10(1):97－103.

Lagrange 插值多项式

关于拉格朗日内插过程的"1/2"平均[①]

第5章

吉林工业大学的何甲兴教授在 1995 年研究了以切比雪夫多项式的零点为插值节点的拉格朗日插值过程"1/2"平均算子,给出了点态收敛阶,并重新证明了 A. F. Timan 定理.

1.设 $f(x) \in [-1,1], x = \cos \theta$, $-1 \leqslant x \leqslant 1, 0 \leqslant \theta \leqslant \pi$,我们构造以多项式 $(1-x^2)U_n(x)$ 的零点

$$x_k = \cos \theta_k = \cos k\pi/N$$
$$(k=0,1,\cdots,n+1; N=n+1)$$

为插值节点的拉格朗日内插过程的 "1/2" 平均算子

$$H_{n1}(f,x) = \sum_{k=0}^{n+1} f(x_k)\varphi_k(x)$$

其中

---

① 选自:数学杂志,1992 年第 15 卷.

第二编 拉格朗日插值在数值计算与逼近论中的应用

$$\begin{cases} \varphi_0(x) = l_0(x) + \dfrac{1}{2}l_1(x) \\ \varphi_k(x) = \dfrac{1}{2}(l_k(x) + l_{k+1}(x)) \quad (k=1,2,\cdots,n-1) \\ \varphi_n(x) = \dfrac{1}{2}l_n(x) \\ \varphi_{n+1}(x) = l_{n+1}(x) \end{cases}$$

$$\begin{cases} l_0(x) = (1+x)U_n(x)/2N \\ l_k(x) = (-1)^{k+1}(1-x^2)U_n(x)/N(x-x_k) \quad (k=1,2,\cdots,n) \\ l_{n+1}(x) = (-1)^n(1-x)U_n(x)/2N \end{cases}$$

把 $l_k(x)$ 称为拉格朗日插值基本多项式,$U_n(x) = \dfrac{\sin N\theta}{\sin \theta}$,$x = \cos \theta$ 为第二类切比雪夫多项式.

$H_{n1}(f,x)$ 具有如下的插值性质

$$\begin{cases} H_{n1}(f,\pm 1) = (\pm 1) \\ H_{n1}(f,x_k) = \dfrac{1}{2}(f(x_{k-1}) + f(x_k)) \quad (k=1,2,\cdots,n) \end{cases}$$

定理 5.1   若 $f(x) \in C[-1,1]$,则对 $x \in [-1,1]$ 有

$$H_{n1}(f,x) - f(x) = O(\omega_f(\sqrt{1-x^2}/n))$$

其中 $\omega_f(\delta)$ 为函数 $f(x)$ 连续模,"O" 与 n.f. 无关.

定理 5.2   插值过程 $H_{n1}(f,x)$ 对任何连续函数数类的最高逼近阶为 $1/n$;$H_{n1}(f,x)$ 的逼近阶达到 $o(1/n)$,充分必要条件是:$f(x)$ 为常数.

定理 5.1 给出了 $H_{n1}(f,x)$ 逼近阶的点态估计式,其结论再次证明了 A.F.Timan 型定理.

2.引理

引理 5.1   成立估计式

$$\sum_{k=0}^{n+1} |\varphi_k(x)| = o(1) \tag{5.1}$$

Lagrange 插值多项式

引理 5.2 成立如下的估计式

$$\sum_{k=1}^{n-2} \frac{n\mid x_k - x_{k+1}\mid}{\sqrt{1-x^2}}\mid \varphi_{k+1}(x)\mid = o(1) \quad (5.2)$$

$$\sum_{k=2}^{n-2} \frac{n\mid x - x_k\mid}{\sqrt{1-x^2}}\mid \varphi_{k-1}(x) + 2\varphi_k(x) + \varphi_{k+1}(x)\mid = o(1)$$
$$(5.3)$$

$$\sum_{k=2}^{n-2} \frac{n\mid x_{k-1} - x_k\mid}{\sqrt{1-x^2}}\mid \varphi_{k-1}(x) + \varphi_k(x)\mid = o(1)$$
$$(5.4)$$

证明 只需证式(5.2)和(5.3),由

$$\left|\sin\frac{\theta-\theta_k}{2}\right| \leqslant \left|\sin\frac{\theta+\theta_k}{2}\right|$$

$$\left(\frac{2}{\pi}\theta \leqslant \sin\theta \leqslant \theta, 0 \leqslant \theta \leqslant \frac{\pi}{2}\right) \quad (5.5)$$

$$U_n(x) = o(n^2\mid \theta - \theta_k\mid), \sin N\theta = o(n\mid \theta - \theta_k\mid)$$
$$(k=1,2,\cdots,n)$$

对 $k=1,2,\cdots,n$,有

$$\frac{\sin\theta U_n(x)}{n^2(x-x_k)} = o(1), \frac{\sin\theta_k \sin N\theta}{n(x-x_k)} = o(1) \quad (5.6)$$

使用上式和

$$x_k - x_{k+1} = o\left(\frac{\sin\theta_k}{n} + \frac{1}{n^2}\right) \quad (5.7)$$

对 $k=1,2,\cdots,n-1$,有

$$\frac{n\mid x_k - x_{k+1}\mid}{\sqrt{1-x^2}}\mid l_k(x)\mid$$
$$= o\left(\frac{\sin\theta U_n(x)}{n^2(x-x_k)} + \frac{\sin\theta_k \sin N\theta}{n(x-x_k)}\right) = o(1) \quad (5.8)$$

由上式和

$$\mid(x-x_k)l_k(x)\mid \leqslant \sqrt{1-x^2}/N \quad (k=1,2,\cdots,n)$$

74

对 $k=2,3,\cdots,n-2$,有

$$\frac{n\mid x_k-x_{k+1}\mid}{\sqrt{1-x^2}}\mid \varphi_{k+1}(x)\mid=o(1) \quad (5.9)$$

$$\frac{n\mid x-x_k\mid}{\sqrt{1-x^2}}\mid \varphi_{k-1}(x)+2\varphi_k(x)+\varphi_{k+1}(x)\mid=o(1)$$

$$(5.10)$$

由式(5.5)(5.7) 和

$$\frac{2\sin\theta_k}{x-x_k}=\cot\frac{\theta_k-\theta}{2}+\cot\frac{\theta_k+\theta}{2}$$

对 $k=1,2,\cdots,n-2$,有

$$\frac{n\mid x_k-x_{k+1}\mid}{\sqrt{1-x^2}}\mid \varphi_{k+1}(x)\mid$$

$$=o\left(\left|\frac{U_n(x)}{n^2}\left(\frac{\sin\theta}{x-x_k}-\frac{\sin\theta}{x-x_{k+1}}\right)\right|+\right.$$

$$\left|\frac{\sin N\theta}{n}\left(\frac{\sin\theta_k}{x-x_k}-\frac{\sin\theta_{k+1}}{x-x_{k+1}}\right)\right|+$$

$$\left.\left|(\sin\theta_k-\sin\theta_{k+1})\frac{\sin\theta U_n(x)}{n(x-x_k)}\right|\right)$$

$$=0/\left(1/\left(n^2\sin\frac{\theta-\theta_k}{2}\sin\frac{\theta-\theta_{k+1}}{2}\right)+\right.$$

$$\left.1/\left(n^2\sin\frac{\theta-\theta_{k+1}}{2}\right)\right) \quad (5.11)$$

对 $k=2,3,\cdots,n-2$ 有

$$\varphi_{k-1}(x)+2\varphi_k(x)+\varphi_{k+1}(x)$$

$$=o\left(\mid\sin N\theta\mid/n^4\prod_{j=k-1}^{k+2}\sin\frac{\theta-\theta_j}{2}\right) \quad (5.12)$$

使用式(5.12) 和

$$\mid x-x_k\mid\leqslant 2\sin\theta\left|\sin\frac{\theta-\theta_k}{2}\right|+2\left(\sin\frac{\theta-\theta_k}{2}\right)^2$$

对 $k=2,3,\cdots,n-2$ 有

Lagrange 插值多项式

$$\frac{n\mid x-x_k\mid}{\sqrt{1-x^2}}\mid \varphi_{k-1}(x)+2\varphi_k(x)+\varphi_{k+1}(x)\mid$$

$$=o\left(\frac{1}{n^3\prod_{j=k-1}^{k+2}\left|\sin\frac{\theta-\theta_j}{2}\right|}\left(\left|\sin N\theta\sin\frac{\theta-\theta_k}{2}\right|+\right.\right.$$

$$\left.\left.\mid U_n(x)\mid\left(\sin\frac{\theta-\theta_k}{2}\right)^2\right)\right)$$

于是，使用上式和式(5.9)(5.10)(5.11)，及 θ_k 的等距性有

$$\sum_{k=1}^{n-2}\frac{n\mid x_k-x_{k+1}\mid}{\sqrt{1-x^2}}\mid\varphi_{k+1}(x)\mid=o\Big(1+\sum_i\frac{1}{i^2}\Big)=o(1)$$

$$\sum_{k=2}^{n-2}\frac{n\mid x-x_k\mid}{\sqrt{1-x^2}}\mid\varphi_{k-1}(x)+2\varphi_k(x)+\varphi_{k+1}(x)\mid$$

$$=o\Big(1+\sum_i\frac{1}{i^2}\Big)=o(1)$$

引理 5.2 证毕．

3. 定理 5.1 的证明

由 $H_{n1}(1,x)=1$，有

$$4(H_{n1}(f,x)-f(x))$$

$$=4\sum_{k=0}^{n+1}(f(x_k)-f(x))\varphi_k(x)$$

$$=\sum_{k=2}^{n-2}(f(x_k)-f(x))(\varphi_{k-1}(x)+2\varphi_k(x)+\varphi_{k+1}(x))+$$

$$\Big(\sum_{k=2}^{n-2}(f(x_{k-1})-f(x_k))(\varphi_{k-1}(x)+\varphi_k(x))+$$

$$2\sum_{k=1}^{n-2}(f(x_k)-f(x))\varphi_k(x)$$

$$\Big(2\sum_{k=1,n-2}(f(x_k)-f(x))\varphi_k(x)+$$

$$\sum_{k=1,n-2}(f(x_k)-f(x))(\varphi_k(x)+\varphi_{k+1}(x))\Big)+$$

$$4\sum_{k=0,n,n+1}(f(x_k)-f(x))\varphi_k(x)=\sum_{j=1}^{4}A_j$$

(5.13)

使用引理 5.1 和引理 5.2 及不等式

$$\omega_f(k\delta)\leqslant(k+1)\omega_f(\delta) \quad (5.14)$$

我们有

$$|A_1|\leqslant\sum_{k=2}^{n-2}\omega_f(|x-x_k|)|\varphi_{k-1}(x)+$$

$$2\varphi_k(x)+\varphi_{k+1}(x)|$$

$$\leqslant\omega_f\Big(\frac{\sqrt{1-x^2}}{n}\Big)\sum_{k=2}^{n-2}\Big(\frac{n|x-x_k|}{\sqrt{1-x^2}}+1\Big)|\varphi_{k-1}(x)+$$

$$2\varphi_k(x)+\varphi_{k+1}(x)|$$

$$=o\Big(\omega_f\Big(\frac{\sqrt{1-x^2}}{n}\Big)\Big) \quad (5.15)$$

同理应用引理 5.1 和引理 5.2 及式(5.14)可证得

$$|A_2|=o\Big(\omega_f\Big(\frac{\sqrt{1-x^2}}{n}\Big)\Big) \quad (5.16)$$

使用式(5.6)和

$$l_k(x)=o(1) \quad (k=0,1,\cdots,n+1)$$

我们有

$$|(f(x_0)-f(x))\varphi_0(x)|$$

$$=\omega_f\Big(\frac{\sqrt{1-x^2}}{n}\Big)\Big(|\varphi_0(x)|+\frac{N(x_0-x)}{\sqrt{1-x^2}}|\varphi_0(x)|\Big)$$

$$\leqslant$$

$$\omega_f\Big(\frac{\sqrt{1-x^2}}{n}\Big)\Big(|\varphi_0(x)|+|\sin N\theta|+\frac{(1-x_1)\sin\theta U_n(x)}{x-x_1}\Big)$$

Lagrange 插值多项式

$$= o\left(\omega_f\left(\frac{\sqrt{1-x^2}}{n}\right)\right)$$

$$|(f(x_1)-f(x))\varphi_1(x)|$$

$$=\omega_f\left(\frac{\sqrt{1-x^2}}{n}\right)\left(1+\frac{N(x-x_1)}{\sqrt{1-x^2}}\right)|\varphi_1(x)|$$

$$\leqslant$$

$$\omega_f\left(\frac{\sqrt{1-x^2}}{n}\right)\left(|\varphi_1(x)|+|\sin N\theta|+\frac{(1-x_2)\sin\theta U_n(x)}{x-x_2}\right)$$

$$=o\left(\omega_f\left(\frac{\sqrt{1-x^2}}{n}\right)\right)$$

同法可证 A_3, A_4 的其他项的收敛阶均为 $o(\omega_f(\sqrt{1-x^2}/n))$，于是证得 A_3, A_4 收敛阶为 $o(\omega_f(\sqrt{1-x^2}/n))$，再与式(5.15)和(5.16)联立有

$$H_{n1}(f,x)-f(x)=o\left(\omega_f\left(\frac{\sqrt{1-x^2}}{n}\right)\right)$$

定理 5.1 证毕.

定理 5.2 的证明.

设 $n>6$，由 $H_{n1}(f,x)$ 的插值性质，对 $k=2, 3, \cdots, n-2$ 有

$$H_{n1}(f,x_k)-f(x_k)=\frac{1}{2}(f(x_{k-1})-f(x_k))$$

(5.17)

取 $f_0(x)=x$，则 f_0 属于任何连续函数类，若 $H_{n1}(f_0, x)$ 对 f_0 的逼近阶不能超过 $1/n$，那么我们可以断言：$H_{n1}(f,x)$ 对任何连续函数类的逼近阶不能超过 $1/n$. 事实上，由式(5.17)，对 f_0 此时有

$$H_{n1}(f_0,x)-f_0(x_k)=\frac{1}{2}(x_{k-1}-x_k)$$

第二编　拉格朗日插值在数值计算与逼近论中的应用

$$\frac{1}{N}\sin\left(\theta_{k-1}+\frac{\pi}{2n}\right)\leqslant \frac{1}{2}(x_{k-1}-x_k)$$
$$\leqslant \frac{\pi}{2N}\sin\left(\theta_{k-1}+\frac{\pi}{2n}\right)$$

这便证明了定理 5.2 的第一个结论,下证第二个结论. 对于不可微函数,$H_{n1}(f,x)$ 对 $f(x)$ 的逼近只能得到形如 $\omega_f(1/n)$ 的连续模估计. 而 $\omega_f(1/n)$ 不可能为 $o(1/n)$,故下面考虑可微函数的情形,由 $H_{n1}(1,x)=1$,充分性显然,只需证必要性即可,我们用反证法.

假设 $f(x)\in C^j[-1,1],j\geqslant 1$,且
$$H_{n1}(f,x)-f(x)=o(1/n)$$
若 $f(x)$ 不恒为常数,则 $f'(x)$ 存在且不恒为 0,故至少有一点 $\xi\in(-1,1)$,使 $f'(\xi)=a\neq 0$,不妨设 $a>0$,由 $f'(x)$ 的连续性知:存在一个 ξ 的 δ 邻域 $\Delta=[\xi-\delta,\xi+\delta]\subset(-1,1)$,使 $f'(x)\geqslant \frac{2}{a}>0,x\in\Delta$,而对充分大的 n,至少有两个相邻插值节点落入 Δ 内. 这是因为任何两个相邻插值节点的距离都小于 π/N,将这两个节点记为 x_{j-1} 和 x_j,现在考虑节点 x_j 处的误差

$$\mid H_{n1}(f,x_j)-f(x_j)\mid =\frac{1}{2}\mid f(x_{j-1})-f(x_j)\mid$$
$$=\frac{1}{2}f'(\eta)(x_{j-1}-x_j)$$
$$\geqslant \frac{a}{4}(x_{j-1}-x_j)=\frac{c}{n}$$

其中 $\eta\in\Delta,c$ 为大于零的常数,这与假设矛盾. 这便证明了定理的第二个结论,定理 5.2 证毕.

4. 现在考虑以第一类切比雪夫多项式 $T_n(x)=\cos n\theta,x=\cos\theta$ 零点

Lagrange 插值多项式

$$x_k = \cos\theta_k = \cos\frac{(2k-1)\pi}{2n} \quad (k=1,2,\cdots,n)$$

为插值节点组的拉格朗日插值"1/2"平均过程为

$$H_{n2}(f,x) = \sum_{k=1}^{n} f(x_k)\psi_k(x)$$

其中

$$\psi_1(x) = \mu_1(x) + \frac{1}{2}\mu_2(x)$$

$$\psi_k(x) = \frac{1}{2}(\mu_k(x) + \mu_{k+1}(x)) \quad (k=2,3,\cdots,n-1)$$

$$\psi_n(x) = \frac{1}{2}\mu_n(x)$$

$$\mu_k(x) = (-1)^{k+1}\frac{\sqrt{1-x^2}\,T_n(x)}{n(x-x_k)} \quad (k=1,2,\cdots,n)$$

关于 $H_{n2}(f,x)$,孙燮华证得[①]:对 $f(x) \in [-1,1]$ 有

$$|H_{n2}(f,x) - f(x)|$$

$$\leqslant 4\pi\sum_{k=1}^{n}\frac{1}{k^2}\omega_f\left(\frac{k\pi\sqrt{1-x^2}}{n} + \frac{k^2\pi^2}{n^2}\right) +$$

$$\omega_f\left(\frac{\pi^2}{n^2}\right) + 3\omega_f\left(\frac{\pi\sqrt{1-x^2}}{n} + \frac{\pi^2}{n^2}\right) \quad (-1\leqslant x\leqslant 1)$$

(5.18)

下面将改进上式的收敛阶估计.

引理 5.3 设 $(j-1)\pi/n \leqslant \theta \leqslant j\pi/n$,对 $k=j,j\pm 1$,有

$$f(x_k) - f(x) = o\left(\omega_f\left(\frac{\sqrt{1-x^2}}{n}\right) + \omega_f\left(\frac{1}{n^2}\right)\right)$$

(5.19)

---

① 孙燮华.某些 Bernstein 型插值过程的收敛阶.杭州大学学报,1983,3.

若 $1 < k = j-i < j-1$ 或 $j+1 < k = j+i < n$,则

$$f(x_k) - f(x) = o\left(\omega_f\left(\frac{i\sqrt{1-x^2}}{n}\right) + \omega_f\left(\frac{i^2}{n^2}\right)\right) \quad (5.20)$$

$$f(x_k) - f(x_{k+1}) = o\left(\omega_f\left(\frac{\sqrt{1-x^2}}{n}\right) + \omega_f\left(\frac{i}{n^2}\right)\right) \quad (5.21)$$

引理 5.4 设 $(j-1)\pi/n \leqslant \theta \leqslant j\pi/n$,对 $1 < k = j-i < j-1$ 或 $j+1 < k = j+i < n$,有

$$\psi_k(x) + \psi_{k-1}(x) = o\left(\frac{1}{i^3}\right) \quad (5.22)$$

$$\psi_{k+1}(x) + 2\psi_k(x) + \psi_{k-1}(x) = o\left(\frac{1}{i^4}\right) \quad (5.23)$$

对 $1 < k = j-i < j-1$ 或 $j+1 < k = j+i < n$,有

$$\psi_k(x) = o\left(\frac{1}{i^2}\right) \quad (5.24)$$

式(5.22)(5.23)在已有文献中已证得,式(5.24)采用同样的方法也可证得[①].

定理 5.3 若 $f(x) \in C[-1,1]$,则对 $x \in [-1,1]$ 有

$$H_{n2}(f,x) - f(x)$$
$$= o\left(\omega_f\left(\frac{\sqrt{1-x^2}}{n}\right) + \sum_{k=1}^{n}\frac{1}{k^2}\omega_f\left(\frac{k}{n^2}\right)\right) \quad (5.25)$$

显然式(5.25)是(5.18)的一个改进.

---

① Varma A K. A new proof of A.F.Timans approximation theorem, J. Approxi. Theory, 1976(18):57—62.

何甲兴. Convergence order of interpolation process by Bernstein polynomials. Acta. Math. Hung.,1989,53(3—4):281—287.

Lagrange 插值多项式

证明 参考定理 5.1 的证明有

$$4(H_{n2}(f,x) - f(x))$$
$$= \sum_{k=2}^{n-2}(f(x_k) - f(x))(\psi_{k-1}(x) + 2\psi_k(x) + \psi_{k+1}(x)) +$$
$$(2\sum_{k=2}^{n-1}(f(x_k) - f(x_{k-1}))\psi_k(x) +$$
$$\sum_{k=2}^{n-2}(f(x_{k-1}) - f(x_k))(\psi_{k-1}(x) + \psi_k(x))) +$$
$$(4\sum_{k=1,n}(f(x_k) - f(x))\psi_k(x) +$$
$$2\sum_{k=2,n-2}(f(x_k) - f(x))\psi_k(x) +$$
$$\sum_{k=2,n-2}(f(x_k) - f(x))(\psi_k(x) + \psi_{k+1}(x)))$$
$$= \sum_{j=1}^{3} B_j$$

设 $(j-1)\pi/n \leqslant \theta \leqslant j\pi/n$,应用引理 5.3 和引理 5.4,有

$$B_1 = (\sum_{|\theta - \theta_k| < \frac{\pi}{n}} + \sum_{|\theta - \theta_k| > \frac{\pi}{n}})((f(x_k) - f(x))(\psi_{k-1}(x) +$$
$$2\psi_k(x) + \psi_{k+1}(x))$$
$$= o\left(\omega_f\left(\frac{\sqrt{1-x^2}}{n}\right) + \omega_f\left(\frac{1}{n^2}\right)\right)$$

用同样的方法可证得

$$B_2 = o\left(\omega_f\left(\frac{\sqrt{1-x^2}}{n}\right) + \sum_{k=1}^{n} \frac{1}{k^2}\omega_f\left(\frac{k}{n^2}\right)\right)$$

使用式(5.14)和式(5.24)及 $\psi_k(x) = o(1)(k = 1, 2, \cdots, n)$,对任意的 x 有

$$|(f(x_1) - f(x))\psi_1(x)| = \omega_f(|x - x_1|)|\psi_1(x)|$$

若 $x \in [x_2, 1]$,应用引理 5.3 的式(5.19),若 $x \in [-1, x_2]$,应用引理 5.3 的式(5.20)和引理 5.4 的式

(5.24),有

$$|(f(x_1)-f(x))\psi_1(x)|=o\left(\omega_f\left(\frac{\sqrt{1-x^2}}{n}\right)+\omega_f\left(\frac{1}{n^2}\right)\right)$$

用同样的方法可证得 B_3 其他各项收敛阶为同一估式,于是有

$$B_3=o\left(\omega_f\left(\frac{\sqrt{1-x^2}}{n}\right)+\omega_f\left(\frac{1}{n^2}\right)\right)$$

联立 B_1,B_2,B_3 的估计式,则定理 5.3 证毕.

对于 $H_{n2}(f,x)$,也有类似定理 5.2 的结论.

定理 5.4 $H_{n2}(f,x)$ 的最高逼近阶为 $1/n$,要使逼近阶达到 $o(1/n)$,除非 $f(x)$ 恒为常数.

最后指出,定理 5.1 所给出的结果属于 Timan 型误差,也可看出尽管拉格朗日插值过程对连续函数不一定一致收敛,但将基函数做"1/2"平均所得的插值过程不但对连续函数一致收敛,且逼近程度也达到了最佳逼近阶,这也优于著名的埃尔米特插值过程.

Lagrange 插值多项式

拉格朗日插值多项式于加权 L_p 下的收敛逼近阶[①]

第 6 章

现有的文献中[②]已证明了以切比雪夫多项式的零点为插值结点组的拉格朗日插值多项式于加权 L_p 意义下的收敛性,但其仅是对 $p \leqslant 4$ 证明的. 河北科技大学的许贵桥教授在 1998 年给出了一个完整的证明过程,且得到了收敛速度的一个上界估计.

---

① 选自:数学杂志,1998 年第 1 卷第 18 期.
② Varma A K, Vestesi P. Some Erdös-Feldheim type theoremes on mean convergence of Lagrange interpolation. J. Math. Anal. Appl. 1983,91:68 — 79.
　　Erdös P, Feldheim E. Surle mode de convergence pour 1-interpolation de Lagrange. C. R. Acad. Sci. Paris. Ser. I. Math,1936, 203:913-915.

第二编 拉格朗日插值在数值计算与逼近论中的应用

§1 引 言

若 $f \in C[-1,1]$,则以切比雪夫多项式 $T_n(x) = \cos(n\arccos x)$ 的全部零点 $\{x_k\}_{k=1}^n$ 为插值结点组的 f 的拉格朗日插值多项式为

$$L_n(f,x) = \sum_{k=1}^n f(x_k) \cdot l_k(x)$$

其中

$$l_k(x) = T_n(x)/((x-x_k) \circ T'_n(x_k)) \quad (6.1)$$

以第二类切比雪夫多项式 $U_n(\cos\theta) = \sin(n+1)\theta/\sin\theta$(其中 $x = \cos\theta$)的全部零点 $\{l_k\}_{k=1}^n \cup \{t_0 = 1, t_{n+1} = -1\}$ 为插值结点组的 f 的拉格朗日插值多项式为

$$Q_{n+2}(f,x) = \sum_{k=0}^{n+1} f(t_k) \varnothing_k(x)$$

其中

$$\varnothing_0(x) = (1+x)U_n(x)/2U_n(1)$$
$$\varnothing_{n+1}(x) = (1-x)U_n(x)/2U_n(-1)$$
$$\varnothing_k(x) = (1-x^2)U_n(x)/(1-x_k^2)(x-x_k)U'_n(x_k) \quad (k=1,2,\cdots,n) \quad (6.2)$$

于是分别得到:若 $P > 0$,则对任一 $f \in C[-1,2]$,有

$$\lim_{n\to\infty} \int_{-1}^1 |L_n(f,x) - f(x)|^P \cdot \frac{\mathrm{d}x}{\sqrt{1-x^2}} = 0$$

$$\lim_{n\to\infty} \int_{-1}^1 |Q_{n+2}(f,x) - f(x)|^P \cdot \frac{\mathrm{d}x}{\sqrt{1-x^2}} = 0$$

本章介绍如下两个定理.

Lagrange 插值多项式

定理 6.1 若 $P>0$,则对任一 $f\in C[-1,1]$,有

$$\int_{-1}^{1}\left(\mid L_n(f,x)-f(x)\mid^P\cdot\frac{\mathrm{d}x}{\sqrt{1-x^2}}\right)^{\frac{1}{p}}$$

$$\leqslant C_1 w_h(f,\frac{1}{n})$$

其中 $k_h(f,h)$ 为定义的权为 $h(x)=\sqrt{1-x^2}$ 的加权连续模,C 为与 f,n 无关的正数.

定理 6.2 若 $P>0$,则对任一 $f\in C[-1,1]$,有

$$\int_{-1}^{1}\left(\mid Q_{n+2}(f,x)-f(x)\mid^P\cdot\frac{\mathrm{d}x}{\sqrt{1-x^2}}\right)^{\frac{1}{p}}$$

$$\leqslant C_2 w_h(f,\frac{1}{n})$$

§2 几 个 引 理

引理 6.1[①] 若 $f\in C[-1,1]$,$P_n(x)$ 为 $f(x)$ 于区间 $[-1,1]$ 上的 $n-1$ 次最佳逼近多项式,则有

$$\|f-P_n\|_\infty\leqslant C_3 w_h(f,\frac{1}{n}) \qquad (6.3)$$

引理 6.2[②] 成立着下列结论

(1) $\quad\sum_{k=1}^{n}l_k^2(x)\leqslant 2,\sum_{k=1}^{n}\varnothing_k^2(x)\leqslant 2 \qquad (6.4)$

---

① Ditzin Z, Totik V. Moduli of smoothness. Berlin: Springer-verlag,1987.

② Varmaand A K, Prasad J. An analogue of a problem of P. Erdös and E. Feldheim on L_p convergence of interpolatory processes. J. Approx. Theory,1989,56:225-240.

第二编　拉格朗日插值在数值计算与逼近论中的应用

(2) 设 $V_1,\cdots,V_{2N}$ 是介于 1 到 n 之间的互不相同的正整数,则有

$$\int_{-1}^{1} l_{V_1}(x)\cdots l_{V_{2N}}(x)\cdot\frac{\mathrm{d}x}{\sqrt{1-x^2}}=0 \quad (6.5)$$

$$\int_{-1}^{1} \varnothing_{V_1}(x)\cdots \varnothing_{V_{2N}}(x)\cdot\frac{\mathrm{d}x}{\sqrt{1-x^2}}$$

$$=\frac{\Gamma(N+\frac{1}{2})\cdot\Gamma(\frac{1}{2})}{(n+1)^{2N}\cdot\Gamma(N+1)} \quad (6.6)$$

下面建立两个齐次多项式表达式,设 $x_1,\cdots,x_n$ 是 n 个独立变量,$P_1,\cdots,P_r,S$ 均为正整数,且记

$$P=P_1+P_2+\cdots+P_r \quad (6.7)$$

$$V_S=(x_1^S+x_2^S+\cdots+x_n^S)^{\frac{1}{S}} \quad (6.8)$$

引理 6.3　若 $n>r$,则 P 次对称齐次多项式

$$I_{P_1\cdots P_r}=\sum_{k_1\neq\cdots\neq k_r} x_{k_1}^{P_1}\cdots x_{k_r}^{P_r} \quad (6.9)$$

可以化成关于 $V_1,\cdots,V_p$ 的 p 次齐次多项式

$$I_{P_1\cdots P_r}=\sum_{\substack{\sum_{i=1}^{p}t_i=P,t_i\geq 0}} C_{t_1\cdots t_p} V_1^{t_1}\cdots V_1^{t_p} \quad (6.10)$$

且(1)$t_1\leqslant r$,$C_{t_1\cdots t_p}$ 与变量 x_i 的个数无关;(2)若 $P_r>1$,则 $t_1\leqslant r-1$.

证明　我们对 P_i 的个数 r 进行归纳. 当 $r=1$ 时,$P=P_i$,此时有

$$I_{P_1}=\sum_{k=1}^{n}x_k^{P_1}=V_{P_1}^{P_1}=V_P^P$$

命题成立.

设当 $r=M$ 时,命题成立,则当 $r=M+1$ 时,对于 $P_1,\cdots,P_M,P_{M+1}$,记 $\bar{P}=\sum_{i=1}^{M}P_i$,则

Lagrange 插值多项式

$$I_{P_1 \cdots P_{M+1}} = \sum_{K_1 \neq \cdots \neq K_M} x_{K_1}^{P_1} \cdots x_{K_M}^{P_M} \left(\sum_{K \neq K_i} x_K^{P_{M+1}} \right)$$

$$= \sum_{K_1 \neq \cdots \neq K_M} x_{K_1}^{P_1} \cdots x_{K_M}^{P_M} \left(\sum_{i=1}^{n} x_K^{P_{M+1}} - \sum_{i=1}^{M} x_{K_i}^{P_{M+1}} \right)$$

$$= \sum_{K_1 \neq \cdots \neq K_M} x_{K_1}^{P_1} \cdots x_{K_M}^{P_M} \left(V_{P_{M+1}}^{P_{M+1}} - \sum_{i=1}^{M} x_{K_i}^{P_{M+1}} \right)$$

$$= V_{P_{M+1}}^{P_{M+1}} \sum_{K_1 \neq \cdots \neq K_M} x_{K_1}^{P_1} \cdots x_{K_M}^{P_M} - $$

$$\sum_{i=1}^{M} \sum_{K_1 \neq \cdots \neq K_M} x_{K_1}^{P_1} \cdots x_{K_i}^{P_i + P_{M+1}} \cdots x_{K_M}^{P_M}$$

$$= V_{P_{M+1}}^{P_{M+1}} \cdot I_{P_1 \cdots P_M} - \sum_{i=1}^{M} I_{P_1 \cdots (P_i + P_{M+1}) \cdots P_M}$$

(6.11)

由归纳假设知 $I_{P_1 \cdots (P_i + P_{M+1}) \cdots P_M}$ 可化成关于 $V_1, \cdots,$ V_P 的 P 次齐次多项式，$I_{P_1 \cdots P_M}$ 可化成关于 $V_1, \cdots, V_P$ 的 $\bar{P}$ 次齐次多项式，从而 $V_{P_{M+1}}^{P_{M+1}} \cdot I_{P_1 \cdots P_M}$ 可化成 $V_1,$ $V_2, \cdots, V_P, V_{P_{M+1}}$ 的 P 次齐次多项式，且它们的系数与变量 x_i 的个数无关，从而按式(6.11)合并所得之式(6.10)是 $V_1, \cdots, V_P$ 的 P 次齐次多项式，其系数 $C_{t_1 \cdots t_P}$ 也与变量 x_i 的个数无关. 在式(6.11)中当且仅当 $P_{M+1} = 1$ 时 $V_{P_{M+1}}^{P_{M+1}} = V_1$，由归纳假设知 $I_{P_1 \cdots P_M}$ 与各 $I_{P_1 \cdots (P_i + P_{M+1}) \cdots P_M}$ 中每一项因子 V_1 的次数不超过 M，故按式(6.11) 知 $I_{P_1 \cdots P_M P_{M+1}}$ 中每一项因子 V_1 的次数不超过 $M+1$，于是按归纳法证明了(1). 当 $P_r > 1$ 时 $V_{P_r}^{P_r}$ 不产生因子 V_1，从而由式(6.11)可知因子 V_1 的次数 $t_1 \leqslant r - 1$. 引理 6.3 证毕.

把 $I_{P_1 \cdots P_r}$ 中的每一项按足码顺序写成规范形式 $x_{K_1}^{P_{i1}} \cdots x_{K_r}^{P_{ir}} (K_1 < \cdots < K_r, (P_{i1}, \cdots, P_{ir})$ 是 $(P_1, \cdots, P_r)$

的某排列),再合并同类项. 由 $I_{P_1\cdots P_r}$ 关于各 x_i 的对称性可知每一项 $x_{K_1}^{P_{i1}}\cdots x_{K_r}^{P_{ir}}$ 前面的系数同 $x_1^{P_1}\cdots x_r^{P_r}$ 前面的系数相同,记 $x_1^{P_1}\cdots x_r^{P_r}$ 前面的系数为 $C_{P_1\cdots P_r}$,则

$$I_{P_1\cdots P_r} = C_{P_1\cdots P_r} \sum_{K_1<K_2<\cdots<K_r} x_{K_1}^{P_{i1}}\cdots x_{K_r}^{P_{ir}} \quad (6.12)$$

引理 6.4 若 N 为正整数,$n > 2N$,则 $2N$ 次齐次对称多项式

$$B_{2N} = \left(\sum_{i=1}^{n} x_i\right)^{2N} - (2N)! \sum_{K_1<K_2<\cdots<K_{2N}} x_{K_1}\cdots x_{K_{2N}}$$

(6.13)

可以化成关于 $V_1,\cdots,V_{2N}$ 的 $2N$ 次齐次多项式

$$B_{2N} = \sum_{\substack{\sum t_i=2N,t_i\geqslant 0}} B_{t_1\cdots t_{2N}} V_1^{t_1}\cdots V_{2N}^{t_{2N}} \quad (6.14)$$

且 $t_1 \leqslant 2N-2$.

证明 由 $\left(\sum_{i=1}^{n} x_i\right)^{2N} = \sum x_{K_1}\cdots x_{K_{2N}}$,把和式中的每一项写成规范形式,合并同类项得

$$B_{2N} = \sum_{P_1\leqslant P_2\leqslant\cdots\leqslant P_r} \frac{(2N)!}{P_1!\cdots P_r!}\left(\sum_{K_1<K_2<\cdots<K_r} x_{K_1}^{P_{i1}}\cdots x_{K_r}^{P_{ir}}\right)$$

$$= \sum_{P_1\leqslant P_2\leqslant\cdots\leqslant P_r} \frac{(2N)!}{P_1!\cdots P_r!} \cdot \frac{I_{P_1\cdots P_r}}{C_{P_1\cdots P_r}} \quad (6.15)$$

其中 $\sum_{i=1}^{r} P_i = 2N, P_r \geqslant 2, (P_{i1},\cdots,P_{ir})$ 是 $(P_1,\cdots,P_r)$ 的某排列. 由 $\sum_{i=1}^{r} P_i = 2N$ 及 $P \geqslant 2$,知式(6.15)中之各 $I_{P_1\cdots P_r}$ 中,$r \leqslant 2N-1$,再由引理 6.3 及式(6.15)得式(6.14). 由 $P_r > 1$ 及 $r \leqslant 2N-1$,可知于式(6.15)中, 若 $t_1 \geqslant 2N-1$,则 $B_{t_1\cdots t_{2N}} = 0$,引理 6.4 证毕.

Lagrange 插值多项式

§3 定理 6.1 的证明及推论

记
$$a_k(x) = f(x_k) \circ l_k(x) \quad (k=1,\cdots,n) \quad (6.16)$$
$$b_s(x) = \Big(\sum_{k=1}^{n} a_k^s(x)\Big)^{\frac{1}{s}} \quad (s \text{ 为正整数}) \quad (6.17)$$

引理 6.5 若 $s \geqslant 2$,则
$$|b_s(x)| \leqslant \sqrt{2}\, \|f\|_{\infty} \quad (6.18)$$

证明 由式(6.4)知 $|l_k(x)| \leqslant \sqrt{2}$,因此有

$$\sum_{k=1}^{n} |l_k(x)|^s$$
$$= \sum_{k=1}^{n} \Big(\max_{i} |l_i(x)| \cdot \frac{|l_k(x)|}{\max_{i} |l_i(x)|}\Big)^s$$
$$= (\max_{i} |l_i(x)|)^s \cdot \sum_{k=1}^{n} \Big(\frac{|l_k(x)|}{\max_{i} |l_i(x)|}\Big)^s$$
$$\leqslant (\max_{i} |l_i(x)|)^s \cdot \sum_{k=1}^{n} \Big(\frac{|l_k(x)|}{\max_{i} |l_i(x)|}\Big)^2$$
$$= (\max_{i} |l_i(x)|)^{s-2} \cdot \sum_{k=1}^{n} l_k^2(x)$$
$$\leqslant 2^{\frac{s-2}{2}} \times 2 = 2^{\frac{s}{2}}$$

故有

$$|b_s(x)| \leqslant \Big(\sum_{k=1}^{n} |f(x_k) \circ l_k(x)|^s\Big)^{1/s}$$
$$\leqslant \Big(\|f\|_{\infty}^s \circ \sum_{k=1}^{n} |l_k(x)|^s\Big)^{1/s}$$
$$\leqslant 2 \circ \|f\|_{\infty}$$

第二编　拉格朗日插值在数值计算与逼近论中的应用

引理6.6　若 $P>0$，则对任一 $f\in C[-1,1]$，有
$$\int_{-1}^{1}|L_n(f,x)|^P\cdot\frac{\mathrm{d}x}{\sqrt{1-x^2}}\leqslant C_4\parallel f\parallel_\infty^P$$
(6.19)

下面仅对 $P=2N$（N 为正整数）用数学归纳法（对 N）证明，当 $2(N-1)<P<2N$ 时，由赫尔德（Hölder）不等式
$$\int_{-1}^{1}|L_n(f,x)|^P\cdot\frac{\mathrm{d}x}{\sqrt{1-x^2}}$$
$$\leqslant\left(\int_{-1}^{1}1^{\frac{2N}{2N-P}}\cdot\frac{\mathrm{d}x}{\sqrt{1-x^2}}\right)^{\frac{\frac{1}{2N}}{2N-P}}\cdot$$
$$\left(\int_{-1}^{1}(|L_n(f,x)|^P)^{\frac{2N}{P}}\cdot\frac{\mathrm{d}x}{\sqrt{1-x^2}}\right)^{\frac{P}{2N}}$$
$$=c^{1-\frac{P}{2N}}\left(\int_{-1}^{1}|L_n(f,x)|^{2N}\cdot\frac{\mathrm{d}x}{\sqrt{1-x^2}}\right)^{\frac{P}{2N}}$$

即可．

证明　当 $N=1$ 时，由
$$\int_{-1}^{1}l_k(x)\cdot l_j(x)\cdot\frac{\mathrm{d}x}{\sqrt{1-x^2}}=\begin{cases}\dfrac{c}{n}&(k=j)\\[4pt]0&(k\neq j)\end{cases}$$

得到
$$\int_{-1}^{1}|L_n(f,x)|^2\cdot\frac{\mathrm{d}x}{\sqrt{1-x^2}}$$
$$=\frac{c}{n}\cdot\sum_{k=1}^{n}f^2(x_k)\leqslant c\cdot\parallel f\parallel_\infty^2\quad(6.20)$$

现假设当 $0<P\leqslant 2(N-1)$ 时，成立
$$\int_{-1}^{1}|L_n(f,x)|^P\cdot\frac{\mathrm{d}x}{\sqrt{1-x^2}}\leqslant C_p\cdot\parallel f\parallel_\infty^P$$
(6.21)

Lagrange 插值多项式

则当 $P=2N$ 时,若 $n \leqslant 2N$,则由 $|l_k(x)| \leqslant 2$,得

$$|L_n(f,x)| = \Big| \sum_{k=1}^{n} f(x_k) l_k(x) \Big| \leqslant 4N \cdot \|f\|_\infty$$

$$\int_{-1}^{1} |L_n(f,x)|^{2N} \cdot \frac{\mathrm{d}x}{\sqrt{1-x^2}} \leqslant (4N)^{2N} \cdot c \cdot \|f\|_\infty^{2N}$$

$$(6.22)$$

当 $n > 2N$ 时,由 $(6.16)(6.17)(6.1)$ 及 (6.14) 各式得

$$(L_n(f,x))^{2N} = (2N)! \sum_{V_1 < V_2 < \cdots < V_{2N}} a_{V_1}(x) \cdots a_{V_{2N}}(x) + \sum_{\substack{\sum_{i=1}^{2N} t_i = 2N, t_1 \leqslant 2N-2}} B_{t_1 \cdots t_{2N}} b_1^{t_1}(x) \cdots b_{2N}^{t_{2N}}(x)$$

$$(6.23)$$

由式 (6.5) 易得

$$\int_{-1}^{1} (2N)! \sum_{V_1 < V_2 < \cdots < V_{2N}} a_{V_1}(x) \cdots a_{V_{2N}}(x) \cdot \frac{\mathrm{d}x}{\sqrt{1-x^2}} = 0$$

再由式 (6.18) 及 (6.21) 得

$$\int_{-1}^{1} \sum_{\substack{\sum_{i=1}^{2N} t_i = 2N, t_1 \leqslant 2N-2}} B_{t_1 \cdots t_{2N}} b_1^{t_1}(x) \cdots b_{2N}^{t_{2N}}(x) \cdot \frac{\mathrm{d}x}{\sqrt{1-x^2}}$$

$$\leqslant \sum_{\substack{\sum_{i=1}^{2N} t_i = 2N, t_1 \leqslant 2N-2}} \int_{-1}^{1} |B_{t_1 \cdots t_{2N}} b_1^{t_1}(x) \cdots b_{2N}^{t_{2N}}(x)| \cdot \frac{\mathrm{d}x}{\sqrt{1-x^2}}$$

$$\leqslant \sum_{\substack{\sum_{i=1}^{2N} t_i = 2N, t_1 \leqslant 2N-2}} 2^N |B_{t_1 \cdots t_{2N}}| \cdot \|f\|_\infty^{2N-t_1} \int_{-1}^{1} |b_1^{t_1}(x)| \cdot \frac{\mathrm{d}x}{\sqrt{1-x^2}}$$

$$\leqslant 2^N \cdot \sum_{\substack{\sum_{i=1}^{2N} t_i = 2N, t_1 \leqslant 2N-2}} |B_{t_1 \cdots t_{2N}}| \cdot \sum_{i=0}^{2N-2} \|f\|_\infty^{2N-i} \cdot$$

$$\int_{-1}^1 |b_1(x)|^i \cdot \frac{\mathrm{d}x}{\sqrt{1-x^2}}$$

$$\leqslant 2^N \sum_{\substack{\sum_{i=1}^{2N} t_i = 2N, t_1 \leqslant 2N-2}} |B_{t_1 \cdots t_{2N}}| \cdot \left(c + \sum_{i=1}^{2N-2} C_i\right) \cdot \|f\|_\infty^{2N}$$

(6.24)

综合(6.22)(6.23)(6.24) 三式得

$$\int_{-1}^1 |L_n(f,x)|^{2N} \cdot \frac{\mathrm{d}x}{\sqrt{1-x^2}} \leqslant C_{2N} \cdot \|f\|_\infty^{2N}$$

引理 6.6 证毕.

定理 6.1 的证明　取引理 6.1 之 P_n, 有

$$L_n(P_n,x) = P_n(x)$$

$$L_n(f,x) - f(x) = L_n(f - P_n, x) + (P_n(x) - f(x))$$

(6.25)

由(6.19) 及(6.3) 两式得

$$\int_{-1}^1 |L_n(f - P_n, x)|^P \cdot \frac{\mathrm{d}x}{\sqrt{1-x^2}}$$

$$\leqslant C_4 \cdot C_3^P \left(w_h\left(f, \frac{1}{n}\right)\right)^P \quad (6.26)$$

$$\int_{-1}^1 |P_n(x) - f(x)|^P \cdot \frac{\mathrm{d}x}{\sqrt{1-x^2}}$$

$$\leqslant c \cdot C_3^P \left(w_h\left(f, \frac{1}{n}\right)\right)^P \quad (6.27)$$

综合(6.25)(6.26) 及(6.27) 三式得

$$\int_{-1}^1 |L_n(f,x) - f(x)|^P \cdot \frac{\mathrm{d}x}{\sqrt{1-x^2}}$$

Lagrange 插值多项式

$$\leqslant C_1^P \cdot \left(w_h\left(f, \frac{1}{n}\right)\right)^P$$

定理 6.1 证毕.

由 $\dfrac{1}{\sqrt{1-x^2}} \geqslant 1$ 及 $k_h\left(f, \dfrac{1}{n}\right) \leqslant k\left(f, \dfrac{1}{n}\right)$ 得

推论 6.1　若 $P > 0$,则对任一 $f \in C[-1,1]$,有

$$\left(\int_{-1}^{1} | L_n(f,x) - f(x) |^P dx\right)^{\frac{1}{P}}$$

$$\leqslant C_1 \cdot w_h\left(f, \frac{1}{n}\right) \leqslant C_1 k\left(f, \frac{1}{n}\right)$$

§4　定理 6.2 的证明及推论

令

$$a_k(x) = f(t_k) \circ \varnothing_k(x) \quad (k=1,\cdots,n) \quad (6.28)$$

$$b_s(x) = \left(\sum_{k=1}^{n} a_k^s(x)\right)^{\frac{1}{s}} \quad (s \text{ 为正整数}) \quad (6.29)$$

$$L_n^*(f,x) = \sum_{k=1}^{n} f(t_k) \cdot \varnothing_k(x) = \sum_{k=1}^{n} a_k(x) = b_1(x)$$

$$(6.30)$$

引理 6.7　成立着下列结论.

(1) 若 $s \geqslant 2$,则有

$$| b_s(x) | \leqslant \sqrt{2} \circ \| f \|_{\infty} \quad (6.31)$$

(2) 若 $V_1,\cdots,V_{2N}$ 是介于 1 到 n 之间的互不相同的整数,则有

$$\left|\int_{-1}^{1} a_{V_1}(x) \cdots a_{V_{2N}}(x) \cdot \frac{dx}{\sqrt{1-x^2}}\right|$$

$$\leqslant \|f\|_\infty^{2N} \cdot \frac{\Gamma\left(N+\frac{1}{2}\right)\Gamma\left(\frac{1}{2}\right)}{(n+1)^{2N}\cdot\Gamma(N+1)} \quad (6.32)$$

证明 式(6.30)的证明类似于(6.18)(6.31)两式由式(6.28)及(6.6)得

$$\left|\int_{-1}^{1} a_{V_1}(x)\cdots a_{V_{2N}}(x)\cdot\frac{\mathrm{d}x}{\sqrt{1-x^2}}\right| = \left|\prod_{k=1}^{2N} f(t_{V_k})\right|$$

$$\left|\int_{-1}^{1} \varnothing_{V_1}(x)\cdots\varnothing_{V_{2N}}(x)\cdot\frac{\mathrm{d}x}{\sqrt{1-x^2}}\right|$$

$$\leqslant \|f\|_\infty^{2N} \cdot \frac{\Gamma\left(N+\frac{1}{2}\right)\Gamma\left(\frac{1}{2}\right)}{(n+1)^{2N}\cdot\Gamma(N+1)}$$

引理 6.8 若 $P>0$，则对任一 $f\in C[-1,1]$，有

$$\int_{-1}^{1}|Q_{n+2}(f,x)|^P\cdot\frac{\mathrm{d}x}{\sqrt{1-x^2}}\leqslant C_P^1\|f\|_\infty^P$$

$$(6.33)$$

下面仅对 $P=2N$（N 为正整数）用数学归纳法证明. 由于 $|f(1)\circ\varnothing_0(x)|\leqslant\|f\|_\infty$，$|f(-1)\circ\varnothing_{n+1}(x)|\leqslant\|f\|_\infty$，因此仅证 $\int_{-1}^{1}|L_n^*(f,x)|^{2N}\cdot\frac{\mathrm{d}x}{\sqrt{1-x^2}}\leqslant C_{2N}^1\|f\|_\infty^{2N}$.

证明 当 $N=1$ 时，由(6.32)及(6.31)两式得

$$\int_{-1}^{1}|L_n^*(f,x)|^2\cdot\frac{\mathrm{d}x}{\sqrt{1-x^2}}$$

$$=\int_{-1}^{1}\sum_{k=1}^{n}a_k^2(x)\cdot\frac{\mathrm{d}x}{\sqrt{1-x^2}}+\int_{-1}^{1}\sum_{k\neq j}a_k(x)\cdot a_j(x)\cdot\frac{\mathrm{d}x}{\sqrt{1-x^2}}$$

Lagrange 插值多项式

$$\leqslant 2\|f\|_\infty^2 \cdot \int_{-1}^{1} \frac{\mathrm{d}x}{\sqrt{1-x^2}} + n(n-1) \cdot \frac{\Gamma\left(\frac{3}{2}\right) \cdot \Gamma\left(\frac{1}{2}\right)}{(n+1)^2 \cdot \Gamma(2)} \cdot \|f\|_\infty^2$$

$$\leqslant \frac{5}{2}c \cdot \|f\|_\infty^2 \tag{6.34}$$

设当 $0 < P \leqslant 2(N-1)$ 时,有

$$\int_{-1}^{1} |L_n^*(f,x)|^P \cdot \frac{\mathrm{d}x}{\sqrt{1-x^2}} \leqslant C_P^1 \cdot \|f\|_\infty^P \tag{6.35}$$

则当 $P = 2N$ 时,若 $n \leqslant 2N$,则由 $|\varnothing_k(x)| \leqslant 2$ 可得

$$\int_{-1}^{1} |L_n^*(f,x)|^{2N} \cdot \frac{\mathrm{d}x}{\sqrt{1-x^2}} \leqslant (4N)^{2N} \cdot c \cdot \|f\|_\infty^{2N} \tag{6.36}$$

若 $n > 2N$,由式(6.30) 及引理 6.4 得

$$|L_n^*(f,x)|^{2N} = (2N)! \sum_{V_1 < V_2 < \cdots < V_{2N}} a_{V_1}(x) \cdots a_{V_{2N}}(x) + \sum_{\substack{\sum_{i=1}^{2N} t_i = 2N, t_1 \leqslant 2N-2}} B_{t_1 \cdots t_{2N}} b_1^{t_1}(x) \cdots b_{2N}^{t_{2N}}(x)$$

$$= I_1 + I_2 \tag{6.37}$$

由式(6.32) 得

$$\int_{-1}^{1} I_1 \frac{\mathrm{d}x}{\sqrt{1-x^2}}$$

$$\leqslant (2N)! \sum_{V_1 < V_2 < \cdots < V_{2N}} \left| \int_{-1}^{1} a_{V_1}(x) \cdots a_{V_{2N}}(x) \cdot \frac{\mathrm{d}x}{\sqrt{1-x^2}} \right|$$

$$\leqslant \frac{n!}{(n-2N)!} \cdot \frac{\Gamma\left(N+\frac{1}{2}\right) \cdot \Gamma\left(\frac{1}{2}\right)}{(n+1)^{2N} \cdot \Gamma(N+1)} \cdot \|f\|_\infty^{2N}$$

$$< \Gamma\left(N+\frac{1}{2}\right) \cdot \Gamma\left(\frac{1}{2}\right) \cdot \|f\|_\infty^{2N} / \Gamma(N+1) \tag{6.38}$$

由式(6.31)及(6.35),类似于式(6.24)的证明过程得

$$\int_{-1}^{1} I_2 \cdot \frac{\mathrm{d}x}{\sqrt{1-x^2}}$$

$$\leqslant 2^N \cdot \sum_{\substack{\sum_{i=1}^{2N} t_i = 2N, t_1 \leqslant 2N-2}} \mid B_{t_1 \cdots t_{2N}} \mid \cdot \left(c + \sum_{i=1}^{2N-2} C'_i\right) \| f \|_{\infty}^{2N}$$

$$(6.39)$$

综合式(6.36)—(6.39)得

$$\int_{-1}^{1} \mid L_n^*(f,x) \mid^{2N} \cdot \frac{\mathrm{d}x}{\sqrt{1-x^2}} \leqslant C'_{2N} \| f \|_{\infty}^{2N}$$

引理 6.8 证毕.

定理 6.2 的证明 取引理 6.1 的 P_n,则有

$$Q_{n+2}(f,x) - f(x) = Q_{n+2}(f - P_n, x) + P_n(x) - f(x)$$

$$(6.40)$$

由式(6.33)及(6.3)得

$$\int_{-1}^{1} \mid Q_{n+2}(f - P_n, x) \mid^P \cdot \frac{\mathrm{d}x}{\sqrt{1-x^2}}$$

$$\leqslant C'_p \cdot C_3^P \left(w_h\left(f, \frac{1}{n}\right)\right)^P \qquad (6.41)$$

$$\int_{-1}^{1} \mid P_n(x) - f(x) \mid^P \cdot \frac{\mathrm{d}x}{\sqrt{1-x^2}}$$

$$\leqslant c \cdot C_3^P \left(w_h\left(f, \frac{1}{n}\right)\right)^P \qquad (6.42)$$

综合以上三式得

$$\int_{-1}^{1} \mid Q_{n+2}(f,x) - f(x) \mid^P \cdot \frac{\mathrm{d}x}{1-x^2}$$

$$\leqslant C_2^P \cdot \left(w_h\left(f, \frac{1}{n}\right)\right)^P$$

定理 6.2 证毕.

Lagrange 插值多项式

由 $\dfrac{1}{\sqrt{1-x^2}} \geqslant 1$ 及 $k_h(f,\dfrac{1}{n}) \leqslant k(f,\dfrac{1}{n})$,得:

推论 6.2 若 $P>0$,则对任一 $f \in C[-1,1]$,有

$$\left(\int_{-1}^{1} |Q_{n+2}(f,x) - f(x)|^P \mathrm{d}x\right)^{\frac{1}{P}}$$
$$\leqslant C_2 w_h\left(f,\dfrac{1}{n}\right) \leqslant C_2 k\left(f,\dfrac{1}{n}\right)$$

第二编　拉格朗日插值在数值计算与逼近论中的应用

埃尔米特－费耶尔和拉格朗日插值逼近的 Steckin-Marchaud 不等式①

第 7 章

宝鸡文理学院数学系的李银兴教授在2006年引进了一种新的 K 泛函,由此建立了积分型埃尔米特－费耶尔和拉格朗日插值逼近的 Steckin-Marchaud 不等式.

§1　引　言

设 $W(x) \geqslant 0$ 为定义在 $[-1,1]$ 上的权函数,并满足 $0 < \int_{-1}^{1} W(x) \mathrm{d}x < +\infty$. $\{k_n(x)\}_{n=0}^{+\infty}$ 为关于 $W(x)$ 正交的多项式序列并假设 $k_n(x)$ 的首项系数为 1.众所周知, $k_n(x)$ 在 $(-1,1)$ 上有 n 个不同的根

$$-1 < x_{1,n} < x_{2,n} < \cdots < x_{n,n} < 1$$

---

① 选自:纯粹数学与应用数学,2006 年 9 月第 22 卷第 3 期.

Lagrange 插值多项式

基于上述结点的拉格朗日插值多项式，埃尔米特—费耶尔插值多项式已经被广泛研究. 但是，这些插值严格依赖于函数在可数结点集$\{x_{k,n}\mid 1\leqslant k\leqslant n, n=1,2,\cdots\}$上的函数值. 因此，难于实现对一般$L^p$空间中函数的逼近. 因此，很有必要对它们修正以便具有逼近L^p空间中函数的能力.

令克里斯托费尔（Christoffel）数为 $\lambda_{k,n} = \int_{-1}^{1} l_{k,n}(t) W(t) \mathrm{d}t = \int_{-1}^{1} l_{k,n}^2(t) W(t) \mathrm{d}t$，其中

$$l_{k,n}(x) = \frac{k_n(x)}{k'_n(x_{k,n})(x - x_{k,n})}$$

为拉格朗日基函数，记

$$V_{k,n}(x) = 1 - (x - x_{k,n}) \frac{k''_n(x_{k,n})}{k'_n(x_{k,n})}$$

和 $L_W^p = \{f: f$ 在 $[-1,1]$ 上可测且 $\|f\|_{p,W} = \left(\int_{-1}^{1} |f(t)|^p W(t) \mathrm{d}t\right)^{\frac{1}{p}} < +\infty\}, 1 \leqslant p < +\infty$.

在相关文献[①]中给出了如下修正插值算子

$$L_n^*(f,x) = \sum_{k=1}^{n} \left(\lambda_{k,n}^{-1} \int_{-1}^{1} f(t) l_{k,n}^2(t) W(t) \mathrm{d}t\right) l_{k,n}(x)$$

$$H_n^*(f,x) = \sum_{k=1}^{n} \left(\lambda_{k,n}^{-1} \int_{-1}^{1} f(t) l_{k,n}^2(t) W(t) \mathrm{d}t\right) A_{k,n}(x)$$

其中

$$A_{k,n}(x) = V_{k,n}(x) l_{k,n}^2(x)$$

同时证明当$\{x_{k,n}\}$为d正规时$L_n^*(f,x)$和

---

① Wang Ziyu. A kind of operators of interpolation type and their convergence in L_p spaces. Chinese J. Math., 1992, 20(2): 153 – 159.

$H_n^*(f,x)$ 在 L_W^p 为收敛的.

本章将给出 $L_n^*(f,x)$ 和 $H_n^*(f,x)$ 在以 $W(x)=(1-x^2)^{-\frac{1}{2}}$ 为权函数的 L_W^p 空间中的逼近阶.

对 $f \in L_W^p (1 \leqslant p < +\infty)$,代数多项式的最佳逼近定义为 $E_n(f)_{p,W} = \inf\limits_{p_n \in \Pi_n} \| f - p_n \|_{p,W}$,其中 Π_n 为阶不大于 n 的代数多项式集合,设 $r > 0$ 和

$$\mathrm{Lip}(r,W,p)$$
$$= \{ f \in L_W^p : E_n(f)_{p,W} + \frac{1}{n} \sum_{k=0}^{n} E_k(f)_{p,W} = O(n^{-r}) \}$$

对 $\mathrm{Lip}(r,W,p)$ 赋予下列拟范数

$$\| g \|_{\mathrm{Lip}(r,W,p)}$$
$$= \| g \|_{p,W} + \sup_{n \geqslant 1} n^r \left(E_n(g)_{p,W} + \frac{1}{n} \sum_{k=0}^{n} E_k(g)_{p,W} \right)$$
$$g \in \mathrm{Lip}(r,W,p)$$

对 $f \in L_W^p$ 定义 K-泛函为 $K_{p,W}(f,t) = \inf\limits_{g \in \mathrm{Lip}(r,W,p)} (\| f - g \|_{p,W} + t \| g \|_{\mathrm{Lip}(r,W,p)})$.

下列结论成立:

定理 7.1 如果 $p > 1$,那么
$$K_{p,W}\left(f,\frac{1}{n^r}\right) \leqslant \frac{C}{n^r} \sum_{k=1}^{n} k^{r-1} \| L_k^*(f) - f \|_{p,W}, f \in L_W^p$$
和
$$K_{p,W}\left(f,\frac{1}{n^r}\right) \leqslant \frac{C}{n^r} \sum_{k=1}^{n} k^{r-1} \| H_k^*(f) - f \|_{p,W}, f \in L_W^p$$

若存在常数 $C > 0$ 使得 $A \leqslant CB$,则记 $A = O(B)$;$A \sim B$ 表示 $A = O(B)$ 且 $B = O(A)$.

Lagrange 插值多项式

§2 几个引理

引理 7.1 如果 $p>1$, 那么存在常数 $C>0$ 使对一切 $f \in L_W^p$ 有

$$\|H_n^*(f)\|_{p,W} \leqslant C\|f\|_{p,W}, \|L_n^*(f)\|_{p,W} \leqslant \|f\|_{p,W}$$

引理 7.2 如果 $p>1$, 那么对于 $f \in L_W^p$ 有

$$\|L_n^*(f)-f\|_{p,W}=O\Big(E_n(f)_{p,W}+\frac{1}{n}\sum_{k=0}^{n}E_k(f)_{p,W}\Big)$$

$$\|H_n^*(f)-f\|_{p,W}=O\Big(E_n(f)_{p,W}+\frac{1}{n}\sum_{k=0}^{n}E_k(f)_{p,W}\Big)$$

证明 设 $p_n \in \Pi_n$, 满足 $\|f-p_n\|_{p,W}=E_n(f)_{p,W}$, 则

$$\|L_n^*(f)-f\|_{p,W}$$
$$\leqslant \|L_n^*(f-p_n)\|_{p,W}+$$
$$\|L_n^*(p_n)-p_n\|_{p,W}+\|f-p_n\|_{p,W}$$
$$=O(E_n(f)_{p,W}+\|L_n^*(p_n)-p_n\|_{p,W})$$

其中

$$\|L_n^*(p_n)-p_n\|_{p,W}$$
$$\leqslant C\Big(\sum_{k=1}^{n}\lambda_{k,n}\Big|\lambda_{k,n}^{-1}\int_{-1}^{1}p_n(t)l_{k,n}^2(t)W(t)dt-p_n(x_{k,n})\Big|^p\Big)^{\frac{1}{p}}$$
$$=C\Big(\sum_{k=1}^{n}\lambda_{k,n}\Big|\lambda_{k,n}^{-1}\int_{-1}^{1}(p_n(t)-p_n(x_{k,n}))l_{k,n}^2(t)W(t)dt\Big|^p\Big)^{\frac{1}{p}}$$

令 $x=\cos f, x_{k,n}=\cos\theta_{k,n}$, 则由

$$l_{k,n}(t)=\frac{(-1)^{k-1}(1-x_{k,n}^2)^{\frac{1}{p}}\cos n \arccos t}{n(t-x_{k,n})}$$

有

第二编　拉格朗日插值在数值计算与逼近论中的应用

$$l_{k,n}^2(t) = \left[\frac{\cos nf \sin\theta_{k,n}}{2n\sin\dfrac{f-\theta_{k,n}}{2}\sin\dfrac{f+\theta_{k,n}}{2}}\right]^2$$

$$= \left[\frac{\sin n(f-\theta_{k,n})\sin\theta_{k,n}}{2n\sin\dfrac{f-\theta_{k,n}}{2}\sin\dfrac{f+\theta_{k,n}}{2}}\right]^2$$

因为 $\sin\theta_{k,n} \leqslant 2\sin\dfrac{f+\theta_{k,n}}{2}$，所以

$$l_{k,n}^2(t) = \left[\frac{\sin n(f-\theta_{k,n})}{n\sin\dfrac{f-\theta_{k,n}}{2}}\right]^2$$

令

$$h_n(f) = p_n(\cos f), h_n(\theta_{k,n}) = p_n(\cos\theta_{k,n})$$

$$G_{h'_n}(f) = \sup_k \frac{1}{f-\theta_{k,n}}\int_{\theta_{k,n}}^{f} |h'_n(v)| \, dv$$

由 $\lambda_{k,n} = \dfrac{\pi}{n}$ 知

$$\sum_{k=1}^{n} \lambda_{k,n} \left| \lambda_{k,n}^{-1} \int_{-1}^{1} (p_n(t) - p_n(x_{k,n})) l_{k,n}^2(t) W(t) dt \right|^p$$

$$\leqslant \sum_{k=1}^{n} \lambda_{k,n} \left| \lambda_{k,n}^{-1} \int_{0}^{\pi} (h_n(f) - h_n(\theta_{k,n})) \left(\frac{\sin n(f-\theta_{k,n})}{n\sin\dfrac{f-\theta_{k,n}}{2}}\right)^2 df \right|^p$$

$$\leqslant \sum_{k=1}^{n} \lambda_{k,n} \left| \lambda_{k,n}^{-1} \int_{0}^{\pi} G_{h'_n}(f) \left| f - \theta_{k,n} \right| \left(\frac{\sin n(f-\theta_{k,n})}{n\sin\dfrac{f-\theta_{k,n}}{2}}\right)^2 df \right|^p$$

$$= O\!\left(\frac{1}{n^p}\right) \sum_{k=1}^{n} \frac{\pi}{n} \left| \int_{0}^{\pi} G_{h'_n}(f) \left| \frac{\sin n(f-\theta_{k,n})}{\sin\dfrac{f-\theta_{k,n}}{2}} \right| df \right|^p$$

$$= O\!\left(\frac{1}{n^p}\right) \int_{0}^{\pi} \left| \int_{0}^{\pi} G_{h'_n}(f) \left| \frac{\sin n(f-\theta)}{\sin\dfrac{f-\theta}{2}} \right| df \right|^p d\theta$$

$$= O\!\left(\frac{1}{n^p}\right) \|G_{h'_n}(f)\|_{p,2\pi}^{p}$$

Lagrange 插值多项式

$$= O\left(\frac{1}{n^p}\right) \| h'_n \|_{p,2\pi}^p$$

$$= O\left(\frac{1}{n^p}\right) \| hp'_n \|_{p,W}^p$$

因此

$$\| L_n^*(p_n) - p_n \|_{p,W} = O\left(\frac{1}{n}\right) \| hp'_n \|_{p,W}$$

由 Ditzian 和 Totik 的著作[①]

$$\| h^r p_n^r \|_{p,W} \leqslant M \sum_{k=0}^{n}(k+1)^{r-1} E_k(f)_{p,W}$$

因此

$$\| L_n^*(p_n) - p_n \|_{p,W} = O\left(\frac{1}{n}\right) \sum_{k=0}^{n} E_k(f)_{p,W}$$

同理可证

$$\| H_n^*(p_n) - p_n \|_{p,W} = O\left(\frac{1}{n}\right) \| hp'_n \|_{p,W}$$

对 $f \in L_W^p(1 < p < +\infty)$ 有

$$\| H_n^*(f) - f \|_{p,W}$$
$$\leqslant \| H_n^*(f - p_n) \|_{p,W} + \| H_n^*(p_n) - p_n \|_{p,W} + \| f - p_n \|_{p,W}$$
$$= O\left(E_n(f)_{p,W} + \frac{1}{n}\sum_{k=0}^{n} E_k(f)_{p,W}\right)$$

引理 7.3 对 $f \in L_W^p(1 < p < +\infty)$ 存在常数 $C > 0$ 使得

$$\| L_n^*(f) \|_{\text{Lip}(r,W,p)} \leqslant C(\| f \|_{\text{Lip}(r,W,p)}), f \in \text{Lip}(r,W,p)$$

$$\| H_n^*(f) \|_{\text{Lip}(r,W,p)} \leqslant C(\| f \|_{\text{Lip}(r,W,p)}), f \in \text{Lip}(r,W,p)$$

---

① Ditzian Z, Totik V. Moduli of Smoothness. New York: Springer-Verlag, 1989.

第二编　拉格朗日插值在数值计算与逼近论中的应用

$$\left.\begin{array}{l}\parallel L_n^*(f)\parallel_{\text{Lip}(r,W,p)}\\ \parallel H_n^*(f)\parallel_{\text{Lip}(r,W,p)}\end{array}\right\}\leqslant C(n^r\parallel f\parallel_{(r,W,p)}),f\in L_W^p$$

$$\parallel L_n^*(f)-f\parallel_{p,W}\leqslant C(n^{-r}\parallel f\parallel_{\text{Lip}(r,W,p)}),f\in\text{Lip}(r,W,p)$$

$$\parallel H_n^*(f)-f\parallel_{p,W}\leqslant C(n^{-r}\parallel f\parallel_{\text{Lip}(r,W,p)}),f\in\text{Lip}(r,W,p)$$

证明　对于固定的整数 i 和 $E_i(f)_{p,W}=\inf\limits_{p_i}\parallel f-p_i\parallel_{p,W}$,$\deg p_i\leqslant i$,有 $E_i(L_n^*(f))_{p,W}=0(i>n-1)$.
因此,假设 $i\leqslant n-1$,这时

$$\begin{aligned}E_i(L_n^*(f))_{p,W}&=\inf_{p_i}\parallel L_n^*(f)-p_i\parallel_{p,W}\\ &=O(\inf_{p_i}\parallel f-p_i\parallel_{p,W}+\\ &\quad\inf_{p_i}\parallel L_n^*(p_i)-p_i\parallel_{p,W})\end{aligned}$$

由引理 7.2 知道

$$\begin{aligned}\parallel L_n^*(p_i)-p_i\parallel_{p,W}&=O\Big(\frac{1}{n}\Big)\parallel hp'_i\parallel_{p,W}\\ &=O\Big(\frac{1}{n^2}\Big)\sum_{j=0}^n(j+1)E_j(f)_{p,W}\end{aligned}$$

因此

$$E_i(L_n^*(f))_{p,W}=O\Big(E_n^*(f)_{p,W}+\frac{1}{n}\sum_{j=0}^n E_j(f)_{p,W}\Big)$$

$$\parallel L_n^*(f)\parallel_{\text{Lip}(r,W,p)}$$
$$=\parallel L_n^*(f)\parallel_{p,W}+$$
$$\quad\sup_{n-1\geqslant k\geqslant 1}k^r\Big(E_k(L_n^*(f))_{p,W}+\frac{1}{k}\sum_{j=0}^k E_j(L_n^*(f))_{p,W}\Big)$$
$$=O\Big(1+\sup_{n-1\geqslant k\geqslant 1}k^r\Big(n^{-r}+\frac{1}{k}\sum_{j=0}^k n^{-r}\Big)\Big)\parallel f\parallel_{\text{Lip}(r,W,p)}$$
$$=O(\parallel f\parallel_{\text{Lip}(r,W,p)})$$

$$\parallel L_n^*(f)\parallel_{\text{Lip}(r,W,p)}$$
$$=\parallel L_n^*(f)\parallel_{p,W}+$$

Lagrange 插值多项式

$$\sup_{n-1 \geqslant k \geqslant 1} k^r \Big(E_k(L_n^*(f))_{p,W} + \frac{1}{k} \sum_{j=0}^{k} E_j(L_n^*(f))_{p,W} \Big)$$

$$= O\Big(\|f\|_{p,W} + \sup_{n-1 \geqslant k \geqslant 1} k^r \Big(1 + \frac{1}{k} \sum_{j=0}^{k} 1\Big) \|f\|_{p,W} \Big)$$

$$= O(n^r \|f\|_{p,W})$$

其他不等式类似证明.

§3 定理 7.1 的证明

定理 7.1 的证明 记

$$e_n = \frac{1}{n^r C} \|H_n^*(f)\|_{\text{Lip}(r,W,p)}, f_k = \|H_n^*(f) - f\|_{p,W}$$

由引理 7.3 知

$$e_n \leqslant \frac{1}{n^r C} \|H_n^*(H_k^*(f))\|_{\text{Lip}(r,W,p)} +$$

$$\frac{1}{n^r C} \|H_n^*(H_k^*(f) - f)\|_{\text{Lip}(r,W,p)}$$

$$= \frac{1}{n^r} \|H_k^*(f)\|_{\text{Lip}(r,W,p)} + \|f - H_k^*(f)\|_{p,W}$$

$$= \Big(\frac{k}{n}\Big)^r e_k + f_k$$

因此,由 Wickeren 的文章①知存在常数 $C > 0$ 使得 e_n

$$\leqslant C n^{-r} \sum_{k=1}^{n} k^{r-1} f_k, 即$$

---

① Wickeren V E. Steckin-Marchaud-type inequalities in connection with Bernstein polynomials. Constr. Approx. ,1986,2: 331—337.

第二编　拉格朗日插值在数值计算与逼近论中的应用

$$\frac{1}{n^r C} \parallel H_n^*(f) \parallel_{\mathrm{Lip}(r,W,p)}$$

$$\leqslant Cn^{-r} \sum_{k=1}^n k^{r-1} \parallel H_k^*(f) - f \parallel_{p,W}$$

另外,当 n 充分大时 $\sum_{k=1}^n \dfrac{k^{r-1}}{n^r} \geqslant 1$,因此

$$\sum_{k=1}^n \frac{k^{r-1}}{n^r} \parallel H_k^*(f) - f \parallel_{p,W}$$

$$\geqslant \parallel H_n^*(f) - f \parallel_{p,W} \sum_{k=1}^n \frac{k^{r-1}}{n^r}$$

$$\geqslant \parallel H_k^*(f) - f \parallel_{p,W}$$

因此

$$K_{p,W}(f, \frac{1}{n^r}) \leqslant \parallel f - H_n^*(f) \parallel_{p,W} +$$

$$\frac{1}{n^r} \parallel H_n^*(f) \parallel_{\mathrm{Lip}(r,W,p)}$$

$$\leqslant \frac{C}{n^r} \sum_{k=1}^n k^{r-1} \parallel H_k^*(f) - f \parallel_{p,W}$$

第三编
特殊集的拉格朗日插值

基于切比雪夫多项式零点的拉格朗日插值多项式逼近的注记

第8章

中国计量学院的谢庭藩和宁波大学数学研究所的周颂平两位教授在2003年建立了:若 $f \in C^r_{[-1,1]}$,则

$$|L_n(f,x) - f(x)|$$
$$\leqslant c_r\left(\omega\left(f^{(r)}, \frac{\sqrt{1-x^2}}{n}\right)\left(\frac{\sqrt{1-x^2}}{n}\right)^r \ln(n+1) + \frac{1}{(n+1)^r}\omega\left(f^{(r)}, \frac{1}{n+1}\right)\right)$$

§1 引言

设 $T_n(x) = \cos((n+1)\arccos x)$ 是切比雪夫多项式,其零点记为

$$x_k = \cos\frac{2k-1}{2(n+1)}\pi \quad (k=1,2,\cdots,n+1)$$

---

① 选自:数学研究与评论,2003年第23卷第1期.

Lagrange 插值多项式

对于 $f \in C_{[-1,1]}$，以 $\{x_k\}_{k=1}^{n+1}$ 为结点组的拉格朗日插值多项式是

$$L_n(f,x) = \sum_{k=1}^{n+1} f(x_k) l_k(x)$$

其中 $l_k(x) = (-1)^{k-1} \dfrac{\sqrt{1-x_k^2}}{n+1} \dfrac{T_n(x)}{(x-x_k)}$.

在 $[-1,1]$ 上用 $L_n(f,x)$ 逼近 $f(x)$ 的经典结果为

$$|L_n(f,x) - f(x)| \leqslant c\omega\left(f, \frac{1}{n}\right) \ln(n+1)$$
(8.1)

其中 c 是与 n,f,x 都无关的常数（下文均如此，但不同的地方取值可能有差异），$\omega(f,\delta)$ 是 $f(x)$ 的连续性模，1968 年，Kis[①] 将式(8.1) 改进为

$$|L_n(f,x) - f(x)| \leqslant c\left(\omega\left(f, \frac{\sqrt{1-x^2}}{n+1}\right) l_n(n+1) + \sum_{k=1}^{n+1} \frac{1}{k} \omega\left(f, \frac{k}{(n+1)^2}\right)\right)$$
(8.2)

我们知道，对于 $f \in C_{[-1,1]}$，有 n 次代数多项式 $P_n(f,x)$ 满足不等式

$$|P_n(f,x) - f(x)| \leqslant c\omega\left(f, \frac{\sqrt{1-x^2}}{n+1} + \frac{1}{(n+1)^2}\right)$$
$$(x \in [-1,1])$$

因此，人们期望将式(8.2) 改进为

$$|L_n(f,x) - f(x)|$$

---

① KIS O. Remarks on the order of convergence of Lagrange interpolation. Ann. Univ. Sci. Budapest. Eötvös Sect. Math. ,1968,11: 27 — 40.

第三编 特殊集的拉格朗日插值

$$\leqslant c\omega\left(f, \frac{\sqrt{1-x^2}}{n+1} + \frac{1}{(n+1)^2}\right)\ln(n+1)$$

(8.3)

谢庭藩和周颂平两位教授曾经公布了这个不等式[①],但是后来检查发现其证明不充分.

本章构造一个例子来说明式(8.3)不成立,并且说明式(8.2)是不可改进的.另外,对具有连续导数的函数我们建立了一个新的定理.

定理 8.1 设 $r \geqslant 1$ 是整数,$f \in C^r_{[-1,1]}$,则
$$|L_n(f,x) - f(x)|$$
$$\leqslant c_r\left(\left(\frac{\sqrt{1-x^2}}{n+1}\right)^r \omega\left(f^{(r)}, \frac{\sqrt{1-x^2}}{n+1}\right)\ln(n+1) + \frac{1}{n^r}\omega\left(f^{(r)}, \frac{1}{n}\right)\right)$$

(8.4)

其中 c_r 是仅与 r 有关的正常数.

§2 一 个 例 子

不妨设 $n > 16$,记 $x_0 = 1$. 对于给定的连续模 $\omega(\delta)$,定义函数 $f_n(x)$ 如下
$$\begin{cases} f_n(x) = \omega(x_{2k} - x), x \in [x_{2k+1}, x_{2k}], k = 0, 1, \cdots, \left[\frac{n}{4}\right] - 1 \\ f_n(-1) = 0 \end{cases}$$
其余区间上均以线性函数连接,但保持 $f_n(x)$ 的连续性

由于 $x_k - x_{k+1} < x_{k+1} - x_{k+2}, k = 0, 1, \cdots, \left[\frac{n}{2}\right] -$

---

① 谢庭藩,周颂平.实函数逼近论.杭州:杭州大学出版社,1998.

Lagrange 插值多项式

1,所以由连续模的性质

$$\delta \leqslant \frac{1+\delta}{\omega(1)}\omega(\delta)$$

不难推出 $\omega(f_n,\delta) \leqslant c\omega(\delta)$,而且

$$L_n(f_n,1) = \sum_{k=0}^{\left[\frac{n}{4}\right]-1} \omega(x_{2k}-x_{2k+1}) \frac{\sqrt{1-x_{2k+1}^2}}{(n+1)(1-x_{2k+1})}$$

但是

$$x_{2k}-x_{2k+1} = 2\sin\frac{4k\pi}{2(n+1)}\sin\frac{\pi}{2(n+1)} > \frac{8k}{(n+1)^2}$$

$$\left(k=1,2,\cdots,\left[\frac{n}{4}\right]-1\right)$$

$$\frac{\sqrt{1-x_{2k+1}^2}}{(n+1)(1-x_{2k+1})} > \frac{1}{(n+1)\sqrt{1-x_{2k+1}^2}} > \frac{2}{(4k+1)\pi}$$

$$\left(k=0,1,2,\cdots,\left[\frac{n}{4}\right]-1\right)$$

所以

$$L_n(f_n,1) \geqslant \sum_{k=1}^{\left[\frac{n}{4}\right]-1} \omega\left(\frac{8k}{(n+1)^2}\right)\frac{2}{(4k+1)\pi}$$

$$\geqslant \frac{1}{10}\sum_{k=1}^{\left[\frac{n}{4}\right]-1} \frac{1}{k}\omega\left(\frac{1}{(n+1)^2}\right)$$

故有正数 $c>0$ 使得 $L_n(f_n,1) \geqslant c\omega\left(\frac{1}{n+1}\right)$,或者说

$$|L_n(f_n,1)-f_n(1)| \geqslant c\omega\left(\frac{1}{n+1}\right).$$

然而,倘若式(8.3)成立,则应该有

$$|L_n(f_n,1)-f_n(1)| < c\omega\left(\frac{1}{(n+1)^2}\right)\ln(n+1)$$

这就产生矛盾,因此式(8.3)在一般情况下是不成立的,并且从上文的论证还可以看出,估计式(8.2)是不

第三编 特殊集的拉格朗日插值

能改进的.

§3 一个新的不等式

现在来证明 §1 中所提出的定理.

由熟知的 Gopengauz 定理,当 $f \in C^r_{[-1,1]}$, $n+1 > r+3$ 时,有 n 次代数多项式 $P_n(f,x)$ 使得

$$|f(x) - P_n(f,x)| \leqslant c_r \left(\frac{\sqrt{1-x^2}}{n}\right)^r \omega\left(f^{(r)}, \frac{\sqrt{1-x^2}}{n+1}\right)$$

(8.5)

对 $x \in [-1,1]$ 一致成立,式中 $c_r > 0$ 是仅与 r 有关的常数. 显然

$$L_n(f,x) - f(x) = L_n(f - P_n(f), x) + P_n(f,x) - f(x) \quad (8.6)$$

由 $L_n(f,x)$ 的定义及式(8.5)可得

$$|L_n(f - P_n(f), x)|$$
$$\leqslant c_r \sum_{k=1}^{n+1} \omega\left(f^{(r)}, \frac{\sqrt{1-x_k^2}}{n+1}\right) \left(\frac{\sqrt{1-x_k^2}}{n+1}\right)^r |l_k(x)|$$

(8.7)

为证明定理,不妨设 $x \in (0,1)$,取 j 使得

$$|x - x_j| = \min_{1 \leqslant k \leqslant n} |x - x_k|$$

因为当 $\frac{n}{8} \leqslant j \leqslant \frac{n}{2} + 1$ 时,注意到式(8.7)及关于切比雪夫多项式的零点为结点组的勒贝格(Lebesgue)常数,式(8.7)显然含有

$$|L_n(f - P_n(f), x)|$$
$$\leqslant c_r c \omega\left(f^{(r)}, \frac{1}{n+1}\right) \frac{1}{(n+1)^r} \ln(n+1)$$

115

Lagrange 插值多项式

$$\leqslant c_r \omega\left(f^{(r)}, \frac{\sqrt{1-x^2}}{n+1}\right)\left(\frac{\sqrt{1-x^2}}{n+1}\right)^r \ln(n+1)$$
(8.8)

所以此时定理成立. 于是,我们仅要证明 $j \leqslant \dfrac{n}{8}$ 的情形.

利用熟知的不等式

$$l_j(x) = O(1), \quad l_k(x) = O\left(\frac{\sqrt{1-x_k^2}}{(n+1)|x-x_k|}\right)$$

以及 $k < \dfrac{n}{2}+1$ 时 $|x-x_k|^{-1} \sim \dfrac{n^2}{|k+j||k-j|}$,
易于得到

$$\sum_{k=\left[\frac{n+1}{2}\right]+1}^{n} \omega\left(f^{(r)}, \frac{\sqrt{1-x_k^2}}{n+1}\right)\left(\frac{\sqrt{1-x_k^2}}{n+1}\right)^r |l_k(x)|$$

$$\leqslant c \sum_{k=\left[\frac{n+1}{2}\right]+1}^{n} \omega\left(f^{(r)}, \frac{n-k+1}{(n+1)^2}\right) \frac{(n-k+1)^{r+1}}{(n+1)^{2r+2}}$$

$$\leqslant c \frac{1}{(n+1)^r} \omega\left(f^{(r)}, \frac{1}{n+1}\right) \tag{8.9}$$

以及注意到 $r \geqslant 1$,则有

$$\sum_{k=2j}^{\left[\frac{n+1}{2}\right]} \omega\left(f^{(r)}, \frac{\sqrt{1-x_k^2}}{n+1}\right)\left(\frac{\sqrt{1-x_k^2}}{n+1}\right)^r |l_k(x)|$$

$$\leqslant c \sum_{k=2j}^{\left[\frac{n+1}{2}\right]} \omega\left(f^{(r)}, \frac{k}{(n+1)^2}\right) \frac{k^{r+1}}{n^{2r}} \frac{1}{(k+j)(k-j)}$$

$$\leqslant c\omega\left(f^{(r)}, \frac{1}{n+1}\right) \frac{1}{(n+1)^r} \tag{8.10}$$

$$\sum_{k=1}^{j-1} \omega\left(f^{(r)}, \frac{\sqrt{1-x_k^2}}{n+1}\right)\left(\frac{\sqrt{1-x_k^2}}{n+1}\right)^r |l_k(x)|$$

$$\leqslant c \sum_{k=1}^{j-k} \frac{1}{j-k} \omega\left(f^{(r)}, \frac{\sqrt{1-x_j^2}}{n+1}\right)\left(\frac{\sqrt{1-x_j^2}}{n+1}\right)^r$$

$$\leqslant c\omega\left(f^{(r)}, \frac{\sqrt{1-x^2}}{n+1} + \frac{1}{(n+1)^2}\right) \cdot$$

$$\left(\frac{\sqrt{1-x^2}}{n+1} + \frac{1}{(n+1)^2}\right)^r \ln(n+1) \qquad (8.11)$$

同理,因为

$$\sqrt{1-x_{2j-1}^2} = \sin\frac{4j-3}{2(n+1)}\pi$$

$$\leqslant 2\sin\frac{2j-1}{2(n+1)}\pi$$

$$\leqslant c\sqrt{1-x_j^2} \quad (j \leqslant \frac{n}{8})$$

有

$$\sum_{k=j+1}^{2j-1} \omega\left(f^{(r)}, \frac{\sqrt{1-x_k^2}}{n+1}\right)\left(\frac{\sqrt{1-x_k^2}}{n+1}\right)^r |l_k(x)|$$

$$\leqslant c\sum_{k=j+1}^{2j-1} \frac{1}{k-j}\omega\left(f^{(r)}, \frac{\sqrt{1-x_{2j-1}^2}}{n+1}\right)\left(\frac{\sqrt{1-x_{2j-1}^2}}{n+1}\right)^r$$

$$\leqslant c\omega\left(f^{(r)}, \frac{\sqrt{1-x^2}}{n+1} + \frac{1}{(n+1)^2}\right) \cdot$$

$$\left(\frac{\sqrt{1-x^2}}{n+1} + \frac{1}{(n+1)^2}\right)^r \ln(n+1) \qquad (8.12)$$

最后注意到

$$\omega\left(f^{(r)}, \frac{\sqrt{1-x_j^2}}{n+1}\right)\left(\frac{\sqrt{1-x_j^2}}{n+1}\right)^r |l_j(x)|$$

$$\leqslant c\omega\left(f^{(r)}, \frac{\sqrt{1-x^2}}{n+1} + \frac{1}{(n+1)^2}\right)\left(\frac{\sqrt{1-x^2}}{n+1} + \frac{1}{(n+1)^2}\right)^r$$

$$(8.13)$$

综合(8.8)—(8.13)各式可以得到

$$|L_n(f-P_n(f), x)|$$

$$\leqslant c_r\omega\left(f^{(r)}, \frac{\sqrt{1-x^2}}{n+1} + \frac{1}{(n+1)^2}\right) \cdot$$

Lagrange 插值多项式

$$\left(\frac{\sqrt{1-x^2}}{n+1}+\frac{1}{(n+1)^2}\right)^r \ln(n+1) +$$

$$c_r \frac{1}{(n+1)^r} \omega\left(f^{(r)}, \frac{1}{n+1}\right)$$

因为 $r \geqslant 1$,从而

$$|L_n(f-P_n(f),x)|$$

$$\leqslant c_r \omega\left(f^{(r)}, \frac{\sqrt{1-x^2}}{n+1}\right)\left(\frac{\sqrt{1-x^2}}{n+1}\right)^r \ln(n+1) +$$

$$c_r \frac{1}{(n+1)^r} \omega\left(f^{(r)}, \frac{1}{n+1}\right)$$

将此与(8.5)(8.6)两式相结合即得

$$|L_n(f,x) - f(x)|$$

$$\leqslant c_r \omega\left(f^{(r)}, \frac{\sqrt{1-x^2}}{n}\right)\left(\frac{\sqrt{1-x^2}}{n}\right)^r \ln(n+1) +$$

$$c_r \frac{1}{(n+1)^r} \omega\left(f^{(r)}, \frac{1}{n+1}\right)$$

注 从定理的证明过程中可以看出式(8.10)在 $r=0$ 时成为

$$\sum_{k=2j}^{\left[\frac{n+1}{2}\right]} \omega\left(f, \frac{\sqrt{1-x_k^2}}{n+1}\right) |l_k(x)| \leqslant \sum_{k=1}^{n} \frac{1}{k} \omega\left(f, \frac{k}{(n+1)^2}\right)$$

并注意到

$$\omega\left(f, \frac{1}{(n+1)^2}\right) \ln(n+1) \leqslant \sum_{k=1}^{n} \frac{1}{k} \omega\left(f, \frac{k}{(n+1)^2}\right)$$

故重复定理的证明,对 $r=0$ 可得 Kis 不等式(8.2),因此我们顺便给出了不等式(8.2)的一个新证明.

第三编　特殊集的拉格朗日插值

单位圆上有理函数插值序列的收敛性问题

第 9 章

北京大学数学系的沈燮昌教授1991年在单位圆上研究给定极点的拉格朗日有理函数插值序列的收敛及发散性问题,证明了插值序列一般地在单位圆上是不一致收敛到被插值的函数,但可以给出阶的估计式.此外,还证明了插值序列在单位圆周上平均收敛到被插值的函数,因此就在单位圆内闭一致收敛.

§1　引　言

关于在单位圆上的函数类 $A(|z|\leqslant 1)$(即在单位圆内解析、闭圆 $|z|\leqslant 1$ 上

---

① 选自:数学学报,1991年第34卷第6期.

连续的函数类）中的函数，以单位根为插值基点的拉格朗日插值多项式序列的收敛性及发散性问题，目前已有很多工作了. 本章研究用具有极点的有理函数

$$\frac{P_n(z)}{\prod_{i=1}^{n}(1-\bar{\alpha}_i z)}, \quad |\alpha_i|<1 \quad (1\leqslant i\leqslant n) \quad (9.1)$$

（其中 $P_n(z)$ 是 n 次多项式）在单位圆周上由 $n+1$ 个点所组成的点集上进行插值得到的 n 次插值有理函数序列的收敛性及发散性问题.

§2 插值有理函数的平均收敛性

引理 9.1 考虑 Blaschke 部分乘积

$$B_{n+1}(z) = \prod_{i=0}^{n} \frac{\alpha_i - z}{1-\bar{\alpha}_i z} \circ \frac{|\alpha_i|}{\alpha_i}$$

$$(|\alpha_i|<1, i=0,1,2,\cdots,n) \quad (9.2)$$

其中当 $\alpha_i = 0$ 时，令 $\dfrac{|\alpha_i|}{\alpha_i} = -1$. 于是我们有：

$1°$ 在单位圆周 $|z|=1$ 上，必存在 $n+1$ 个不同的点 $z_j(j=0,1,2,\cdots,n)$，使

$$B_{n+1}(z_j) = 1 \quad (j=0,1,2,\cdots,n) \quad (9.3)$$

$2°$ 设

$$|\alpha_i| \leqslant \rho < 1 \quad (i=0,1,2,\cdots,n) \quad (9.4)$$

令 $z_j = e^{i\theta_j}, \theta_0 < \theta_1 < \cdots < \theta_n = \theta_0 + 2\pi$，则存在常数 $C_1 > 0$，使得

$$|z_{j+1} - z_j| \geqslant \frac{C_1}{n}, j=0,1,\cdots,n, z_{n+1}=z_0 \quad (9.5)$$

因此就显然存在 $C_2 > 0$ 使得

第三编 特殊集的拉格朗日插值

$$|\theta_{j+1}-\theta_j|\geqslant \frac{C_2}{n}, j=0,1,\cdots,n, \theta_{n+1}=\theta_0 \quad (9.6)$$

证明 $1°$ 容易看出,由 $B_{n+1}(z)=1$ 得到一个 $n+1$ 次多项式,因此它在全平面上必有 $n+1$ 个根. 此外,用最大模原理不难证明 $B_{n+1}(z)$ 的 $n+1$ 个根都在单位圆周上,现在证明这些都是单根. 这也只要证明

$$(B_{n+1}(z)-1)'|_{z=z_j}=B'_{n+1}(z_j)\neq 0$$
$$(j=0,1,\cdots,n) \quad (9.7)$$

显然有

$$\frac{B'_{n+1}(z)}{B_{n+1}(z)}=\sum_{i=0}^{n}\frac{1-|\alpha_i|^2}{(z-\alpha_i)(1-\overline{\alpha_i}z)}$$

利用式(9.3)及 $|z_j|=1(j=0,1,\cdots,n)$ 得

$$z_jB'_{n+1}(z_j)=z_jB_{n+1}(z_j)\sum_{i=0}^{n}\frac{1-|\alpha_i|^2}{(z_j-\alpha_i)(1-\overline{\alpha_i}z_j)}$$

$$=\sum_{i=0}^{n}\frac{1-|\alpha_i|^2}{|z_j-\alpha_i|}>0 \quad (9.8)$$

由此得 $B'_{n+1}(z_j)\neq 0(j=0,1,\cdots,n)$.

$2°$ 当 $n=1$ 时,结论是显然的.

现在设 $n=m$ 时,式(9.5)成立,即由条件

$$\prod_{i=0}^{m}\frac{\alpha_i-z_j^{(m)}}{1-\overline{\alpha_i}z_j^{(m)}}\cdot\frac{|\alpha_i|}{\alpha_i}=1 \quad (j=0,1,\cdots,m)$$

得

$$|z_{j+1}^{(m)}-z_j^{(m)}|\geqslant \frac{C_1}{m} \quad (j=0,1,\cdots,m) \quad (9.9)$$

当 $n=m+1$ 时,由 $\prod_{i=0}^{m+1}\frac{\alpha_i-z_j^{(m+1)}}{1-\overline{\alpha_i}z_j^{(m+1)}}\cdot\frac{|\alpha_i|}{\alpha_i}=1$,得到

$$\prod_{i=0}^{m}\frac{\alpha_i-z_j^{(m+1)}}{1-\overline{\alpha_i}z_j^{(m+1)}}\cdot\frac{|\alpha_i|}{\alpha_i}=\frac{1-\overline{\alpha_{m+1}}z_j^{(m+1)}}{\alpha_i-z_j^{(m+1)}}\cdot\frac{|\alpha_{m+1}|}{\alpha_{m+1}}$$
$$(9.10)$$

Lagrange 插值多项式

令

$$\frac{1-\bar{\alpha}_{m+1}z_j^{(m+1)}}{\alpha_i - z_j^{(m+1)}} \cdot \frac{|\alpha_{m+1}|}{\alpha_{m+1}} = e^{-i(m+1)t_{m,j}} \quad (9.11)$$

由式(9.10)及(9.11)得到 $\prod_{i=0}^{m} \frac{\alpha_i - w_j^{(m)}}{1-\bar{\alpha}_i w_j^{(m)}} \cdot \frac{|\alpha_i|}{\alpha_i} = 1$,

其中 $w_j^{(m)}$ 满足

$$\frac{\alpha_i - w_j^{(m)}}{1-\bar{\alpha}_i w_j^{(m)}} = e^{it_{m,j}} \cdot \frac{\alpha_i - z_j^{(m+1)}}{1-\bar{\alpha}_i z_j^{(m+1)}}$$

显然,由归纳假设(9.9)得

$$|w_{j+1}^{(m)} - w_j^{(m)}| \geq \frac{C_1}{m} \quad (j=0,1,\cdots,m)$$

由此利用 $|\alpha_i| \leq \rho < 1$,易知

$$|z_{j+1}^{(m+1)} - z_j^{(m+1)}| \geq \frac{C_1}{m+1} \quad (j=0,1,\cdots,m)$$

类似地可以证明上式对 $i=m+1$ 也成立.

引理 9.2 考虑有理函数系

$$\varphi_0(z) = \sqrt{\frac{1-|\alpha_0|^2}{2\pi}} \cdot \frac{1}{1-\bar{\alpha}_0 z}$$

$$\varphi_1(z) = \sqrt{\frac{1-|\alpha_1|^2}{2\pi}} \cdot \frac{1}{1-\bar{\alpha}_1 z} \cdot \frac{z-\alpha_0}{1-\bar{\alpha}_0 z}, \cdots$$

$$\varphi_n(z) = \sqrt{\frac{1-|\alpha_n|^2}{2\pi}} \cdot \frac{1}{1-\bar{\alpha}_n z} \prod_{i=0}^{n-1} \frac{z-z_i}{1-\bar{\alpha}_i z}$$

$$(|\alpha_i| < 1, i=0,1,\cdots,n) \quad (9.12)$$

则有:1° 在圆周 $|z|=1$ 上的标准正交性

$$\int_{|z|=1} \varphi_i(z) \overline{\varphi_j(z)} dz$$

$$= \begin{cases} 1, & i=j \\ 0, & i \neq j \end{cases} \quad (i,j=0,1,\cdots,n) \quad (9.13)$$

2° 核的表示式:对于任何 ζ 与 z 有

$$\sum_{i=0}^{n} \overline{\varphi_i(\zeta)} \varphi_i(z) = \frac{1 - \overline{B_{n+1}(\zeta)} B_{n+1}(z)}{2\pi(1-\overline{\zeta}z)} \quad (9.14)$$

其中 $B_{n+1}(z)$ 由公式(9.2)所确定.

定理 9.1 设 $f(z) \in C(|z|=1)$. 考虑函数系 (9.12) 的所有线性组合,即(9.1),用引理 9.1 中有限布拉施克(Blaschke)乘积的 $n+1$ 个根 $Z=\{z_j\}_{j=0}^{n}$ 上对函数 $f(z)$ 进行插值,则存在唯一的有理函数

$$R_n(f,z) = \sum_{j=0}^{n} f(z_j) \frac{B_{n+1}(z_1) - B_{n+1}(z)}{z_i - z} \cdot \frac{1}{B'_{n+1}(z_j)} \quad (9.15)$$

它满足插值条件

$$R_n(f,z_j) = f(z_j) \quad (j=0,1,\cdots,n) \quad (9.16)$$

证明 由 $|z_j|=1$,引理 9.1 及引理 9.2 得

$$\frac{B_{n+1}(z_j) - B_{n+1}(z)}{z_j - z}$$
$$= \frac{2\pi}{z_j} \cdot \frac{1 - \overline{B_{n+1}(z_j)} B_{n+1}(z)}{2\pi(1-\overline{z_j}z)} \cdot B_{n+1}(z_j)$$
$$= \frac{2\pi}{z_j} \Big(\sum_{i=0}^{n} \overline{\varphi_i(z_j)} \varphi_i(z) \Big) B_{n+1}(z_j) \quad (9.17)$$

可知,它是形为式(9.1)的有理函数,因而式(9.15)也是形为(9.1)的有理函数. 此外,从式(9.15)容易看出函数 $R_n(f,z)$ 满足条件(9.16). 唯一性是显然的,因此定理 9.1 证毕.

现在研究平均收敛问题,我们有:

定理 9.2 设函数 $f(z) \in A(|z| \leqslant 1)$,则对定理 9.1 中的插值有理函数 $R_n(f,z)$ 有

$$\|f - R_n\|_2 = \Big(\int_{|z|=1} |f(z) - R_n(f,z)|^2 |dz| \Big)^{\frac{1}{2}}$$

Lagrange 插值多项式

$$\leqslant C_3 \omega\left(f, \frac{1}{\sum_n}\right) \sqrt{\sum_{j=0}^{n} \frac{1}{z_j B'_{n+1}(z_j)}} \tag{9.18}$$

其中

$$\sum_n = \sum_{i=1}^{n}(1-|\alpha_i|) \tag{9.19}$$

$\omega(f,\delta)$ 是函数 $f(z)$ 在 $|z|=1$ 上的连续模,而 $z_j B'_{n+1}(z_j)$ 是由条件(9.18)所确定的正数.

证明 设 $B_n(f,z)$ 是形如式(9.1)在 $C(|z|=1)$ 上最佳逼近于 $f(z) \in A(|z| \leqslant 1)$ 的有理函数,由沈—娄定理知

$$\max_{|z| \leqslant 1} |f(z) - B_n(f,z)| \leqslant C_4 \omega\left(f, \frac{1}{\sum_n}\right) \tag{9.20}$$

由定理 9.1 则有

$|f(z) - R_n(f,z)| = |f(z) - B_n(f,z) + R_n(B_n - f, z)|$

进而有

$$\|f - R_n\|_2 \leqslant \|f - B_n\|_2 + \|R_n(B_n - f, z)\|_2 \tag{9.21}$$

令 $g = B_n - f$,则利用正交性(9.13),公式(9.17)(9.3) 及(9.8)得

$\|R_n(g,z)\|_2^2$

$= \int_{|z|=1} \sum_{j=0}^{n} \sum_{s=0}^{n} g(z_j) \overline{g(z_s)} \sum_{k=0}^{n} 2\pi \overline{\varphi_k(z_j)} \varphi_k(z) \cdot$

$\sum_{t=0}^{n} 2\pi \varphi_t(z_s) \overline{\varphi_t(z)} \frac{B_{n+1}(z_j)}{z_j B'_{n+1}(z_j)} \overline{\frac{B_{n+1}(z_s)}{\overline{z}_s B'_{n+1}(z_s)}} |dz|$

$= \sum_{j=0}^{n} \sum_{s=0}^{n} g(z_j) \overline{g(z_s)} (2\pi)^2 \sum_{k=0}^{n} \overline{\varphi_k(z_j)} \varphi_k(z_s) \cdot$

$$\frac{B_{n+1}(z_j)\overline{B_{n+1}(z_s)}}{z_jB'_{n+1}(z_j)\bar{z}_s\overline{B'_{n+1}(z_s)}}$$

$$=\sum_{j=0}^{n}\sum_{s=0}^{n}g(z_j)\overline{g(z_s)}\cdot 2\pi\cdot\frac{1-\overline{B_{n+1}(z_j)}B_{n+1}(z_s)}{1-\bar{z}_jz_s}\cdot$$

$$\frac{B_{n+1}(z_j)\overline{B_{n+1}(z_s)}}{z_jB'_{n+1}(z_j)\bar{z}_s\overline{B'_{n+1}(z_t)}}$$

$$=\sum_{j=0}^{n}\sum_{s=0}^{n}g(z_j)g(z_s)\cdot 2\pi\cdot\frac{B_{n+1}(z_j)-B_{n+1}(z_s)}{z_j-z_s}\cdot$$

$$\frac{1}{B'_{n+1}(z_j)}\cdot\frac{\overline{B_{n+1}(z_s)}}{\bar{z}_s\overline{B'_{n+1}(z_s)}} \qquad (9.22)$$

$$=2\pi\sum_{j=0}^{n}\mid g(z_j)\mid^2\cdot\frac{1}{\bar{z}_j\overline{B'_{n+1}(z_j)}}$$

$$=2\pi(\max_{|z|\leqslant 1}\mid g(z)\mid^2)\cdot\sum_{j=0}^{n}\frac{1}{\bar{z}_j\overline{B'_{n+1}(z_j)}} \qquad (9.23)$$

再从(9.20)(9.21)及(9.23)各式就可得式(9.18).

注 今后不妨认为

$$\lim_{n\to\infty}\sum_{n}=\sum_{i=1}^{+\infty}(1-\mid\alpha_i\mid)=+\infty \qquad (9.24)$$

因为这是函数(9.1)($n=1,2,\cdots$)在$H^p(\mid z\mid<1)$,$0<p<+\infty$中完备的充要条件.

定理9.3 设$f(z)\in A(\mid z\mid\leqslant 1)$,且$\{\alpha_i\}$满足条件(9.4),则有

$$\parallel f-R_n\parallel_2\leqslant C_5\omega\left(f,\frac{1}{\sum_{n}}\right) \qquad (9.25)$$

证明 由(9.8)及(9.4)两式得

$$z_jB'_{n+1}(z_j)\geqslant\sum_{i=0}^{n}\frac{1-\mid\alpha_i\mid}{(1+\mid\alpha_i\mid)^2}$$

$$\geqslant\frac{1}{2^2}\sum_{i=0}^{n}(1-\mid\alpha_i\mid)$$

Lagrange 插值多项式

$$\geqslant \frac{1-\rho}{2^2}(n+1) \qquad (9.26)$$

由此比较式(9.26)及(9.18)就立刻得到(9.25).

推论 在定理 9.3 的条件下,有

$$\lim_{n\to+\infty} \| f - R_n \|_2 = 0 \qquad (9.27)$$

因而插值有理函数序列 $R_n(f,z)$ 在 $|z|<1$ 中内闭一致收敛到函数 $f(z)$.

注 特别地,当所有 $\alpha_i = 0 (i=0,1,\cdots,n)$ 时,就得到了 Лозинский[①] 及沃尔什(Walsh)-Sharma[②] 的结果.

§3 插值有理函数的一致收敛性

下面,我们将证明插值有理函数在 $A(|z|\leqslant 1)$ 中不一定是一致收敛的. 首先我们有:

定理 9.4 设 $\{\alpha_i\}$ 满足条件(9.4),则插值有理函数算子 $R_n(f,z)$ 满足

$$\| R_n \| \leqslant C_6 \ln n \qquad (9.28)$$

证明 利用 Clunie-Mason 定理,对于 $|z|=1$ 上任意 $n+1$ 个点 $\{z_j\}_{j=0}^n$,及任意 $n+1$ 个模为 1 的复数 $\{\sigma_j\}_{j=0}^n$,存在函数 $f(z) \in A(|z|\leqslant 1)$ 满足

$$\| f \| \leqslant 1 \quad 及 \quad f(z_j) = \sigma_j \quad (j=0,1,\cdots,n)$$
$$(9.29)$$

---

① Лозинский С М. О сильной сходимости интерполяционных прцессов. ДАН СССР, 1940(28), 202−205.

② Walsh J L, Sharma A. Lease squares and interpolation in roots of unity. Pacific J. Math., 1964(14), 727−750.

由此从式(9.29)及(9.15)容易得到

$$\|R_n\| = \max_{|z|=1} \sum_{j=0}^{n} \left| \frac{B_{n+1}(z_j) - B_{n+1}(z)}{z_j - z} \right| \cdot \frac{1}{z_j B'_{n+1}(z_j)}$$
(9.30)

而又

$$B_{n+1}(z_j) - B_{n+1}(z)$$

$$= \frac{(z-z_j)(1-|\alpha_0|^2)}{(1-\bar{\alpha}_0 z_j)(1-\bar{\alpha}_0 z)} \cdot \frac{|\alpha_0|}{\alpha_0} \prod_{i=1}^{n} \frac{\alpha_i - z_j}{1 - \bar{\alpha}_i z_j} \cdot \frac{|\alpha_i|}{\alpha_i} +$$

$$\frac{(z-z_j)(1-|\alpha_1|^2)}{(1-\bar{\alpha}_1 z_j)(1-\bar{\alpha}_1 z)} \cdot \frac{|\alpha_1|}{\alpha_1} \cdot \frac{\alpha_0 - z}{1 - \bar{\alpha}_0 z} \cdot$$

$$\frac{|\alpha_0|}{\alpha_0} \prod_{i=2}^{n} \frac{\alpha_i - z_j}{1 - \bar{\alpha}_i z_j} \cdot \frac{|\alpha_i|}{\alpha_i} + \cdots +$$

$$\frac{(z-z_j)(1-|\alpha_k|^2)}{(1-\bar{\alpha}_k z_j)(1-\bar{\alpha}_k z)} \cdot \frac{|\alpha_k|}{\alpha_k} \cdot \prod_{i=0}^{k-1} \frac{\alpha_i - z}{1 - \bar{\alpha}_i z} \cdot$$

$$\frac{|\alpha_i|}{\alpha_i} \prod_{i=k+1}^{n} \frac{\alpha_i - z_j}{1 - \bar{\alpha}_i z_j} \cdot \frac{|\alpha_i|}{\alpha_i} + \cdots +$$

$$\frac{(z-z_j)(1-|\alpha_n|^2)}{(1-\bar{\alpha}_n z_j)(1-\bar{\alpha}_n z)} \cdot \frac{|\alpha_n|}{\alpha_n} \cdot \prod_{i=0}^{n-1} \frac{\alpha_i - z}{1 - \bar{\alpha}_i z} \cdot \frac{|\alpha_i|}{\alpha_i}$$

由此得

$$\left| \frac{B_{n+1}(z_j) - B_{n+1}(z)}{z_j - z} \right| \leqslant \sum_{i=0}^{n} \frac{1 - |\alpha_i|^2}{|(1-\bar{\alpha}_i z_i)(1-\bar{\alpha}_i z)|}$$

$$\leqslant 2 \sum_{i=0}^{n} \frac{1}{1 - |\alpha_i|}$$

$$\leqslant \frac{2}{1-\rho}(n+1) \quad (|z|=1)$$

(9.31)

设 $z = e^{i\theta}$,不妨认为 $\theta_0 < \theta < \theta_1$(见引理 9.1 中 2°),利用式(9.6)得

$$|z_j - z| \geqslant C_7 |\theta_j - \theta| \geqslant C_8 \cdot \frac{j-1}{n}$$

Lagrange 插值多项式

$$(j=2,\cdots,n) \tag{9.32}$$

因此由(9.30)(9.31)(9.26)及(9.32)各式得到

$$\|R_n(f,z)\| \leqslant \max_{|z|=1} \left| \frac{B_{n+1}(z_0) - B_{n+1}(z)}{z_0 - z} \right| \cdot \frac{1}{z_0 B'_{n+1}(z_0)} +$$

$$\max_{|z|=1} \left| \frac{B_{n+1}(z_1) - B_{n+1}(z)}{z_1 - z} \right| \cdot \frac{1}{z_1 B'_{n+1}(z_1)} +$$

$$\max_{|z|=1} \sum_{j=0}^{n} \left| \frac{B_{n+1}(z_j) - B_{n+1}(z)}{z_j - z} \right| \cdot \frac{1}{z_j B'_{n+1}(z_j)}$$

$$\leqslant \frac{8}{(1-\rho)^2} + C_9 \sum_{j=2}^{n} \frac{n}{j-1} \cdot \frac{1}{n+1}$$

$$= C_6 \ln n$$

由定理 9.4 就立刻得到下一个定理.

定理 9.5 设 $f(z) \in A(|z| \leqslant 1), \{\alpha_i\}$ 满足条件 (9.4),则对于由式(9.15)所确定的插值有理函数 $R_n(f,z)$,有

$$\max_{|z|=1} |R_n(f,z) - f(z)| \leqslant C_{10} R_n(f) \ln n$$

$$\leqslant C_{11}(\ln n)\omega\left(f, \frac{1}{n}\right)$$

$$\tag{9.33}$$

其中 $R_n(f)$ 是 $f(z) \in A(|z| \leqslant 1)$ 被形如(9.1)的有理函数逼近时的最佳逼近值.

我们还可以得到 $\|R_n\|$ 的下界估计. 为此先介绍由 Vertesi 引入的一个概念:

我们称将 $A(|z| \leqslant 1)$ 映射到形如(9.1)的有理

函数的线性算子 L_n 在 $|z|=1$ 上的某个点集 $Z_n = \{z_j\}_{j=0}^n$ 上是确定的. 如果从 $L_n(f,z)|_{z=z_j}=0, j=0,1,\cdots,n$, 可以推出在 $|z|=1$ 上, $L_n(f,z)\equiv 0$.

显然, 定理 9.1 中的线性算子 $R_n(f,z)$ 在由式 (9.3) 所确定的 $Z_n=\{z_j\}_{j=0}^n$ 上是确定的. 对于 $R_n(f,z)$ 我们有下列引理.

引理 9.3 对任意固定的 $\delta(0<\delta<1)$, 当 $1\leqslant s\leqslant n^\delta$ 时, 任给 $\varepsilon>0$, 存在 N 使当 $n\geqslant N$ 时, 有

$$\max_{|z|\leqslant 1} |R_n(\zeta^s,z)-z^s| \leqslant \varepsilon \quad (1\leqslant s\leqslant n^\delta)$$
(9.34)

证明 我们有
$$|R_n(\zeta^s,z)-z^s| = |R_n(\zeta^s,z)-B_n(\zeta^s,z)+B_n(\zeta^s,z)-z^s|$$
$$\leqslant |R_n(\zeta^s-B_n(t^s,\zeta),z)| + |B_n(\zeta^s,z)-z^s|$$

由式 (9.18) 知
$$|B_n(\zeta^s,z)-z^s| \leqslant C\cdot\omega\left(\zeta^s,\frac{1}{\sum_n}\right), \ |z|\leqslant 1$$
(9.35)

利用 $\max_{|z|\leqslant 1}|(z^s)'|=s$, 我们得: 当 $1\leqslant s\leqslant n^\delta (0<\delta<1)$ 时, 由 (9.35) 及 (9.4) 两式有

$$|B_n(\zeta^s,z)-z^s| \leqslant C_4\cdot\frac{s}{\sum_n} \leqslant \frac{C_{12}}{n^{1-\delta}} \quad (9.36)$$

此外, 由定理 9.4 及式 (9.36) 得
$$|R_n(\zeta-B_n(t^s,\zeta),z)| \leqslant C_6(\ln n)\max|z^s-B_n(\zeta,z)|$$
$$\leqslant \frac{C_{13}\ln n}{n^{1-\delta}} \quad (|z|\leqslant 1) \quad (9.37)$$

比较式(9.35)—(9.37)得 $\max\limits_{|z|\leqslant 1}|R_n(\zeta^s,z)-z^s|\leqslant \dfrac{C_{14}\ln n}{n^{1-\delta}}$,这就证明了引理 9.3.

定理 9.6 在定理 9.5 的条件下,有
$$\|R_n\|\geqslant C_{15}\ln n, C_{15}>0 \qquad (9.38)$$

证明 我们要利用 Vertesi 定理:若线性算子 L_n 是在 $Z_n=\{z_j\}_{j=0}^n$ 上是确定的,且存在 $N(n)$ 使得对于任给的 $\varepsilon(0<\varepsilon<1)$,有
$$L_n(\zeta^s,z)=z^s+\varepsilon_{sn}(z),1\leqslant s\leqslant N(n)$$
其中 $\varepsilon_{sn}(z)\in C(|z|=1)$,且当 $|z|=1$,当 n 充分大时,有 $|\varepsilon_{sn}(z)|\leqslant \varepsilon,1\leqslant s\leqslant N(n)$,则有
$$\|L_n\|\geqslant d_1(1-\varepsilon)\ln N, n\geqslant n_1 \qquad (9.39)$$
其中 d_1 是某个正数.这里,由于引理 9.3 算子 $R_n(f,z)$ 满足 Vertesi 定理中的条件,其中 $N=n^\delta(0<\delta<1)$.因此式(9.39)成立,即 $\|R_n\|\geqslant d_1(1-\varepsilon)\ln(n^\delta)$.

由定理 9.6,利用 Banach-Steinhaus 定理就有:

定理 9.7 对于满足条件(9.4)的$\{\alpha_i\}$,存在 $f_0(z)\in A(|z|\leqslant 1)$ 使其插值有理函数序列 $R_n(f,z)$ 在 $|z|\leqslant 1$ 上不一致收敛.

第三编　特殊集的拉格朗日插值

渐近单位根上的拉格朗日插值多项式的逼近阶[①]

第 10 章

北京大学的沈燮昌,帅斌鹏两位教授在 1991 年考虑了渐近单位根上拉格朗日插值多项式在单位圆周上一致逼近及平均逼近 $A(|z|\leqslant 1)$ 中的函数,得到了逼近阶的估计式. 进一步,指出了这个扰动程度在某种程度上还是精确的.

§1　引　言

定义 10.1　设 $w_k^* = \exp(it_k^*)$,如果 t_k^* 满足

$$\sum_{k=0}^{n} |t_k^* - t_k| \leqslant \frac{\pi - \varepsilon}{n+1}, t_k = \frac{2k\pi}{n+1}$$

$$(0 \leqslant k \leqslant n) \quad (10.1)$$

---

① 节选自:数学杂志,1991 年第 11 卷第 3 期.

Lagrange 插值多项式

其中 $\varepsilon > 0$,那么称点集 $\{w_k^*\}_{k=0}^n$ 为 $n+1$ 次渐近单位根.

定义 10.2 如果点列 $\{w_k^*\}_{k=0}^n$ 满足

$$\sum_{k=0}^n \left| t_{k+1}^* - t_k^* - \frac{2\pi}{n+1} \right| = o\left(\frac{1}{n+1}\right), t_{n+1}^* = t_0^*$$

(10.2)

那么称点列 $\{w_k^*\}_{k=0}^n$ 为单位圆周上的渐近中性点.

定义 10.3 我们定义 $A(\mid w \mid \leqslant 1)$ 为所有在单位圆内 $\mid w \mid < 1$ 内解析,闭单位圆盘 $\mid w \mid \leqslant 1$ 上连续的函数类.

Лозинский 首先研究了单位根上拉格朗日插值多项式的平均收敛性

$$\lim_{n\to\infty} \left(\int_{|w|=1} \mid f(w) - L_n(f, w) \mid^p \mid \mathrm{d}w \mid \right)^{1/p} = 0$$

(10.3)

1964 年,沃尔什与 Sharma 对于 $p=2$,利用拉格朗日插值基函数 $l_k(w) = (w^{n-1} - 1)w_k/(n+1)(w - w_k)$,其中 $w_k = \exp(it_k), t_k = 2k\pi/(n+1), 0 \leqslant k \leqslant n$,在 $\mid w \mid = 1$ 上的正交性重新证明了式(10.3). 1983 年,Sharma 及 Vertesi 进一步将此结果推广到 $0 < p < +\infty$ 的情况. 汤普森(Thompson)在 1969 年首先考虑了插值基点为渐近中性点的情况,证明了插值算子的内闭一致收敛性,并指出了一般说来条件(10.2)是精确的.

本章研究以渐近单位根为插值基点的拉格朗日插值多项式在单位圆周上一致逼近阶及平均逼近阶,同时指出这个逼近阶是精确的. 由此就显然地导出单位圆内一致收敛的结论.

第三编 特殊集的拉格朗日插值

我们得到的主要定理如下:

定理 10.1 设 $f(w) \in A(|w| \leqslant 1)$,且 $\{w_k^*\}_{k=0}^n$ 为单位圆上的 $n+1$ 次渐近单位根,又设 n 次拉格朗日插值多项式 $C_n^*(f;w)$ 满足

$$C_n^*(f;w_k^*) = f(w_k^*) \quad (0 \leqslant k \leqslant n)$$

则

$$\|f(w) - C_n^*(f;w)\|_\infty \leqslant C\omega\left(f;\frac{1}{n+1}\right)\ln(n+1)$$

(10.4)

这里 C 是与 n 无关的常数.

定理 10.2 在定理 10.1 的条件下,有

$$\|f(w) - C_n^*(f;w)\|_p \leqslant C\omega\left(f;\frac{1}{n+1}\right)$$

$$(0 < p < +\infty) \quad (10.5)$$

这里 C 为仅与 p 有关的常数①.

可以证明,定理 10.2 中的条件在某种程度上还是精确的,我们有下列定理:

定理 10.3 存在点列 $\{t_k^*\}_{k=0}^n$ 满足

$$\sum_{k=0}^n |t_k^* - t_k| < \frac{2\pi}{n+1}, t_k = \frac{2k\pi}{n+1} \quad (0 \leqslant k \leqslant n)$$

(10.6)

及函数 $f_0(w) \in A(|w| \leqslant 1)$,使得

$$\|C_n^*(f_0;w) - f_0(w)\|_p \to +\infty, p > 1 \quad (n \to +\infty)$$

(10.7)

---

① 今后我们用 C 表示常数而不管其数值大小如何.

Lagrange 插值多项式

§2 辅助引理

为了证明上述定理，在这一节先证明一些辅助引理.

引理 10.1 设 $\alpha_i \geqslant 0, \sum_{i=1}^{n} \alpha_i \leqslant C < 1$，则 $1 - C \leqslant \prod_{i=1}^{n}(1 - \alpha_i)$.

证明 当 $n = 1$ 时，命题显然为真，现用数学归纳法证明定理.

设 $n = k$ 时命题成立，则当 $n = k + 1$ 时

$$\prod_{i=1}^{k+1}(1 - \alpha_i) = \left(\prod_{i=1}^{k}(1 - \alpha_i)\right)(1 - \alpha_{k+1})$$
$$\geqslant (1 - (C - \alpha_{k+1}))(1 - \alpha_{k+1})$$
$$\geqslant 1 - C + C\alpha_{k+1} - \alpha_{k+1}^2$$
$$\geqslant 1 - C$$

令

$$S_n(w) = \prod_{k=0}^{n}(w - w_k^*) \qquad (10.8)$$

引理 10.2 在定理 10.1 的条件下，有

$$|S_n(w_k^*)| \geqslant C(n+1) \quad (0 \leqslant k \leqslant n) \quad (10.9)$$

证明 由于诸 $S_n(w_k^*)$ 中的不同的 k 在引理 10.2 中所处的地位是类似的，因此只要估计 $S'_n(w_0^*)$ 就够了.

$$|S'_n(w_0^*)| = \left|\prod_{k=1}^{n}(w_0^* - w_k^*)\right|$$
$$= \left|\prod_{k=1}^{n}(w_0^* - w_k + w_k - w_k^*)\right|$$

第三编 特殊集的拉格朗日插值

$$\geqslant \left| \prod_{k=1}^{n}(w_0^* - w_k) \right| \prod_{k=1}^{n}\left(1 - \left|\frac{w_k - w_k^*}{w_0^* - w_k}\right|\right)$$

(10.10)

则由定理的条件(10.1)有

$$|w_0^* - w_k| \geqslant \min\{|w_0^* - w_1|, |w_0^* - w_n|\}$$

$$\geqslant \frac{2}{\pi}(2\pi - \pi - \varepsilon)\frac{1}{n+1} \quad (k \geqslant 1)$$

$$\sum_{k=1}^{n}\left|\frac{w_k - w_k^*}{w_0^* - w_k}\right|$$

$$\leqslant \frac{2(\pi - \varepsilon)}{\pi}\left(\frac{2}{\pi}(2\pi - \pi - \varepsilon)\frac{1}{n+1}\right)^{-1}(n+1)^{-1}$$

$$= \frac{\pi - \varepsilon}{\pi + \varepsilon} = C < 1$$

再由引理 10.1 得

$$\prod_{k=1}^{n}\left(1 - \left|\frac{w_k - w_k^*}{w_0^* - w_k}\right|\right) \geqslant 1 - C\frac{2\varepsilon}{\pi + \varepsilon} \quad (10.11)$$

显然在条件(10.1)下,由于 $t_0 = 0$,因此有 $|t_0^*| < \frac{\pi}{n+1}$,于是

$$\left|\prod_{k=1}^{n}(w_0^* - w_k)\right| = \left|\frac{w^{n+1} - 1}{w - 1}\right|_{w = w_0^*} = \frac{\sin\frac{n+1}{2}t_0^*}{\sin\frac{1}{2}t_0^*}$$

$$= \frac{\sin\frac{n+1}{2}t_0^*}{\frac{n+1}{2}t_0^*} \cdot \frac{\frac{t_0^*}{2}}{\sin\frac{t_0^*}{2}} \cdot \frac{\frac{n+1}{2}t_0^*}{\frac{1}{2}t_0^*}$$

$$\geqslant \frac{2}{\pi}(n+1) \quad (10.12)$$

因此通过比较(10.10)(10.11)两式得到

$$|S_n(w_0^*)| \geqslant C(n+1)$$

Lagrange 插值多项式

引理 10.3 在定理 10.1 的条件下,有

$$\frac{1}{n+1}\sum_{k=0}^{n}\left|\frac{S_n(w)}{w-w_k^*}\right| \leqslant C\ln(n+1) \quad (10.13)$$

证明 由于单位圆周上等分点之间只相差一个旋转,因此仅需在 $|w-w_0|\leqslant \dfrac{\pi}{n+1}$ 内证明引理.

下面我们分两种情况讨论:

(1) $|w-w_0|\geqslant |w_0-w_0^*|$;

(2) $|w-w_0|<|w_0-w_0^*|$.

在情况(1)下,对 $k\neq 0$ 有

$$\left|\frac{S_n(w)}{w-w_k^*}\right| = |w-w_0^*|\prod_{j=1,j\neq k}^{n}|w-w_j^*|$$

$$= |w-w_0+w_0-w_0^*|\prod_{k=1,j\neq k}^{n}|w-w_j+w_j-w_j^*|$$

$$\leqslant 2|w-w_0|\prod_{k=1,j\neq k}^{n}\left(1+\left|\frac{w_j-w_j^*}{w-w_j}\right|\right) \cdot \prod_{k=1,j\neq k}^{n}|w-w_j|$$

$$\leqslant 2\left|\prod_{j=0,j\neq k}^{n}(w-w_j)\right|\exp\left(\sum_{j=1,j\neq k}^{n}\left|\frac{w_j-w_j^*}{w-w_j}\right|\right) \quad (10.14)$$

由条件 $|w-w_0|=|w-1|\leqslant \dfrac{\pi}{n+1}$ 知 $|w-w_j|\geqslant \dfrac{\pi}{n+1}, j\geqslant 1$,于是由条件(10.1)得

$$\sum_{j=0,j\neq k}^{n}\left|\frac{w_j-w_j^*}{w-w_j}\right| \leqslant C < +\infty \quad (10.15)$$

由此从(10.14)与(10.15)两式得到

$$\left|\frac{S_n(w)}{w-w_k^*}\right| \leqslant C\left|\prod_{j=0,j\neq k}^{n}(w-w_j)\right| = C\left|\frac{w^{n+1}-1}{w-w_k}\right|$$
(10.16)

当 $k=0$ 时,利用式(10.15)我们也可得到

$$\left|\frac{S_n(w)}{w-w_0^*}\right| = \left|\prod_{j=1}^{n}(w-w_j^*)\right|$$

$$= \left|\prod_{j=1}^{n}(w-w_j+w_j-w_j^*)\right|$$

$$\leqslant \left|\prod_{j=1}^{n}(w-w_j)\right|\prod_{j=1}^{n}\left(1+\left|\frac{w_j-w_j^*}{w-w_j}\right|\right)$$

$$\leqslant \left|\frac{w^{n+1}-1}{w-1}\right|\exp\left(\sum_{j=1}^{n}\left|\frac{w_j-w_j^*}{w-w_j}\right|\right)$$

$$\leqslant C\left|\frac{w^{n+1}-1}{w-1}\right| \qquad (10.17)$$

$$\frac{1}{n+1}\sum_{k=0}^{n}\left|\frac{w^{n+1}-1}{w-w_k}\right| = O(\ln(n+1))$$

在情况(1)下,再利用式(10.16)及(10.17)可以得到

$$\frac{1}{n+1}\sum_{k=0}^{n}\left|\frac{S_n(w)}{w-w_k^*}\right| \leqslant \frac{C}{n+1}\sum_{k=0}^{n}\left|\frac{w^{n+1}-1}{w-w_k}\right|$$

$$\leqslant C\ln(n+1)$$

在情况(2)下,对 $k\neq 0$ 有

$$\left|\frac{S_n(w)}{w-w_k^*}\right| = |w-w_0^*|\left|\prod_{j=1,j\neq 0,k}^{n}(w-w_k^*)\right|$$

$$\leqslant 2|w_0-w_0^*|\left|\prod_{j=1,j\neq 0,k}^{n}(w-w_j+w_j-w_k^*)\right|$$

$$= 2|w_0-w_0^*|\left|\prod_{j=1,j\neq 0,k}^{n}(w-w_k^*)\right|\cdot$$

$$\left|\prod_{j=1,j\neq 0,k}^{n}\left(1+\frac{w_j-w_j^*}{w-w_j}\right)\right| \qquad (10.18)$$

Lagrange 插值多项式

由此再利用式(10.15)得

$$\left|\frac{S_n(w)}{w-w_k^*}\right| \leqslant C\,|w-w_0^*|\,\left|\frac{w^{n+1}-1}{(w-1)(w-w)_k}\right|$$

$$\leqslant C\,|w_0-w_0^*|\,\left|\frac{w^{n+1}-1}{w-1}\right|\frac{1}{|w-w_k|}$$

(10.19)

因为当 $|\arg w| \leqslant \dfrac{\pi}{n+1}$ 时,有

$$|w-w_k| \geqslant \frac{2}{\pi}\frac{2k\pi\pm\pi}{n+1} > C\frac{k}{n+1} \quad \left(1\leqslant k\leqslant \frac{n+1}{2}\right)$$

(10.20)

$$|w-w_k| \geqslant \frac{2}{\pi}\frac{2(n+1-k)\pi\pm\pi}{n+1}$$

$$\geqslant C\frac{n-k+1}{n+1} \quad \left(k > \frac{n+1}{2}\right)$$

(10.21)

由对称性,应用(10.17)(10.18)及(10.19)三式有

$$\frac{1}{n+1}\sum_{k=0}^{n}\left|\frac{S_n(w)}{w-w_k^*}\right| \leqslant \frac{1}{n+1}\left|\frac{S_n(w)}{w-w_0^*}\right| +$$

$$2C\sum_{k=1}^{\left[\frac{n+1}{2}\right]} |w_0-w_0^*| \cdot$$

$$\left|\frac{w^{n+1}-1}{w-1}\right|\frac{n+1}{k}\cdot\frac{1}{n+1}$$

$$\leqslant \frac{1}{n+1}\left|\frac{S_n(w)}{w-w_0^*}\right| + C\ln(n+1)$$

$$\leqslant \frac{C}{n+1}\left|\frac{w^{n+1}-1}{w-1}\right| + C\ln(n+1)$$

$$\leqslant C\ln(n+1) \qquad (10.22)$$

由引理 10.2 及引理 10.3 立即得到.

引理 10.4 在定理 10.1 的条件下,有

第三编　特殊集的拉格朗日插值

$$\sum_{k=0}^{n}\left|\frac{S_n(w)}{(w-w_k^*)S'_n(w_k^*)}\right|\leqslant C\ln(n+1)$$

(10.23)

显然对于任意的 $g(w)\in A(|w|\leqslant 1)$，它在渐近单位根上的拉格朗日插值多项式有下列形式

$$C_n^*(g;w)=\sum_{k=0}^{n}\frac{S_n(w)}{(w-w_k^*)S'_n(w_k^*)}g(w_k^*)$$

引理 10.5　对于渐近单位根（见条件(10.1)）有

$$\|C_n^*(g;w)\|_\infty\leqslant C\|g\|_\infty\ln(n+1)$$

(10.24)

证明　利用引理 10.4，显然有

$$\begin{aligned}&\|C_n^*(g;w)\|_\infty\\=&\max_{|w|\leqslant 1}|C_n^*(g;w)|\\\leqslant&\max_{|w|=1}|g(w_k^*)|\cdot\left|\frac{S_n(w)}{(w-w_k^*)S_*^1(w_k^*)}\right|\\\leqslant&\|g\|_\infty\max_{|w|=1}\sum_{k=0}^{n}\left|\frac{S_n(w)}{(w-w_k^*)S'_k(w_k^*)}\right|\\\leqslant&C\|g\|_\infty\ln(n+1)\end{aligned}$$

引理 10.6　对于渐近单位根（见条件(10.1)）有

$$\|C_n^*(g;w)\|_p\leqslant C\|g\|_\infty,g(w)\in A(|w|\leqslant 1)$$
$$(1<p<+\infty)$$

(10.25)

证明　由马钦凯维奇－济格蒙德 (Marcinkiewicz-Zygmund) 不等式；对任意齐次多项式 $P(w)$ 有

$$\frac{C}{n+1}\sum_{k=0}^{n}|P(w_k)|^p\leqslant\|P(w)_p^p\|$$

$$\leqslant\frac{C}{n+1}\sum_{k=0}^{n}|P(w_k)|^p$$
$$(1<p<+\infty)\quad(10.26)$$

于是对齐次拉格朗日插值多项式 $C_n(g;w)$ 也有

Lagrange 插值多项式

$$\|C_n^*(g;w)\|_p^p \leqslant \frac{C}{n+1}\sum_{k=0}^{n}|C_n^*(g;w_k)|^p$$

$$\leqslant \frac{C}{n+1}(\sum_{k=0}^{n}|C_n^*(g;w_n^*)|^p +$$

$$\sum_{k=0}^{n}||C_n^*(g;w_k^*)|^p-|C_n^*(g;w_k)||)$$

$$\leqslant \frac{C}{n+1}(\sum_{k=0}^{n}|C_n^*(g;w_k^*)|^p +$$

$$\sum_{k=0}^{n}|C_n^*(g;w_k^*)^p-C_n^*(g;w_k)|)$$

$$\leqslant \frac{C}{n+1}\sum_{k=0}^{n}|C_n^*(g;w_k^*)|^p +$$

$$\frac{pC}{n+1}\|C_n^*\|_\infty^{p-1}\|C_n^n\|_\infty \sum_{k=0}^{n}|w_k^*-w_k|$$

由此,利用已知的

$$\|C_n^*(g;w')\|_\infty \leqslant \|C_n^*(g;w)\|_\infty$$

引理 10.5 及条件(10.1)得到

$$\|C_n^*(g;w)\|_p^p \leqslant C\|g\|_\infty^p + pC \cdot$$

$$\|C_n^*(g;w)\|_\infty^p \sum_{k=0}^{n}|w_k^*-w_k|$$

$$\leqslant C\|g(w)\|_\infty^p + C\|g(w)\|_\infty^q \ln^p(n+$$

$$1)\sum_{k=0}^{n}|w_k^*-w_k|$$

$$\leqslant C\|g(w)\|_\infty^p$$

这就证明了引理 10.6.

§3 定理的证明

1. 定理 10.1 的证明　由于 $f(w) \in A(|w| \leqslant$

1），因此对于任意自然数 n，可以选取齐次多项式 $P_n(w)$ 使得

$$\|f(w)-P_n(w)\|_\infty = E_n(f) \leqslant Cw\left(f;\frac{1}{n+1}\right)$$
(10.27)

于是，由式(10.27)及引理10.5，令 $g=f-p_n$，我们有

$$\|C_n^*(f;w)-f(w)\|_\infty$$
$$\leqslant \|C_n^*(f;w)-P_n(w)\|_\infty +$$
$$\quad \|P_n(w)-f(w)\|_\infty$$
$$\leqslant \|C_n^*(f-P_n;w)\|_\infty + \|P_n(w)-f(w)\|_\infty$$
$$\leqslant C\|f-P_n\|_\infty \ln(n+1)+Cw\left(f;\frac{1}{n+1}\right)$$
$$\leqslant Cw\left(f;\frac{1}{n+1}\right)\ln(n+1)$$

2. 定理 10.2 的证明　对 $p>1$，由式(10.27)及引理 10.6 并令 $g=f-P_n$，得

$$\|C_n^*(f;w)-f(w)\|_p$$
$$\leqslant \|C_n^*(f;w)-P_n(w)+P_n(w)-f(w)\|_p$$
$$\leqslant \|C_n^*(f-P_n;w)\|_p + \|P_n(w)-f(w)\|_p$$
$$\leqslant C\|P_n-f\|_\infty + \|P_n-f\|_p$$
$$\leqslant w\left(f;\frac{1}{n+1}\right)$$

当 $0<p\leqslant 1$ 时，由赫尔德不等式得

$$\|C_n^*(f;w)-f(w)\|_p \leqslant C\|C_n^*(f;w)-f(w)\|_2$$
$$\leqslant wC\left(f;\frac{1}{n+1}\right)$$

这就证明了定理10.2.

3. 定理 10.3 的证明　要使定理10.3成立，只需取 $t_1^*=t_k=\dfrac{2k\pi}{n+1}(k\neq 1),t_1^*=\dfrac{2\pi}{(n+1)^{r+1}},r>\dfrac{1}{p}(p>$

Lagrange 插值多项式

1),及 $f_0(w) = 2^{-\alpha}(w-1)^\alpha, 0 < \alpha < \dfrac{r-p^{-1}}{1+r}$ 就行了.

事实上,显然有

$$\sum_{k=0}^n |t_k^* - t_k| = \left| t_1^* - \frac{2\pi}{n+1} \right|$$

$$= 2\pi\left(\frac{1}{n+1} - \frac{1}{(n+1)^{r+1}}\right) < \frac{2\pi}{n+1}$$

且 $f_0(w) \in A(|w| \leqslant 1)$.

现在给出 $C_n^*(f_0;w)$ 的表示式,由于

$$S_n(w) = \prod_{k=0}^n (w - w_k^*) = \frac{w^{n+1}-1}{w-w_1}(w-w_1^*)$$

$$\arg w_1^* = \frac{2\pi}{(n+1)^{r+1}}$$

$$S_n^1(w) = \frac{(n+1(w^n(w-w_1^*) + (w^{n+1}-1)))(w-w_1)}{(w-w_1)^2} -$$

$$\frac{(w^{n+1}-1)(w-w_1^*)}{(w-w_1)^2}$$

于是

$$S_n^1(w_k) = \frac{n+1}{w_k} \cdot \frac{w_k - w_1^*}{w_k - w_1} \quad (k \neq 1)$$

$$S_n^1(w_1^*) = \frac{w_1^{*\,n+1}-1}{w_1^* - w_1}$$

则

$$C_n^*(f_0;w) = \sum_{k=0}^n f_0(w_k^*) \frac{S_n(w)}{(w-w_k^*)S'_n(w_1^*)}$$

$$= \sum_{k=0,k\neq 1}^n f_0(w_k) \frac{S_n(w)}{(w-w_k)S'_n(w_k)} +$$

$$f_0(w_1^*) \frac{S_n(w)}{(w-w_1^*)S'_n(w_1^*)} \cdot$$

$$\sum_{k=0,k\neq 1}^n f_0(w_k) \frac{w^{n-1}-1}{w-w_1} \cdot \frac{w-w_1^*}{w-w_k} \cdot$$

$$\frac{w_k}{n+1} \cdot \frac{w_k - w_1}{w_k - w_1^*} +$$

$$f_0(w_1^*) \frac{w^{n+1} - 1}{w - w_1} \cdot \frac{w_1^* - w_1}{w_1^{*\,n+1} - 1}$$

改写函数 $f_0(w)$ 在单位根上的拉格朗日插值多项式为

$$C_n(f_0; w) = \sum_{k=0, k \neq 1}^{n} f_0(w_k) \frac{w^{n+1} - 1}{w - w_k} - \frac{w_k}{n+1} +$$

$$f(w_1) \frac{w^{n+1} - 1}{w - w_1} - \frac{w_1}{n+1}$$

因此有

$$C_n^*(f_0; w) - C_n(f_0; w)$$

$$= \sum_{k=0, k \neq 1}^{n} f_0(w_k) \Big(\frac{w_k}{n+1} \cdot \frac{w_k - w_1}{w_k - w_1^*} \cdot$$

$$\frac{w^{n+1} - 1}{w - w_1} \cdot \frac{w - w_1^*}{w - w_k} - \frac{w_k}{n+1} \cdot \frac{w^{n+1} - 1}{w - w_k} \Big) +$$

$$f_0(w_1^*) \frac{w^{n+1} - 1}{w - w_1} \cdot \frac{w_1^* - w_1}{w_1^{*\,n+1} - 1} - f_0(w_1) \frac{w^{n+1} - 1}{w - w_1} \cdot$$

$$\frac{w_1}{n+1}$$

$$= \sum_{k=0, k \neq 1}^{n} f_0(w_k) \Big(\frac{w - w_1^*}{w - w_1} \cdot \frac{w_k - w_1}{w_k - w_1^*} - 1 \Big) \frac{w_k}{n+1} \cdot$$

$$\frac{w^{n+1} - 1}{w - w_k} + f_0(w_1^*) \frac{w^{n+1} - 1}{w - w_1} \cdot \frac{w_1^* - w_1}{w_1^{*\,n+1} - 1} -$$

$$f(w_1) \frac{w^{n+1} - 1}{w - w_1} \cdot \frac{w_1}{n+1}$$

$$= \sum_{k=2}^{n} f_0(w_k) \Big(\frac{w - w_1^*}{w - w_1} \cdot \frac{w_k - w_1}{w_k - w_1^*} - 1 \Big) \frac{w_k}{n+1} \cdot$$

$$\frac{w^{n+1} - 1}{w - w_k} +$$

Lagrange 插值多项式

$$f_0(w_0)\left(\frac{w-w_1^*}{w-w_1}\cdot\frac{w_0-w_1}{w_0-w_1^*}-1\right)\frac{w_1 w}{n+1}\cdot\frac{w^{n+1}-1}{w-w_0}+$$

$$f_0(w_1^*)\frac{w^{n+1}-1}{w-w_1}\cdot\frac{w_1^*-w_1}{w_1^{*n+1}-1}-$$

$$f_0(w_1)\frac{w^{n+1}-1}{w-w_1}\cdot\frac{w_1}{n+1}$$

$$\triangleq A_1(f_0;w)+A_2(f_0;w)+A_3(f_0;w)+A_4(f_0;w) \tag{10.28}$$

下面分三个步骤分别估计 $A_1(f_0;w)$,$A_2(f_0;w)+A_3(f_0;w)$ 及 $A_4(f_0;w)$.

(1) 我们首先证明,当 $p>1$ 时有

$$\|A_1(f_0;w)\|_p \leqslant C\|f_0\|_\infty (n+1)^{-\frac{1}{p}}\ln(n+1) \tag{10.29}$$

事实上,我们有

$$\frac{w-w_1^*}{w-w_1}\cdot\frac{w_k-w_1}{w_k-w_1^*}-1$$

$$=\frac{(w-w_1^*)(w_k-w_1)-(w-w_1)(w_k-w_1^*)}{(w-w_1)(w_k-w_1^*)}$$

$$=\frac{(w-w_k)(w_1^*-w_1)}{(w-w_1)(w_k-w_1^*)} \tag{10.30}$$

于是用式(10.30)可以得到

$$A_1(f_0;w)=\sum_{k=2}^n f_0(w_k)\frac{(w-w_k)(w_1^*-w_1)}{(w-w_1)(w_k-w_1^*)}\frac{w_k}{n+1}\cdot$$

$$\frac{w^{n+1}-1}{w-w_k}$$

$$=\sum_{k=2}^n f_0(w_k)\frac{w_1^*-w_1}{w_k-w_1^*}\frac{w_k}{n+1}\frac{w^{n+1}-1}{w-w_1}$$

由马钦凯维奇-济格蒙德不等式(10.26)得到

$$\left\|\frac{w^{n+1}-1}{(n+1)(w-w_1)}\right\|_p \leqslant C(n+1)^{-\frac{1}{p}} \quad (p>1)$$

又由赫尔德不等式可得

$$\|A_1(f_0;w)\|_p \leqslant C(n+1)^{-\frac{1}{p}} |w_1^* - w_1| \|f_0\|_\infty \sum_{k=2}^n |w_k - w_1^*|^{-1}$$

和式(10.20)(10.21)一样,有

$$|w_k - w_1^*|^{-1} \leqslant C\frac{n+1}{k} \quad (2 \leqslant k \leqslant \frac{n+1}{2})$$

由对称性可知

$$\|A_1(f_0;w)\|_p$$

$$\leqslant C\|f_0\|_\infty |w_1^* - w_1| (n+1)^{-\frac{1}{p}} \sum_{k=2}^{\left[\frac{n+1}{2}\right]} \frac{n+1}{k}$$

$$\leqslant C\|f_0\|_\infty (n+1)^{-\frac{1}{p}} \ln(n+1)$$

式(10.29)得证.

(2) 现在指出,当 $p > 1$ 时也有

$$\|A_4(f_0;w)\|_p \leqslant C(n+1)^{-\frac{1}{p}} \|f_0\|_\infty \quad (p > 1)$$

(10.31)

事实上,这也可以容易地从马钦凯维奇－济格蒙德不等式(10.26)看出.

(3) 最后我们来估计 $\|(A_2 + A_3)(f_0;w)\|_p (p > 1)$,我们有

$$A_2(f_0;w) + A_3(f_0;w)$$

$$= f_0(w_0) \frac{w^{n+1} - 1}{w - w_1} \cdot \frac{w_0}{n+1} \cdot \frac{w_1^* - w_1}{w_0 - w_1^*} +$$

$$f_0(w_1^*) \frac{w^{n+1} - 1}{w - w_1} \cdot \frac{w_1^* - w_1}{w_1^{*n+1} - 1}$$

$$= \frac{w^{n+1} - 1}{w - w_1} \left(f_0(w_1^*) \frac{w_1^* - w_1}{w_1^{*n+1} - 1} - f_0(w_0) \frac{w_1^* - w_1}{w_1^* - w_0} \right)$$

$$= \frac{w^{n+1} - 1}{w - w_1} \cdot$$

Lagrange 插值多项式

$$\frac{w_1^* - w_1}{w_1^* - w_0}\left(f_0(w_1^*)\frac{w_1^* - w_0}{w_1^* - 1} - f_0(w_0)\frac{w_0}{n+1}\right)$$

$$= \frac{w^{n+1} - 1}{w - w_1} \cdot \frac{w_1^* - w_1}{w_1^* - w_0}(f_0(w_1^*) - f_0(w_0))\frac{w_1^* - w_0}{w_1^{*\,n+1} - 1} +$$

$$\frac{w^{n+1} - 1}{w - w_1} \cdot \frac{w_1^* - w_1}{w_1^* - w_0}f_0(w_0)\left(\frac{w_1^* - w_0}{w_1^{*\,n+1} - 1} - \frac{w_0}{n+1}\right)$$

$$\triangleq A_5(f_0;w) + A_6(f_0;w) \qquad (10.32)$$

先考虑 $A_6(f_0;w)$

$$\left|\frac{w_1^* - w_0}{w_1^{*\,n+1} - 1} - \frac{w_0}{w+1}\right|$$

$$= \left|\frac{(n+1)(w_1^* - 1) - w_1^{*\,n+1} + 1}{(w_1^{*\,n+1} - 1)(n+1)}\right|$$

$$= \left|\frac{w_1^*(1 - w_1^{*\,n}) + n(w_1^* - 1)}{(n+1)(w_1^{*\,n+1} - 1)}\right|$$

$$= |w_1^* - 1| \left|\frac{\sum_{j=1}^{n}(w_1^{*\,j} - 1)}{(n+1)(w_1^{*\,n+1} - 1)}\right|$$

$$\leqslant |w_1^* - 1| \frac{1}{n+1}\sum_{k=1}^{n}\frac{\sin\frac{k}{2}t_1^*}{\sin\frac{n+1}{2}t_1^*}$$

$$\leqslant |w_1^* - 1| \qquad (10.33)$$

因此调用 w_1^* 的选择,由式(10.26) 得

$$\|A_6(f_0;w)\|_p \leqslant C(n+1)^{-\frac{1}{p}} \|f_0\|_\infty$$

最后考察 $A_5(f_0;w)$. 由式(10.32) 我们有

$$A_5(f_0;w) = \frac{w^{n+1} - 1}{w - w_1} \cdot \frac{w_1^* - w_1}{w_1^* - w_0}(f_0(w_1^*) - f_0(w_0)) \cdot$$

$$\frac{w_1^* - w_0}{w_1^{*\,n+1} - 1}$$

$$= \frac{w^{n+1} - 1}{w - w_1} \cdot \frac{w_1^* - w_1}{w_1^{*\,n+1} - w_0}(f_0(w_1^*) -$$

$f_0(w_0))$

由马钦凯维奇－济格蒙德不等式(10.26)的左边得到

$$\|A_5(f_0;w)\|_p \geq C(n+1)^{1-p^{-1}} \left| \frac{w_1^* w_1^{-1} - 1}{(w_1^* w_1^{-1})^{n+1} - 1} \right| \cdot$$

$$|f_0(w_1^*) - f_0(w_0)|$$

$$\geq C(n+1)^{1-p^{-1}} \cdot$$

$$\frac{\sin\dfrac{\pi}{n+1}\left(1 - \dfrac{1}{(n+1)^r}\right)}{\sin\dfrac{\pi}{(n+1)^r}} \cdot$$

$$|f_0(w_1^*) - f_0(w_0)|$$

$$\geq C(n+1)^{r-p^{-1}} |f_0(w_1^*) - f_0(w_0)|$$

而由 $f_0(w) = 2^{-\alpha}(w-1)^\alpha$,得

$$\|A_5(f_0;w)\|_p \geq C(n+1)^{r-p^{-1}} 2^{-\alpha} \cdot$$

$$|\exp(2\pi i/(n+1)^{1+r}) - 1|^\alpha$$

$$\geq C(n+1)^{r-p^{-1}} \left| \sin\frac{\pi}{(n+1)^{1+r}} \right|^\alpha$$

$$\geq C(n+1)^{r-p^{-1}-(1+r)\alpha}$$

于是由于 $0 < \alpha \dfrac{r-p^{-1}}{1+r}$,因此得到

$$\|A_2(f_0;w) + A_3(f_0;w)\|_p$$

$$\geq \|A_5(f_0;w)\|_p - \|A_6(f_0;w)\|_p$$

$$\geq C(n+1)^{r-p^{-1}-(1+r)} \quad (10.34)$$

因此,比较(10.28)(10.29)(10.31)及(10.34)各式就得到了

$$\|C_n^*(f_0;w) - C_n(f_0;w)\|_p$$

$$\geq \|A_2(f_0;w) + A_3(f_0;w)\|_p -$$

$$\|A_1(f_0;w)\|_p - \|A_4(f_0;w)\|_p$$

$$\geq C(n+1)^{r-p^{-1}-(1+p)\alpha} \quad (10.35)$$

Lagrange 插值多项式

于是由式(10.35),并利用 $A(|w|\leqslant 1)$ 中函数在单位根上拉格朗日插值多项式的平均收敛性(或见式(10.3))得到

$$\|C_n^*(f_0;w) - f_0(w)\|_p$$
$$\geqslant \|C_n^*(f_0;w) - C_n(f_0;w)\|_p -$$
$$\|C_n(f_0;w) - f_0(w)\|_p$$
$$\to +\infty \quad (n\to +\infty)$$

定理 10.3 证毕.

第三编 特殊集的拉格朗日插值

代数曲线上的拉格朗日插值[①]

第 11 章

吉林大学数学研究所的梁学章和崔利宏两位教授在 2001 年探讨了沿代数曲线进行二元拉格朗日插值时有关插值适定结点组的递归构造理论问题,所得结论推广了这一问题的以往结果.

我们已经提出了多元插值适定结点组及沿代数曲线插值的基本概念,给出了构造二元插值适定结点组的一种递归方法. 本章进一步研究沿无重复分量代数曲线的插值问题,并将利用直线与 k 次代数曲线相交构造插值适定结点组的方法推广到利用圆锥曲线与 k 次代数曲线相交的情形.

设 n 为非负整数

$$d_n = \binom{n+2}{2}$$

$$\mathscr{P}_n = \Big\{ \sum_{0 \leqslant i+j \leqslant n} a_{ij} x^i y^j \mid a_{ij} \in \mathbf{R} \Big\}$$

---

① 选自:吉林大学自然科学学报,2001 年第 3 期.

Lagrange 插值多项式

表示所有全次数不超过 n 的二元多项式空间. 设 $p(x,y) \in \mathscr{P}_n, p(x,y) \neq 0$, 则称所有满足方程 $p(x,y)=0$ 的点集为 $\mathscr{P}_n$ 中的代数曲线. 若多项式 $p(x,y)$ 不能表示为两个次数不低于 1 的多项式之积, 则称多项式 $p(x,y)$ (代数曲线 $p(x,y)=0$) 是不可约的.

定义 11.1[①] 设 $\{Q_i\}_{i=1}^{d_n}$ 是 $\mathbf{R}^2$ 上的 d_n 个相异点, 若对每一个任意给定的实数组 $\{f_i\}_{i=1}^{d_n}$, 均可找到唯一的多项式 $P(x,y) \in \mathscr{P}_n$, 使之满足插值条件: $P(Q) = f_i (i=1,\cdots,d_n)$, 则称该插值问题是适定插值问题, 并称 $\{Q_i\}_{i=1}^{d_n}$ 是 $\mathscr{P}_n$ 的插值适定结点组.

很明显, 条件 $d_n = \dim \mathscr{P}_n = \binom{n+2}{2}$ 是 $\{Q_i\}_{i=1}^{d_n}$ 能够成为 $\mathscr{P}_n$ 的插值适定结点组的一个必要条件而非充分条件. 例如, 在直线上任取 3 个不同点做成的结点组关于 $\mathscr{P}_1$ 进行插值, 以及在圆周上任取 6 个不同点做成的结点组关于 $\mathscr{P}_2$ 进行插值, 均构成不适定问题. 这与单变量插值的情形有较大的差异[②]. 由此可见, 构造多元插值的适定结点组是多元插值的一个首要问题.

引理 11.1 $\{Q_i\}_{i=1}^{d_n}$ 是 $\mathscr{P}_n$ 的插值适定结点组的充要条件是 $\{Q_i\}_{i=1}^{d_n}$ 不落在 $\mathscr{P}_n$ 中的任何一条代数曲线上.

定理 11.1 设 $\{Q_i\}_{i=1}^{d_n}$ 是 $\mathscr{P}_n$ 的适定结点组, 且它的每个点都不在某条 l 次 ($l=1,2; l=1$ 表示直线; $l=2$ 表示圆锥曲线) 不可约代数曲线 $q(x,y)=0$ 上, 则在该曲线上任取 $(n+3)l-1$ 个不同的点与 $\{Q_i\}_{i=1}^{d_n}$ 一起

---

① 梁学章. 关于多元函数的插值与逼近. 长春: 吉林大学, 1965.
② 李岳生, 黄友谦. 数值逼近. 北京: 人民教育出版社, 1979.

必定构成 $\mathscr{P}_{n+1}$ 的适定结点组.

由定理 11.1,得到构造二元插值适定结点组的添加直线法和添加圆锥曲线法的递归构造法.对此,梁学章教授中提出了沿无重复分量代数曲线插值的概念[①].

对于多项式 $P(x,y) \in \mathscr{P}_n$,若其分解式中没有重数不小于 2 的重因子,则称其是无重复分量的;而与之相对应的代数曲线称为无重复分量代数曲线.

定义 11.2 设 k 为自然数,$q(x,y)=0$ 为 k 次无重复分量代数曲线

$$m = \binom{n+2}{2} - \binom{n+2-k}{2}$$
$$= \begin{cases} (n+1)(n+2)/2 & (n<k) \\ k(2n+3-k)/2 & (n\geqslant k) \end{cases}$$

又设 $U_n = \{Q_i\}_{i=1}^m$ 为 $q(x,y)=0$ 上的 m 个相异点,若对任意给定的一实数组 $\{f_i\}_{i=1}^m$,均为满足插值条件 $P(Q_i)=f_i(i=1,\cdots,m)$ 的多项式 $p(x,y)\in\mathscr{P}_n$ 唯一地存在,则称结点组 $U_n=\{Q_i\}_{i=1}^m$ 为沿 k 次代数曲线 $q(x,y)=0$ 的 n 次插值的适定结点组,并简记为 $U_n \in I_n(q)$.

注 定义 11.2 中条件:"若对任意给定的一数组 $\{f_i\}_{i=1}^m$ 均有满足插值条件 $P(Q_i)=f_i(i=1,\cdots,m)$ 的插值多项式 $P(x,y)\in\mathscr{P}_n$ 唯一地存在",可由如下条件取代:若条件 $P(x,y)\in\mathscr{P}_n$ 及 $P(Q_i)=0(i=1,\cdots,m)$,

---

① Liang Xuezhang,Lü C M. Properly Posed Set of Nodes for Bivariate Lagrange Interpolation,Approximation Theory Ⅸ,Vol.2, Computational Aspect,Vanderbilt University Press,1998:189-196.

蕴含 $P(x,y)$ 沿曲线 $q(x,y)=0$ 恒取零值.

定理 11.2 假设 k 次无重复分量代数曲线 $q(x,y)=0$ 与直线 $P(x,y)=0$ 恰相交于 k 个相异点 $\{Q_i\}_{i=1}^k$,并设 $U_n \in I_n(q)(n \geqslant k-2), U_n \cap \{Q_i\}_{i=1}^k = \varnothing$,则 $U_n \cup \{Q_i\}_{i=1}^k \in I_{n+1}(q)$.

定理 11.2 即为利用直线与 k 次代数曲线相交构造插值适定结点组的一种新方法,并且定理 11.1 中所给出的构造插值适定结点组的添加直线法和添加圆锥曲线法就是该定理中当 $k=1$ 和 $k=2$ 时的特例. 本章探讨定理 11.2 中所给出的方法能否进一步推广到用任意 l 次曲线与 k 次代数曲线相交的情形. 为方便,仅对 $l=2$ 的情况加以讨论.

定理 11.3 设 $V_n = \{Q_i\}_{i=1}^{d_n}$ 是 $\mathscr{P}_n$ 的适定结点组,做一条 k 次无重复分量代数曲线 $q(x,y)=0$,使其不通过 V_n 中的任何点,又设 $V_{n+k} = \{Q_i\}_{i=d_n+1}^{d_n+m'} \in I_{n+k}(q)(m' = k(2n+k+3)/2)$,则 $V_n \cup V_{n+k}$ 必定构成 $\mathscr{P}_{n+k}$ 的适定结点组.

证明 $V_n \cup V_{n+k}$ 中所含点数为
$$\frac{(n+1)(n+2)}{2} + \frac{k(2n+k+3)}{2}$$
$$= \frac{(n+k+2)(n+k+1)}{2}$$

这恰好等于空间 $\mathscr{P}_{n+k}$ 的维数.

用 $\mathscr{P}_{n+k}(q)$ 表示沿曲线 $q(x,y)=0$ 的 $n+k$ 次插值空间. 对于任意给定的一数组 $\{f_i\}_{i=1}^{d_n+m'}$,根据定义 11.1,只需证明存在多项式 $P(x,y) \in \mathscr{P}_{n+k}$,使其满足插值条件:$P(Q_i) = f_i (i=1,\cdots,d_n+m')$. 由于 $V_{n+k} \in I_{n+k}(q)$,则由定义 11.2 知,存在多项式 $\widetilde{P}(x,y) \in \mathscr{P}_{n+k}(q)$,使得 $\widetilde{P}(Q_i) = f_i(i=d_n+1,\cdots,d_n+m')$.

下面做一多项式 $P(x,y) \in \mathscr{P}_{n+k}$,其形式为 $P(x,y) = \widetilde{P}(x,y) + q(x,y)\widetilde{\widetilde{P}}(x,y)$,其中 $\widetilde{\widetilde{P}}(x,y) \in \mathscr{P}_n$,使之满足插值条件 $P(Q_i) = \widetilde{P}(Q_i) + q(Q_i)\widetilde{\widetilde{P}}(Q_i)(i=1,\cdots,d_n)$,即

$$\widetilde{\widetilde{P}}(Q_i) = (P(Q_i) - \widetilde{P}(Q_i))/q(Q_i) \quad (i=1,\cdots,d_n) \tag{11.1}$$

由于 $\{Q_i\}_{i=1}^{d_n}$ 是 $\mathscr{P}_n$ 的适定结点组,所以 $\widetilde{\widetilde{P}}(x,y)$ 由式 (11.1) 唯一确定. 这意味着存在唯一多项式 $P(x,y) \in \mathscr{P}_{n+k}$,使得 $P(Q_i) = f_i(i=1,\cdots,d_n+m')$. 这就证明了 $V_n \cup V_{n+k}$ 构成 $\mathscr{P}_{n+k}$ 的适定结点组.

定理 11.4 设 $\{Q_i\}_{i=1}^{m}$ 为 k 次无重复分量代数曲线 $q(x,y)=0$ 上的 m 个相异点,则 $\{Q_i\}_{i=1}^{m} \in I_n(q)$ 的充要条件是:对任何满足插值条件

$$P(Q_i) = 0 \quad (i=1,\cdots,m) \tag{11.2}$$

的 $P(x,y) \in \mathscr{P}_n$,均有全次数不大于 $n-k$ 的多项式 $r(x,y)$ 存在,使得

$$P(x,y) = q(x,y)r(x,y) \tag{11.3}$$

证明 当 $n < k$ 时,定理 11.4 显然成立. 下面仅证 $n \geqslant k$ 的情形.

必要性:在 k 次代数曲线 $q(x,y)=0$ 之外选一结点组 $\{Q_i\}_{i=m+1}^{d_n}$,使其构成 $\mathscr{P}_{n-k}$ 的适定结点组,则由定理 11.3 知,$\{Q_i\}_{i=1}^{d_n}$ 构成 $\mathscr{P}_n$ 的适定结点组. 对于一个满足条件(11.2)的多项式 $P(x,y) \in \mathscr{P}_n$,可以构造一个多项式 $\widetilde{P}(x,y) = q(x,y)r(x,y)$,其中 $r(x,y) \in \mathscr{P}_{n-k}$,满足 $\widetilde{P}(Q_i) = 0(i=1,\cdots,m)$ 和 $\widetilde{P}(Q_i) = P(Q_i)(i=m+1,\cdots,d_n)$. 由于 $\widetilde{P}(x,y) \in \mathscr{P}_n$,且满足与 $P(x,y)$

Lagrange 插值多项式

相同的插值条件,由 $\mathscr{P}_n$ 中插值的唯一性,有 $P(x,y) = \widetilde{P}(x,y) = q(x,y)r(x,y)$.

充分性:假设条件(11.2)(11.3)成立,在曲线 $q(x,y) = 0$ 之外任选 $\mathscr{P}_{n-k}$ 的一个适定结点组 $\{Q_i\}_{i=m+1}^{d_n}$,则对于满足插值条件 $P(Q_i) = 0 (i = 1,\cdots,d_n)$ 的 $P(x,y) \in \mathscr{P}_n$,均有 $q(Q_i)r(Q_i) = P(Q_i) = 0 (i = 1,\cdots,d_n)$. 特别地,$P(Q_i) = q(Q_i)r(Q_i) = 0 (i = m+1,\cdots,d_n)$. 由于 $q(Q_i) \neq 0 (i = m+1,\cdots,d_n)$,故 $r(Q_i) = 0 (i = m+1,\cdots,d_n)$.

因为 $\{Q_i\}_{i=m+1}^{d_n}$ 是 $\mathscr{P}_{n-k}$ 的适定结点组,$r(x,y) \in \mathscr{P}_{n-k}$,于是有 $r(x,y) = 0$,所以 $P(x,y) = 0$. 这表明 $\{Q_i\}_{i=1}^{d_n}$ 是 $\mathscr{P}_n$ 的适定结点组. 对于任意给定的一个实数组 $\{f_i\}_{i=1}^m$ 和 $f_i = 0(i = m+1,\cdots,d_n)$,能够找到一个多项式 $\widetilde{P}(x,y) \in \mathscr{P}_n$,使得在定义 11.2 中所要求的插值条件得以满足,即 $\widetilde{P}(Q_i) = f_i(i = 1,\cdots,m)$;$\widetilde{P}(Q_i) = 0(i = m+1,\cdots,d_n)$. 因此,有 $\{Q_i\}_{i=1}^m \in I_n(q)$.

定理 11.5 假设 k 次无重复分量代数曲线 $q(x,y) = 0$ 与二次代数曲线 $P(x,y) = 0$ 恰相交于 $2k$ 个相异点 $\{Q_i\}_{i=1}^{2k}$,并设 $U_n \in I_n(q)(n \geq k-2)$,$U_n \cap \{Q_i\}_{i=1}^{2k} = \varnothing$,则

$$U_n \bigcup \{Q_i\}_{i=1}^{2k} \in I_{n+2}(q) \tag{11.4}$$

证明 当圆锥曲线 $P(x,y)$ 可约时,使用两次定理 11.2 就可以很容易地证明定理 11.5 的结论成立. 假设 $P(x,y)$ 不可约,将 $P(x,y)$ 按 y 的降幂次序整理为

$$P(x,y) = a_0(x)y^2 + a_1(x)y + a_2(x)$$

其中 $a_j(x)(j = 0,1,2)$ 为 x 的 j 次多项式,用 $P(x,y)$ 除 $q(x,y)$,得

$$q(x,y) = P_{k-2}(x,y)P(x,y) + R_k(x,y)$$
(11.5)

其中
$$R_k(x,y) = yP_{k-1}(x) + P_k(x), R_k(x,y) \in \mathscr{P}_k$$
(11.6)

设 $\{Q_i\}_{i=1}^{2k} = \{(x_i,y_i)\}_{i=1}^{2k}$,并且 $x_1,\cdots,x_{2k}$ 互不相同,$a_0(x) \neq 0$(否则可以做坐标旋转变换,在新的坐标系中去证明).易见,$P_{k-1}(x_i) \neq 0 (i=1,\cdots,2k)$,这是因为若存在一点 $x_{i_0} \in \{(x_i,y_i)\}_{i=1}^{2k}$,使得 $P_{k-1}(x_{i_0}) = 0$,则 $P_k(x_{i_0}) = 0$,这意味着 $R_k(x,y) = (x - x_{i_0})R_{k-1}(x,y), R_{k-1}(x,y) \in \mathscr{P}_{k-1}$. 因此,$R_{k-1}(x,y) = 0$ 与 $P(x,y) = 0$ 必相交于 $2k-1$ 个相异点,由贝祖(Bezout)定理,它们必相交于无穷多个点.从而 $P(x,y)=0$ 与 $q(x,y)=0$ 亦相交于无穷多个点,这与定理中的假设矛盾.

同理可证,$P_{k-1}(x)$ 与 $P_k(x)$ 无公因子,因此 $R_k(x,y)$ 是一个 k 次不可约多项式.

使用伪除法,用 $R_k(x,y)$ 除 $P(x,y)$,得
$$P_{k-1}^2(x)P(x,y) = P_k(x,y)R_k(x,y) + R_{2k}(x)$$
(11.7)

其中
$$P_k(x,y) = (a_0(x)y + a_1(x))P_{k-1}(x) - a_0(x)P_k(x), P_k(x,y) \in \mathscr{P}_k$$
(11.8)

$$R_{2k}(x) = a_0(x)P_k^2(x) - a_1(x)P_k(x)P_{k-1}(x) + a_2(x)P_{k-1}^2(x), R_{2k}(x) \in \mathscr{P}_{2k}$$

已知 $R_{2k}(x) \neq 0$(若 $R_{2k}(x) = 0$,则式(11.7)右端含有 y 的一次不可约因子 $R_k(x,y)$,而式(11.7)左端只含

Lagrange 插值多项式

有关于 y 的二次不可约因子 $P(x,y)$,矛盾).

显然,对任何 $x_i \in \{x_i, y_i\}_{i=1}^{2k}$, $R_{2k}(x_i) = 0$,因此,存在一个不为零的常数 c,使得
$$R_{2k}(x) = c(x - x_1) \cdots (x - x_{2k})$$
设多项式 $P_{n+2}(x,y) \in \mathscr{P}_{n+2}$ 满足条件 $P_{n+2}(Q_i) = 0$, $\forall Q_i \in U_n \cup \{Q_i\}_{i=1}^{2k}$,由定理 11.4,只需证明,存在一个多项式, $P_{n-k+2}(x,y) \in \mathscr{P}_{n-k+2}$,使得 $P_{n+2}(x,y) = q(x,y) P_{n-k+2}(x,y)$.

用 $P(x,y)$ 除 $P_{n+2}(x,y)$,有
$$P_{n+2}(x,y) = P_n(x,y) P(x,y) + y P_{n+1}(x) + P_{n+2}(x)$$
将上式两端同乘 $P_{k-1}(x)$ 并使用式(11.6)有
$$P_{k-1}(x) P_{n+2}(x,y) = P_{n+k+1}(x,y) + P_{n+k+1}(x)$$
(11.9)

其中
$$P_{n+k+1}(x,y) = P_{n+1}(x) R_k(x,y) + P_{k-1}(x) P_n(x,y) P(x,y)$$
$$P_{n+k+1}(x,y) \in \mathscr{P}_{n+k+1}$$
$$P_{n+k+1}(x) = P_{k-1}(x) P_{n+2}(x) - P_k(x) P_{n+1}(x)$$
$$P_{n+k+1}(x) \in \mathscr{P}_{n+k+1}$$

因为对任意 $Q_i \in \{Q_i\}_{i=1}^{2k}$, $P_{n+2}(Q_i) = 0$, $P(Q_i) = 0$, $R_k(Q_i) = 0$,则由式(11.9)知, $P_{n+k+1}(x_i) = 0 (i = 1, \cdots, 2k)$. 这表明 $P_{n+k+1}(x)$ 一定含有 $R_{2k}(x)$ 的一次因子,不妨将 $P_{n+k+1}(x)$ 写作
$$P_{n+k+1}(x) = P_{n-k+1}(x) R_{2k}(x), P_{n-k+1}(x) \in \mathscr{P}_{n-k+1}$$
(11.10)

综合式(11.7)—(11.10),有
$$P_{k-1}(x) P_{n+2}(x,y) = \widetilde{P}_n(x,y) P_{k-1}(x) P(x,y) + (\widetilde{P}_{n+1}(x) - \widetilde{P}_{n-k+2}(x,y) P_{k-1}(x)) R_k(x,y)$$
(11.11)

其中
$$\widetilde{P}_n(x,y) = P_n(x,y) + P_{n-k+1}(x)P_{k-1}(x)$$
$$\widetilde{P}_n(x,y) \in \mathscr{P}_n$$
$$\widetilde{P}_{n+1}(x) = P_{n+1}(x) + a_0(x)P_{n-k+1}(x)P_k(x)$$
$$\widetilde{P}_{n+1}(x) \in \mathscr{P}_{n+1}$$
$$\widetilde{P}_{n-k+2}(x,y) = P_{n-k+1}(x)(a_0(x)y + a_1(x))$$
$$\widetilde{P}_{n-k+2}(x,y) \in \mathscr{P}_{n-k+2}$$

因为 $R_k(x,y)$ 是一个 k 次（关于 y 为一次）不可约多项式，则由式(11.11)可以看出，$\widetilde{P}_{n+1}(x)$ 能被 $P_{k-1}(x)$ 整除，故此将 $\widetilde{P}_{n+1}(x)$ 记为
$$\widetilde{P}_{n+1}(x) = P_{k-1}(x)R_{n-k+2}(x), R_{n-k+2}(x) \in \mathscr{P}_{n-k+2}$$
(11.12)

综合(11.5)(11.11) 和(11.12) 三式，有
$$P_{n+2}(x,y) = T_n(x,y)P(x,y) + U_{n-k+2}(x,y)q(x,y)$$
(11.13)

其中
$$T_n(x,y) = \widetilde{P}_n(x,y) - R_{n-k+2}(x)P_{k-2}(x,y) +$$
$$\widetilde{P}_{n-k+2}(x,y)P_{k-2}(x,y), T_n(x,y) \in \mathscr{P}_n$$
$$U_{n-k+2}(x,y) = R_{n-k+2}(x) - \widetilde{P}_{n-k+2}(x,y)$$
$$U_{n-k+2}(x,y) \in \mathscr{P}_{n-k+2}$$

由 $P_{n+2}(Q_j) = 0(\forall Q_j \in U_n)$ 可知，$T_n(Q_j) = 0(\forall Q_j \in U_n)$，而 $U_n \in I_n(q)$，则由定理 11.4 知，存在一个多项式 $\widetilde{R}_{n-k}(x,y) \in \mathscr{P}_{n-k}$，使得
$$T_n(x,y) = q(x,y)\widetilde{R}_{n-k}(x,y) \quad (11.14)$$
结合式(11.13) 和(11.14)，有
$$P_{n+2}(x,y) = q(x,y)P_{n-k+2}(x,y)$$
其中 $P_{n-k+2}(x,y) = \widetilde{R}_{n-k}(x,y)P(x,y) + U_{n-k+2}(x,y), P_{n-k+1}(x,y) \in \mathscr{P}_{n-k+2}$.

Lagrange 插值多项式

例 11.1 如图 11.1,设 $l_i(x,y)=0 (i=1,2,3)$ 为 3 条两两相交的直线方程,则 $q(x,y)=l_1l_2l_3=0$ 为三次无重复分量代数曲线 $q(x,y)=0$ 与一椭圆(圆锥曲线)相交于 6 个相异点 $\{1,3,4,6,7,9\}$.而 $q(x,y)=0$ 上异于这 6 个点所取的 3 个相异点组成的点组 $\{2,5,8\} \in I_1(q)$,则由定理 11.5 知,点组 $\{1,2,\cdots,9\} \in I_3(q)$.

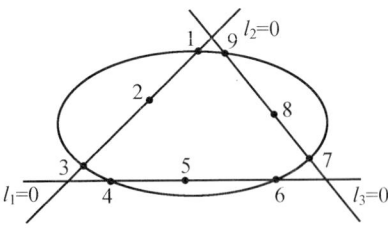

图 11.1

第三编　特殊集的拉格朗日插值

渐近费耶尔点上的拉格朗日插值多项式的逼近阶[①]

第12章

北京大学的沈燮昌和帅斌鹏两位教授在1992年探讨了渐近费耶尔点上的拉格朗日插值多项式在若尔当(Jordan)区域 D 边界上一致逼近及平均逼近 $A(D)$ 中的函数,得到了逼近阶的估计式.

§1　引　　言

设 Γ 为 z 平面上的有界若尔当闭曲线,D 为 Γ 所围的区域.设单叶函数 $\Psi(w)$ 保形地将单位圆 $|w|>1$ 的外部映为 Γ 的外部,且满足条件:$\Psi(\infty)=\infty$,$\Psi'(\infty)>0$.为简单起见,设 $\Psi'(\infty)=1$,并引入下列记号

---

①　选自:数学杂志,1992年第12卷第1期.

Lagrange 插值多项式

$$\psi(t) = \Psi(\exp(it)) \quad (0 \leqslant t \leqslant 2\pi)$$
$$t_k = t'^{(n)}_k = 2k\pi/(n+1) \quad (0 \leqslant k \leqslant n)$$
$$t_k^* = t_k^{(n)*} \quad (0 \leqslant k \leqslant n)$$
$$z_k^* = z'^{n*}_k = \Psi(t_k^*) \quad (0 \leqslant k \leqslant n)$$

定义 12.1 若点集 $\{z_k^*\}_{k=0}^n$ 满足

$$\sum_{k=0}^n | t_k^* - t_k | \leqslant \frac{\pi - \varepsilon}{n+1}$$

$$t_k = \frac{2k\pi}{n+1} \quad (0 \leqslant k \leqslant n, 0 < \varepsilon < \pi) \quad (12.1)$$

则称它为曲线 Γ 上的渐近费耶尔点.

定义 12.2 若点集 $\{z_k^*\}_{k=0}^n$ 满足

$$\sum_{k=0}^n \left| t_{k+1}^* - t_k^* - \frac{2\pi}{n+1} \right| = o\left(\frac{1}{n+1}\right), t_{n+1}^* = t_0^*$$
(12.2)

则称点集 $\{z_k^*\}_{k=0}^n$ 为 Γ 上的渐近中性点.

定义 12.3 称若尔当闭曲线 $\Gamma \in C^{m-\delta}$，m 是非负整数，$0 < \delta \leqslant 1$，如果 $\Psi^{(m)}(\exp(it)) \in \text{Lip } \delta$.

我们用 $A(\overline{D})$ 表示所有在 D 内解析，且在 $\overline{D}$ 上连续的函数类，令

$$R_n(z) = \prod_{k=0}^n (z - z_k^*)$$
$$S_n(w) = \prod_{k=0}^n (w - w_k^*)$$
$$w_k^* = \exp(it_k^*)$$

于是，在渐近费耶尔点上 $f(z) \in A(\overline{D})$ 的拉格朗日插值多项式可写为

$$L_n^*(f;z) = \sum_{k=0}^n f(z_k^*) \frac{R_n(z)}{(z - z_k^*) R'_n(z_k^*)}$$

当 D 为单位圆时，目前已有很多工作研究单位根

上函数类 $A(|z|\leqslant 1)$ 中函数的拉格朗日插值多项式在 $L^p(|z|=1)(0<p<+\infty)$ 上的平均逼近阶.

当 D 是一般的若尔当区域 D 时,目前还只有少数几个工作研究费耶尔点上 $A(D)$ 中函数的拉格朗日插值多项式在 $L^p(\partial D)(0<p<+\infty)$ 上的平均逼近阶. 如 1965 年 Curtiss 只是在 ∂D 是解析曲线时,才得了 $L^2(\partial D)$ 中的收敛性结论. 1969 年,Альпиер 与 Калиногорская 减弱 ∂D 的边界条件为 $C^{2+\delta}(\delta>0)$ 得到了 $L^p(\partial D)(1<p<+\infty)$ 上的平均逼近阶. 1988 年沈燮昌与钟乐凡只在 $\partial D \in C^{1+\delta}(\delta>0)$ 条件下也得到了上述结果,并且还证明了其结果是精确的.

很自然地研究当插值基点不是费耶尔点组时的拉格朗日插值多项式在一般区域边界上平均收敛问题,1969 年,汤普森考虑渐近中性点,对于 $C^{1+\delta}(\delta>0)$ 条件的边界只是得到了区域 D 内闭一致收敛的结果. 但是他指出了,一般地来说条件(12.2)不能减弱.

本章考虑渐近费耶尔点对于 $C^{1+\delta}(\delta>0)$ 条件的边界,不仅得到了拉格朗日插值多项式在闭区域 $\overline{D}$ 上的一致逼近阶估计,并且还得到边界上平均逼近估计,从而很显然地可推出在 D 内闭一致收敛性. 此外,我们由另两篇文章[①]的结果可以看出条件(12.1)在本质上是不能改进的.

我们的主要定理如下:

---

① 帅斌鹏. 渐近 Fejér 点上的 Lagrange 插值多项式的收敛性. 北京:北京大学,1989.

沈燮昌,帅斌鹏. 渐近单位根上的 Lagrange 插值多项式的逼近阶. 数学杂志,1991,11(3):287-297.

Lagrange 插值多项式

定理 12.1 设区域 D 的边界 Γ 为若尔当闭曲线，$\Gamma \in C^{1+\delta}(\delta > 0)$，$\{z_k^*\}_{k=0}^n$ 为 Γ 上的渐近费耶尔点组（式(12.1)），$f(z) \in A(\overline{D})$，设 $f(z)$ 在插值点上的拉格朗日插值多项式为 $L_n^*(f;z)$，满足

$$L_n^*(f;z_k^*) = f(z_k^*) \quad (0 \leqslant k \leqslant n)$$

则

$$\| L_n^*(f;z) - f(z) \|_\infty \leqslant C\omega\left(f;\frac{1}{n+1}\right)\ln(n+1)[1]$$

定理 12.2 在定理 12.1 的条件下，有

$$\| L_0^*(f;z) - f(z) \|_p \leqslant C\omega\left(f;\frac{1}{n+1}\right) \quad (0 < p < +\infty)$$

§2 辅助引理

为了便于定理的证明，先介绍并证明几个引理．

引理 12.1 若点组 $\{w_k^*\}_{k=0}^n$ 是渐近单位根，$g(w) \in A(|w| \leqslant 1)$，又设 n 次多项式 $C_n^*(g;w)$ 满足

$$C_n^*(g;w_k^*) = g(w_k^*) \quad (0 \leqslant k \leqslant n)$$

则

$$\| C_n^*(g;w) - g(w) \|_p \leqslant C\omega\left(f;\frac{1}{n+1}\right)$$

$$(0 < p < +\infty) \tag{12.3}$$

引理 12.2 在引理 12.1 的条件下，我们有

$$\sum_{k=0}^n \left| \frac{S_n(w)}{(w - w_k^*) S_n(w_k^*)} \right| \leqslant C\ln(n+1) \tag{12.4}$$

---

[1] 以后我们用 C 表示与 n 无关的正常数，不管它的数值大小如何．

第三编 特殊集的拉格朗日插值

$$\| C_n^*(g;w) \|_\infty \leqslant C \| g \|_\infty \ln(n+1) \quad (12.5)$$

引理 12.3 设 $\Psi'(w) \in A(|w| \geqslant 1)$，则对 $|\tau| \geqslant 1, |w| \geqslant 1$，一致地有

$$w\left(\frac{\Psi'(w)-\Psi(\tau)}{w-\tau}; |\Delta w|\right)$$

$$\leqslant Cw(\Psi'(w); |\Delta w|) \triangleq Cw(|\Delta w|)$$
(12.6)

证明 考察

$$\frac{\Psi(w+\Delta w)-\Psi(\tau)}{w+\Delta w-\tau} - \frac{\Psi(w)-\Psi(\tau)}{w-\tau}$$

$$= \frac{(\Psi(w+\Delta w)-\Psi(\tau))(w-\tau)}{(w-\tau)(w+\Delta w-\tau)} -$$

$$\frac{(\Psi(w)-\Psi(\tau))(w+\Delta w-\tau)}{(w-\tau)(w+\Delta w-\tau)} \triangleq I$$

则

$$I = \frac{(\Psi(w+\Delta w)-\Psi(\tau)-\Psi'(w)(w+\Delta w-\tau))(w-\tau)}{(w-\tau)(w+\Delta w-\tau)} -$$

$$\frac{(\Psi(w)-\Psi(\tau)-\Psi'(w)(w-\tau))(w+\Delta w-\tau)}{(w-\tau)(w+\Delta w-\tau)}$$

令 λ_1 为连接 w,τ，λ_2 为连接 $w,w+\Delta w$ 的光滑曲线，$\lambda = \lambda_1 \bigcup \lambda_2$，且使得它们的弧弦之长的比有界. 又令

$$I_1 = \int_\lambda (\Psi'(\xi)-\Psi'(w))\mathrm{d}\xi$$

$$|I_1| \leqslant Cw(|w+\Delta w-\tau|) |w+\Delta w-\tau|$$

$$I_2 = \int_{\lambda_1} (\Psi'(\xi)-\Psi'(w))\mathrm{d}\xi$$

$$|I_2| \leqslant Cw(|w-\tau|) |w-\tau|$$

于是

$$I = \frac{I_1(w-\tau)-I_2(w+\Delta w-\tau)}{(w-\tau)(w+\Delta w-\tau)}$$

当 $|w-\tau| \leqslant \tau |\Delta w|$ 时

Lagrange 插值多项式

$$|I| \leqslant C(w(|w+\Delta w - \tau|) + w(|w-\tau|))$$
$$\leqslant Cw(|\Delta w|) \tag{12.7}$$

当 $|w-\tau| > 2|\Delta w|$ 时,我们可将 I 表示为

$$I = \frac{(I_1 - I_2)(w-\tau) - I_2 \Delta w}{(w-\tau)(w+\Delta w - \tau)}$$

$$|I_1 - I_2| = \left| \int_{\lambda_2} (\Psi'(\xi) - \Psi'(w)) \mathrm{d}\xi \right|$$

$$\leqslant Cw(|\Delta w|)|\Delta w|$$

从而又有

$$|I| \leqslant Cw(|\Delta w|)\frac{|\Delta w|}{|w+\Delta w - \tau|} +$$
$$Cw(|w-\tau|)\frac{|\Delta w|}{|w+\Delta w - \tau|}$$
$$\tag{12.8}$$

$$|I| \leqslant C\frac{|\Delta w|}{|w+\Delta w - \tau|}w(|\Delta w|) + w(|w-\tau|)$$

$$\leqslant C\frac{|\Delta w|}{|w+\Delta w - \tau|}\left(\left|\frac{w-\tau}{\Delta w}\right| + 2\right)w(|\Delta w|)$$

$$\leqslant C\left(\frac{|w-\tau|}{|w+\Delta w - \tau|} + \frac{2|\Delta w|}{|w+\Delta w - \tau|}\right)w(|\Delta w|)$$

$$\leqslant C\left(1 + \frac{3|\Delta w|}{|w+\Delta w - \tau|}\right)w(|\Delta w|)$$

$$\leqslant C\left(1 + \frac{3|\Delta w|}{|w-\tau| - |\Delta w|}\right)w(|\Delta w|)$$

$$\leqslant Cw(|\Delta w|) \tag{12.9}$$

综合式(12.7)与(12.9)就得到式(12.6),引理证毕.

为了证明定理,我们还需要几个已知的引理,先引入记号

$$\Pi_n(w) = \frac{\prod_{k=0}^{n}(\Psi(w) - \Psi(w_k))}{\prod_{k=0}^{n}(w - w_k)} \quad (w_k^{n+1} = 1, 0 \leqslant k \leqslant n)$$

$$\Pi_n^*(w) = \frac{R_n(z)}{S_n(w)} = \prod_{k=0}^{n} \frac{\Psi(w) - \Psi(w_k^*)}{w - w_k^*}$$

引理 12.4 当 $\Gamma \in C^{1+\delta}(0 < \delta < 1)$,则

$$|\ln \Pi_n(w)| \leqslant C \frac{\ln(n+1)}{(n+1)^\delta}, \quad |w| = 1$$

引理 12.5 在定理 12.1 的条件下,有

$$0 < C < \left| \frac{\Psi(w) - \Psi(\tau)}{w - \tau} \right| < C < +\infty$$

$$|w| \geqslant 1, \quad |\tau| \geqslant 1$$

引理 12.6 在定理 12.1 的条件下,当 $|w| = 1$ 时,有

$$\left| \frac{\Pi_n^*(w)}{\Pi_n^*(w_k^*)} - 1 \right| \leqslant C \frac{\ln(n+1)}{(n+1)^\delta} \quad (0 < \delta < 1)$$

$$(12.10)$$

证明 由对称性,只要在 $|\arg w| \leqslant \dfrac{\pi}{n+1}$ 内考虑就行了.

由引理 12.3 及引理 12.5 易知,当 $|w|=1$,$|\tau|=1$ 时,有

$$\left| \ln \frac{\Psi(w) - \Psi(\tau + \Delta\tau)}{w - (\tau + \Delta\tau)} - \ln \frac{\Psi(w) - \Psi(\tau)}{w - \tau} \right|$$

$$\leqslant Cw(|\Delta\tau|)$$

从而有

$$|\ln \Pi_n(w) - \ln \Pi_n^*(w)|$$

$$\leqslant \sum_{k=0}^{n} \left| \ln \frac{\Psi(w) - \Psi(w_k)}{w - w_k} - \ln \frac{\Psi(w) - \Psi(w_k^*)}{w - w_k^*} \right|$$

Lagrange 插值多项式

$$= \sum_{\substack{k \neq 0,1,2 \\ n-1,n}} \left| \ln \frac{\Psi(w) - \Psi(w_k)}{w - w_k} - \ln \frac{\Psi(w) - \Psi(w_k^*)}{w - w_k^*} \right| +$$

$$\sum_{\substack{k \neq 0,1,2 \\ n-1,n}} \left| \ln \frac{\Psi(w) - \Psi(w_k)}{w - w_k} - \ln \frac{\Psi(w) - \Psi(w_k^*)}{w - w_k^*} \right|$$

$$\triangleq I_3 + I_4 \tag{12.11}$$

于是由条件(12.1)得

$$|I_3| \leqslant C \sum_{k \neq 0,1,2,n-1,n} |w_k - w_k^*|^\delta \leqslant C\max |w_k - w_k^*|^\delta$$

$$\leqslant C \frac{1}{(n+1)^\delta}$$

此外

$$|I_4| \leqslant \sum_{k \neq 0,1,2,n-1,n} \left| \ln\left(1 + \left(\frac{\Psi(w) - \Psi(w_k)}{w - w_k} - \frac{\Psi(w) - \Psi(w_k^*)}{w - w_k^*}\right) \middle/ \frac{\Psi(w) - \Psi(w_k^*)}{w - w_k^*} \right) \right|$$

令

$$\xi = \frac{\dfrac{\Psi(w) - \Psi(w_k)}{w - w_k} - \dfrac{\Psi(w) - \Psi(w_k^*)}{w - w_k^*}}{\dfrac{\Psi(w) - \Psi(w_k^*)}{w - w_k^*}}$$

当 $|\xi| < 1$ 时,有

$$|\arg(1 + \xi)| \leqslant \arcsin|\xi| \leqslant \frac{\pi}{2}|\xi|$$

由引理 12.5 及 $\ln \xi = \ln|\xi| + i2\pi \arg \xi$ 得

$$|I_4| \leqslant C \sum_{k \neq 0,1,2,n-1,n} \left| \frac{\Psi(w) - \Psi(w_k)}{w - w_k} - \frac{\Psi(w) - \Psi(w_k^*)}{w - w_k^*} \right|$$

当 $k \neq 0,1,2,n-1,n$ 时,由条件(12.1)有

$$|w - w_k| > 2|w_k - w_k^*|$$

由式(12.8),并记 $w(t) \triangleq w(\Psi';t)$,再由条件(12.1)得

$$|I_4| \leqslant C \sum_{k=3}^{n-2} \Big(w(|w_k - w_k^*|) \frac{|w_k - w_k^*|}{|w - w_k^*|} +$$

$$w(|w - w_k|) \frac{|w_k - w_k^*|}{|w - w_k^*|} \Big)$$

$$\leqslant C \sum_{k=3}^{\left[\frac{n+1}{2}\right]+1} \Big(\frac{|w_k - w_k^*|^\delta}{\frac{k}{n+1}} |w_k - w_k^*| +$$

$$\frac{|w_k - w_k^*|}{|w - w_k^*|^{1-\delta}} \Big)$$

$$\leqslant C \frac{1}{(n+1)^\delta} + C \sum_{k=3}^{\left[\frac{n+1}{2}\right]+1} \left(\frac{n+1}{k}\right)^{1-\delta} |w_k - w_k^*|$$

$$\leqslant C \frac{1}{(x+1)^\delta} \qquad (12.12)$$

于是由(12.11)(12.12) 两式得

$$|\ln \Pi_n^*(w)| \leqslant C \frac{\ln(n+1)}{(n+1)^\delta} \quad (0 < \delta \leqslant 1)$$

$$(12.13)$$

因而也有

$$|\ln \Pi_n^{*-1}(w)| \leqslant C \frac{\ln(n+1)}{(n+1)^\delta} \qquad (12.14)$$

这样一来,利用式(12.13) 有

$$|\Pi_n^*(w) - 1| = |\exp(\ln \Pi_n^*(w)) - 1|$$

$$\leqslant |\ln \Pi_n^*(w)| \sum_{m=1}^{\infty} \frac{|\ln \Pi_n^*(w)|^{m-1}}{m!}$$

$$\leqslant (e-1)|\ln \Pi_n^*(w)|$$

$$\leqslant C \frac{\ln(n+1)}{(n+1)^\delta} \qquad (12.15)$$

同理由式(12.14) 有

$$|\Pi_n^{*-1}(w) - 1| \leqslant C \frac{\ln(n+1)}{(n+1)^\delta} \qquad (12.16)$$

Lagrange 插值多项式

比较(12.15)与(12.16)两式得

$$\left|\frac{\Pi_n^*(w)}{\Pi_n^*(w_k^*)}-1\right| = \left|(\Pi_n^*(w)-1)\left(\frac{1}{\Pi_n^*(w_k^*)}-1\right)+\right.$$
$$\left.(\Pi_n^*(w)-1)+\frac{1}{\Pi_n^*(w_k^*)}-1\right|$$
$$\leqslant C\frac{\ln(n+1)}{(n+1)^\delta}$$

对任意 $f(z)\in A(\overline{D})$,定义算子

$$A_n^*(f;w)=\sum_{k=0}^n f(z_k^*)\frac{\Psi'(w_k^*)}{\Psi(w)-\Psi(w_k^*)}-$$
$$\frac{S_n(w)}{S_n(w_k^*)}\left(\frac{\Pi_n^*(w)}{\Pi_n^*(w_k^*)}-1\right)$$

其中 $\Psi(w)$ 是上面的外映射函数,$z_k^*=\Psi(w_k^*)\in\partial D$, $0\leqslant k\leqslant n$.

引理 12.7 在定理 12.1 的条件下,有
$$\|A_n^*(f;w)\|_\infty\leqslant C\|f\|_\infty$$

证明 这可以由引理 12.2 的式(12.4),引理 12.5 及引理 12.6 直接推导出来.

引理 12.8 若
$$\sum_{k=0}^n|t_k^*-t_k|\leqslant\frac{\pi-\varepsilon}{n+1}$$
则
$$|S_n(w)|<C<+\infty,|w|=1 \quad (12.17)$$

证明 $S_n(w)=\prod_{k=0}^n(w-w_k^*)$
$$=\prod_{k=0}^n(w-w_k+w_k-w_k^*)$$

由于单位圆周上每两个等分弧之间仅相差一个旋转,因此只需在 $|\arg w|\leqslant\dfrac{\pi}{n+1}$ 内进行证明就行了,下面

分两种情况进行讨论.

(1) 设 $|w-1|<|w_0-w_0^*|$,则由条件(12.1)及

$$\frac{Ck}{n+k} \leqslant |w-w_k| \leqslant \frac{Ck}{n+1} \quad (1 \leqslant k \leqslant \frac{n+1}{2})$$

$$\frac{C(n+1+k)}{n+1} \leqslant |w-w_k| \leqslant \frac{C(n+1-k)}{n+1}$$

$$\left(\frac{n+1}{2} \leqslant k \leqslant n\right)$$

$$|S_n(w)|$$

$$\leqslant 2|w_0-w_0^*| \left| \prod_{k=1}^n (w-w_k^*) \right| \prod_{k=1}^n \left(1+\left|\frac{w_k-w_k^*}{w-w_k}\right|\right)$$

$$\leqslant 2|w_0-w_0^*|(n+1)\exp\left(\sum_{k=0}^n \left|\frac{w_k-w_k^*}{w-w_k}\right|\right)$$

$$\leqslant 2|w_0-w_0^*|(n+1)O(1) \leqslant C$$

(2) 设 $|w-1| \geqslant |w_0-w_0^*|$.

类似于情形(1),有

$$|S_n(w)| \leqslant \left|\prod_{k=0}^n (w-w_k)\right| \prod_{k=0}^n \left(1+\left|\frac{w_k-w_k^*}{w-w_k}\right|\right)$$

$$= |w^{n-1}-1| O(1) \leqslant C$$

引理 12.8 证毕.

最后,我们引入另一个算子:对任意 $f(z) \in A(\overline{D})$,$\Psi(w)$ 为上面的外映射函数,$z_k^* = \Psi(w_k^*)(0 \leqslant k \leqslant n)$,定义算子 $B_n^*(f;w)$ 如下

$$B_n^*(f;w)$$

$$= \sum_{k=0}^n f(z_k^*) \frac{S_n(w)}{S_n(w_k^*)} \left(\frac{\Psi'(w_k^*)}{\Psi(w)-\Psi(w_k^*)} - \frac{1}{w-w_k^*}\right)$$

引理 12.9 在定理 12.1 的条件下,有

$$\|B_n^*(f;w)\|_\infty \leqslant C\|f\|_\infty \quad (12.18)$$

证明 我们也只要在 $|\arg w| \leqslant \dfrac{\pi}{n+1}$ 内考虑,

因为
$$\frac{1}{n+1}(2\pi-2(\pi-\varepsilon))\leqslant|w_{k+1}^*-w_k^*|$$
$$\leqslant\frac{1}{n+1}(2\pi+2(\pi-\varepsilon))$$

则由 $|S'_n(w_k^*)|\geqslant c(n+1)(0\leqslant k\leqslant n)$ 及引理12.8有

$$|B_n^*(f;w)|$$
$$=\left|\sum_{k=0}^n f(z_k^*)\frac{S_n(w)}{S'_n(w_k^*)}\left(\frac{\Psi'(w_k^*)}{\Psi(w)-\Psi(w_k^*)}-\frac{1}{w-w_k^*}\right)\right|$$
$$\leqslant C\|f\|_\infty \frac{1}{n+1}\sum_{k=1}^n\left|\frac{\int_\lambda(\Psi'(\xi)-\Psi'(w_k^*))\mathrm{d}\xi}{(w-w_k^*)(\Psi(w)-\Psi(w_k^*))}\right|+$$
$$C\|f\|_\infty$$
$$\leqslant C\|f\|_\infty \frac{1}{n+1}\sum_{k=1}^n \frac{|w-w_k^*|^\delta|w-w_k^*|}{|\Psi(w)||\Psi(w_k^*)||w-w_k^*|}+$$
$$C\|f\|_\infty$$
$$\leqslant C\|f\|_\infty\left(\frac{1}{n+1}\sum_{k=1}^n\frac{1}{|w-w_k^*|^{1-\delta}}+1\right)$$
$$\leqslant C\|f\|_\infty\left(\int_0^1\frac{\mathrm{d}t}{t^{1-\delta}}+1\right)\leqslant C\|f\|_\infty$$

从而
$$\|B_*^n(f;w)\|_\infty\leqslant\|f\|_\infty$$

§3 定理的证明

(1) 定理 12.1 的证明

为了便于证明,我们有

$$L_n^*(f;z) = \sum_{k=0}^n f(z_k^*) \frac{R_n(z)}{(z-z_k^*)R_n(z_k^*)}$$

（12.19）

其中

$$R_n(z_k^*) = \lim_{z \to z_k^*} \frac{R_n(z) - R_n(z_k^*)}{z - z_k^*}$$

$$= \lim_{w \to w_k^*} \left(\frac{R_n(z)}{S_n(w)} \frac{S_n(w)}{w - w_k^*} \frac{w - w_k^*}{\Psi(w) - \Psi(w_k^*)} \right)$$

$$= \frac{1}{\Psi(w_k^*)} S_n(w_k^*) \lim_{w \to w_k^*} \frac{R_n(z)}{S_n(w)}$$

令

$$\Pi_n^*(w) = \frac{R_n(z)}{S_n(w)}, z = \Psi(w)$$

显然有

$$\frac{1}{R_n(z_k^*)} = \frac{\Psi'(w_k^*)}{S'_n(w_k^*)\Pi_n^*(w_k^*)}$$

$$\frac{R_n(z)}{z - z_k^*} = \frac{S_n(w)\Pi_n^*(w)}{\Psi(w) - \Psi(w_k^*)}, z = \Psi(w)$$

于是从式（12.19）得到

$$L_n^*(f;z) = \sum_{k=0}^n f(z_k^*) \frac{\Psi'(w_k^*)}{\Psi(w) - \Psi(w_k^*)} \frac{S_n(w)}{S'_n(w_k^*)} \cdot$$

$$\frac{\Pi_n^*(w)}{\Pi_n^*(w_k^*)}$$

$$= \sum_{k=0}^n f(z_k^*) \frac{\Psi'(w_k^*)}{\Psi(w) - \Psi(w_k^*)} \frac{S_n(w)}{S'_n(w_k^*)} \cdot$$

$$\left(\frac{\Pi_n^*(w)}{\Pi_n^*(w_k^*)} - 1 \right) +$$

$$\sum_{k=0}^n f(z_k^*) \frac{S_n(w)}{S'_n(w_k^*)} \cdot$$

$$\left(\frac{\Psi'(w_k^*)}{\Psi(w) - \Psi(w_k^*)} - \frac{1}{w - w_k^*} \right) +$$

Lagrange 插值多项式

$$\sum_{k=0}^{n} f(z_k^*) \frac{S_n(w)}{(w-w_k^*)S_n(w_k^*)}$$
$$\triangleq A_n^*(f;w) + B_n^*(f;w) + C_n^*(f;w)$$
(12.20)

于是由式(12.20),引理 12.2 的式(12.5),引理 12.7 及引理 12.9 及 Альпер 定理:

设 $\Gamma \in C^{1+\delta}, \delta > 0, \Gamma = \partial D, f(z) \in A(\overline{D})$,则对任意给定的自然数 n,存在 n 次多项式 $P_n(z)$,使得

$$\| f(z) - P_n(z) \|_\infty = O\left(w\left(f;\frac{1}{n+1}\right)\right)$$
(12.21)

其中 $w(f;t)$ 为 $f(z)$ 在 Γ 上的连续模,得

$$\| L_n^*(f;z) - f(z) \|_\infty$$
$$= \| L_n^*(f - P_n;z) - (f - P_n) \|_\infty$$
$$\leqslant \| A_n^*(f - P_n;w) \|_\infty + \| B_n^*(f - P_n;w) \|_\infty +$$
$$\quad \| C_n^*(f - P_n;w) \|_\infty + \| f - P_n \|_\infty$$
$$\leqslant C(\| f - P_n \|_\infty + \| f - P_n \|_\infty +$$
$$\quad \| P_n - f \|_\infty \ln(n+1) + \| f - P_n \|_\infty)$$
$$\leqslant Cw\left(f;\frac{1}{n+1}\right)\ln(n+1)$$

这就证明了定理 12.1.

(2) 定理 12.2 的证明

先证明 $p > 1$ 的情形.

令 $g(z) = f(z) - P_n(z)$,则由式(12.20),引理 12.1,引理 12.9 及式(12.21) 得

$$\| L_n^*(f;z) - f(z) \|_p$$
$$= \| L_n^*(f - P_n;z) - (f(z) - P_n(z)) \|_p$$
$$\leqslant C(\| A_n^*(f - P_n;w) \|_p + \| B_n^*(f - P_n;w) \|_p +$$
$$\quad \| C_n^*(f - P_n;w) \|_p + \| f - P_n \|_p)$$

$$\leqslant C\parallel f-P_n\parallel_\infty Cw\Big(f;\frac{1}{n+1}\Big)$$

当 $0<p\leqslant 1$ 时,用赫尔德不等式得

$$\parallel L_n^*(f;z)-f(z)\parallel_p\leqslant C\parallel L_n^*(f;z)-f(z)\parallel_2$$

$$\leqslant Cw\Big(f;\frac{1}{n+1}\Big)$$

因此定理 12.2 证毕.

第四编
伯格曼空间和维纳空间的拉格朗日插值

第四编　伯格曼空间和维纳空间的拉格朗日插值

伯格曼空间的插值多项式逼近[①]

第 13 章

北京大学数学系的钟乐凡教授 1991 年在 $1<p<+\infty$，若尔当区域 D 的边界 $3+\delta$ 次光滑的条件下适当选取插值基点，对伯格曼（Berman）空间 $B^p(D)$ 的函数构造拉格朗日插值多项式，证明此多项式与最佳逼近多项式有相同的逼近阶。

§1　引　言

设 D 是复平面 $\mathbf{C}$ 上的若尔当开区域，对于 $0<p<+\infty$，定义伯格曼空间

$$B^p(D)=\{f:f \text{ 在 } D \text{ 内解析},$$
$$\iint_D |f(z)|^p \mathrm{d}\sigma(z)<+\infty\}$$

这里，$\mathrm{d}\sigma(z)$ 是面积元.

---

① 选自：数学学报，1991 年第 34 卷第 1 期.

Lagrange 插值多项式

对于 $f \in B^p(D)$，自然定义其范数

$$\|f\|_{B^p(D)} = \left\{ \iint_D |f(z)|^p d\sigma(z) \right\}^{\frac{1}{p}} \quad (13.1)$$

在比较一般的单连通区域上研究解析函数的多项式逼近，有两种典型方法，一是通过插值多项式，这在过去很多文章中对被逼近函数要求条件较强，至少是在边界上连续，另一种方法是通过法贝尔算子和法贝尔展开式，这样便对被逼近函数的限制可以大大放宽，例如属于哈代(Hardy)空间和伯格曼空间的要求，但相比之下，法贝尔展开式不如插值多项式直接.

本章将在 $1 < p < +\infty$ 的条件下，在区域 D 内选定插值基点，研究 $B^p(D)$ 类函数的拉格朗日插值多项式在 $\|\cdot\|_{B^p(D)}$ 意义下的逼近性质，我们将看到，这样的多项式逼近速度在乘上常数倍的意义下与最佳逼近速度是等价的，对于区域 D，我们要求其边界是 $3+\delta$ 次光滑的，也就是说，∂D 有至少是 $3+\delta$ 次光滑的正则参数表达式.

以下一直假设 $1 < p < +\infty$，D 是一个给定的若尔当区域，边界 $3+\delta$ 次光滑，以 C_j 表示只与 Γ, D 有关的正常数.

§2 插值多项式的构造

设 U 为单位圆，φ 是一个 D 到 U 的保角变换，$\psi = \varphi^{-1}$. 又设 Φ 为 D 的外部到 U 的外部的保角变换，$\Phi(\infty) = \infty, \Phi'(\infty) > 0$. 令 $\Psi = \Phi'$. 我们要求 D 的边界 $3+\delta$ 次光滑，是保证 $\varphi, \psi, \Phi, \bar\psi$ 都能 $3+\delta$ 光滑地开拓

第四编 伯格曼空间和维纳空间的拉格朗日插值

到其定义域的边界,并且

$$C_1^{-1} \leqslant \left| \frac{\psi(u)-\psi(v)}{u-v} \right| \leqslant C_1, u,v \in \overline{U} \quad (13.2)$$

$$C_1^{-1} \leqslant |\psi'(u)| \leqslant C_1, u \in \overline{U} \quad (13.3)$$

$$C_1^{-1} \leqslant \left| \frac{\Phi(z)-\Phi(\zeta)}{z-\zeta} \right| \leqslant C_1, z,\zeta \in \mathbf{C}\backslash D$$
$$(13.4)$$

$$C_1^{-1} \leqslant |\Phi'(z)| \leqslant C_1, z \in \mathbf{C}\backslash D \quad (13.5)$$

设 D_n 是以

$$z_n(\theta) = \psi(h_n(\mathrm{e}^{\mathrm{i}\theta})) \quad (-\pi \leqslant \theta < \pi)$$

为边界的有界区域,这里

$$h_n(\mathrm{e}^{\mathrm{i}\theta}) = \mathrm{e}^{\mathrm{i}\theta} - \frac{\lambda(\mathrm{e}^{\mathrm{i}\theta})}{\sqrt{n}} \quad (13.6)$$

和

$$\lambda(\mathrm{e}^{\mathrm{i}\theta}) = \mathrm{e}^{\mathrm{i}\theta} |(\Phi \circ \Psi)'(\mathrm{e}^{\mathrm{i}\theta})|^{-1} \quad (13.7)$$

这里,以 $\Phi' \circ \psi(\mathrm{e}^{\mathrm{i}\theta})\psi'(\mathrm{e}^{\mathrm{i}\theta})$ 来理解 $(\Phi \circ \Psi)'(\mathrm{e}^{\mathrm{i}\theta})$.

在 n 充分大,使 $|\lambda(\mathrm{e}^{\mathrm{i}\theta})| < \sqrt{n}$,则 ∂D_n 是条 $2+\delta$ 次光滑的若尔当曲线.以下我们都在 n 相当大的情况下讨论.

令 Φ_n 是从 D_n 的外部到 U 的外部的保角变换,$\Phi_n(\infty) = \infty, \Phi'_n(\infty) > 0$. 又令 $\Psi_n = \Phi_n^{-1}$.

引理 13.1 设区域 D 的边界 $3+\delta$ 次光滑,则

$$C_2^{-1} \leqslant \left| \frac{\Psi_n(u)-\Psi_n(v)}{u-v} \right| \leqslant C_2, u,v \in \mathbf{C}\backslash U$$
$$(13.8)$$

$$C_2^{-1} \leqslant |\Psi'_n(u)| \leqslant C_2, u \in \mathbf{C}\backslash U \quad (13.9)$$

$$\left| \frac{\Psi'_n(u)}{\Psi_n(u)-\Psi_n(v)} - \frac{1}{u-v} \right| \leqslant C_2, u,v \in \mathbf{C}\backslash U$$
$$(13.10)$$

Lagrange 插值多项式

$$|\Psi''_n(u)| \leqslant C_2, u \in \mathbf{C}\backslash U \quad (13.11)$$

$$|\Phi' \circ \psi(e^{i\theta}) - \Phi'_n \circ \psi(h_n(e^{i\theta}))| \leqslant C_2 \frac{1}{\sqrt{n}}$$
$$(13.12)$$

关于 (13.8)(13.9)(13.10)(13.11) 各式可在 Warschawski 的文章①中查到,式(13.12) 也可以根据 Warschawski 的另一篇文章②中的定理 5,主要是因为 ∂D_n 有参数表达式 $z_n(\theta) = \psi(h_n(e^{i\theta}))$,而 ∂D 有表达式 $z(\theta) = \psi(e^{i\theta})$,满足

$$|z(\theta) - z_n(\theta)| \leqslant \frac{C_3}{\sqrt{n}}$$

$$|z''(\theta) - z''_n(\theta)| \leqslant \frac{C_3}{\sqrt{n}}$$

(注意 $z''_n(\theta)$ 的计算中,Φ,ψ 的三阶导数会出现,但它们都有 δ 次光滑性,因而也是有界的).

引理 13.2 设区域 D 的边界 $3+\delta$ 光滑,则对 $z \in \partial D$,有

$$1 + \frac{1}{\sqrt{n}} - \frac{C_4}{n} \leqslant |\Phi_n(z)| \leqslant 1 + \frac{1}{\sqrt{n}} + \frac{C_4}{n}$$
$$(13.13)$$

证明 设 $z = \psi(e^{i\theta})$,σ 是连接 $h_n(e^{i\theta})$ 到 $e^{i\theta}$ 的直线段,则

---

① Warschawski S E. On the higher derwatives at the boundary in comformal mapping. Trans. Amer. Math. Soc.,1935(38):310 – 340.

② Warschawski S E. On the distortion of comformal mapping of variable' domains. Trans. Amer. Math. Soc.,1956(82):300 – 322.

第四编 伯格曼空间和维纳空间的拉格朗日插值

$$\Phi_n \circ \psi(e^{i\theta})$$
$$= \Phi_n \circ \psi(h_n(e^{i\theta})) + \int_\sigma (\Phi_n \circ \psi)'(u)\mathrm{d}u$$
$$= \Phi_n \circ \psi(h_n(e^{i\theta})) + (\Phi_n \circ \psi)'(h_n(e^{i\theta}))(e^{i\theta} - h_n(e^{i\theta})) +$$
$$\int_\sigma ((\Phi_n \circ \psi)'(u_1) - (\Phi_n \circ \psi)'(h_n(e^{i\theta})))\mathrm{d}u$$
$$= \Phi_n \circ \psi(h_n(e^{i\theta})) + (\Phi_n \circ \psi)'(h_n(e^{i\theta}))\frac{\lambda(e^{i\theta})}{\sqrt{n}} +$$
$$\int_\sigma (e^{i\theta} - w)(\Phi_n \circ \psi)''(w)\mathrm{d}w \qquad (13.14)$$

由式(13.12)

$$\frac{(\Phi_n \circ \psi)'(h_n(e^{i\theta}))\lambda(e^{i\theta})}{\sqrt{n}}$$
$$= \frac{e^{i\theta}(\Phi_n \circ \psi)'(h_n(e^{i\theta}))}{\sqrt{n}\,|\,(\Phi_n \circ \psi)'(e^{i\theta})\,|}$$
$$= \frac{e^{i\theta}(\Phi_n \circ \psi)'(h_n(e^{i\theta}))}{\sqrt{n}\,|\,(\Phi_n \circ \psi)(h_n(e^{i\theta}))\,|} + o\left(\frac{1}{n}\right) \quad (13.15)$$

又因为 σ 的长度为 $\frac{\lambda(e^{i\theta})}{\sqrt{n}}$,还因为式(13.11),得到

$$\int_\sigma (e^{i\theta} - w)(\Phi_n \circ \psi)''(w)\mathrm{d}w = o\left(\frac{1}{n}\right) \quad (13.16)$$

将式(13.15)和(13.16)代入式(13.14),得到

$$\Phi_n \circ \psi(e^{i\theta}) = \Phi_n \circ \psi(h_n(e^{i\theta})) +$$
$$e^{i\theta}\frac{(\Phi_n \circ \psi)'(h_n(e^{i\theta}))}{\sqrt{n}\,|\,(\Phi_n \circ \psi)'(h_n(e^{i\theta}))\,|} + o\left(\frac{1}{n}\right)$$
$$(13.17)$$

因为 $\psi(h_n(e^{i\theta}))$ 在 ∂D_n 上,则 $\Phi_n \circ \psi(h_n(e^{i\theta}))$ 在单位圆周上,设

$$e^{it} = \Phi_n \circ \psi(h_n(e^{i\theta})) \qquad (13.18)$$

Lagrange 插值多项式

两边同时对 t 求导,再取幅角,得

$$\frac{\pi}{2} + t = \arg(\Phi_n \circ \psi)'(h_n(e^{i\theta})) \cdot \frac{dh_n(e^{i\theta})}{d\theta} \cdot \frac{d\theta}{dt}$$
$$= \arg(\Phi_n \circ \psi)'(h_n(e^{i\theta})) + \arg\frac{dh_n(e^{i\theta})}{d\theta} \cdot \arg\frac{d\theta}{dt}$$

(13.19)

因为保角变换 ψ, Φ_n 保持曲线的走向,于是 $\dfrac{d\theta}{dt} > 0$,即

$$\arg\frac{d\theta}{dt} = 0$$

又因为

$$\arg\frac{dh_n(e^{i\theta})}{d\theta} = \arg\left(ie^{i\theta} - \frac{1}{\sqrt{n}}\frac{d\lambda(e^{i\theta})}{d\theta}\right)$$
$$= \frac{\pi}{2} + \theta + o\left(\frac{1}{\sqrt{n}}\right)$$

于是式(13.19)可化成

$$t = \arg(\Phi_n \circ \psi)'(h_n(e^{i\theta})) + \theta + o\left(\frac{1}{\sqrt{n}}\right)$$

即

$$e^{i\theta}\frac{(\Phi_n \circ \psi)'(h_n(e^{i\theta}))}{|(\Phi_n \circ \psi)'(h_n(e^{i\theta}))|} = e^{it} + o\left(\frac{1}{\sqrt{n}}\right)$$

和式(13.18)一起代入式(13.17)得到

$$\Phi_n \circ \psi(e^{i\theta}) = e^{it} + \frac{e^{it}}{\sqrt{n}} + o\left(\frac{1}{\sqrt{n}}\right)$$

考察证明过程, $o\left(\dfrac{1}{\sqrt{n}}\right)$ 关于 θ 是一致的,这样有式(13.13),完成引理 13.2 的证明.

令

$$r_n = 1 + \frac{1}{\sqrt{n}} - \frac{2C_4}{n} \qquad (13.20)$$

第四编 伯格曼空间和维纳空间的拉格朗日插值

$$r'_n = 1 + \frac{1}{\sqrt{n}} + \frac{2C_4}{n} \qquad (13.21)$$

又令

$$\Gamma_n = \{\Psi_n(r_n e^{i\theta})\}$$

$$\Gamma'_n = \{\Psi_n(r'_n e^{i\theta})\}$$

以 G_n 表示 Γ_n 所围的有界区域, G'_n 由 Γ'_n 所围成, 则由引理 13.1 的结论和 Γ_n, Γ'_n 的定义, ∂D 夹在 Γ_n 和 Γ'_n 之中, 显然有

$$G_n \subset D \subset G'_n$$

并且和式 (13.13) 比较得

$$\frac{C_5^{-1}}{n} \leqslant \inf_{\substack{z \in \partial D \\ \zeta \in \Gamma_n \cup \Gamma'_n}} |z - \zeta| \leqslant \frac{C_5}{n} \qquad (13.22)$$

下面我们构造插值多项式.

设

$$u_{n,k} = \left(1 + \frac{1}{2\sqrt{n}}\right) e^{\frac{2\pi k}{n+1}} \quad (0 \leqslant k \leqslant n) \quad (13.23)$$

它们恰为

$$u^{n+1} - \left(1 + \frac{1}{2\sqrt{n}}\right)^{n+1} = 0$$

的 $n+1$ 个根.

设

$$z_{n,k} = \Psi_n(u_{n,k}) \quad (0 \leqslant k \leqslant n) \qquad (13.24)$$

由 $\left(1 + \frac{1}{2\sqrt{n}}\right) < r_n$ 可知 $z_{n,k}$ 在 Γ_n 所围成的区域 G_n 内部, 因而也在 D 的内部.

对于 $f \in B^p(D)$, 令 $L_n(f,z)$ 是函数 f 在 $\{z_{n,k}, 0 \leqslant k \leqslant n\}$ 上的 n 次拉格朗日插值多项式, 即 $L_n(f,z)$ 的次数不超过 n, 且

Lagrange 插值多项式

$$L_n(f, z_{n,k}) = f(z_{n,k})$$

这样

$$L_n(f,z) = \frac{1}{2\pi i}\int_{\Gamma_n} \frac{\omega_n(\zeta) - \omega_n(z)}{\omega_n(\zeta)} \frac{f(\zeta)}{\zeta - z}\mathrm{d}\zeta, z \in C_0$$

(13.25)

这里，$\omega_n(z) = \prod\limits_{k=0}^{n}(z - z_{n,k})$.

我们以 Π_n 表示次数不超过 n 的多项式组成的集合.

现在我们可以如下叙述本章的主要结果.

定理 13.1 设 $1 < p < +\infty$，区域 D 的边界 $3 + \delta$ 次光滑，则对 $f \in B^p(D)$，有

$$\| f(z) - L_n(f,z) \|_{B^p(D)}$$
$$\leqslant C_6 \inf_{P_n \in \Pi_n} \| f - P_n \|_{B^p(D)} \quad (13.26)$$

注 关于式 (13.26) 右边的最佳逼近论，在 $B^p(U)$ 时，可以被其空间的连续模控制. 在一类比较广泛的区域 D 上，$B^p(D)$ 的最佳逼近阶可以通过法贝尔算子转化到 $B^p(U)$. 在 $p = 1$ 时，钟乐凡教授做过精细的研究.

本章以下的内容都是围绕着这个定理展开的.

§3 几个引理

由于 $G_n \subset D \subset G'_n$，自然有

$$\| f \|_{B^p(G_n)} \leqslant \| f \|_{B^p(D)} \leqslant \| f \|_{B^p(G'_n)}$$

(13.27)

对 $f \in B^p(G'_n)$ 成立. 下面的引理说明，对于 $P_n \in \Pi_n$，

还有与式(13.27)方向相反的控制.

引理 13.3 设 $P_n \in \Pi_n$,有

$$\| P_n \|_{B^p(G'_n)} \leqslant C_7 \| P_n \|_{B^p(G_n)} \qquad (13.28)$$

证明 设 $t_n = \dfrac{r'_n}{r_n}$,由(13.20)(13.21)两式

$$1 \leqslant t_n \leqslant 1 + \frac{4C_4}{n} \qquad (13.29)$$

因为 $\dfrac{P_n \circ \Psi_n(u)}{u^n}$ 在 $|u|>1$ 上解析,u 取 ∞ 时有界,则对 $\rho \geqslant 1$,有

$$\int_0^{2\pi} \left| \frac{P_n \circ \Psi_n(t_n \rho e^{i\theta})}{(t_n \rho e^{i\theta})^n} \right|^p d\theta \leqslant \int_0^{2\pi} \left| \frac{P_n \circ \Psi_n(\rho e^{i\theta})}{(\rho e^{i\theta})^n} \right|^p d\theta \qquad (13.30)$$

这是由于 $t_n > 1$ 和式(13.30)右边积分关于 ρ 单调下降的缘故.从而有

$$\int_0^{2\pi} | P_n \circ \Psi_n(t_n \rho e^{i\theta}) |^p d\theta \leqslant t_n^{np} \int_0^{2\pi} | P_n \circ \Psi_n(\rho e^{i\theta}) |^p d\theta$$

这样

$$\int_1^{r_n} t_n \rho d\rho \int_0^{2\pi} | P_n \circ \Psi_n(t_n \rho e^{i\theta}) |^p d\theta$$

$$\leqslant t_n^{np+1} \int_1^{r_n} \rho d\rho \int_0^{2\pi} | P_n \circ \Psi_n(\rho e^{i\theta}) |^p d\theta$$

即

$$\iint_{t_n \leqslant |u| \leqslant r'_n} | P_n \circ \Psi_n(u) |^p d\sigma(u)$$

$$\leqslant t_n^{np+1} \iint_{1 \leqslant |u| \leqslant r_n} | P_n \circ \Psi_n(u) |^p d\sigma(u)$$

比较(13.20)和(13.29)两式,可知 $t_n \leqslant r_n$,于是

$$\iint_{1 \leqslant |u| \leqslant r'_n} | P_n \circ \Psi_n(u) |^p d\sigma(u)$$

Lagrange 插值多项式

$$= \iint_{1 \leqslant |u| \leqslant t_n} + \iint_{t_n \leqslant |u| \leqslant r'_n}$$

$$\leqslant (1+t_n^{np+1}) \iint_{1 \leqslant |u| \leqslant r_n} |P_n \circ \Psi_n(u)|^p d\sigma(u)$$

两边做变量代换 $z = \Psi_n(u)$,由式(13.9)得

$$\iint_{G'_n \setminus D_n} |P_n(z)|^p d\sigma(z)$$

$$\leqslant C_2^4 (1+t_n^{np+1}) \iint_{G_n \setminus D_n} |P_n(z)|^p d\sigma(z)$$

最后

$$\iint_{G'_n} |P_n(z)|^p d\sigma(z)$$

$$= \iint_{G'_n \setminus D_n} |P_n(z)|^p d\sigma(z) + \iint_{D_n} |P_n(z)|^p d\sigma(z)$$

$$\leqslant C_2^4 (1+t_n^{np+1}) \iint_{G_n} |P_n(z)|^p d\sigma(z)$$

由于 $t_n^n \leqslant e^{4C_4}$,便得到式(13.28).

引理 13.4 设 $f \in B^p(D)$,则

$$\sup_{z \in G_n} |f(z)| \leqslant C_8 n^{2/p} \|f\|_{B^p(D)} \quad (13.31)$$

证明 由式(13.3)得

$$C_1^{-\frac{1}{p}} \|f \circ \varphi\|_{B^p(U)} \leqslant \|f\|_{B^p(D)} \leqslant C_1^{\frac{1}{p}} \|f \circ \varphi\|_{B^p(U)}$$

由式(13.2)(13.22),可知

$$|\varphi(\Gamma_n)| \leqslant 1 - \frac{C_1^{-1} C_5^{-1}}{n}$$

还可知

$$\sup_{u \in \varphi(\Gamma_n)} |f \circ \psi(u)| \leqslant C_9 n^{\frac{2}{p}} \|f \circ \psi\|_{B^p(U)}$$

由于 $|f(z)|$ 在 $\overline{G}_n$ 的极大值在 Γ_n 达到,便得到式(13.31).

引理 13.5 设 $z = \Psi_n(u)$,则

第四编　伯格曼空间和维纳空间的拉格朗日插值

$$\left| \frac{\omega_n(z)}{d_n^{n+1}\left(u^{n+1} - \left(1 + \frac{1}{2\sqrt{n}}\right)^{n+1}\right)} - 1 \right| \leqslant C_{10}\, e^{\frac{\sqrt{n}}{4}}$$

(13.32)

这里，$d_n = \Psi'_n(\infty)$.

证明　令

$$\chi_n(u,v) = \begin{cases} \dfrac{\Psi_n(u) - \Psi_n(v)}{d_n(u-v)} & (v \neq u) \\ \dfrac{\Psi'_n(u)}{d_n} & (v = u) \end{cases}$$

则 $\ln \chi_n(u,v)$ 作为 v 的函数在单位圆外解析，在 ∞ 处取值为零，并且关于 u,n 一致有界. 于是有展开式

$$\ln \chi_n(u,v) = \sum_{j=1}^{+\infty} \frac{a_{n,j}(u)}{v^j}$$

这样

$$|a_{n,j}(u)| = \left| \frac{1}{2\pi i}\int_{|v|=1} v^{j-1} \ln \chi_n(u,v)\, dv \right|$$

$$\leqslant \frac{1}{2\pi}\int_{|v|=1} |\ln \chi_n(u,v)|\, |dv| \leqslant C_{11}$$

(13.33)

则

$$\ln \frac{\omega_n(z)}{d_n^{n+1}\left(u^{n+1} - \left(1 + \frac{1}{2\sqrt{n}}\right)^{n+1}\right)}$$

$$= \ln \prod_{k=0}^{n} \frac{z - z_{n,k}}{d_n(u - u_{n,k})}$$

$$= \sum_{k=0}^{n} \ln \chi_n(u, u_{n,k})$$

$$= \sum_{j=1}^{+\infty} a_{n,j}(u) \sum_{k=0}^{n} u_{n,k}^{-1}$$

(13.34)

Lagrange 插值多项式

由式(13.23)可知

$$\sum_{k=0}^{n} u_{n,k}^{-1} = \begin{cases} 0, & j \text{ 不能被 } n+1 \text{ 整除} \\ (n+1)\left(1 + \frac{1}{2\sqrt{n}}\right)^{-j}, & j \text{ 可被 } n+1 \text{ 整除} \end{cases}$$

于是式(13.34)化为

$$\ln \frac{\omega_n(z)}{d_n^{n+1}\left(u^{n+1} - \left(1 + \frac{1}{2\sqrt{n}}\right)^{n+1}\right)}$$

$$= (n+1) \sum_{m=1}^{+\infty} a_{n,m(n+1)}(u) \left(1 + \frac{1}{2\sqrt{n}}\right)^{-\omega(n+1)}$$

根据式(13.33)得

$$\left| \ln \frac{\omega_n(z)}{d_n^{n+1}\left(u^{n+1} - \left(1 + \frac{1}{2\sqrt{n}}\right)^{n+1}\right)} \right|$$

$$\leqslant C_{11}(n+1) \sum_{m=1}^{+\infty} \left(1 + \frac{1}{2\sqrt{n}}\right)^{-(n+1)m}$$

$$\leqslant C_{11}(n+1) \sum_{m=1}^{+\infty} (C_{12} e^{-\frac{\sqrt{n}}{2}})^m$$

$$\leqslant C_{13} e^{-\frac{\sqrt{n}}{4}}$$

这样就可以导出式(13.32),完成引理的证明.

当 n 充分大,使 $C_{10} e^{-\frac{\sqrt{n}}{4}} < \frac{1}{2}$ 时,我们有

$$\frac{1}{2} \leqslant \left| \frac{\omega_n(z)}{d_n^{n+1}\left(u^{n+1} - \left(1 + \frac{1}{2\sqrt{n}}\right)^{n+1}\right)} \right| \leqslant \frac{3}{2}, z = \Psi_n(u)$$

这样,在 $|u| \geqslant 1 + \frac{2}{3\sqrt{n}}$ 时,有

$$\frac{1}{2}\left(|u|^{n+1} - \left(1 + \frac{1}{2\sqrt{n}}\right)^{n+1}\right)$$

$$\leqslant \left| \frac{\omega_n(z)}{d_n^{n+1}} \right|$$

$$\leqslant \frac{3}{2}\left(|u|^{n+1} + \left(1 + \frac{1}{2\sqrt{n}}\right)^{n+1}\right)$$

由于

$$\left(1 + \frac{1}{2\sqrt{n}}\right)^{n+1} \leqslant \frac{1}{3}\left(1 + \frac{2}{3\sqrt{n}}\right)^{n+1} \leqslant \frac{1}{3}|u|^{n+1}$$

就有

$$\frac{1}{3}|u|^{n+1} \leqslant \left| \frac{\omega_n(\Psi_n(u))}{d_n^{n+1}} \right| \leqslant 3|u|^{n+1}$$

$$|u| \geqslant 1 + \frac{2}{3\sqrt{n}} \qquad (13.35)$$

§4 定理 13.1 的证明

事实上,我们只需证明

$$\|L_n(f,z)\|_{B^p(D)} \leqslant C_{14} \|f\|_{B^p(D)} \quad (13.36)$$

对任意的 $f \in B^p(D)$ 成立便可. 因为对任意的 $P_n \in \Pi_n$,有 $L_n(P_n, z) = P_n(z)$,于是,在式(13.36)成立的前提下

$$\|f(z) - L_n(f,z)\|_{B^p(D)}$$
$$= \|f(z) - P_n(z) - L_n(f - P_n, z)\|_{B^p(D)}$$
$$\leqslant \|f - P_n\|_{B^p(D)} + \|L_n(f - P_n, z)\|_{B^p(D)}$$
$$\leqslant (1 + C_{13}) \|f - P_n\|_{B^p(D)}$$

对所有的 $P_n \in \Pi_n$ 取下确界,得到式(13.26).

下面我们就进行式(13.36)的证明.

令 D'_n 为 $\Psi_n\left(|u| = 1 + \frac{2}{3\sqrt{n}}\right)$ 所围成的区域,则

Lagrange 插值多项式

对 $z \in \partial D'_n$,按 $L_n(f,z)$ 的表达式(13.25)和柯西(Cauchy)积分

$$f(z) = \frac{1}{2\pi i}\int_{\Gamma_n} \frac{f(\zeta)}{\zeta - z}d\zeta$$

有

$$|f_n(z) - L_n(f,z)| = \left|\frac{1}{2\pi i}\int_{\Gamma_n} \frac{\omega_n(z)f(\zeta)}{\omega_n(\zeta)(\zeta - z)}d\zeta\right|$$
(13.37)

由于 $\partial D'_n$ 和 Γ_n 分别是 $|u| = 1 + \frac{2}{3\sqrt{n}}$ 和 $|v| = 1 + \frac{1}{\sqrt{n}} - \frac{2C_4}{n}$ 在 Ψ_n 的像,按照式(13.35),对 $z \in \partial D'_n, \zeta \in \Gamma_n$,有

$$\left|\frac{\omega_n(z)}{\omega_n(\zeta)}\right| \leq 9\left(\frac{1 + \frac{2}{3\sqrt{n}}}{1 + \frac{1}{\sqrt{n}} - \frac{2C_4}{n}}\right)^{n+1} \leq C_{14} e^{\frac{\sqrt{n}}{3}}$$

并由式(13.8)得

$$\frac{1}{|\zeta - z|} \leq C_2 \frac{1}{|\Phi_n(\zeta) - \Phi_n(z)|} \leq 3C_2\sqrt{n}$$

于是回到式(13.37)

$$|f(z) - L_n(f,z)|$$
$$\leq C_{15}\sqrt{n}\, e^{-\frac{\sqrt{n}}{3}} \int_{\Gamma_n} |f(\zeta)||d\zeta|, z \in \partial D'_n$$

再由引理 13.3 得

$$|f(z) - L_n(f,z)| \leq C_{16} n^{\frac{p+1}{2}} e^{-\frac{\sqrt{n}}{3}} \|f\|_{B^p(D)}$$
$$\leq C_{17} \|f\|_{B^p(D)}, z \in \partial D'_n$$
(13.38)

由最大模原理,在 $z \in D'_n$ 时上式也成立,这样

第四编　伯格曼空间和维纳空间的拉格朗日插值

$$\iint_{D'_n} | f(z) - L_n(f,z) |^p \mathrm{d}\sigma(z) \leqslant C_{18} \| f \|_{B^p(D)}$$

于是有

$$\iint_{D'_n} | L_n(f,z) |^p \mathrm{d}\sigma(z) \leqslant C_{19} \| f \|_{B^p(D)}$$

$$(13.39)$$

下面讨论 $L_n(f,z)$ 在 $z \in G_n \backslash D_n$ 的性质,此时

$$1 + \frac{2}{3\sqrt{n}} \leqslant | \Phi_n(z) | \leqslant 1 + \frac{1}{2\sqrt{n}} - \frac{2C_4}{n}$$

设 $z = \Psi_n(\rho \mathrm{e}^{\mathrm{i}\theta})$,于是

$$| f(z) - L_n(f,z) |$$
$$= \lim_{r \to \rho - 0} (f \circ \Psi_n(r\mathrm{e}^{\mathrm{i}\theta}) - L_n(f, \Psi_n(r\mathrm{e}^{\mathrm{i}\theta})))$$
$$= \lim_{r \to \rho - 0} \frac{1}{2\pi \mathrm{i}} \int_{\Gamma_0} \left(\frac{f(\zeta)}{\zeta - \Psi_n(r\mathrm{e}^{\mathrm{i}\theta})} - \right.$$
$$\left. \frac{(\omega_n(\zeta) - \omega_n(\Psi_n(r\mathrm{e}^{\mathrm{i}\theta})))f(\zeta)}{\omega_n(\zeta)(\zeta - \Psi_n(r\mathrm{e}^{\mathrm{i}\theta}))} \right) \mathrm{d}\zeta$$
$$= \lim_{r \to \rho - 0} \frac{1}{2\pi \mathrm{i}} \int_{\Gamma_0} \frac{\omega_n(\Psi_n(r\mathrm{e}^{\mathrm{i}\theta}))}{\omega_n(\zeta)} \frac{f(\zeta)}{\zeta - \Psi_n(r\mathrm{e}^{\mathrm{i}\theta})} \mathrm{d}\zeta$$
$$= \lim_{r \to \rho - 0} \frac{-\omega_n(z)}{2\pi \mathrm{i}} \int_{\Gamma_0} \frac{f(\zeta) \mathrm{d}\zeta}{\omega_n(\zeta)(\zeta - \Psi_n(r\mathrm{e}^{\mathrm{i}\theta}))} \mathrm{d}\zeta$$

$$(13.40)$$

这里,Γ_ρ 是 $|v|=\rho$ 在 Ψ_n 的像,上式的第一个等号成立是因为 $\Psi_n(r\mathrm{e}^{\mathrm{i}\theta})$ 落在 Γ_ρ 所围成的区域内.

对式(13.40)做变量代换 $\zeta = \Psi_n(v)$,得

$$| f(z) - L_n(f,z) |$$
$$= \lim_{r \to \rho - 0} \frac{-\omega_n(z)}{2\pi \mathrm{i}} \int_{|v|=\rho} \frac{f \circ \Psi_n(v) \Psi_n(v) \mathrm{d}v}{\omega_n(\Psi_n(v))(\Psi_n(v) - \Psi_n(r\mathrm{e}^{\mathrm{i}\theta}))}$$
$$= \lim_{r \to \rho - 0} \frac{-\omega_n(z)}{2\pi \mathrm{i}} \int_{|v|=\rho} \frac{f \circ \Psi_n(v)}{\omega_n(\Psi_n(v))} \cdot$$

Lagrange 插值多项式

$$\left(\frac{\Psi'_n(v)}{\Psi_n(v)-\Psi_n(re^{i\theta})}-\frac{1}{v-re^{i\theta}}\right)dv+$$

$$\lim_{r\to\rho-0}\frac{-\omega_n(z)}{2\pi i}\int_{|v|=\rho}\frac{f\circ\Psi_n(v)}{\omega_n(\Psi_n(v))}\frac{dv}{v-re^{i\theta}}$$

$$=J_1(z)+J_2(z) \quad (z=\Psi_n(\rho e^{i\theta})) \tag{13.41}$$

关于 $J_1(z)$,由(13.10)和(13.35)两式,得

$$|J_1(z)|\leq\frac{1}{2\pi}C_2\int_{|v|=\rho}\left|\frac{\omega_n(\Psi_n(\rho e^{i\theta}))}{\omega_n(\Psi_n(v))}\right||f\circ\Psi_n(v)||dv|$$

$$\leq\frac{9}{2\pi}C_2\int_{|v|=1}|f\circ\Psi_n(v)||dv|$$

$$\leq 6C_2\left(\int_0^{2\pi}|f\circ\Psi_n(\rho e^{it})|^p dt\right)^{\frac{1}{p}}$$

于是有

$$\int_0^{2\pi}|J_1(\rho e^{i\theta})|^p d\theta\leq C_{20}\int_0^{2\pi}|f\circ\Psi_n(\rho e^{it})|^p dt$$

$$\tag{13.42}$$

关于 $J_2(z)$,它是 $\dfrac{f\circ\Psi_n(v)}{\omega_n(\Psi_n(v))}$ 的柯西积分后乘上 $\omega_n(z)$. 在 $1<p<+\infty$ 时由柯西积分算子的 $p-p$ 性

$$\left(\int_0^{2\pi}|J_2(\rho e^{i\theta})|^p d\theta\right)^{\frac{1}{p}}$$

$$\leq C_{21}\max_{\theta\in[0,2\pi]}|\omega_n(\Psi_n(\rho e^{i\theta}))|\cdot$$

$$\left(\int_0^{2\pi}\left|\frac{f\circ\Psi_n(\rho e^{it})}{\omega_n(\Psi_n(\rho e^{it}))}\right|^p dt\right)^{\frac{1}{p}}$$

$$\leq 9C_{21}\left(\int_0^{2\pi}|f\circ\Psi_n(\rho e^{it})|^p dt\right)^{\frac{1}{p}}$$

$$\tag{13.43}$$

最后这一步不等式是因为式(13.25).

综合(13.41)(13.42)(13.43)三式,得到

第四编　伯格曼空间和维纳空间的拉格朗日插值

$$\int_0^{2\pi} \mid f \circ \Psi_n(\rho e^{i\theta}) - L_n(f, \Psi_n(\rho e^{i\theta})) \mid^p d\theta$$

$$\leqslant C_{22} \int_0^{2\pi} \mid f \circ \Psi_n(\rho e^{i\theta}) \mid^p d\theta$$

$$1 + \frac{2}{3\sqrt{n}} \leqslant \rho \leqslant 1 + \frac{1}{\sqrt{n}} - \frac{2C_4}{n}$$

立即有

$$\iint_{1+\frac{2}{3\sqrt{n}} \leqslant |u| \leqslant 1+\frac{1}{\sqrt{n}} - \frac{2C}{n}} \mid f \circ \Psi_n(u) - L_n(f, \Psi_n(u)) \mid^p d\sigma(u)$$

$$\leqslant C_{22} \iint_{1+\frac{2}{3\sqrt{n}} \leqslant |u| \leqslant 1+\frac{1}{\sqrt{n}} - \frac{2C}{n}} \mid f \circ \Psi_n(u) \mid^p d\sigma(u)$$

作变量代换 $z = \Psi_n(u)$，又由式(13.9)，得到

$$\iint_{G_n \setminus D'_n} \mid f(z) - L_n(f, z) \mid^p d\sigma(z)$$

$$\leqslant C_{23} \iint_{G_n \setminus D'_n} \mid f(z) \mid^p d\sigma(z)$$

不难看出

$$\iint_{G_n \setminus D'_n} \mid L_n(f, z) \mid^p d\sigma(z) \leqslant C_{24} \parallel f \parallel_{B^p(D)}$$

(13.44)

和式(13.39)一起

$$\left(\iint_{G_n} \mid L_n(f, z) \mid^p d\sigma(z) \right)^{\frac{1}{p}} \leqslant C_{25} \parallel f \parallel_{B^p(D)}$$

由引理 13.2，便得到式(13.36)，从而完成定理证明.

Lagrange 插值多项式

拉格朗日插值在一重积分维纳空间下的同时逼近平均误差①

第 14 章

天津师范大学数学学院的许贵桥,王婕两位教授 2012 年在加权 L_p 范数逼近意义下,确定了基于扩充的第二类切比雪夫结点组的拉格朗日插值多项式列,在一重积分维纳(Wiener)空间下同时逼近平均误差的渐近阶. 结果显示,在 L_p 范数逼近意义下,拉格朗日插值多项式列逼近函数及其导数的平均误差都弱等价于相应的最佳逼近多项式列的平均误差. 同时,在信息基复杂性的意义下,若可允许信息泛函为标准信息,则上述插值算子列逼近函数及其导数的平均误差均弱等价于相应的最小非自适应信息半径.

---

① 选自:数学学报(中文版),2012 年第 55 卷第 3 期.

第四编 伯格曼空间和维纳空间的拉格朗日插值

§1 引 言

设 F 是一个实可分的巴拿赫(Banach)空间，μ 是定义在 F 的博雷尔(Borel)子集上的概率测度. 设 H 为另一个范数为 $\|\cdot\|$ 的线性赋范空间，F 连续嵌入到 H. 任意使得 $f \mapsto \|f - A(f)\|$ 为可测映射的算子 $A: F \to H$ 被称为一个逼近算子. 算子 A 的 p-平均误差定义为

$$e_p(A, \|\cdot\|, F, \mu) = \left(\int_F \|f - A(f)\|^p \mu(\mathrm{d}f) \right)^{\frac{1}{p}}$$

由于实际问题中的目标函数常常仅由函数在有限个点的函数值给出，因此逼近算子 $A(f)$ 常常仅依赖于函数 f 在有限个点的函数值. 许多文章都介绍了计算一个 ε-逼近在平均情形下的计算复杂性. 在算法方面，最优样条函数逼近算子依赖于协方差核的光滑性质，利用这种算子的各阶导数逼近性质很难研究. 注意到拉格朗日插值算子在理论及其应用上的重要价值，许贵桥教授曾讨论了一些插值算子在维纳空间下的平均误差. 同时注意到光滑函数的同时逼近问题是逼近理论研究的重要课题，并且有着广泛的实际应用，他还研究了基于第一类切比雪夫多项式的零点的拉格朗日插值算子列在一重积分维纳空间下的同时逼近 p-平均误差，确定了相应量的渐近阶，结果表明其导数逼近的效果不太理想. 本章将讨论基于扩充的第二类切比雪夫多项式的零点的拉格朗日插值算子列相应的同时逼近问题，结果证明了其对函数和导数逼近都

Lagrange 插值多项式

是次最优算子,下面叙述具体内容.

记 $F_0 = \{f \in C[0,1]: f(0) = 0\}$. 对任意 $f \in F_0$,令

$$\|f\|_C := \max_{0 \leq t \leq 1} |f(t)|$$

则 $(F_0, \|\cdot\|_C)$ 成为一个可分巴拿赫空间. 用 $\mathfrak{B}(F_0)$ 表示 $(F_0, \|\cdot\|_C)$ 上的博雷尔类,且用 ω_0 表示 $\mathfrak{B}(F_0)$ 上的维纳测度,令

$$(T_1 g)(t) = \int_0^t g(u) \mathrm{d}u$$

则对任一 $g \in F_0$,有
$(T_1 g)(x) \in F_1 = \{f \in C^{(1)}[0,1]: f^{(k)}(0) = 0, k = 0,1\}$
易知 T_1 为 F_0 到 F_1 的一个双射. F_1 上的一重积分维纳测度 ω_1 由诱导测度 $\omega_1 = T_1 \omega_0$ 给出,即对任意 $A \subset F_1$,有

$$\omega_1(A) = \omega_0(\{g, T_1 g \in A\}) \quad (14.1)$$

设

$$F = \{f \in C^{(1)}[-1,1]: f^{(k)}(-1) = 0, k = 0,1\}$$

F 上的一重积分维纳测度 ω 为:对任意 $A \subset F$,有

$$\omega(A) = \omega_1(\{g(t) = f(2t-1), f \in A\})$$
$$(14.2)$$

设权函数 $\rho \in L_1[-1,1], \rho \geq 0$. 对 $f \in C[-1,1]$,定义 f 的加权 L_p-范数为

$$\|f\|_{p,\rho} = \left(\int_{-1}^1 |f(t)|^p \cdot \rho(t) \mathrm{d}t\right)^{\frac{1}{p}}$$

且 $\rho(t) = 1$ 时简记为 $\|\cdot\|_p$.

设

$$-1 = x_{n+1} < x_n < \cdots < x_1 < x_0 = 1 \quad (14.3)$$

为多项式 $(1-x^2)U_n(x)$ 的零点,其中 $U_n(x)$ 为 n 次第

第四编 伯格曼空间和维纳空间的拉格朗日插值

二类切比雪夫多项式,即

$$U_n(x) = \frac{\sin(n+1)\theta}{\sin\theta}, x = \cos\theta$$

设

$$\phi_k(x) = \frac{(-1)^{k+1}(1-x^2)U_n(x)}{(n+1)(x-x_k)} \quad (k=1,\cdots,n)$$

(14.4)

$$\phi_0(x) = \frac{(1+x)U_n(x)}{2U_n(1)}, \phi_{n+1}(x) = \frac{(1-x)U_n(x)}{2U_n(-1)}$$

(14.5)

为基于节点组(14.3)的拉格朗日插值基函数组,知

$$Q_{n+2}(f,z) = \sum_{k=0}^{n+1} f(x_k)\phi_k(x) \quad (14.6)$$

一方面,我们将考虑拉格朗日算子列(14.6)逼近函数的平均误差,得到

定理 14.1 设 $Q_n(f,z)$ 定义如式(14.6),则对 $(-1,1)$ 上的任一连续权函数 $\rho \in L_1[-1,1](\rho > 0)$ 及 $1 \leqslant p < \infty$,我们有

$$e_p(Q_n, \|\cdot\|_{p,\rho}, F, \omega) = \frac{C_{p,\rho}}{n^{\frac{3}{2}}} + o\left(\frac{1}{n^{\frac{3}{2}}}\right)$$

其中

$$C_{p,\rho} = \frac{1}{4\sqrt{3}}\left(\frac{v_p}{\pi}\int_0^\pi |\sin t|^{\frac{p}{2}}(\pi t - t^2)dt\int_{-1}^1 (1-x^2)^{\frac{3p}{4}}\rho(x)dx\right)^{\frac{1}{p}}$$

这里 v_p 为标准正态分布的 p 阶绝对矩,同时,对数列 $\{a_n\}$ 和 $\{b_n\}$,这里及以下 $a_n = o(b_n)$ 表示 $\lim_{n\to\infty}\frac{a_n}{b_n} = 0$.

另一方面,我们还将考虑拉格朗日算子列(14.6)逼近导数的平均误差. 对 $f \in C^{(1)}[-1,1], \rho \in L_1[-1,1](\rho \geqslant 0)$ 及 $1 \leqslant p < \infty$,令

Lagrange 插值多项式

$$\overline{\|f\|}_{p,\rho} = \left(\int_{-1}^{1} |f'(x)|^p \rho(x) \mathrm{d}x\right)^{\frac{1}{p}}$$

定理 14.2 设 $Q_{n+2}(f,x)$ 定义如式(14.6),$\rho(x) = \sqrt{1-x^2}$,则我们有

$$e_2^2(Q_{n+2}, \overline{\|\cdot\|}_{2,\rho}, F, \omega)$$

$$= \frac{(6n^2 + 12n - 15)\cot\dfrac{\pi}{2(n+1)}}{32n(n-1)(n+2)(n+3)} -$$

$$\frac{(2n^2 + 4n - 1)\cot\dfrac{3\pi}{2(n+1)}}{32(n-1)(n+3)(n-2)(n+4)} +$$

$$\frac{(n-1)\pi}{96(n+1)}\left\{\frac{1}{2} - \frac{3}{8\cos\dfrac{\pi}{n+1}} - \right.$$

$$\left.\frac{3\sin\dfrac{5\pi}{2(n+1)}}{8\cos\dfrac{\pi}{n+1}\sin\dfrac{3\pi}{2(n+1)}} + \frac{3\sin\dfrac{2\pi}{n+1}}{8\cos\dfrac{\pi}{2(n+1)}\sin\dfrac{3\pi}{2(n+1)}}\right\} +$$

$$\frac{\pi}{24(n+1)}\left\{\frac{\sin\dfrac{2\pi}{n+1}}{8\cos\dfrac{\pi}{2(n+1)}\sin\dfrac{3\pi}{2(n+1)}} - \frac{1}{2}\right\}$$

$$= \frac{1}{3\pi n} - \frac{\pi}{72n} + o\left(\frac{1}{n}\right)$$

定理 14.3 设 $Q_n(f,x)$ 定义如式(14.6),则对 $(-1,1)$ 上的任一连续权函数 $\rho \in L_1[-1,1](\rho > 0)$ 及 $1 \leqslant p < \infty$,我们有

$$e_p(Q_n, \overline{\|\cdot\|}_{p,\rho}, F, w) = \frac{D_{p,\rho}}{n^{\frac{1}{2}}} + o\left(\frac{1}{n^{\frac{1}{2}}}\right)$$

其中

$$D_{p,\rho} = \frac{1}{4}\left(\frac{v_p}{\pi}\right) \cdot \int_0^\pi \left(\sin t + \left(\frac{\pi}{2} - t\right)\cos t - \frac{\pi}{6}\right)^{\frac{p}{2}} \mathrm{d}t \cdot$$

第四编 伯格曼空间和维纳空间的拉格朗日插值

$$\int_{-1}^{1}(1-x^2)^{\frac{p}{4}}\cdot\rho(x)\mathrm{d}x\Big)^{\frac{1}{p}}$$

注 1 用 $\{T_n^p f\}_{n=1}^{\infty}$ 表示在 L_{p-} 范数逼近下 f 的 n 次最佳逼近多项式序列,且用 $\{\overline{T}_n^p f\}_{n=1}^{\infty}$ 表示 $T_n^p f'$ 的属于 F 的原函数序列,可知

$$e_p(T_n^q,\|\cdot\|_q,F,w)\asymp n^{-3/2}$$
$$e_p(\overline{T_n^q},\overline{\|\cdot\|}_q,F,w)\asymp n^{-1/2}$$
$$(1\leqslant p<\infty,2\leqslant q<\infty)$$

这里及以下对正数数列 $\{a_n\}$ 和 $\{b_n\}$,$a_n\asymp b_n$ 表示存在不依赖 n 的正数 C,使得 $a_n/C\leqslant b_n\leqslant Ca_n$,且不同表达式中的 C 可以不同. 因此由定理 14.1,定理 14.3 及赫尔德不等式,可得

$$e_p(Q_n,\|\cdot\|_q,F,w)\asymp e_p(T_n^q,\|\cdot\|_q,F,w),$$
$$(1\leqslant p<\infty,2\leqslant q<\infty)$$
$$e_p(Q_n,\|\cdot\|_q,F,w)\asymp e_p(\overline{T}_n^q,\|\cdot\|_q,F,w),$$
$$(1\leqslant p<\infty,2\leqslant q<\infty)$$

注 2 我们引入平均情形下信息基计算复杂性问题的一些概念. 设 F 是一个集合,G 是一个范数为 $\|\cdot\|$ 的线性赋范空间,μ 是定义在 F 的博雷尔子集上的概率测度,S 是 F 到 G 的一个可测映射,被称为解算子,N 是 F 到 $\mathbf{R}^n$ 的一个可测映射,被称为信息算子;ϕ 是 $\mathbf{R}^n$ 到 G 的一个可测映射,被称为算法. 当 $1\leqslant p<+\infty$ 时,信息基逼近 $\phi\circ N$ 相应于测度 μ 的平均误差为

$$e_p(S,N,\phi,\|\cdot\|,F,\mu)$$
$$:=\Big(\int_F\|S(f)-\phi(N(f))\|^p\mu(\mathrm{d}f)\Big)^{\frac{1}{p}}$$

信息 N 相应于测度 μ 的 $p-$ 平均信息半径为

$$r_p(S,N,\|\cdot\|,F,\mu):=\inf_{\phi}e_p(S,N,\phi,\|\cdot\|,F,\mu)$$

这里 ϕ 取遍所有算法. 若 Λ 为一类可允许信息泛函 L 的集合,用 $\mathbf{N}_n^\Lambda$ 表示基数为 n 的信息泛函 $L \in \Lambda$ 中的可允许非自适应信息算子 N 的集合,即

$$N(f) = (L_1(f), L_2(f), \cdots, L_n(f))$$
$$L_i \in \Lambda, i = 1, \cdots, n$$

用
$$r_p(n, S, \Lambda, \|\cdot\|, F, \mu) = \inf_{N \in \mathbf{N}_n^\Lambda} r_p(S, N, \|\cdot\|, F, \mu)$$

表示信息类 Λ 的第 n 个最小 $p-$ 平均信息半径.

例如,若 F 和 ω 定义如上,S 为恒等映射 I,Λ 是标准信息的集合,可得

$$r_p(n, I, \Lambda, \|\cdot\|_q, F, \omega) \asymp n^{-3/2}$$
$$r_p(n, I, \Lambda, \overline{\|\cdot\|_q}, F, \omega) \asymp n^{-1/2}$$
$$1 \leqslant p, q < \infty$$

易知 $Q_n(f, x)$ 是基数为 n 且信息泛函 $L \in \Lambda$ 的非自适应信息基逼近算子,且由定理 14.1,定理 14.3 及赫尔德不等式可得

$$e_p(Q_n, \|\cdot\|_q, F, \omega) \asymp r_p(n, I, \Lambda, \|\cdot\|_q, F, \omega)$$
$$(1 \leqslant p, q < \infty)$$
$$e_p(Q_n, \overline{\|\cdot\|_q}, F, \omega) \asymp r_p(n, I, \Lambda, \overline{\|\cdot\|_q}, F, \omega)$$
$$(1 \leqslant p, q < \infty)$$

§2 几个引理

若 $f \in C^{(1)}[-1, 1]$,则满足插值条件
$$G_n(f, x_j) = f(x_j) \quad (j = 0, \cdots, n+1) \quad (14.7)$$
$$G'_n(f, x_j) = f'(x_j) \quad (j = 1, \cdots, n) \quad (14.8)$$

第四编　伯格曼空间和维纳空间的拉格朗日插值

的埃尔米特插值多项式 $G_n(f,x)$ 为

$$G_n(f,x) = \left(\frac{1+x}{2}f(1) + \frac{1-x}{2}f(-1)\right)\frac{U_n^2(x)}{(n+1)^2} + \sum_{k=1}^n f(x_k)h_k(x) + \sum_{k=1}^n f'(x_k)\sigma_k(x)$$
(14.9)

其中

$$h_k(x) = (1-x^2)(1-xx_k)\left(\frac{U_n(x)}{(n+1)(x-x_k)}\right)^2$$
$$(k=1,\cdots,n) \quad (14.10)$$

$$\sigma_k(x) = (x-x_k)(1-x_k^2)(1-x^2)\left(\frac{U_n(x)}{(n+1)(x-x_k)}\right)^2$$
$$(k=1,\cdots,n) \quad (14.11)$$

继而可知:

引理 14.1　若 $p_n(x)$ 为次数不高于 $2n+1$ 的代数多项式,则有

$$p_n(x) = G_n(p_n,x) \quad (14.12)$$

于是可得:

引理 14.2　设 $s \geqslant t$,则

$$\int_F f(s)f(t)\omega(\mathrm{d}f) = \frac{(1+t)^3}{24} + \frac{(s-t)(1+t)^2}{16}$$
(14.13)

$$\int_F f'(t)f(s)\omega(\mathrm{d}f) = \frac{(1+t)^2}{16} + \frac{(s-t)(1+t)}{8}$$
(14.14)

$$\int_F f(t)f'(s)\omega(\mathrm{d}f) = \frac{(1+t)^2}{16} \quad (14.15)$$

由拉格朗日插值的性质可知:

引理 14.3　若 $p_n(x)$ 为次数不高于 $n+1$ 的代数多项式,则有

Lagrange 插值多项式

$$p_n(x) = \sum_{k=0}^{n+1} p_n(x_k)\phi_k(x) \qquad (14.16)$$

由式(14.16)可推得

$$p'_n(x) = \sum_{k=0}^{n+1} p_n(x_k)\phi'_k(x) \qquad (14.17)$$

§3 定理 14.1 的证明

为讨论方便我们考虑 Q_{n+2}，对 $x \in [x_{s+1}, x_s] \subset [-1,1]$，由式(14.6)可知

$$G(x) = \int_F (f(x) - Q_{n+2}(f,x))^2 \omega(\mathrm{d}f)$$

$$= \int_F f^2(x) \omega(\mathrm{d}f) -$$

$$2\sum_{k=0}^{n+1} \phi_k(x) \int_F f(x)f(x_k)\omega(\mathrm{d}f) +$$

$$\sum_{k=0}^{n+1}\sum_{m=0}^{n+1} \phi_k(x)\phi_m(x) \int_F f(x_k)f(x_m)\omega(\mathrm{d}f)$$

$$= A_1(x) - A_2(x) + A_3(x) \qquad (14.18)$$

由式(14.13)可得

$$A_1(x) = \frac{(1+x)^3}{24} \qquad (14.19)$$

由式(14.13)(14.16)及简单计算，可推得

$$A_2(x) = 2\sum_{k=0}^{n+1} \left(\frac{(1+x_k)^3}{24} + \frac{(x_k - x)(1+x_k)^2}{16} \right) \phi_k(x) -$$

$$\frac{1}{24} \sum_{k=0}^{s} (x - x_k)^3 \phi_k(x)$$

第四编　伯格曼空间和维纳空间的拉格朗日插值

$$= \frac{(1+x)^3}{12} - \frac{1}{24}\sum_{k=0}^{s}(x-x_k)^3\phi_k(x)$$

（14.20）

由式(14.13)(14.16)，等式

$$\min\{a,b\} = \frac{a+b-|a-b|}{2}$$

经简单计算，可得

$$A_3(x) = \sum_{k=0}^{n+1}\sum_{m=0}^{n+1}\left(\frac{(1+\min\{x_k,x_m\})^3}{24} + \right.$$

$$\left.\frac{|x_k-x_m|(1+\min\{x_k,x_m\})^2}{16}\right)\phi_k(x)\phi_m(x)$$

$$= \sum_{k=0}^{n+1}\sum_{m=0}^{n+1}\left[\frac{\left(1+\frac{x_k+x_m-|x_k-x_m|}{2}\right)^3}{24} + \right.$$

$$\left.\frac{|x_k-x_m|\left(1+\frac{x_k+x_m-|x_k-x_m|}{2}\right)^2}{16}\right] \cdot$$

$$\phi_k(x)\phi_m(x)$$

$$= \sum_{k=0}^{n+1}\sum_{m=0}^{n+1}\frac{4+6x_k+6x_m+12x_kx_m-x_k^3-x_m^3+3x_kx_m^2+3x_k^2x_m}{96} \cdot$$

$$\phi_k(x)\phi_m(x) + \frac{1}{96}\sum_{k=0}^{n+1}\sum_{m=0}^{n+1}|x_k-x_m|^3\phi_k(x)\phi_m(x)$$

$$= \frac{(1+x)^3}{24} + \frac{1}{96}\sum_{k=0}^{n+1}\sum_{m=0}^{n+1}|x_k-x_m|^3\phi_k(x)\phi_m(x) \qquad (14.21)$$

由式(14.18)—(14.21)可得

$$G(x) = \frac{1}{96}\sum_{k=0}^{n+1}\sum_{m=0}^{n+1}|x_k-x_m|^3\phi_k(x)\phi_m(x) +$$

$$\frac{1}{24}\sum_{k=0}^{s}(x-x_k)^3\phi_k(x)$$

Lagrange 插值多项式

$$= A(x) + B(x) \quad (14.22)$$

通过对比多项式的最高次项系数,可得

$$\frac{(1-x^2)U_n(x)}{(x-x_k)(x-x_m)} = -U_n(x) + q_{k,m}(x)$$

$$\frac{(1\pm x)U_n(x)}{x-x_k} = \pm U_n(x) + r_k(x)$$

$$(1 \leqslant k, m \leqslant n)$$

这里所有的 $q_{k,m}(x)$ 和 $r_k(x)$ 均为次数不高于 $n-1$ 的代数多项式. 因此由(14.22)(14.4)及(14.5)三式,可得

$$A(x) = \frac{(1-x^2)U_n^2(x)}{96(n+1)^2} \cdot$$

$$\left(\sum_{k=1}^n \sum_{m=1}^n (-1)^{k+m+1} \mid x_k - x_m \mid^3 + 4(-1)^n \right) +$$

$$\frac{(1-x^2)U_n^2(x)}{96(n+1)^2} \left(\sum_{k=1}^n (-1)^{k+1} \mid 1-x_k \mid^3 + \right.$$

$$\left. \sum_{k=1}^n (-1)^{k+n} \mid 1+x_k \mid^3 \right) + C(x) \quad (14.23)$$

其中 $C(x)$ 为次数不高于 $2n+1$ 的代数多项式. 易检验

$$\sum_{k=1}^n \sum_{m=1}^n (-1)^{k+m+1} \mid x_k - x_m \mid^3$$

$$= 2 \sum_{k=1}^n \sum_{j=1}^{k-1} (-1)^{k+j+1} \mid x_j - x_k \mid^3 \quad (14.24)$$

及

$$\sum_{k=1}^n \sum_{j=1}^{k-1} (-1)^{k+j+1} (x_j - x_k)^3$$

$$= \sum_{k=1}^n (-1)^k \sum_{j=1}^{k-1} (-1)^{j+1} x_j^3 -$$

$$3 \sum_{k=1}^n (-1)^k x_k \sum_{j=1}^{k-1} (-1)^{j+1} x_j^2 +$$

第四编 伯格曼空间和维纳空间的拉格朗日插值

$$3\sum_{k=1}^{n}(-1)^k x_k^2 \sum_{j=1}^{k-1}(-1)^{j+1}x_j -$$

$$\sum_{k=1}^{n}(-1)^k x_k^3 \sum_{j=1}^{k-1}(-1)^{j+1} \qquad (14.25)$$

由 $x_j = \cos\dfrac{j\pi}{n+1}(j=0,\cdots,n+1)$,等式 $\sum\limits_{k=1}^{s}q^k = \dfrac{q(1-q^s)}{1-q}(q\neq 1)$,经简单计算,可得

$$\sum_{k=1}^{n}(-1)^k \sum_{j=1}^{k-1}(-1)^{j+1}x_j^3$$

$$=\frac{1}{4}\sum_{k=1}^{n}(-1)^k\sum_{j=1}^{k-1}(-1)^{j+1}\left(3\cos\frac{j\pi}{n+1}+\cos\frac{3j\pi}{n+1}\right)$$

$$=\frac{1}{4}\sum_{k=1}^{n}(-1)^k\mathrm{Re}\Big(3\sum_{j=1}^{k-1}(-1)^{j+1}\mathrm{e}^{\frac{\mathrm{i}j\pi}{n+1}}+\sum_{j=1}^{k-1}(-1)^{j+1}\mathrm{e}^{\frac{3\mathrm{i}j\pi}{n+1}}\Big)$$

$$=\frac{1}{4}\sum_{k=1}^{n}(-1)^k\mathrm{Re}\Big(\frac{3\mathrm{e}^{\frac{\mathrm{i}\pi}{n+1}}(1+(-1)^k\mathrm{e}^{\frac{\mathrm{i}(k-1)\pi}{n+1}})}{1+\mathrm{e}^{\frac{\mathrm{i}\pi}{n+1}}}+$$

$$\frac{\mathrm{e}^{\frac{3\mathrm{i}\pi}{n+1}}(1+(-1)^k\mathrm{e}^{\frac{3\mathrm{i}(k-1)\pi}{n+1}})}{1+\mathrm{e}^{\frac{3\mathrm{i}\pi}{n+1}}}\Big)$$

$$=\frac{1}{2}\sum_{k=1}^{n}(-1)^k +$$

$$\frac{1}{4}\sum_{k=1}^{n}\left(\frac{3\cos\dfrac{(k-1/2)\pi}{n+1}}{2\cos\dfrac{\pi}{2(n+1)}}+\frac{\cos\dfrac{(3k-3/2)\pi}{n+1}}{2\cos\dfrac{3\pi}{2(n+1)}}\right)$$

$$=\frac{(-1)^n+1}{4} \qquad (14.26)$$

其中 $\mathrm{Re}(A)$ 表示复数 A 的实部,i 表示虚数单位. 类似地,有

Lagrange 插值多项式

$$\sum_{k=1}^{n}(-1)^k x_k \sum_{j=1}^{k-1}(-1)^{j+1} x_j^2$$

$$= \frac{(-1)^{n+1}-1}{4} + \frac{1}{8\cos\frac{\pi}{n+1}} + \frac{\sin\frac{5\pi}{2(n+1)}}{8\cos\frac{\pi}{n+1}\sin\frac{3\pi}{2(n+1)}}$$

$$\qquad (14.27)$$

$$\sum_{k=1}^{n}(-1)^k x_k^2 \sum_{j=1}^{k-1}(-1)^{j+1} x_j = \frac{(-1)^n-1}{4} + \frac{\sin\frac{\pi}{n+1}}{4\sin\frac{3\pi}{2(n+1)}}$$

$$\qquad (14.28)$$

$$\sum_{k=1}^{n}(-1)^k x_k^3 \sum_{j=1}^{k-1}(-1)^{j+1} = \frac{(-1)^{n+1}-1}{4}$$

$$\qquad (14.29)$$

设 $s = n+1-k$,由 $x_k = -x_{n+1-k}$ 简单计算,可得

$$\sum_{k=1}^{n}(-1)^{k+n}|1+x_k|^3 = \sum_{s=1}^{n}(-1)^{s+1}|1-x_s|^3$$

$$= \sum_{k=1}^{n}(-1)^{k+1}(1-x_k)^3$$

$$= -4(-1)^n \qquad (14.30)$$

由(14.23)—(14.30) 各式,$|\sqrt{1-x^2}U_n(x)| \leqslant 1$,简单计算,可得

$$A(x) = \frac{(1-x^2)U_n^2(x)}{48(n+1)^2}\left\{\frac{1}{2} - \frac{3}{8\cos\frac{\pi}{n+1}} - \right.$$

$$\left. \frac{3\sin\frac{5\pi}{2(n+1)}}{8\cos\frac{\pi}{n+1}3\sin\frac{3\pi}{2(n+1)}} + \frac{3\sin\frac{\pi}{n+1}}{4\sin\frac{3\pi}{2(n+1)}}\right\} + C(x)$$

$$= C(x) + o\left(\frac{1}{n^3}\right) \qquad (14.31)$$

206

第四编 伯格曼空间和维纳空间的拉格朗日插值

由式(14.31)及
$$U_n^2(x_k)=0,(U_n^2)'(x_k)=0 \quad (k=1,\cdots,n)$$
可得
$$C(x_k)=A(x_k) \quad (k=0,\cdots,n+1) \quad (14.32)$$
$$C'(x_k)=A'(x_k) \quad (k=1,\cdots,n) \quad (14.33)$$

由 $C(x)$ 为一次数不超过 $2n+1$ 的代数多项式及式(14.12),(14.32),(14.33),可得

$$C(x)=\left(\frac{1+x}{2}C(1)+\frac{1-x}{2}C(-1)\right)\frac{U_n^2(x)}{(n+1)^2}+$$
$$\sum_{k=1}^{n}C(x_k)h_k(x)+\sum_{k=1}^{n}C'(x_k)\sigma_k(x)$$
$$=\left(\frac{1+x}{2}A(1)+\frac{1-x}{2}A(-1)\right)\frac{U_n^2(x)}{(n+1)^2}+$$
$$\sum_{k=1}^{n}A(x_k)h_k(x)+\sum_{k=1}^{n}A'(x_k)\sigma_k(x) \quad (14.34)$$

由拉格朗日基函数的性质,得到

$$A(x_j)=\frac{1}{96}\sum_{k=0}^{n+1}\sum_{m=0}^{n+1}\mid x_k-x_m\mid^3\phi_k(x_j)\phi_m(x_j)=0$$
$$(j=0,\cdots,n+1) \quad (14.35)$$

$$A'(x_j)=\frac{1}{48}\sum_{k=0}^{n+1}\sum_{m=0}^{n+1}\mid x_k-x_m\mid^3\phi'_k(x_j)\phi_m(x_j)$$
$$=\frac{1}{48}\sum_{k=0}^{n+1}\mid x_k-x_j\mid^3\phi'_k(x_j) \quad (j=1,\cdots,n)$$
$$(14.36)$$

由式(14.4)直接计算得

$$\phi'_k(x)=\frac{(-1)^k(xU_n(x)+(n+1)T_{n+1}(x))}{(n+1)(x-x_k)}+$$
$$\frac{(-1)^k(1-x^2)U_n(x)}{(n+1)(x-x_k)^2} \quad (k=1,\cdots,n)$$
$$(14.37)$$

Lagrange 插值多项式

这里及以下 $T_n(x)$ 表示 n 次第一类切比雪夫多项式 $T_n(x) = \cos n\theta, x = \cos\theta$. 由式(14.5)和(14.37)经简单计算,得到

$$\phi'_k(x_k) = \frac{-x_k}{2(1-x_k^2)} \quad (k=1,\cdots,n) \quad (14.38)$$

$$\phi'_k(x_j) = \frac{(-1)^{k+j}}{x_j - x_k} \quad (k \neq j, 1 \leqslant k \leqslant n)$$

$$(14.39)$$

$$\phi'_0(x_j) = \frac{(-1)^{j+1}}{2(1-x_j)}, \phi'_{n+1}(x_j) = \frac{(-1)^{j+n+1}}{2(1+x_j)}$$

$$(14.40)$$

对任意固定的 j,由式(14.17)知,对 $n \geqslant 2$,有

$$\sum_{k=0}^{n+1} (x_k - x_j)^3 \phi'_k(x) = 3(x - x_j)^2$$

因此

$$\sum_{k=0}^{n+1} (x_k - x_j)^3 \phi'_k(x_j) = 3(x-x_j)^2 \bigg|_{x=x_j} = 0$$

$$(14.41)$$

易检验

$$\cos\frac{(2k-1)\pi}{2(n+1)} = \cos\frac{k\pi}{n+1}\cos\frac{\pi}{2(n+1)} +$$

$$\sin\frac{k\pi}{n+1}\sin\frac{\pi}{2(n+1)}$$

$$= x_k \cos\frac{\pi}{2(n+1)} +$$

$$\sqrt{1-x_k^2}\sin\frac{\pi}{2(n+1)}$$

$$(14.42)$$

类似地,有

$$\cos\frac{(2k-1)\pi}{n+1} = (2x_k^2 - 1)\cos\frac{\pi}{n+1} +$$

第四编　伯格曼空间和维纳空间的拉格朗日插值

$$2x_k\sqrt{1-x_k^2}\sin\frac{\pi}{n+1}$$

(14.43)

类似于式(14.26)的计算，由(14.36)(14.38)—(14.43)各式,可得

$$\begin{aligned}A'(x_j)&=\frac{1}{48}\sum_{k=0}^{n+1}(\mid x_k-x_j\mid^3+(x_k-x_j)^3)\phi'_k(x_j)-\\&\quad\frac{1}{48}\sum_{k=0}^{n+1}(x_k-x_j)^3\phi'_k(x_j)\\&=\frac{1}{24}\sum_{k=0}^{j-1}(x_k-x_j)^3\phi'_k(x_j)\\&=\frac{(-1)^{j+1}(1-x_j)^2}{48}+\frac{(-1)^j}{24}\sum_{k=1}^{j-1}(-1)^{k+1}(x_k-x_j)^2\\&=\frac{x_j\sqrt{1-x_j^2}}{48}\tan\frac{\pi}{n+1}-\frac{x_j\sqrt{1-x_j^2}}{24}\tan\frac{\pi}{2(n+1)}\end{aligned}$$

(14.44)

由式(14.34)(14.35)及(14.44),可得

$$C(x)=\sum_{j=1}^n\left(\frac{x_j\sqrt{1-x_j^2}}{48}\tan\frac{\pi}{n+1}-\frac{x_j\sqrt{1-x_j^2}}{24}\tan\frac{\pi}{2(n+1)}\right)\sigma_j(x)$$

(14.45)

令 $x=\cos\theta$,由

$$\mid\sigma_k(x)\mid\leqslant\frac{\sin\dfrac{k\pi}{n+1}\mid\sin n\theta\mid}{(n+1)^2\mid\cos\theta-\cos\dfrac{k\pi}{n+1}\mid}$$

再经计算,可得

$$\sum_{k=1}^n\mid\sigma_k(x)\mid=O\Big(\frac{\ln(n+1)}{n+1}\Big)\quad(14.46)$$

Lagrange 插值多项式

这里及以下 $A(n) = O(B(n))$ 表示存在与 n 无关的正数 C,使得 $|A(n)| \leqslant CB(n)$,且不同表达式中的 C 可能不同. 由式(14.45)

$$\tan x = x + \frac{x^3}{3} + O(x^5) \quad (0 \leqslant x \leqslant \frac{3\pi}{8})$$

及式(14.46),可得

$$C(x) = o\left(\frac{1}{n^3}\right) \qquad (14.47)$$

类似于式(14.44)的计算,我们有

$$B(x) = \frac{(x-1)^3(1+x)U_n(x)}{48(n+1)} + \frac{(1-x^2)U_n(x)}{24(n+1)} \cdot$$

$$\sum_{k=1}^{s}(-1)^{k+1}(x-x_k)^2$$

$$= \frac{(-1)^s(1-x^2)U_n(x)}{24(n+1)}\left(\frac{x_s\sqrt{1-x_s^2}}{2}\tan\frac{\pi}{n+1} - \right.$$

$$\left. x\sqrt{1-x_s^2}\tan\frac{\pi}{2(n+1)} - \frac{(x-x_s)^2}{2}\right)$$

$$= \frac{(1-x^2)|U_n(x)|}{48(n+1)} \cdot$$

$$\left(\frac{\pi\sqrt{1-x_s^2}(x_s-x)}{n+1} - (x-x_s)^2\right) + o\left(\frac{1}{n^3}\right)$$

$$(14.48)$$

由(14.22)(14.31)(14.47)及(14.48)各式,可得

$$G(x) = \frac{(1-x^2)|U_n(x)|}{48(n+1)} \cdot$$

$$\left(\frac{\pi\sqrt{1-x_s^2}(x_s-x)}{n+1} - (x-x_s)^2\right) + o\left(\frac{1}{n^3}\right)$$

$$(14.49)$$

由拉格朗日微分中值定理,可得

第四编 伯格曼空间和维纳空间的拉格朗日插值

$$x_s - x = \sin \xi \left(\theta - \frac{s\pi}{n+1}\right) = \sqrt{1-t^2}\left(\theta - \frac{s\pi}{n+1}\right)$$

其中 $t \in (x_{s+1}, x_s)$,由

$$|\sqrt{1-x^2} - \sqrt{1-t^2}| = |\sin\theta - \sin\xi| \leqslant |\theta - \xi|$$

$$\leqslant \frac{\pi}{n+1}$$

得到

$$x_s - x = \sqrt{1-x^2}\left(\theta - \frac{s\pi}{n+1}\right) + o\left(\frac{1}{n}\right)$$

$$(14.50)$$

类似地,有

$$|\sqrt{1-x^2} - \sqrt{1-x_s^2}| \leqslant \frac{\pi}{n+1} \quad (14.51)$$

由(14.49)(14.50)及(14.51)三式,可得

$$G(x) = \sin^3\theta |\sin(n+1)\theta| \cdot$$

$$\left[\frac{\pi\left(\theta - \frac{s\pi}{n+1}\right)}{48(n+1)^2} - \frac{\left(\theta - \frac{s\pi}{n+1}\right)^2}{48(n+1)}\right] + o\left(\frac{1}{n^3}\right)$$

$$(14.52)$$

又可得

$$e_p^p(Q_{n+2}, \|\cdot\|_{p,\rho}, F, \omega)$$

$$= v_p \cdot \int_{-1}^{1} G(x)^{\frac{p}{2}} \cdot \rho(x) \mathrm{d}x$$

$$= v_p \sum_{s=0}^{n} \int_{x_{s+1}}^{x_s} G(x)^{\frac{p}{2}} \cdot \rho(x) \mathrm{d}x \quad (14.53)$$

对任意 $1 \leqslant s \leqslant n-1$,令 $x = \cos\theta$ 及 $t = (n+1)\theta - s\pi$,由积分中值定理,得到

$$\int_{x_{s+1}}^{x_s} G(x)^{\frac{p}{2}} \cdot \rho(x) \mathrm{d}x$$

Lagrange 插值多项式

$$= \frac{\int_{\frac{s\pi}{n+1}}^{\frac{(s+1)\pi}{n+1}} \sin^{\frac{3p+2}{2}}\theta \mid \sin(n+1)\theta \mid^{\frac{p}{2}} (\pi t - t^2)^{\frac{p}{2}} \rho(\cos\theta) d\theta}{48^{\frac{p}{2}}(n+1)^{\frac{3p}{2}}} +$$

$$o\left(\frac{1}{n^4}\right)$$

$$= \frac{\sin^{\frac{3p+2}{2}}\xi_s \rho(\cos\xi_s)}{48^{\frac{p}{2}}(n+1)^{\frac{3p}{2}}} \int_{\frac{s\pi}{n+1}}^{\frac{(s+1)\pi}{n+1}} \mid \sin(n+1)\theta \mid^{\frac{p}{2}} (\pi t - t^2)^{\frac{p}{2}} d\theta +$$

$$o\left(\frac{1}{n^4}\right) \qquad (14.54)$$

其中 $\xi_s \in \left(\frac{s\pi}{n+1}, \frac{(s+1)\pi}{n+1}\right)$,易检验

$$\int_{\frac{s\pi}{n+1}}^{\frac{(s+1)\pi}{n+1}} \mid \sin(n+1)\theta \mid^{\frac{p}{2}} (\pi t - t^2)^{\frac{p}{2}} d\theta$$

$$= \frac{\int_0^\pi \mid \sin t \mid^{\frac{p}{2}} (\pi t - t^2)^{\frac{p}{2}} dt}{n+1}$$

$$(14.55)$$

利用 $(\sin\theta)^{\frac{3p+2}{2}}\rho(\cos\theta)$ 在任意区间 $[-c, c]$ $(0 < c <$ 1$)$ 上的一致连续性及

$$\xi_s \in \left(\frac{s\pi}{n+1}, \frac{(s+1)\pi}{n+1}\right)$$

知,当 $x_s, x_{s+1} \in [-c, c]$ 时

$$\frac{(\sin\xi_s)^{\frac{3p+2}{2}}\rho(\cos\xi_s)}{n+1}$$

$$= \frac{1}{\pi}\int_{\frac{s\pi}{n+1}}^{\frac{(s+1)\pi}{n+1}} (\sin\theta)^{\frac{3p+2}{2}}\rho(\cos\theta) d\theta + o\left(\frac{1}{n}\right)$$

$$= \frac{1}{\pi}\int_{x_{s+1}}^{x_s} (1-x^2)^{\frac{3p}{4}}\rho(x) dx + o\left(\frac{1}{n}\right) \quad (14.56)$$

令 c 趋于 1. 再利用 $\rho(x)$ 在 $[-1, 1]$ 上的可积性及

(14.53)—(14.56) 各式,得到

$$e_p^p(Q_{n+2}, \|\cdot\|_{p,\rho}, F, \omega)$$
$$= \frac{v_p}{\pi 48^{\frac{p}{2}} n^{\frac{3p}{2}}} \cdot \int_0^\pi |\sin t|^{\frac{p}{2}} (\pi t - t^2) dt \int_{-1}^1 (1-x^2)^{\frac{3p}{4}} \cdot$$
$$\rho(x) dx + o\left(\frac{1}{n^{\frac{3p}{2}}}\right) \quad (14.57)$$

由式(14.57)可得定理 14.1 的结果.

§4 定理 14.2 的证明

由式(14.6)及富比尼(Fubini)积分交换顺序定理知

$$e_2^2(Q_{n+2}, \overline{\|\cdot\|}_{2,\rho}, F, \omega)$$
$$= \int_{-1}^1 \sqrt{1-x^2} \int_F (f'(x))^2 \omega(df) dx -$$
$$2 \sum_{k=0}^{n+1} \int_{-1}^1 \phi'_k(x) \sqrt{1-x^2} \int_F f'(x) f(x_k) \omega(df) dx +$$
$$\sum_{k=0}^{n+1} \sum_{j=0}^{n+1} \int_{-1}^1 \phi'_k(x) \phi'_j(x) \cdot$$
$$\sqrt{1-x^2} \int_F f(x_k) f(x_j) \omega(df) dx$$
$$= I_1 - 2I_2 + I_3 \quad (14.58)$$

由已知文献①知

$$I_1 = \frac{\pi}{16} \quad (14.59)$$

---

① Xu G Q. The simultaneous approximation average errors for interpolation polynomials on the 1-fold integrated Wiener space Sci. Sin. Math. ,2011,44(5):407-426.

Lagrange 插值多项式

令 $x = \cos\theta$,由(14.14)(14.15)(14.17)和(14.37)各式直接计算,可得

$$I_2 = \int_{-1}^{1} \left(\sum_{k=0}^{n+1} \frac{(1+x_k)^2}{16} \phi'_k(x) \right) \sqrt{1-x^2}\, dx -$$

$$\frac{1}{16} \sum_{k=0}^{n} \int_{-1}^{x_k} (x-x_k)^2 \phi'_k(x) \sqrt{1-x^2}\, dx$$

$$= \int_{-1}^{1} \frac{1+x}{8} \sqrt{1-x^2}\, dx -$$

$$\frac{1}{16} \sum_{k=0}^{n} \int_{-1}^{x_k} (x-x_k)^2 \phi'_k(x) \sqrt{1-x^2}\, dx$$

$$= \frac{\pi}{16} + \sum_{k=0}^{n} \frac{(-1)^k \cos\frac{k\pi}{n+1}}{16(n+1)} \int_{\frac{k\pi}{n+1}}^{\pi} \sin\theta \cos\theta \sin(n+1)\theta\, d\theta +$$

$$\sum_{k=0}^{n} \frac{(-1)^k}{16} \cos\frac{k\pi}{n+1} \int_{\frac{k\pi}{n+1}}^{\pi} \sin^2\theta \cos(n+1)\theta\, d\theta -$$

$$\sum_{k=0}^{n} \frac{(-1)^k}{16(n+1)} \int_{\frac{k\pi}{n+1}}^{\pi} \sin\theta \sin(n+1)\theta\, d\theta -$$

$$\sum_{k=0}^{n} \frac{(-1)^k}{16} \int_{\frac{k\pi}{n+1}}^{\pi} \sin^2\theta \cos\theta \cos(n+1)\theta\, d\theta$$

$$= \frac{\pi}{16} + \sum_{k=0}^{n} \frac{\cos\frac{k\pi}{n+1} \sin\frac{2k\pi}{n+1}}{32(n+3)(n-1)} -$$

$$\sum_{k=0}^{n} \frac{\cos\frac{k\pi}{n+1} \sin\frac{2k\pi}{n+1}}{16(n+3)(n-1)} - \sum_{k=0}^{n} \frac{\sin\frac{k\pi}{n+1}}{16n(n+2)} -$$

$$\sum_{k=0}^{n} \left[\frac{\sin\frac{k\pi}{n+1}}{64n(n+2)} - \frac{\sin\frac{3k\pi}{n+1}}{64(n+4)(n-2)} \right]$$

$$= \frac{\pi}{16} - \frac{6n^2 + 12n - 15}{64n(n-1)(n+2)(n+3)} \cot\frac{\pi}{2(n+1)} +$$

$$\frac{2n^2+4n-1}{64(n-1)(n+3)(n-2)(n+4)}\cot\frac{3\pi}{2(n+1)}$$
$$\tag{14.60}$$

类似于式(14.21)的证明,由式(14.13)(14.17)及等式

$$\min\{a,b\}=\frac{a+b-|a-b|}{2}$$

可得

$$I_3=\int_{-1}^{1}\Big(\frac{1+x}{8}+\frac{1}{96}\sum_{k=0}^{n+1}\sum_{m=0}^{n+1}\mid x_k-x_m\mid^3\phi'_k(x)\phi'_m(x)\Big)\cdot$$
$$\sqrt{1-x^2}\,\mathrm{d}x$$
$$=\frac{\pi}{16}+\frac{1}{96}\sum_{k=0}^{n+1}\sum_{m=0}^{n+1}\mid x_k-x_m\mid^3\int_{-1}^{1}\phi'_k(x)\phi'_m(x)\cdot$$
$$\sqrt{1-x^2}\,\mathrm{d}x$$
$$=\frac{\pi}{16}+\frac{A}{96}$$
$$\tag{14.61}$$

类似于式(14.23)的证明,由(14.38)(14.39)两式及基于$\{x_k\}_{k=1}^{n}$的拉格朗日插值性质知对任意$1\leqslant k\leqslant n$,有

$$\phi'_k(x)=(-1)^kU_n(x)+\sum_{j=1}^{n}\phi'_k(x_j)\frac{U_n(x)}{(x-x_j)U'_n(x_j)}$$
$$=(-1)^kU_n(x)+\frac{-x_k}{2(1-x_k^2)}\frac{U_n(x)}{(x-x_k)U'_n(x_k)}+$$
$$\sum_{j\ne k}\frac{(-1)^{k+j}}{x_j-x_k}\frac{U_n(x)}{(x-x_j)U'_n(x_j)}$$
$$\tag{14.62}$$

又可得

$$\int_{-1}^{1}\frac{U_n(x)}{(x-x_j)U'_n(x_j)}\frac{U_n(x)}{(x-x_k)U'_n(x_k)}\sqrt{1-x^2}\,\mathrm{d}x$$
$$=\begin{cases}0 & (j\ne k)\\ \dfrac{(1-x_j^2)\pi}{n+1} & (j=k)\end{cases}$$
$$\tag{14.63}$$

Lagrange 插值多项式

由式 (14.62)(14.63) 及 $\{U_n(x)\}_{n=1}^{\infty}$ 关于权函数 $\sqrt{1-x^2}$ 的正交性知,当 $k \neq m$ 时

$$\int_{-1}^{1} \phi'_k(x) \phi'_m(x) \sqrt{1-x^2}\, \mathrm{d}x$$

$$= (-1)^{k+m} \int_{-1}^{1} U_n^2(x) \sqrt{1-x^2}\, \mathrm{d}x +$$

$$\frac{\pi}{n+1} \sum_{j=1}^{n} (1-x_j^2) \phi'_k(x_j) \phi'_m(x_j)$$

$$= \frac{(-1)^{k+m} \pi}{2} + \frac{(-1)^{k+m+1}(x_k - x_m)\pi}{2(n+1)(x_k - x_m)} +$$

$$\frac{(-1)^{k+m} \pi}{n+1} \sum_{j \neq k,m} \frac{1 - x_j^2}{(x_j - x_k)(x_j - x_m)}$$

$$= \frac{(-1)^{k+m} n\pi}{2(n+1)} + \frac{(-1)^{k+m} \pi}{(n+1)(x_k - x_m)} \cdot$$

$$\left(\sum_{j \neq k,m} \frac{1-x_j^2}{x_j - x_k} - \sum_{j \neq k,m} \frac{1-x_j^2}{x_j - x_m} \right) \tag{14.64}$$

由 $\sum_{j=1}^{n} \frac{U_n(x)}{x - x_j} = U'_n(x)$,可计算得

$$\sum_{j \neq k} \frac{1}{x_k - x_j} = \lim_{x \to x_k} \left(\frac{U'_n(x)}{U_n(x)} - \frac{1}{x - x_k} \right) = \frac{3x_k}{2(1-x_k^2)} \tag{14.65}$$

由式 (14.65) 及简单计算,得到

$$\sum_{j \neq k,m} \frac{1-x_j^2}{x_j - x_k} = -(1-x_k^2) \sum_{j \neq k} \frac{1}{x_k - x_j} - \sum_{j \neq k}(x_j + x_k) - \frac{1-x_m^2}{x_m - x_k}$$

$$= -\frac{3x_k}{2} - (n-2)x_k - \frac{1-x_m^2}{x_m - x_k}$$

$$= \left(-n + \frac{1}{2}\right) x_k - \frac{1-x_m^2}{x_m - x_k} \tag{14.66}$$

类似有

第四编　伯格曼空间和维纳空间的拉格朗日插值

$$\sum_{j \neq k, m} \frac{1 - x_j^2}{x_j - x_m} = \left(-n + \frac{1}{2}\right) x_m - \frac{1 - x_k^2}{x_k - x_m}$$

(14.67)

由(14.64)—(14.67)各式,推得

$$\int_{-1}^{1} \phi'_k(x) \phi'_m(x) \sqrt{1 - x^2} \, dx$$
$$= \frac{(-1)^{k+m+1}(n-1)\pi}{2(n+1)} +$$
$$\frac{(-1)^{k+m} \pi}{(n+1)(x_k - x_m)} \left(\frac{1 - x_k^2}{x_k - x_m} - \frac{1 - x_m^2}{x_m - x_k} \right)$$

(14.68)

类似于式(14.62)的证明,由式(14.40)可得

$$\phi'_0(x) = \frac{U_n(x)}{2} + \sum_{j=1}^{n} \frac{(-1)^{j+1}}{2(1 - x_j)} \frac{U_n(x)}{(x - x_j) U'_n(x_j)}$$

(14.69)

$$\phi'_{n+1}(x) = \frac{(-1)^{n+1} U_n(x)}{2} +$$
$$\sum_{j=1}^{n} \frac{(-1)^{j+n+1}}{2(1 + x_j)} \frac{U_n(x)}{(x - x_j) U'_n(x_j)}$$

(14.70)

类似于式(14.68)的计算,由(14.62)(14.63)(14.69)和(14.70)各式直接计算得

$$\int_{-1}^{1} \phi'_0(x) \phi'_{n+1}(x) \sqrt{1 - x^2} \, dx = \frac{(-1)^n \pi (n-1)}{8(n+1)}$$

(14.71)

$$\int_{-1}^{1} \phi'_0(x) \phi'_k(x) \sqrt{1 - x^2} \, dx$$
$$= \frac{(-1)^{k+1} \pi}{4} + \frac{(-1)^k \pi}{(n+1)(1 - x_k)} \quad (k = 1, \cdots, n)$$

(14.72)

Lagrange 插值多项式

$$\int_{-1}^{1} \phi'_k(x)\phi'_{n+1}(x)\sqrt{1-x^2}\,dx$$
$$=\frac{(-1)^{n+k}\pi}{4}+\frac{(-1)^{n+k+1}\pi}{(n+1)(1+x_k)} \quad (k=1,\cdots,n)$$
$$(14.73)$$

由式(14.61)可得

$$A=\sum_{k=1}^{n}\sum_{m=1}^{n}|x_k-x_m|^3\int_{-1}^{1}\phi'_k(x)\phi'_m(x)\sqrt{1-x^2}\,dx+$$
$$16\int_{-1}^{1}\phi'_0(x)\phi'_{n+1}(x)\sqrt{1-x^2}\,dx+$$
$$2\sum_{k=1}^{n}(1-x_k)^3\int_{-1}^{1}\phi'_0(x)\phi'_k(x)\sqrt{1-x^2}\,dx+$$
$$2\sum_{k=1}^{n}(1+x_k)^3\int_{-1}^{1}\phi'_{n+1}(x)\phi'_k(x)\sqrt{1-x^2}\,dx$$
$$=J_1+J_2+2J_3+2J_4 \qquad (14.74)$$

由式(14.68)(14.74)类似于式(14.26),计算得

$$J_1=\sum_{k=1}^{n}\sum_{m=1}^{n}|x_k-x_m|^3 \cdot$$
$$\left(\frac{(-1)^{k+m+1}(n-1)\pi}{2(n+1)}+\frac{(-1)^{k+m}\pi}{(n+1)(x_k-x_m)}\cdot\right.$$
$$\left.\left(\frac{1-x_k^2}{x_k-x_m}-\frac{1-x_m^2}{x_m-x_k}\right)\right)$$
$$=2\sum_{k=1}^{n}\sum_{m=1}^{k-1}(x_m-x_k)^3\frac{(-1)^{k+m+1}(n-1)\pi}{2(n+1)}+$$
$$4\sum_{k=1}^{n}\sum_{m=1}^{k-1}\frac{(-1)^{k+m}(x_m-x_k)(1-x_k^2)\pi}{n+1}$$
$$=\frac{(n-1)\pi}{n+1}\sum_{k=1}^{n}\sum_{m=1}^{k-1}(-1)^{k+m+1}(x_m-x_k)^3+$$
$$\frac{4\pi}{n+1}\sum_{k=1}^{n}\sum_{m=1}^{k-1}(-1)^{k+m}(x_m-x_k)(1-x_k^2)$$

$$= \frac{(n-1)\pi}{n+1}\left\{2(-1)^n + \frac{1}{2} - \frac{3}{8\cos\frac{\pi}{n+1}} - \right.$$

$$\left. \frac{3\sin\frac{5\pi}{2(n+1)}}{8\cos\frac{\pi}{n+1}\sin\frac{3\pi}{2(n+1)}} + \frac{3\sin\frac{2\pi}{n+1}}{8\cos\frac{\pi}{2n}\sin\frac{3\pi}{2(n+1)}}\right\} +$$

$$\frac{4\pi}{n+1}\left\{\frac{\sin\frac{2\pi}{n+1}}{8\cos\frac{\pi}{2n}\sin\frac{3\pi}{2(n+1)}} - \frac{1}{2}\right\} \qquad (14.75)$$

由式(14.71)可得

$$J_2 = \frac{2(-1)^n(n-1)\pi}{n+1} \qquad (14.76)$$

由(14.72)(14.73)(14.74)三式类似于式(14.26),计算得

$$J_3 = \frac{\pi}{4}\sum_{k=0}^{n}(-1)^{k+1}(1-x_k)^3 +$$

$$\frac{\pi}{n+1}\sum_{k=0}^{n}(-1)^k(1-x_k)^2$$

$$= \frac{(-1)^{n+1}(n-1)\pi}{n+1} \qquad (14.77)$$

$$J_4 = \frac{(-1)^{n+1}(n-1)\pi}{n+1} \qquad (14.78)$$

由式(14.61)及(14.74)—(14.78)各式,得到

$$I_3 = \frac{\pi}{16} + \frac{(n-1)\pi}{96(n+1)}\left\{\frac{1}{2} - \frac{3}{8\cos\frac{\pi}{n+1}} - \right.$$

$$\left. \frac{3\sin\frac{5\pi}{2(n+1)}}{8\cos\frac{\pi}{n+1}\sin\frac{3\pi}{2(n+1)}} + \frac{3\sin\frac{2\pi}{n+1}}{8\cos\frac{\pi}{2n}\sin\frac{3\pi}{2(n+1)}}\right\} +$$

Lagrange 插值多项式

$$\frac{\pi}{24(n+1)}\left\{\frac{\sin\dfrac{2\pi}{n+1}}{8\cos\dfrac{\pi}{2n}\sin\dfrac{3\pi}{2(n+1)}} - \frac{1}{2}\right\}$$

(14.79)

由(14.58)—(14.60)及(14.79)各式可得定理 14.2 的结果.

§5 定理 14.3 的证明

为讨论方便,考虑 Q_{n+2},类似于式(14.22),对 $x \in [x_{s+1}, x_s] \subset [-1,1]$,由(14.6)(14.13)—(14.15)及(14.17)各式,可得

$$H(x) = \int_F (f'(x) - Q'_{n+2}(f,x))^2 \omega(\mathrm{d}f)$$

$$= \frac{1}{96}\sum_{k=0}^{n+1}\sum_{m=0}^{n+1} |x_k - x_m|^3 \phi'_k(x)\phi'_m(x) +$$

$$\sum_{k=0}^{s}\frac{(x-x_k)^2}{8}\phi'_k(x)$$

$$= \frac{E(x)}{96} + \frac{D(x)}{8}$$

(14.80)

类似于式(14.48)的计算,由式(14.37)及(14.69),可得

$$D(x) = \frac{(1-x)(U_n(x) - (n+1)T_{n+1}(x))}{2(n+1)} +$$

$$\sum_{k=1}^{s}\frac{(-1)^k((1-x_k x)U_n(x) + (n+1)(x-x_k)T_{n+1}(x))}{n+1}$$

$$= \frac{(1-x)U_n(x)}{2(n+1)} - \frac{(1-x)T_{n+1}(x)}{2} -$$

第四编 伯格曼空间和维纳空间的拉格朗日插值

$$\frac{1-(-1)^s}{2}\left(xT_{n+1}(x)+\frac{U_n(x)}{n+1}\right)-$$

$$\left(T_{n+1}(x)+\frac{xU_n(x)}{n+1}\right) \cdot$$

$$\left(-\frac{1}{2}+\frac{(-1)^s x_s}{2}-\frac{(-1)^s\sqrt{1-x_s^2}}{2}\tan\frac{\pi}{2(n+1)}\right)$$

$$=\frac{(1-x^2)\mid U_n(x)\mid}{2(n+1)}+\frac{(x-x_s)\mid T_{n+1}(x)\mid}{2}+$$

$$\frac{\pi\sqrt{1-x^2}\mid T_{n+1}(x)\mid}{4(n+1)}+o\left(\frac{1}{n}\right) \quad (14.81)$$

由式(14.80) 和(14.17),可推得

$$E(x)=\sum_{k=1}^{n}\sum_{m=1}^{n}\mid x_k-x_m\mid^3 \phi'_k(x)\phi'_m(x)+$$

$$2\phi'_0(x)\sum_{m=0}^{n+1}(1-x_m)^3\phi'_m(x)+$$

$$2\phi'_{n+1}(x)\sum_{k=0}^{n+1}(x_k+1)^3\phi'_k(x)-$$

$$16\phi'_0(x)\phi'_{n+1}(x)$$

$$=\sum_{k=1}^{n}\sum_{m=1}^{n}\mid x_k-x_m\mid^3\phi'_k(x)\phi'_m(x)-$$

$$6(1-x)^2\phi'_0(x)+$$

$$6(1+x)^2\phi'_{n+1}(x)-16\phi'_0(x)\phi'_{n+1}(x)$$

$$(14.82)$$

易知 $E(x)$ 为一次数不高于 $2n$ 的代数多项式,因此由式(14.16) 可知

$$E(x)=Q_{2n+3}(E,x)=\sum_{l=0}^{2n+2}E(s_l)\phi_l(x) \quad (14.83)$$

其中

$$s_l=\cos\frac{l\pi}{2(n+1)}, l=0,1,\cdots,2n+2$$

Lagrange 插值多项式

下面考虑式(14.83)中的 $E(s_l)$. 对 $l=0$，由(14.82)(14.5) 和(14.37) 三式，直接计算得

$$E(s_0) = E(1) = \frac{(-1)^n(8n^2+16n-24)}{3} +$$

$$4\sum_{k=1}^{n}\sum_{m=1}^{n}|x_k-x_m|^3\frac{(-1)^{k+m}}{(1-x_k)(1-x_m)}$$

(14.84)

由求和公式关于 x_k 和 x_m 的对称性，可推得

$$\sum_{k=1}^{n}\sum_{m=1}^{n}|x_k-x_m|^3\frac{(-1)^{k+m}}{(1-x_k)(1-x_m)}$$

$$=\sum_{k=1}^{n}\sum_{m=1}^{n}\frac{(-1)^{k+m}|x_k-x_m|^3}{x_k-x_m}\frac{1}{1-x_k}+$$

$$\sum_{k=1}^{n}\sum_{m=1}^{n}\frac{(-1)^{k+m}|x_k-x_m|^3}{x_m-x_k}\frac{1}{1-x_m}$$

$$=2\sum_{k=1}^{n}\frac{(-1)^k}{1-x_k}\sum_{m=1}^{n}(-1)^m|x_k-x_m|(x_k-x_m)$$

(14.85)

对式(14.85) 中的任意 $k(1\leqslant k\leqslant n)$，通过计算可得

$$\sum_{m=1}^{n}(-1)^m|x_k-x_m|(x_k-x_m)$$

$$=2\sum_{m=1}^{k-1}(-1)^{m+1}(x_k-x_m)^2+$$

$$\sum_{m=1}^{n}(-1)^m(x_k-x_m)^2$$

$$=\frac{(-1)^n(1+x_k)^2}{2}+\frac{(1-x_k)^2}{2}+$$

$$(-1)^k x_k\sqrt{1-x_k^2}\left(\tan\frac{\pi}{n+1}-2\tan\frac{\pi}{2(n+1)}\right)$$

222

$$= \frac{(-1)^n(1+x_k)^2}{2} + \frac{(1-x_k)^2}{2} + O\left(\frac{\sqrt{1-x_k^2}}{n^3}\right)$$
$$(14.86)$$

由
$$\sum_{k=1}^{n} \phi_k(x) = 1 - \phi_0(x) - \phi_{n+1}(x) \quad (14.87)$$

可得
$$\sum_{k=1}^{n} \phi'_k(x) = -\phi'_0(x) - \phi'_{n+1}(x) \quad (14.88)$$

令 $x=1$，由式(14.37)和(14.88)，可得
$$\sum_{k=1}^{n} \frac{(-1)^k}{1-x_k} = -\frac{\phi'_0(1) + \phi'_{n+1}(1)}{2}$$
$$= -\frac{1+(-1)^{n+1}}{4} - \frac{n(n+2)}{6}$$
$$(14.89)$$

由(14.84)(14.85)(14.86)和(14.89)各式，直接计算得
$$E(1) = \frac{(-1)^n(8n^2+16n-24)}{3} +$$
$$16(-1)^n \sum_{k=1}^{n} \frac{(-1)^k}{1-x_k} - 16(-1)^n \sum_{k=1}^{n} (-1)^k +$$
$$4((-1)^n+1) \sum_{k=1}^{n} (-1)^k(1-x_k) + O\left(\frac{\ln n}{n^2}\right)$$
$$= O\left(\frac{\ln n}{n^2}\right) \qquad (14.90)$$

类似计算可得
$$E(s_{2n+2}) = E(-1) = O\left(\frac{\ln n}{n^2}\right) \quad (14.91)$$

对 $l=2j, j=1,\cdots,n, s_l=x_j$，因此由(14.82)(14.5)和(14.38)—(14.40)各式，直接计算得

Lagrange 插值多项式

$$E(s_l) = E(x_j) = 3(-1)^j(1-x_j) +$$

$$3(-1)^{j+n+1}(1+x_j) + \frac{4(-1)^{n+1}}{1-x_j^2} +$$

$$\sum_{k \neq j}^{n} \sum_{m \neq j}^{n} |x_k - x_m|^3 \frac{(-1)^{k+m}}{(x_j - x_k)(x_j - x_m)} -$$

$$\frac{(-1)^j x_j}{1-x_j^2} \sum_{k=1}^{n} (-1)^k |x_k - x_j|(x_j - x_k)$$

$$(14.92)$$

类似于式(14.85)的计算,由(14.86)可得

$$\sum_{k \neq j}^{n} \sum_{m \neq j}^{n} |x_k - x_m|^3 \frac{(-1)^{k+m}}{(x_j - x_k)(x_j - x_m)}$$

$$= 2 \sum_{k \neq j}^{n} \sum_{m \neq j}^{n} |x_k - x_m|^3 \frac{(-1)^{k+m}}{(x_j - x_k)(x_k - x_m)}$$

$$= 2 \sum_{k \neq j}^{n} \frac{(-1)^k}{x_j - x_k} \sum_{m=1}^{n} (-1)^m |x_k - x_m|(x_k - x_m) -$$

$$2 \sum_{k \neq j}^{n} (-1)^{k+j+1} |x_k - x_j|$$

$$= \sum_{k \neq j}^{n} \frac{(-1)^k}{x_j - x_k} ((-1)^n(1+x_k)^2 + (1-x_k)^2) +$$

$$2 \sum_{k \neq j}^{n} (-1)^{k+j} |x_k - x_j| + O\left(\frac{\ln n}{n^2}\right) \quad (14.93)$$

由式(14.88)可得

$$\sum_{k \neq j} \phi'_k(x) = -\phi'_0(x) - \phi'_{n+1}(x) - \phi'_j(x)$$

$$(14.94)$$

令 $x = x_j$,由(14.38)—(14.40)及(14.94)各式,可得

$$\sum_{k \neq j} \frac{(-1)^k}{x_j - x_k} = \frac{1}{2(1-x_j)} + \frac{(-1)^n}{2(1+x_j)} + \frac{(-1)^j x_j}{2(1-x_j^2)}$$

$$(14.95)$$

由(14.86)(14.92)—(14.95)各式,直接计算得

第四编 伯格曼空间和维纳空间的拉格朗日插值

$$E(s_l) = 3(-1)^j(1-x_j) + 3(-1)^{j+n+1}(1+x_j) +$$
$$\frac{4(-1)^{n+1}}{1-x_j^2} +$$
$$2\Big(\frac{1}{2(1-x_j)} + \frac{(-1)^n}{2(1+x_j)} + \frac{(-1)^j x_j}{2(1-x_j^2)}\Big) \cdot$$
$$\Big(\frac{(-1)^n(1+x_j)^2}{2} + \frac{(1-x_j)^2}{2}\Big) +$$
$$\sum_{k=1}^{n}(-1)^{k+1}((-1)^n(2+x_k+x_j) -$$
$$(2-x_k-x_j)) -$$
$$2(-1)^{j+1}((-1)^n(1+x_j) - (1-x_j)) -$$
$$2(-1)^j\Big(2\sum_{k=1}^{j-1}(-1)^{k+1}(x_k-x_j) -$$
$$\sum_{k=1}^{n}(-1)^{k+1}(x_k-x_j)\Big) -$$
$$\frac{(-1)^j x_j}{1-x_j^2}\Big(\frac{(-1)^n(1+x_j)^2}{2} + \frac{(1-x_j)^2}{2}\Big) +$$
$$O\Big(\frac{\ln n}{n^2}\Big)$$
$$= -\frac{\pi\sqrt{1-x_j^2}}{n+1} + O\Big(\frac{\ln n}{n^2}\Big) \qquad (14.96)$$

对 $l = 2j-1, j = 1, \cdots, n+1, s_l = t_j = \cos\dfrac{(2j-1)\pi}{2(n+1)}$, 由式(14.37)简单计算得

$$\phi'_k(t_j) = \frac{(-1)^{k+j+1}(1-t_j x_k)}{(n+1)\sqrt{1-t_j^2}(t_j-x_k)^2}$$
$$(k=1,2,\cdots,n; j=1,\cdots,n+1) \quad (14.97)$$
$$\phi'_0(t_j) = \frac{(-1)^{j+1}}{2(n+1)(1-t_j)\sqrt{1-t_j^2}} \quad (j=1,\cdots,n+1)$$
$$(14.98)$$

Lagrange 插值多项式

$$\phi'_{n+1}(t_j) = \frac{(-1)^{j+n}}{2(n+1)(1+t_j)\sqrt{1-t_j^2}} \quad (j=1,\cdots,n+1)$$
(14.99)

由式(14.82)及(14.97)—(14.99)各式,可得

$$E(s_l) = E(t_j) = \frac{3(-1)^j(1-t_j)}{(n+1)\sqrt{1-t_j^2}} + \frac{3(-1)^{j+n}(1+t_j)}{(n+1)\sqrt{1-t_j^2}} +$$

$$\frac{4(-1)^n}{(n+1)(1-t_j^2)^2} + \frac{1}{(n+1)^2(1-t_j^2)} \cdot$$

$$\sum_{k=1}^{n}\sum_{m=1}^{n}(-1)^{k+m}\mid x_k - x_m \mid^3 \cdot$$

$$\frac{(1-t_jx_k)(1-t_jx_m)}{(t_j-x_k)^2(t_j-x_m)^2}$$
(14.100)

易检验对 $k \neq m$,有

$$\frac{(1-t_jx_k)(1-t_jx_m)}{(t_j-x_k)^2(t_j-x_m)^2}$$

$$= \frac{(1-x_k^2)(1-x_kx_m)}{(x_k-x_m)^2(t_j-x_k)^2} +$$

$$\frac{-2+2x_kx_m+x_k^2+x_m^2-2x_k^2x_m^2}{(x_k-x_m)^3(t_j-x_k)} +$$

$$\frac{(1-x_m^2)(1-x_kx_m)}{(x_k-x_m)^2(t_j-x_m)^2} +$$

$$\frac{-2+2x_kx_m+x_k^2+x_m^2-2x_k^2x_m^2}{(x_m-x_k)^3(t_j-x_m)}$$
(14.101)

由式(14.101)及求和公式关于 x_k, x_m 的对称性,得到

$$\sum_{k=1}^{n}\sum_{m=1}^{n}(-1)^{k+m}\mid x_k - x_m \mid^3 \frac{(1-t_jx_k)(1-t_jx_m)}{(t_j-x_k)^2(t_j-x_m)^2}$$

$$= 2\sum_{k=1}^{n}\frac{(-1)^k(1-x_k^2)}{(t_j-x_k)^2} \cdot$$

$$\sum_{m=1}^{n}(-1)^m \mid x_k - x_m \mid (1-x_kx_m) +$$

$$2\sum_{k=1}^{n}\frac{(-1)^k}{t_j-x_k}\sum_{m=1}^{n}(-1)^m\mathrm{sign}(x_k-x_m)\cdot$$
$$(-2+2x_kx_m+x_k^2+x_m^2-2x_k^2x_m^2)$$
$$=A_1+A_2 \tag{14.102}$$

令 $x=t_j$,再由 (14.87)(14.4)(14.5)(14.88)(14.97)—(14.99)各式,经简单计算得

$$\sum_{k=1}^{n}\frac{(-1)^{k+1}}{t_j-x_k}=\frac{(-1)^{j+1}(n+1)}{\sqrt{1-t_j^2}}-\frac{1}{2(1-t_j)}-\frac{(-1)^n}{2(1+t_j)} \tag{14.103}$$

$$\sum_{k=1}^{n}\frac{(-1)^k(1-t_jx_k)}{(t_j-x_k)^2}=-\frac{1}{2(1-t_j)}+\frac{(-1)^n}{2(1+t_j)} \tag{14.104}$$

对任意 $k(1\leqslant k\leqslant n)$,类似于式(14.86)的计算,可得

$$\sum_{m=1}^{n}(-1)^m\mid x_k-x_m\mid(1-x_kx_m)$$
$$=\frac{(-1)^n(1+x_k)^2}{2}-\frac{(1-x_k)^2}{2}-$$
$$(-1)^k\sqrt{1-x_k^2}\left((1+x_k^2)\tan\frac{\pi}{2(n+1)}+x_k^2\tan\frac{\pi}{n+1}\right)$$
$$=\frac{(-1)^n(1+x_k)^2}{2}-\frac{(1-x_k)^2}{2}-$$
$$\frac{(-1)^k\pi(1-x_k^2)\sqrt{1-x_k^2}}{2(n+1)}+O\left(\frac{\sqrt{1-x_k^2}}{n^3}\right) \tag{14.105}$$

$$\sum_{m=1}^{n}(-1)^m\mathrm{sign}(x_k-x_m)(-2+2x_kx_m+x_k^2+x_m^2-2x_k^2x_m^2)$$
$$=\frac{(-1)^n(1+x_k)^2}{2}-\frac{(1-x_k)^2}{2}+$$

Lagrange 插值多项式

$$(-1)^k x_k \sqrt{1-x_k^2}\left(2\tan\frac{\pi}{2(n+1)}+(1-2x_k^2)\tan\frac{\pi}{n+1}\right)$$

$$=\frac{(-1)^n(1+x_k)^2}{2}-\frac{(1-x_k)^2}{2}+$$

$$\frac{2(-1)^k \pi x_k(1-x_k^2)\sqrt{1-x_k^2}}{n+1}+O\left(\frac{\sqrt{1-x_k^2}}{n^3}\right)$$

$$(14.106)$$

由式(14.102)和(14.105),得到

$$A_1=\sum_{k=1}^n\frac{(-1)^k(1-x_k^2)((-1)^n(1+x_k)^2-(1-x_k)^2)}{(t_j-x_k)^2}-$$

$$\frac{\pi}{n+1}\sum_{k=1}^n\frac{(1-x_k^2)^{\frac{5}{2}}}{(t_j-x_k)^2}+O\left(\frac{1}{n^3}\right)\sum_{k=1}^n\frac{(1-x_k^2)^{\frac{3}{2}}}{(t_j-x_k)^2}$$

$$(14.107)$$

由式(14.103)和(14.104),直接计算得

$$\sum_{k=1}^n\frac{(-1)^k(1-x_k^2)(1+x_k)^2}{(t_j-x_k)^2}$$

$$=(1+t_j)^2\left(\sum_{k=1}^n\frac{(-1)^k(1-t_jx_k)}{(t_j-x_k)^2}-(2-3t_j)\sum_{k=1}^n\frac{(-1)^k}{t_j-x_k}\right)+$$

$$\sum_{k=1}^n(-1)^{k+1}(4t_j+3t_j^2+x_k^2+2x_k+2x_kt_j)$$

$$=\frac{(-1)^{j+1}(n+1)(1+t_j)^2(2-3t_j)}{\sqrt{1-t_j^2}} \qquad (14.108)$$

类似地,有

$$\sum_{k=1}^n\frac{(-1)^k(1-x_k^2)(1-x_k)^2}{(t_j-x_k)^2}$$

$$=\frac{(-1)^{j+1}(n+1)(-3t_j^3+4t_j^2+t_j-2)}{\sqrt{1-t_j^2}}$$

$$(14.109)$$

又可知

$$\sum_{k=1}^{n} \frac{U_n^2(x)}{(x-x_k)^2} = (U'_n(x))^2 - U_n(x)U''_n(x)$$

(14.110)

令 $x = t_j$，由式(14.110) 可得

$$\sum_{k=1}^{n} \frac{1}{(t_j - x_k)^2} = \frac{-2t_j^2}{(1-t_j^2)^2} + \frac{n(n+2)}{1-t_j^2}$$

(14.111)

类似于式(14.46)，可得

$$\sum_{k=1}^{n} \frac{(1-t_j^2) \left| \sqrt{1-x_k^2} - \sqrt{1-t_j^2} \right|}{(t_j - x_k)^2}$$

$$= \sum_{k=1}^{n} \frac{(1-t_j^2) \mid t_j + x_k \mid}{(\sqrt{1-x_k^2} + \sqrt{1-t_j^2}) \mid t_j - x_k \mid}$$

$$\leqslant \sum_{k=1}^{n} \frac{2\sqrt{1-t_j^2}}{\mid t_j - x_k \mid} = O(n \ln n) \qquad (14.112)$$

由式(14.111) 和(14.112)，直接计算得

$$\sum_{k=1}^{n} \frac{(1-x_k^2)^{\frac{5}{2}}}{(t_j - x_k)^2}$$

$$= (1-t_j^2)^2 \sum_{k=1}^{n} \frac{\sqrt{1-x_k^2} - \sqrt{1-t_j^2}}{(t_j - x_k)^2} +$$

$$(1-t_j^2)^{\frac{5}{2}} \sum_{k=1}^{n} \frac{1}{(t_j - x_k)^2} +$$

$$(1-t_j^2) \sum_{k=1}^{n} \sqrt{1-x_k^2} \left(\frac{2(t_j + x_k)}{t_j - x_k} - 1 \right) +$$

$$\sum_{k=1}^{n} (1 + 2t_j x_k + x_k^2) \sqrt{1-x_k^2}$$

$$O(n \ln n)(1-t_j^2) + n(n+2)(1-t_j^2)^{\frac{3}{2}} +$$

$$\frac{5}{4} \cot \frac{\pi}{2(n+1)} + \frac{1}{4} \cot \frac{3\pi}{2(n+1)}$$

(14.113)

Lagrange 插值多项式

由式(14.111)和(14.112),类似可得

$$\sum_{k=1}^{n} \frac{(1-x_k^2)^{\frac{3}{2}}}{(t_j-x_k)^2} = \sum_{k=1}^{n} \frac{(1-t_j^2)^{\frac{3}{2}}}{(t_j-x_k)^2} +$$

$$\sum_{k=1}^{n} \frac{(1-t_j^2)(\sqrt{1-x_k^2}-\sqrt{1-t_j^2})}{(t_j-x_k)^2} +$$

$$\sum_{k=1}^{n} \frac{(t_j+x_k)\sqrt{1-x_k^2}}{t_j-x_k}$$

$$= \frac{-2t_j^2}{\sqrt{1-t_j^2}} + n(n+2)\sqrt{1-t_j^2} + O(n\ln n)$$

$$(14.114)$$

由式(14.102)和(14.106),推得

$$A_2 = \sum_{k=1}^{n} \frac{(-1)^{k+1}((-1)^n(1+x_k)^2+(1-x_k)^2)}{t_j-x_k} +$$

$$\frac{4\pi}{n+1}\sum_{k=1}^{n} \frac{x_k(1-x_k^2)^{\frac{3}{2}}}{t_j-x_k} + O\left(\frac{\ln n}{n^2}\right) \quad (14.115)$$

由式(14.103)直接计算得

$$\sum_{k=1}^{n} \frac{(-1)^k(1+x_k)^2}{t_j-x_k}$$

$$= \frac{(-1)^j(n+1)(1+t_j)^2}{\sqrt{1-t_j^2}} + \frac{2}{1-t_j}$$

$$(14.116)$$

类似地,有

$$\sum_{k=1}^{n} \frac{(-1)^k(1-x_k)^2}{t_j-x_k}$$

$$= \frac{(-1)^j(n+1)(1-t_j)^2}{\sqrt{1-t_j^2}} + \frac{2(-1)^n}{1+t_j}$$

$$(14.117)$$

直接计算得到

第四编 伯格曼空间和维纳空间的拉格朗日插值

$$\sum_{k=1}^{n} \frac{x_k(1-x_k^2)\sqrt{1-x_k^2}}{t_j - x_k}$$

$$= t_j(1-t_j^2) \sum_{k=1}^{n} \frac{\sqrt{1-x_k^2}}{t_j - x_k} + \sum_{k=1}^{n} (-1 + t_j^2 + t_j x_k + x_k^2) \cdot \sqrt{1-x_k^2}$$

$$= O(n\ln n)(1-t_j^2) + \frac{1}{4}\cot\frac{\pi}{2(n+1)} + \frac{1}{4}\cot\frac{3\pi}{2(n+1)} \quad (14.118)$$

由(14.100)(14.102)(14.107)—(14.109)及(14.113)—(14.118)各式,经简单讨论得到

$$E(s_l) = -\frac{\pi\sqrt{1-t_j^2}}{n+1} O\left(\frac{\ln n}{n^2}\right) \quad (14.119)$$

类似于式(14.46),可检验

$$\sum_{l=0}^{2n+2} |\phi_l(x)| = O(\ln n) \quad (14.120)$$

由式(14.120)和拉格朗日插值性质,可得

$$\left| \sqrt{1-x^2} - \sum_{l=0}^{2n+2} \sqrt{1-s_l^2} \phi_l(x) \right|$$

$$= O(\ln n) E_{2n+2}(\sqrt{1-x^2}) = O\left(\frac{\ln n}{n}\right)$$

$$(14.121)$$

其中 $E_n(f)$ 表示 f 在最大范数意义下的 n 次代数多项式最佳逼近,由(14.83)(14.90)(14.91)(14.96)和(14.119)—(14.121)各式,可得

$$E(x) = -\frac{\pi\sqrt{1-x^2}}{n+1} + O\left(\frac{\ln^2 n}{n^2}\right) \quad (14.122)$$

由(14.80)(14.81)和(14.122)三式,可得

$$H(x) = \frac{(1-x^2)|U_n(x)|}{16(n+1)} +$$

Lagrange 插值多项式

$$\frac{|T_{n+1}(x)|}{16}\left(x - x_s + \frac{\pi\sqrt{1-x^2}}{2(n+1)}\right) -$$

$$\frac{\pi\sqrt{1-x^2}}{96(n+1)} + o\left(\frac{1}{n}\right) \qquad (14.123)$$

由式(14.80),可得

$$e_p^p(Q_{n+2}, \overline{\|\cdot\|}_{p,\rho}, F, \omega)$$

$$= v_p \cdot \int_{-1}^{1} |H(x)|^{\frac{p}{2}} \cdot \rho(x)\mathrm{d}x$$

$$= v_p \sum_{s=0}^{n} \int_{x_{s+1}}^{x_s} |H(x)|^{\frac{p}{2}} \cdot \rho(x)\mathrm{d}x \qquad (14.124)$$

类似于式(14.57)的证明,由式(14.123)和(14.124),可得定理 14.3 的结论.

第五编
多元拉格朗日插值

第五编 多元拉格朗日插值

多元插值的拉格朗日表达式[①]

第15章

吉林大学数学研究所的梁学章在1988年对一般的埃尔米特插值算子的多元扩张算子,给出了线性独立的插值泛函组及相应的拉格朗日基本多项式.

§1 引言

设 n 为非负整数,s 为自然数. $\mathbf{R}^s$ 表示 s 维欧氏空间,其中的点用 $X=(x_1, x_2,\cdots,x_s)^T$ 表示. 对于 $Y \in \mathbf{R}^s$,$Y=(y_1, y_2,\cdots,y_s)^T$,我们记

$$D_Y = \sum_{j=1}^{s} y_j \frac{\partial}{\partial x_j}$$

对于由 s 个非负整数 $\alpha_1,\alpha_2,\cdots,\alpha_s$ 所组成的行向量 $\alpha=(\alpha_1,\alpha_2,\cdots,\alpha_s)$,我们记

$$|\alpha|=\alpha_1+\alpha_2+\cdots+\alpha_s$$

---

① 选自:中国科学,1988,11:9.

Lagrange 插值多项式

$$D^a = \left(\frac{\partial}{\partial x_1}\right)^{a_1} \left(\frac{\partial}{\partial x_2}\right)^{a_2} \cdots \left(\frac{\partial}{\partial x_s}\right)^{a_s}$$

我们用 $C^r(\mathbf{R}^s)$ 表示定义于 $\mathbf{R}^s$ 上的所有 r 次连续可微的 s 元函数所构成的空间. $C^0(\mathbf{R}^s) = C(\mathbf{R}^s)$. 对于 $\mathbf{R}^s$ 中的点 $X^0, X^1, \cdots, X^m$,我们用 $[X^0, X^1, \cdots, X^m]$ 表示它们的凸闭包. 并引进如下线性泛函

$$\int_{[X^0, X^1, \cdots, X^m]} f$$
$$= \int_{S^{m+1}} f(v_0 X^0 + v_1 X^1 + \cdots + v_m X^m) \mathrm{d}v_1 \mathrm{d}v_2 \cdots \mathrm{d}v_m$$

其中
$$f(X) \in C(\mathbf{R}^s)$$
$$S^{m+1} = \{(v_0, v_1, \cdots, v_m) \mid v_i \geqslant 0,$$
$$i = 0, 1, \cdots, m; \sum_{i=0}^{m} v_i = 1\}$$

我们用 $\mathscr{P}_m^{(s)}$ 表示所有 s 元的总次数不超过 m 的实系数多项式所做成的空间. 对于有限集合 A,$|A|$ 表示 A 所含元素的个数(若有重复者,重数也计算在内).

设 l 为给定的非负整数,$0 \leqslant l \leqslant n$. $g^{(-l)}(t)$ 表示一元函数 $g(t)$ 的 l 重不定积分. 又设 $t_0, t_1, \cdots, t_n$ 是给定的一组实数. $H(g \mid t_0, t_1, \cdots, t_n)(t)$ 表示函数 $g(t)$ 关于结点 $t_0, t_1, \cdots, t_n$ 的 n 次埃尔米特插值多项式,则由关系式

$$H_l(g \mid t_0, t_1, \cdots, t_n)(t)$$
$$= H^{(l)}(g^{(-l)} \mid t_0, t_1, \cdots, t_n)(t) \qquad (15.1)$$

所定义的算子 H_l 称为广义埃尔米特插值算子. Kergin,Micchelli,Cavaretta 和古德曼(Goodman)等研究了这种插值算子的多元扩张问题:即求以 $\mathbf{R}^s$ 中任意给定的点 $X^0, X^1, \cdots, X^n$ 为结点的 s 元多项式插值算

子 $H_l(f \mid X^0, X^1, \cdots, X^n)(X)$,使得对任何 $X, \lambda \in \mathbf{R}^s$ 和任何充分光滑的一元函数 $g(t)$,取 $f_\lambda(X) = g(\lambda^T X)$,都有

$$H_l(f_\lambda \mid X^0, X^1, \cdots, X^n)(X)$$
$$= H^{(l)}(g^{(-l)} \mid \lambda^T X^0, \lambda^T X^1, \cdots, \lambda^T X^n)(\lambda^T X)$$
(15.2)

他们得到如下如果:

定理 15.1 设 $X^0, X^1, \cdots, X^n \in \mathbf{R}^s, 0 \leqslant l \leqslant n$,则对于 $f(X) \in C^{n-l}(\mathbf{R}^s)$,存在着唯一的 $P(X) \in \mathscr{P}_{n-l}^{(s)}$,使得对一切满足 $|A| \geqslant l+1$ 的 $A \subset \{X^0, X^1, \cdots, X^n\}$ 和满足 $|\boldsymbol{\alpha}| = |A| - l - 1$ 之 $\boldsymbol{\alpha}$ 都有

$$\int_{[A]} D^\alpha P = \int_{[A]} D^\alpha f \qquad (15.3)$$

而且有如下表达式成立
$$P(X) = H_l(f \mid X^0, X^1, \cdots, X^n)(X)$$
$$= l! \left(\int_{[X^0, X^1, \cdots, X^l]} f + \sum_{j=0}^{l} \int_{[X^0, X^1, \cdots, X^{l+1}]} D_{X-X^j} f + \cdots + \sum_{0 \leqslant l_1 \leqslant l_2 \leqslant \cdots \leqslant l_{n-1}} \int_{[X^0, X^1, \cdots, X^{l+1}]} D_{X-X^{j_1}} \cdots D_{X-X^{j_{n-1}}} f \right)$$
(15.4)

表达式 (15.4) 是属于牛顿型的. 古德曼等曾研究了一个很有意义的问题: 即寻求多元插值算子 $H_l(f \mid X^0, X^1, \cdots, X^n)(X)$ 的拉格朗日表达式. 但他们只对 $l \geqslant s - 3 \geqslant 0$ 的情形解决了这一问题. 本章的目的是要去掉这一限制条件, 对一般情形给出算子 $H_l(f \mid X^0, X^1, \cdots, X^n)(X)$ 的拉格朗日表达式.

Lagrange 插值多项式

§2 多元古典插值的适定性问题

为了给出多元扩张插值算子 H_1 的拉格朗日表达式,我们必须先建立关于多元古典插值的存在性与唯一性的若干结果.

定义 15.1 设 $\mathcal{U}_k^{(m)}$ 是由 m 维线性流形 $\pi_m \subset \mathbf{R}^s$ 上 $\binom{m+k}{m}$ 个互不相同的点所构成的点集. 若

$$\{P \in \mathcal{P}_k^{(s)} \mid P(\mathcal{U}_k^{(m)}) = \{0\}\} = \{P \in \mathcal{P}_k^{(s)} \mid P(\pi_m) = \{0\}\}$$
(15.5)

则称点集 $\mathcal{U}_k^{(m)}$ 为 m 维 k 次适定结点组.

定理 15.2 设 π_{s-1} 是 $\mathbf{R}^s$ 中的任意 $s-1$ 维超平面. $\mathcal{U}_{k+1}^{(s-1)} \subset \pi_{s-1}$ 是 $s-1$ 维 $k+1$ 次适定结点组. 又设 $\mathcal{U}_k^{(s)} \subset \mathbf{R}^s$ 是 s 维 k 次适定结点组,且有 $\mathcal{U}_k^{(s)} \cap \pi_{s-1} = \varnothing$,则点集

$$\mathcal{U}_{k+1}^{(s)} = \mathcal{U}_k^{(s)} \cup \mathcal{U}_{k+1}^{(s-l)} \qquad (15.6)$$

必是 s 维 $k+1$ 次适定结点组.

证 显然 $\mathcal{U}_{k+1}^{(s)}$ 所含点的个数为

$$\binom{k+s}{s} + \binom{k+s}{s-1} = \binom{k+s+1}{s}$$

这恰好是空间 $\mathcal{P}_{k+1}^{(s)}$ 的维数. 设 $P(X) \in \mathcal{P}_{k+1}^{(s)}$,且对全部 $X \in \mathcal{U}_{k+1}^{(s)}$ 都有 $P(X) = 0$. 这时,为了验证关系式(15.5)只需证明 $P(X) \equiv 0$.

设 π_{s-1} 的方程为

$$l(X) = k_1 x_1 + k_2 x_2 + \cdots + k_s x_s + c = 0$$
(15.7)

其中 $k_1, k_2, \cdots, k_s$ 为不全为零的一组实数. 我们不妨假设 $k_s \neq 0$, 则用 $l(X)$ 除 $P(X)$ 可得
$$P(X) = l(X)Q(X) + R(x_1, x_2, \cdots, x_{s-1})$$
其中 $R(x_1, x_2, \cdots, x_{s-1})$ 是 $s-1$ 元 $k+1$ 次多项式, $Q(X)$ 是 s 元 k 次多项式. 由于 $\mathcal{U}_{k+1}^{(s-1)} \subset \mathcal{U}_{k+1}^{(s)}$ 是 $s-1$ 维 $k+1$ 次适定结点组, $P(\mathcal{U}_{k+1}^{(s-1)}) = \{0\}$, 故 $P(\pi_{s-1}) = \{0\}$. 对任意 $(x_1, x_2, \cdots, x_{s-1})^T \in \mathbf{R}^{s-1}$, 由关系式 (15.7) 可求得 x_s, 使得点 $X = (x_1, \cdots, x_{s-1}, x_s)^T \in \pi_{s-1}$, 从而使
$$R(x_1, \cdots, x_{s-1}) = P(X) - l(X)Q(X) = 0$$
故 $R(x_1, \cdots, x_{s-1}) \equiv 0$, 亦即 $P(X) \equiv l(X)Q(X)$, 但当 $X \in \mathcal{U}_k^{(s)}$ 时有
$$l(X) \neq 0, Q(X) = P(X)(l(X))^{-1} = 0$$
注意 $\mathcal{U}_k^{(s)}$ 是 s 维 k 次适定结点组, 故必有 $Q(X) \equiv 0$, 从而 $P(X) \equiv 0$. 证毕.

在 $\mathbf{R}^s$ 空间中的任意一条直线上任取 $k+1$ 个互不相同的点显然构成一个一维 k 次适定结点组. 由于在 $\mathbf{R}^s$ 中任取一点便构成一个 s 维的零次适定结点组, 故依次取 $s=3,4,5,\cdots$, 利用定理 15.2 便可构造出任意 s 维的任意次的适定结点组. 此外, 容易看出, 在 $\mathbf{R}^s$ 空间中一个 m 维 ($m \leqslant s$) 的 k 次适定结点组经过仿射变换后仍构成一个 m 维的 k 次适定结点组. 因此在 $\mathbf{R}^s$ 中的任何一个小邻域中都可找到一个 m 维 ($m \leqslant s$) 的 k 次适定结点组.

下面考虑 $\mathscr{P}_k^{(s)}$ 的子空间 $\mathscr{H}_k^{(s)}$, 它是由所有 s 元 k 次齐次实系数代数多项式所构成的线性空间. 对应于这种空间的适定点组定义如下:

定义 15.2 设 $\mathscr{B}_k^{(s)}$ 是由 $\mathbf{R}^s$ 中 $\binom{s+k-1}{s-1}$ 个互不

Lagrange 插值多项式

相同的点所构成的集合,若

$$\{P \in \mathcal{H}_k^{(s)} \mid P(\mathcal{B}_k^{(s)}) = \{0\}\} = \{0\} \quad (15.8)$$

则称 $\mathcal{B}_k^{(s)}$ 是关于空间 $\mathcal{H}_k^{(s)}$ 的适定结点组.

显然 $\mathcal{H}_k^{(s)}$ 的一个适定结点组经 $\mathbf{R}^s$ 中一个非奇异线性变换后仍是 $\mathcal{H}_k^{(s)}$ 的一个适定结点组.

定理 15.3 设 $A = (a_1, a_2, \cdots, a_s) \neq (0, 0, \cdots, 0)$ 是 $\mathbf{R}^s$ 中任意取定的点,则在 A 的任意小邻域中都含有关于空间 $\mathcal{H}_k^{(s)}$ 的适定结点组.

证 设 U_A 是 A 的任意一个邻域. 在 $a_1, a_2, \cdots, a_s$ 中必有非零者,不妨设 $a_s \neq 0$. 记 $s_k = \binom{k+s-1}{s-1}$,任取 $\mathbf{R}^{s-1}$ 中的一个 $s-1$ 维 k 次适定结点组 $\{(x_1^{(j)}, x_2^{(j)}, \cdots, x_{s-1}^{(j)}), 1 \leqslant j \leqslant s_k\}$,则对 $\varepsilon > 0$,$\{(\frac{a_1}{a_s} + \varepsilon x_1^{(j)}, \frac{a_2}{a_s} + \varepsilon x_2^{(j)}, \cdots, \frac{a_{s-1}}{a_s} + \varepsilon x_{s-1}^{(j)}), 1 \leqslant j \leqslant s_k\}$ 也是 $s-1$ 维 k 次适定结点组,从而

$$\left\{\left(\frac{a_1}{a_s} + \varepsilon x_1^{(j)}, \frac{a_2}{a_s} + \varepsilon x_2^{(j)}, \cdots, \frac{a_{s-1}}{a_s} + \varepsilon x_{s-1}^{(j)}\right), 1 \leqslant j \leqslant s_k\right\}$$

和

$$\{(a_1 + \varepsilon a_s x_1^{(j)}, a_2 + \varepsilon a_s x_2^{(j)}, \cdots,$$
$$a_{s-1} + \varepsilon a_s x_{s-1}^{(j)}, a_s), 1 \leqslant j \leqslant s_k\} \quad (15.9)$$

均是关于空间 $\mathcal{H}_k^{(s)}$ 的适定结点组. 当 ε 充分小时,结点组 (15.9) 一定会含在 U_A 中,证毕.

定理 15.4 设 $s_k = \binom{k+s-1}{s-1}$,$\mathbf{R}^s$ 中单位球面上的点 $n_1, n_2, \cdots, n_{s_k}$ 构成空间 $\mathcal{H}_k^{(s)}$ 的适定结点组,则 s 元多项式组 $\{(n_j, X)^k, 1 \leqslant j \leqslant s_k\}$ 构成空间 $\mathcal{H}_k^{(s)}$ 的基底,而且,如下矩阵为非奇异

$$\mathcal{N}_k = ((n_i, n_j)^k)_{s_k \times s_k} \qquad (15.10)$$

证 设 $n_j = (\alpha_1^{(j)}, \alpha_2^{(j)}, \cdots, \alpha_s^{(j)}), 1 \leqslant j \leqslant s_k$，则有
$(n_i, X)^k = (\alpha_1^{(j)} x_1 + \alpha_2^{(j)} x_2 + \cdots + \alpha_s^{(j)} x_s)^k$

$$= \sum_{i_1 + i_2 + \cdots + i_s = k} \binom{k}{i_1, i_2, \cdots, i_s} (\alpha_1^{(j)})^{i_1} (\alpha_2^{(j)})^{i_2} \cdots$$
$$(\alpha_s^{(j)})^{i_s} x_1^{i_1} \cdots x_s^{i_s} \qquad (15.11)$$

由于 $n_1, n_2, \cdots, n_k$ 是空间 $\mathcal{H}_k^{(s)}$ 的适定结点组，故从方程组(15.11)可将单项式 $x_1^{i_1} x_2^{i_2} \cdots x_s^{i_s}$ 表成诸 $(n_j, X)^k$ 的线性组合．而 $\{(n_j, X)^k \mid 1 \leqslant j \leqslant s_k\}$ 所含多项式的个数恰好等于空间 $\mathcal{H}_k^{(s)}$ 的维数，故它构成该空间的基底．既然它是空间 $\mathcal{H}_k^{(s)}$ 的基底，而点集 $\{n_j \mid 1 \leqslant j \leqslant s_k\}$ 又是空间 $\mathcal{H}_k^{(s)}$ 的适定结点组，故矩阵 $\mathcal{N}_k$ 必为非奇异．证毕．

定理 15.5 设 $Y^1, Y^2, \cdots, Y^m$ 是 $\mathbf{R}^s$ 中的一组向量，它们的秩为 $r-1$．π_{r-1} 是它们所支成的线性子空间，$r \leqslant s$．又设 $Z^1, Z^2, \cdots, Z^t \in \mathbf{R}^s$ 是 π_{r-1} 之外的点，$\bar{s}_k = \binom{k+s-r}{s-r}$，则在 $\mathbf{R}^s$ 中必存在 $\bar{s}_k$ 个单位向量 $n_1, n_2, \cdots, n_{s_k}$ 满足如下条件：

(1) $(Y^i, n_j) = 0, 1 \leqslant i \leqslant m, 1 \leqslant j \leqslant \bar{s}_k$;

(2) $(Z^i, n_j) \neq 0, 1 \leqslant i \leqslant t, 1 \leqslant j \leqslant \bar{s}_k$;

(3) 矩阵 $\mathcal{N}_k = ((n_i, n_j)^k)_{s_k \times s_k}$ 非奇异．

证 考虑 $\mathbf{R}^s$ 的子空间
$$\pi = \{X \in \mathbf{R}^s \mid (Y^i, X) = 0, 1 \leqslant i \leqslant m\}$$
则 π 是 $s - r + 1$ 维子空间，令
$$W_i = \{X \in \pi \mid (Z^i, X) \neq 0, 1 \leqslant i \leqslant t\}$$
$$W = \bigcap_{i=1}^{s} W_i$$
则诸 W_i 均为子空间 π 中的非空开集，从而 W 也是 π 中

Lagrange 插值多项式

的非空开集. 从 W 中任取一点 $A \neq (0,0,\cdots,0)$, 则有 A 在 π 中的邻域 $U_A \subset W$. 由定理 15.3 可知, 在 U_A 中一定可找到空间 $\mathscr{H}_k^{(s-r+1)}$ 的适定结点组 $\bar{n}_1, \bar{n}_2, \cdots, \bar{n}_{s_k}$. 将这些向量规格化后所得的单位向量 $n_1, n_2, \cdots, n_{s_k}$ 也是空间 $\mathscr{H}_k^{(s-r+1)}$ 的适定结点组. 再由定理 15.4 可知, 由这些单位向量的内积的 k 次幂所形成的矩阵 $\mathcal{N}_k$ 必是非奇异的. 证毕.

§3 多元扩张插值的拉格朗日表达式

设 $X^0, X^1, \cdots, X^n$ 是 $\mathbf{R}^s$ 中的最广点组, 即其中任何 $t+1 (1 \leqslant t \leqslant s)$ 个点均不在一个 $s-1$ 维线性流形上. $0 \leqslant l \leqslant n$, 记 $N = \{0, 1, 2, \cdots, n\}$. 对于 $K = \{k_1, k_2, \cdots, k_{|K|}\} \subset N$ 及 $f(X) \in C(\mathbf{R}^s)$, 引进如下缩写记号

$$\int_K f \triangleq \int_{[X^{k_1}, X^{k_2}, \cdots, X^{k_{|K|}}]} f \qquad (15.12)$$

选定 $I \subset N$ 使得 $l - s + 1 \leqslant |I| \leqslant l$. 又设
$$p = \min(s, n - |I| + 1)$$
$$\mathscr{J} = \{J \subset N \mid J \cap I = \varnothing,$$
$$\max(1, l - |I| + 1) \leqslant |J| \leqslant p\}$$
$$\qquad (15.13)$$

对于 $J = \{j_1, j_2, \cdots, j_{|J|}\} \in \mathscr{J}$, 在 $[X^{j_1}, X^{j_2}, \cdots, X^{j_{|J|}}]$ 所在的 $|J|-1$ 维线性流形上任取一点 X^j. 并令 $s^J = \binom{s + |I| - l - 1}{s - |J|}$. 根据定理 15.5, 我们可找到 s^J 个单位向量 $n_1^j, n_2^j, \cdots, n_s^j$ 使其满足如下三个条件:

(1) $(X^i - X^j, n_i^j) = 0, i \in J, 1 \leqslant j \leqslant s^J$;

(2) $(X^i - X^j, n_i^j) \neq 0, i \in N/J, 1 \leqslant j \leqslant s^J$;

(3) 矩阵 $\mathcal{N}_l$ 为非奇矩阵

$$\mathcal{N}_l = ((n_i^j, n_i^j)^{|I|+|J|-l-1}) s^J \times s^J \quad (15.14)$$

我们用 σ_{ij}^J 表示逆矩阵 $(\mathcal{N}_J)^{-1}$ 的第 i 行第 j 列元素. 对于 $t \in \mathbf{R}^1$ 及 $M \in \mathbf{R}^s$ 定义

$$\varphi_J(t \mid M) = (t - (X^J, M))^{|J|-l} \cdot$$

$$\prod_{i \in N/J} \frac{t - (X^i, M)}{(X^J - X^i, M)} \cdot$$

$$\prod_{i \in I}(X^J - X^j, M) \quad (15.15)$$

$$P_j^{(l)}(X \mid M) = \left(\frac{\mathrm{d}}{\mathrm{d}t}\right)^l \varphi_J(t \mid M) \bigg|_{t=(X,M)}$$

$$(15.16)$$

则我们有如下定理:

定理 15.6 对于任给的一组实数

$$c_j^J, j = 1, 2, \cdots, s^J, J \in \mathcal{J}$$

存在唯一的一个代数多项式 $P(X) \in \mathscr{P}_{n-l}^{(s)}$,使得对一切 $1 \leqslant j \leqslant s^j, J \in \mathcal{J}$ 都有

$$\int_{I \cup J} \left(\frac{\partial}{\partial n_i^J}\right)^{|I|+|J|-l-1} P = c_1^j \quad (15.17)$$

并有如下拉格朗日表达式成立

$$P(X) = \sum_{J \in \mathcal{J}} \sum_{j=1}^{s^J} c_j^J \cdot L_j^J(X) \quad (15.18)$$

其中

$$L_j^J(X) = \sum_{k=1}^{s^J} a_{jk}^j (P_J^{(s)}(X \mid n_k^J) - \sum_{\substack{|K|>|J| \\ J \subset K \in \mathcal{J}}} \sum_{i=1}^{s^K} L_i^K(X) \cdot$$

$$(n_i^K, n_k^J)^{|J|+|K|-l-1} \cdot$$

$$\prod_{j' \in K/J}(X^J - X^{j'}, n_k^J)^{-1}), j = 1, 2, \cdots, s^J$$

Lagrange 插值多项式

$$|J|=p, p-1, \cdots, \max(1, l-|I|+1)$$
(15.19)

为证该定理,我们需要先证下面的引理:

引理 15.1 对于 $K \in \mathscr{J}$,有

$$\int_{I \cup K} \left(\frac{\partial}{\partial n_i^K}\right)^{|I|+|K|-l-1} P_J^{(i)}(\cdot \mid n_k^J)$$

$$= \begin{cases} (n_i^K, n_k^J)^{|I|+|K|-l-1} \cdot \prod_{r \in K/J}(X^J - X^r, n_k^J)^{-1}, & \text{当 } K \supset J \text{ 时} \\ 0, & \text{当 } K \not\supset J \text{ 时} \end{cases}$$
(15.20)

证明 设 $I = \{i_1, i_2, \cdots, i_{|I|}\}$, $K = \{k_1, k_2, \cdots, k_{|K|}\}$, $t_i = (X^i, n_k^J)$, $i \in \mathbf{N}$. 我们用 $[t_0, t_1, \cdots, t_n]g$ 表示一元函数 $g(t)$ 在结点 $t_0, t_1, \cdots, t_n$ 上的 n 阶差商,则根据埃尔米特-Gennochi 公式

$$\int_{[t_0, t_1, \cdots, t_n]} g^{(n)} = [t_0, t_1, \cdots, t_n]g, g \in C^n(\mathbf{R}^1)$$
(15.21)

当 $J \subset K \in \mathscr{J}$ 时,我们有

$$\int_{I \cup K} \left(\frac{\partial}{\partial n_i^K}\right)^{|I|+|K|-l-1} P_J^{(l)}(\cdot \mid n_k^J)$$

$$= \int_{I \cup K} \varphi_J^{(|I|+|K|-1)}((\cdot, n_k^J) \mid n_k^J) \cdot$$
$$(n_i^K, n_k^J)^{(|I|+|K|-l-1)}$$

$$= [t_{i_1}, t_{i_2}, \cdots, t_{i_{|K|}}, t_{k_1}, t_{k_2}, \cdots, t_{k_{|K|}}]\varphi_J(\cdot \mid n_k^J) \cdot$$
$$(n_i^K, n_k^J)^{|I|+|K|-l-1}$$

$$= ((|J|-1)!)^{-1}\varphi_J^{(|J|-1)}((X^J, n_k^J) \mid n_k^J) \cdot$$
$$\left(\prod_{r \in (I \cup K)/J}(X^J - X^r, n_k^J)\right)^{-1} \cdot (n_i^K, n_k^J)^{|I|+|K|-l-1}$$

$$= (n_i^K, n_k^J)^{|I|+|K|-l-1} \cdot \prod_{r \in K/J}(X^J - X^r, n_k^J)^{-1}$$

当 $K \in \mathscr{J}$, 但 $J \not\subset K$ 时, 显然有
$$\int_{I \cup K} \left(\frac{\partial}{\partial n_i^K}\right)^{|I|+|K|-l-1} P_J^I(\cdot \mid n_k^J) = 0$$
引理得证.

定理 15.6 之证. 注意插值条件式 (15.17) 所含方程的数目为
$$\binom{n-|I|+1}{p}\binom{s+|I|-l-1}{s-p}+$$
$$\binom{n-|I|+1}{p-1}\binom{s+|I|-l-1}{s-p+1}+\cdots+$$
$$\binom{n-|I|+1}{l-|I|+1}\binom{s+|I|-l-1}{s+|I|-l-1}$$
$$=\binom{n+s-l}{s}=\binom{s+n-l}{n-l} \tag{15.22}$$

这恰好是空间 $\mathscr{P}_{n-l}^{(s)}$ 的维数. 故为证该定理只需证明对于 $J, K \in \mathscr{J}$ 有如下等式成立
$$\int_{I \cup K} \left(\frac{\partial}{\partial n_i^K}\right)^{|I|+|K|-l-1} L_j^J = \delta_{KJ} \cdot \delta_{ij} \quad (15.23)$$

下面我们用数学归纳法来证式 (15.23) 成立.

对于 $J \in \mathscr{J}$ 且 $|J|=p$, 由式 (15.19) 可知
$$L_j^J(X) = \sum_{k=1}^{s^J} \alpha_{jk}^J P_j^{(l)}(X \mid n_k^J)$$

故根据引理 15.1, 当 $K \in \mathscr{J}$ 时
$$\int_{I \cup K} \left(\frac{\partial}{\partial n_i^K}\right)^{|I|+|K|-l-1} L_j^J$$
$$= \sum_{k=1}^{s^J} \alpha_{jk}^J \int_{I \cup K} \left(\frac{\partial}{\partial n_i^K}\right)^{|I|+|K|-l-1} P_j^{(l)}(\cdot \mid n_k^J)$$
$$= \sum_{k=1}^{s^J} \alpha_{jk}^J (n_i^K, n_k^J)^{|I|+|K|-l-1} \cdot \delta_{KJ}$$

Lagrange 插值多项式

$$= \delta_{KJ} \cdot \delta_{ij}$$

故当 $|J| = p$ 时,式(15.23)是成立的.

以下假设式(15.23)对满足 $p \geqslant |J| \geqslant m+1$ 之 $J \in \mathscr{g}$ 是成立的,往证式(15.23)对满足 $|J| = m$ 之 $J \in \mathscr{g}$ 也成立. 这时当 $K \in \mathscr{g}$ 且 $K \supset J$ 时,由引理 15.1 及归纳假设可知

$$\int_{I \cup K} \left(\frac{\partial}{\partial n_i^K}\right)^{|I|+|K|-l-1} L_j^J = 0$$

当 $K \in \mathscr{g}, K \supset J$ 且 $|K| > m$ 时,由引理 15.1 可知

$$\int_{I \cup K} \left(\frac{\partial}{\partial n_i^K}\right)^{|I|+|K|-l-1} L_j^J$$

$$= \sum_{k=1}^{s^J} \alpha_{jk}^J \left(\int_{I \cup K} \left(\frac{\partial}{\partial n_i^K}\right)^{|I|+|K|-l-1} P_J^{(l)}(X \mid n_k^J) - \right.$$

$$\left. (n_i^K, n_k^J)^{|I|+|K|-l-1} \prod_{r \in K/J} (X^J - X^r, n_k^J)^{-1} \right) = 0$$

最后,当 $K \in \mathscr{g}, K \supset J$ 且 $|K| = m$ 时,$K = J$,由引理 15.1 可知

$$\int_{I \cup K} \left(\frac{\partial}{\partial n_i^K}\right)^{|I|+|K|-l-1} L_j^J$$

$$= \sum_{k=1}^{s^J} \alpha_{jk}^J \int_{I \cup K} \left(\frac{\partial}{\partial n_i^J}\right)^{|I|+|J|-l-1} P_J^{(l)}(X \mid n_k^J)$$

$$= \sum_{k=1}^{s^J} \alpha_{jk}^J (n_i^J, n_k^J)^{|I|+|K|-l-1} = \delta_{ij}$$

故式(15.23)对 $|J| = m$ 也成立. 数学归纳法完成. 证毕.

定理 15.7 在定理 15.6 的假设之下,令 $m = \min(n-l, s+|I|-l-1)$. 则对于 $f(X) \in C^m(\mathbf{R}^s)$,存在唯一的代数多项式 $P(X) \in \mathscr{P}_{n-l}^{(s)}$,使得对一切 $J \in \mathscr{g}$ 和 $1 \leqslant j \leqslant s^J$ 都有

$$\int_{I\cup J}\left(\frac{\partial}{\partial n_i^J}\right)^{|I|+|J|-l-1}(f-P)=0 \quad (15.24)$$

且对于插值多项式 $P(X)$ 有如下拉格朗日表达式

$$P(X)=\sum_{J\in\mathscr{J}}\sum_{j=1}^{s^J}L_j^J(X)\cdot\int_{I\cup J}\left(\frac{\partial}{\partial n_j^J}\right)^{|I|+|J|-l-1}f$$
$$(15.25)$$

其中 $L_j^J(X)$ 由公式(15.19)给出.

将定理 15.7 与定理 15.1 进行比较可以看出,这里所确定的 $P(X)$ 就是 $H_l(f\mid X^0,X^1,\cdots,X^n)(X)$. 式(15.25) 就是多元扩张插值算子 H_l 对应于线性独立插值泛函组

$$\left\{\int_{I\cup J}\left(\frac{\partial}{\partial n_j^J}\right)^{|I|+|J|-l-1}\mid 1\leqslant j\leqslant s^J, J\in\mathscr{J}\right\}$$
$$(15.26)$$

的拉格朗日表达式.

§4 结果的进一步扩充

在上一节的讨论中我们假定了不等式 $|I|\leqslant l$ 成立. 对 l 所加的限制是 $0\leqslant l\leqslant n$. 在本节中我们补充考虑 $|I|>l$ 的情形以及 $l<0$ 的情形. 对于 $l<0$ 我们补充定义

$$P_j^{(l)}(X\mid M)=\left(\frac{\mathrm{d}}{\mathrm{d}t}\right)^l\varphi_J(t\mid M)\mid_{t=(X,M)}$$
$$=-((l+1)!)^{-1}\int_{(x^J,M)}^{s}\cdot$$
$$((t-\tau)^{l+1})^{-1}\varphi_J(\tau\mid M)\mathrm{d}\tau\mid_{t=(X,M)}$$
$$(15.27)$$

Lagrange 插值多项式

这时由公式(15.18)(15.19)照样可以构造出满足插值条件(15.17)的 $P(X) \in \mathscr{P}_{n-l}^{(s)}$ 来. 这时插值条件(15.17)所含方程的个数为

$$\binom{n-|I|+1}{p}\binom{s+|I|-l-1}{s-p}+$$
$$\binom{n-|I|+1}{p-1}\binom{s+|I|-l-1}{s-p+1}+\cdots+$$
$$\binom{n-|I|+1}{1}\binom{s+|I|-l-1}{s-1}$$
$$=\binom{s+n-l}{s}-\binom{s+|I|-l-1}{s} \qquad (15.28)$$

这个数比空间 $\mathscr{P}_{n-l}^{(s)}$ 的维数少, 但却恰好是商空间

$$\mathscr{D}_{n-l,|I|-l-1}^{(s)} = \mathscr{P}_{n-l}^{(s)} / \mathscr{P}_{|I|-l-1}^{(s)} \qquad (15.29)$$

的维数. 又因插值条件(15.17)中的泛函都可看成商空间 $\mathscr{D}_{n-l,|I|-l-1}$ 上的线性泛函, 故插值多项式 $P(X)$ 在该商空间中不但存在而且是唯一的. 总之, 我们有如下定理:

定理 15.8 设 $X^0, X^1, \cdots, X^n$ 是 $\mathbf{R}^s$ 中的最广点组. l 为满足 $l \leqslant n$ 的整数. $N = \{0, 1, \cdots, n\}$. 取定 $I \subset N$ 满足 $|I| \geqslant l-s+1$, 则在商空间 $\mathscr{D}_{n-l,|I|-l-1}$ 中存在唯一的一个满足插值条件(15.17)的多项式, 而且该多项式可由公式(15.18)和(15.19)表出. 同样地, 在同一假设下, 若令 $m = \min(n-l, s+|I|-l-1)$, 且设 $f(X) \in C^m(\mathbf{R}^s)$, 则在商空间 $\mathscr{D}_{n-l,|I|-l-1}$ 中存在唯一的一个满足插值条件(15.24)的多项式, 而且该多项式可由式(15.25)和(15.19)表出.

值得注意的是当 $|l| \leqslant l$ 时, 商空间 $\mathscr{P}_{n-l}^{(s)} / \mathscr{P}_{|I|-l-1}^{(s)} = \mathscr{P}_{n-l}^{(s)}$. 故定理15.8实际上包含着定理15.6和15.7的结

论.此外,对于 $l<|I|$ 的情形,定理 15.8 还为我们提供了建立各种新的插值格式的可能性.当 $l<0$ 时,该定理给出了具有负指标 l 的埃尔米特插值算子的多元扩张.它与 §2 中的古典插值格式结合,也可产生许多新的插值格式.

下面我们只是应用定理 15.8 来导出三角形点阵上的多元扩张插值的拉格朗日表达式.

考虑 $\mathbf{R}^s$ 中其第 k 行为

$$N_k = \{X^{(0,k)}, X^{(1,k)}, \cdots, X^{(k,k)}\} \quad (15.30)$$

的三角形点阵,其中 $k=0,1,\cdots,n$. 设 $0 \leqslant l \leqslant n$,则

$$s_k = \binom{s-1+k-l}{s-1} \quad (l \leqslant k \leqslant n) \quad (15.31)$$

则根据定理 15.2—15.5,可以构造 s_n 个单位向量 n_1, $n_2, \cdots, n_{s_n}$,使得矩阵

$$\mathcal{N}_k = ((n_i, n_j)^{k-l})_{s_k \times s_k}$$

当 $l \leqslant k \leqslant n$ 时均为非奇异矩阵. 设 $(\alpha_{ij}^{(k)})_{s_k \times s_k}$ 是 $\mathcal{N}_k$ 的逆矩阵. 在定理 15.8 中取 $|I|=k$, $|J|=p=1$ 可知,线性泛函组

$$\int_{N_k} \left(\frac{\partial}{\partial n_j}\right)^{k-l} \quad (j=1,2,\cdots,s_k)$$

是商空间 $\mathscr{P}_{n-l}^{(s)}/\mathscr{P}_{k-l-1}^{(s)}$ 的线性独立泛函组.因此让 k 取遍 $l, l+1, \cdots, n$,我们便得到了空间 $\mathscr{P}_{n-l}^{(s)}$ 的线性独立泛函组,令

$$\beta_{m_i}^{(k)} = ((2k-m)!)^{-1} \cdot [(X^{(0,k)}, n_i), (X^{(1,k)}, n_i), \cdots,$$
$$(X^{(k,k)}, n_i)]((\cdot)^{2k-m})$$
$$(1 \leqslant i \leqslant s_k, l \leqslant m \leqslant k-1, l \leqslant k \leqslant n)$$

$$(15.32)$$

$$L_{kj}(X) = k! \sum_{i=1}^{s_k} \alpha_{ij}^{(k)} \left(\frac{(X, n_i)^{k-l}}{(k-l)!} - \right.$$

Lagrange 插值多项式

$$\sum_{m=l}^{k-1}\beta_{m_i}^{(k)}\sum_{j=1}^{s_m}(n_i,n_j)^{m-l}\cdot L_{m_j}(X)\Big)$$
$$(k=l,l+1,\cdots,n) \qquad (15.33)$$

则关于三角形点阵(15.30)上的多元扩张插值我们有如下定理：

定理 15.9 对于给定实数组 $\{c_{kj}\mid 1\leqslant j\leqslant s_k,l\leqslant k\leqslant n\}$，多项式

$$P(X)=\sum_{k=l}^{n}\sum_{j=1}^{s_k}c_{kj}L_{kj}(X) \qquad (15.34)$$

是空间 $\mathscr{P}_{n-l}^{(s)}$ 中唯一的满足如下条件的多项式

$$\int_{N_k}\left(\frac{\partial}{\partial n_j}\right)^{k-l}P=c_{kl} \quad (1\leqslant j\leqslant s_k,l\leqslant k\leqslant n)$$
$$(15.35)$$

同样地，对于 $f(X)\in C^{n-l}(\mathbf{R}^s)$，多项式

$$P(X)=\sum_{k=l}^{n}\sum_{i=1}^{s_k}L_{kj}(X)\cdot\int_{N_k}\left(\frac{\partial}{\partial n_j}\right)^{k-l}f$$
$$(15.36)$$

是空间 $\mathscr{P}_{n-l}^{(s)}$ 中唯一的满足如下条件的多项式

$$\int_{N_k}\left(\frac{\partial}{\partial n_j}\right)^{k-l}(P-f)=0 \quad (1\leqslant j\leqslant s_k,l\leqslant k\leqslant n)$$
$$(15.37)$$

定理 15.10 设 $X^0,X^1,\cdots,X^n$ 是在 $\mathbf{R}^s$ 中任意取的点，三角形点阵的第 k 行取为

$$N_k=\{X^0,X^1,\cdots,X^k\} \quad (k=0,1,2,\cdots,n)$$
$$(15.38)$$

且令

$$\varphi_k(t\mid M)=\prod_{v=0}^{k-1}(t-(X^v,M)) \quad (k=1,2,\cdots,n)$$
$$(15.39)$$

$$\varphi_0(t \mid M) = 1$$

则定理 15.9 的结论也成立,而且其中的拉格朗日基本多项式 $L_{kj}(X)$ 具有如下的简单表达式

$$L_{kj}(X) = \sum_{i=1}^{k} \alpha_{ij}^{(k)} \left(\frac{\mathrm{d}}{\mathrm{d}t}\right)^l \varphi_k(t \mid n_i) \Big|_{t=(X,n_i)}$$

$$(j = 1, 2, \cdots, s_k; k = l, l+1, \cdots, n) \quad (15.40)$$

由定理 15.10 可以看出,对于 $f(X) \in C^{n-l}(\mathbf{R}^s)$,插值泛函值

$$\left\{ \int_{N_k} \left(\frac{\partial}{\partial n_j}\right)^{k-l}, 1 \leqslant j \leqslant s_k, l \leqslant k \leqslant n \right\}$$

$$(15.41)$$

构成扩张插值算子 $H_1(f \mid X^0, X^1, \cdots, X^n)(X)$ 的另一组独立线性泛函,其所对应的拉格朗日基本多项式由式(15.40)给出. 从而我们得到了广义埃尔米特插值算子的多元扩张算子 H_l 的另一个拉格朗日表达式.

Lagrange 插值多项式

多元分次拉格朗日插值

第 16 章

黑龙江八一农垦大学文理学院的徐艳,野金花,李欣和辽宁师范大学数学学院的崔利宏四位教授在 2012 年对多元多项式分次插值适定结点组的构造理论进行了深入的研究与探讨. 在沿无重复分量代数曲线进行拉格朗日插值的基础上,给出了沿无重复分量分次代数曲线进行分次拉格朗日插值的方法,并利用这一结果进一步给出了在 $\mathbf{R}^2$ 上构造分次拉格朗日插值适定结点组的基本方法. 另外,利用弱 Gröbner 基这一新的数学概念,以及构造平面代数曲线上插值适定结点组的理论,进一步给出了构造平面分次代数曲线上分次插值适定结点组的方法,从而基本弄清了多元分次拉格朗日插值适定结点组的几何结构和基本特征.

① 选自:数学的实践与认识,2012 年第 42 卷第 20 期.

第五编 多元拉格朗日插值

§1 引 言

多元插值是一个经典而复杂的问题,近年来随着多元插值在实际生活中的广泛应用(如曲面的外形设计,神经网络技术,地质模拟等),使得多元插值理论的研究越来越受到人们的关注.多元插值中经常用到的方法是多元多项式插值,虽然多元多项式插值与一元多项式插值有着一定的联系,但它却不是一元情形的简单推广,困难就在于多元多项式在多维区域上表现出的更加复杂的性质,因此在进行多元多项式插值时,一个首要问题就是多元插值多项式的存在唯一性问题.

关于二元多项式空间拉格朗日插值适定性问题的研究首创于梁学章教授,他将多元插值的适定性问题转化为一个几何问题,从而使得我们可以利用代数几何中的一些理论和方法给出二元多项式空间中插值适定结点组的存在性理论及相应的递归构造方法.1998年,梁学章和吕春梅进一步讨论了沿无重复分量平面代数曲线上的拉格朗日插值问题.2003年,崔利宏教授利用弱 Gröbner 基的概念,又给出了构造平面代数曲线插值适定结点组的新方法.

本章则是上述工作的进一步推广与发展.在沿无重复分量代数曲线进行拉格朗日插值的基础上,我们给出了沿无重复分量分次代数曲线进行分次拉格朗日插值的方法,并利用这一结果进一步给出了在 $\mathbf{R}^2$ 上构造分次拉格朗日插值适定结点组的基本方法.另外,利

Lagrange 插值多项式

用弱 Gröbner 基这一新的数学概念,以及构造平面代数曲线上插值适定结点组的理论,我们进一步给出了构造平面分次代数曲线上分次插值适定结点组的方法. 现将本章用到的预备知识介绍如下.

贝祖定理 设 $p_1(x,y)$ 与 $p_2(x,y)$ 分别是 m 与 n 次的代数多项式. 若它们的公共零点数多于 mn,则 $p_1(x,y)$ 与 $p_2(x,y)$ 必有公共因子存在.

定义 16.1 设 $A=\{q_i\}_{i=1}^{d_n}$ 是 $\mathbf{R}^2$ 中的 d_n 个相异点的集合,对于一个任意给定的实数组 $\{f_i\}_{i=1}^{d_n}$ 寻找一个多项式 $P(x,y)\in P_n^{(2)}$,使之满足如下插值条件

$$P(q_i)=f_i \quad (i=1,\cdots,d_n) \qquad (16.1)$$

$d_n=\binom{n+2}{2}=\dim P_n^{(2)}$ 若对于每一个任意给定的实数组 $\{f_i\}_{i=1}^{d_n}$,方程组 (16.1) 总存在唯一一组解,则我们称该插值问题是适定插值问题(或称该插值问题是适定的),并称相应的插值适定结点 $A=\{q_i\}_{i=1}^{d_n}$ 为关于多项式空间 $P_n^{(2)}$ 的一个插值适定结点组.

与单变元插值情形不同的是,条件只是点组 $A=\{q_i\}_{i=1}^{d_n}$ 能做成 $P_n^{(2)}$ 的一个插值适定结点组的必要条件而非充分条件. 因此,对二元插值适定性问题的研究便构成二元插值的一个首要问题. 那么,在 $\mathbf{R}^2$ 中的一个结点组 $A=\{q_i\}_{i=1}^{d_n}$ 需要满足什么条件才能构成 $P_n^{(2)}$ 空间的插值适定结点组呢? 对该问题有下述回答:

定理 16.1 平面上的一个结点组 $A=\{q_i\}_{i=1}^{d_n}$ 能够做成关于 $P_n^{(2)}$ 的插值适定结点组的重要条件是 $A=\{q_i\}_{i=1}^{d_n}$ 不落在 $P_n^{(2)}$ 中任何一条代数曲线上.

定理 16.2 如果 $A=\{q_i\}_{i=1}^{d_n}$ 是 $P_n^{(2)}$ 的一个插值

第五编　多元拉格朗日插值

适定结点组，并且 $A=\{q_i\}_{i=1}^{d_n}$ 中没有任何点位于一个 $k(k=1,2)$ 次不可约代数曲线 $Q(x,y)=0$ 上，那么在曲线 $Q(x,y)=0$ 上任取 $(n+3)k-1$ 个点与 $A=\{q_i\}_{i=1}^{d_n}$ 一起必定构成关于 $P_{n+k}^{(2)}$ 的一个插值适定结点组。

由定理 16.2，我们得到了构造 $P_n^{(2)}$ 的某一子空间插值适定结点组的添加直线法（$k=1$）和添加圆锥曲线法（$k=2$）。

为了进一步研究二元拉格朗日插值适定结点组的几何结构特征，1998 年，任红梅进一步提出了沿平面代数曲线进行拉格朗日插值的基本概念，并将定理 16.2 中给出的构造二元拉格朗日插值适定结点组添加直线法（$k=1$）和添加圆锥曲线法（$k=2$）推广到了添加任意次（$k\geqslant 3$）平面代数曲线的情形。

定义 16.2 设 k 为自然数，$e_n(k)$ 定义如下

$$e_n(k)=\binom{n+2}{2}-\binom{n+2-k}{2}$$

$$=\begin{cases}\dfrac{1}{2}(n+1)(n+2) & (n<k)\\ \dfrac{1}{2}k(2n+3-k) & (n\geqslant k)\end{cases}$$

(16.2)

假定 $Q(x,y)=0$ 是一个 k 次无重复分量代数曲线，并且 $B=\{q_i\}_{i=1}^{e_n(k)}$ 为曲线 $Q(x,y)=0$ 上的 $e_n(k)$ 个相异点，对于一个任意给定的实数组 $\{f_i\}_{i=1}^{e_n(k)}$，寻找一个多项式 $P(x,y)\in P_n^{(2)}$，使之满足如下插值条件

$$P(q_i)=f_i\quad(i=1,\cdots,e_n(k))\quad(16.3)$$

若对于每一个任意给定的实数组 $\{f_i\}_{i=1}^{e_n(k)}$，方程组

Lagrange 插值多项式

(16.3)总存在一组解,则称结点 $B=\{q_i\}_{i=1}^{e_n(k)}$ 为沿 k 次无重复分量代数曲线 $Q(x,y)=0$ 的 n 次插值适定结点组,并简记为 $B\in I_n^{(2)}(Q)$.

定理 16.3 设点组 $A=\{q_i\}_{i=1}^{d_n}$ 是 $P_n^{(2)}$ 的插值适定结点组,并且 A 中没有任何点位于 k 次无重复分量代数曲线 $Q(x,y)=0$ 上,对于任何 $D\in I_{n+k}^{(2)}(Q)$ 的适定结点组 D,$D\bigcup A$ 必定构成 $P_{n+k}^{(2)}$ 的插值适定结点组.

此定理可以理解为构造二元多项式空间插值适定结点组的添加任意次代数曲线法.

定理 16.4 假设点组 $B=\{q_i\}_{i=1}^{e_n(k)}$ 为 k 次无重复分量代数曲线 $Q(x,y)=0$ 上的 $e_n(k)$ 个相异点,则 $B\in I_n^{(2)}(Q)$ 的重要条件是:对任何满足零插值条件
$$P(q_i)=0 \quad (i=1,\cdots,e_n(k))$$
的多项式 $P(x,y)\in P_n^{(2)}$,均存在如下形式的分解
$$P(x,y)=Q(x,y)R(x,y)$$
其中当 $n\geqslant k$ 时,$R(x,y)\in P_{n-k}^{(2)}$,当 $n<k$ 时,$R(x,y)\equiv 0$.

定义 16.3(弱 Gröbner 基) 假设 $p_i\in K[x_1,\cdots,x_s]$,$i=1,\cdots,m$,$\deg p_i=l_i$,且 $I=\langle p_1,\cdots,p_m\rangle$. 若对于每一个多项式 $P\in I\bigcap P_n^{(2)}$,我们总能找到多项式 $\alpha_i\in K[x_1,\cdots,x_s](i=1,\cdots,m)$,使得 $P=\sum_{i=1}^{m}\alpha_i p_i$ 成立,并且 $\deg \alpha_i\geqslant n-l_i(i=1,\cdots,m)$,则我们称多项式集合 $\{p_1,\cdots,p_m\}$ 是关于 $I=\langle p_1,\cdots,p_m\rangle$ 的弱 Gröbner 基.

§2 沿无重复分量分次代数曲线的分次拉格朗日插值

下面我们给出沿一条无重复分量分次代数曲线适定分次插值问题的一般提法:

定义 16.4 设 n,l 均为自然数,$Q(x,y)=0$ 为 l 次无重复分量分次代数曲线,定义 $d_n(l)$ 如下

$$d_n(l)=(n+1)(n+1)-(n+1-l)(n+1-l)$$

其中 $n \geqslant l$. 设 $A=\{q_i\}_{i=1}^{d_n(l)}$ 为分次代数曲线上的 $d_n(l)$ 个相异点,对于一个任意给定的实数组 $\{f_i\}_{i=1}^{d_n(l)}$,寻找一个二元分次多项式 $P(x,y) \in P_{n,n}^{(2)}$,使之满足如下插值条件

$$P(q_i)=f_i \quad (i=1,\cdots,d_n(l)) \qquad (16.4)$$

若对每一个任意给定的实数组 $\{f_i\}_{i=1}^{d_n(l)}$,方程组 (16.4) 总存在一组解,则称结点组 $A=\{q_i\}_{i=1}^{d_n(l)}$ 为沿 l 次无重复分量分次代数曲线 $Q(x,y)=0$ 的 n 次分次插值适定结点组,并简记为 $A \in I_{n,n}^{(2)}(Q)$.

引理 16.1 设 $d_n(l)$ 为定义 16.4 中所定义,则位于 l 次分次代数曲线 $Q(x,y)=0$ 上的点组 $A=\{q_i\}_{i=1}^{d_n(l)}$ 能够做成沿代数曲线 $Q(x,y)=0$ 的 n 次分次插值适定结点组的重要条件是:对任何一个满足零插值条件 $P(q_i)=0(i=1,\cdots,d_n(l))$ 的多项式 $P(x,y) \in P_{n,n}^{(2)}$ 均存在如下分解

$$P(x,y)=Q(x,y)R(x,y)$$

其中当 $n \geqslant l$ 时,$R(x,y) \in P_{n-l,n-l}^{(2)}$;当 $n<l$ 时,$R(x,y) \equiv 0$.

证明 只需证明必要性.

Lagrange 插值多项式

若 $A=\{q_i\}_{i=1}^{d_n(l)}$ 是沿曲线 $Q(x,y)=0$ 的 n 次分次插值适定结点组,且 $P(q_i)=0(i=1,\cdots,d_n(l))$,则由定义 16.4,沿分次代数曲线 $Q(x,y)=0$ 有,$P(x,y)\equiv 0$,故 $P(x,y)$ 与 $Q(x,y)$ 的每个分量都有无穷多个交点,由于每个分量都是不可约的,故由贝祖定理,$P(x,y)$ 以 $Q(x,y)$ 的每个分量为因子,从而
$$P(x,y)=Q(x,y)R(x,y), R(x,y)\in P_{n-l,n-l}^{(2)}$$
其中 $n\geqslant l$,证毕.

关于沿无重复分量分次代数曲线的 n 次分次插值适定结点组,我们得到下面定理.

定理 16.5 设 $Q(x,y)=0$ 为 $\mathbf{R}^2$ 上的 $l(l\geqslant 1)$ 次无重复分量分次代数曲线
$$Q(x,y)=Q_1(x,y)\cdots Q_m(x,y)$$
其中 $Q_i(x,y)(i=1,\cdots,m)$ 为互异的次数分别为 l_i 的不可约多项式,且 $l_1+l_2+\cdots+l_m=l$.

则先在 $Q(x,y)=0$ 的每个分量 $Q_i(x,y)=0$ 上任取 $2(n+1)l_i+1$ 个互不相同的点,然后再适当去掉这些点中的 $r=l^2+m$ 个点,剩下的点便构成沿分次代数曲线 $Q(x,y)=0$ 的 n 次分次插值适定结点组.

证明 设 $B=\{q_i\}_{i=1}^k$ 为在曲线 $Q(x,y)=0$ 上所取点的集合,则 $k=2(n+1)l+m$,去掉 r 个点后,点数为 $2(n+1)l-l^2$,这恰与 $Q(x,y)=0$ 上 n 次分次插值适定结点组的个数相同.

设 $P(x,y)\in P_{n,n}^{(2)}$ 是方程组
$$P(q_i)=0 \quad (i=1,\cdots,k) \tag{16.5}$$
的解,则 n 次分次代数曲线 $P(x,y)=0$ 与 l_i 次不可约代数曲线 $Q_i(x,y)=0$ 至少有 $2(n+1)l_i+1(i=1,\cdots,m)$ 个不同的交点,故由贝祖定理,必有 $R(x,y)\in$

$R_{n-l,n-l}^{(2)}$,使得

$$P(x,y) = Q_1(x,y)\cdots Q_m(x,y) \cdot R(x,y)$$
$$= Q(x,y) \cdot R(x,y) \qquad (16.6)$$

反之,凡能表示式(16.5)的 $P(x,y)$ 均是上述方程 (16.4)的解. 若设 $T_1(x,y),\cdots,T_{s_1}(x,y)$ 为 $P_{n,n}^{(2)}$ 的最大线性无关组($s_1=(n+1)(n+1)$),$R_1(x,y),\cdots,R_{s_2}(x,y)$ 为 $P_{n-l,n-l}^{(2)}$ 的最大线性无关组($s_2=(n+1-l)(n+1-l)$),由式(16.4)与式(16.5)等价,知有且只有 s_2 个线性无关的 n 次分次多项式 $P_i(x,y)=Q(x,y) \cdot R_i(x,y)$,$(i=1,\cdots,s_2)$ 过点组 B. 这说明方程组(16.4)的系数矩阵 $T_j(q_i)(i=1,\cdots,k;j=1,\cdots,s_1)$ 的秩数为 $s_1-s_2=2(n+1)l-l^2$,从而必存在一个 s_1-s_2 阶非奇异子矩阵,子矩阵所涉及的 s_1-s_2 个点即做成分次代数曲线 $Q(x,y)=0$ 上的 n 次分次插值适定结点组. 证毕.

定理 16.6(递归构造定理) 设 μ 是 $P_{n,n}^{(2)}$ 的适定结点组,$|\mu|=(n+1)(n+1)$,作一条 $l(l \geqslant 1)$ 次无重复分量分次代数曲线 $Q(x,y)=0$,使其不通过 μ 中任何点,任取沿曲线 $Q(x,y)=0$ 的 $n+l$ 次分次插值适定结点组 B,则 $B \cup \mu$ 是 $P_{n+l,n+l}^{(2)}$ 的适定结点组.

证明 $B \cup \mu$ 所含的点数为
$$(n+1)^2 + (n+l+1)^2 - (n+l+1-l)^2$$
$$= (n+1+l)^2$$

恰为 $P_{n+l,n+l}^{(2)}$ 的维数,下证适定性.

反证法. 假设点组 $B \cup \mu$ 不是 $P_{n+l,n+l}^{(2)}$ 的适定结点组,则必有 $P(x,y) \in P_{n+l,n+l}^{(2)}$,使得 $P(x,y)=0$ 通过点组 $B \cup \mu$. 特别地,B 中的点均在 $P(x,y)=0$ 上,注意到 B 是在分次代数曲线 $Q(x,y)=0$ 上,这说明 $P(x,$

y)与$Q(x,y)$有$2(n+1)l+l^2$个交点,交点个数多于$2(n+1)l$.由贝祖定理,必存在$R(x,y)\in P_{n,n}^{(2)}$,使得$P(x,y)=Q(x,y)R(x,y)$.又因为$P(x,y)$通过$Q(x,y)=0$上以外的点组μ,所以$R(x,y)=0$通过μ中的点,而这与μ是$P_{n,n}^{(2)}$的适定结点组矛盾,故假设不成立,原命题成立.证毕.

例 16.1 在实平面上任取一点q_0,它一定做成空间$P_{0,0}^{(2)}$的分次插值适定结点组,不过点q_0做一个椭圆l_1,并在其上任取$k=(0+2+1)^2-(0+2+1-2)^2=8$个点$q_1,q_2,\cdots,q_8$与$q_0$一起一定构成$P_{2,2}^{(2)}$的插值适定结点组(图 16.1).

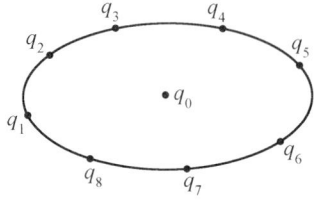

图 16.1

依此类推,可以构造任意分次多项式空间的插值适定结点组.

例 16.2 在实平面上作三条相交直线l_1,l_2,l_3交成一个三角形(图 16.2),将三角形的三条边进行六等分,在每条边上分别取五个非顶点的分点作结点,作成结点组$\{q_i\}_{i=1}^{15}$,可证明这 15 个点做成沿三次无重复分量分次代数曲线$l_1l_2l_3=0$的三次分次插值适定结点组.进一步,若在三角形内再任取一点q_0,则结点组$\{q_i\}_{i=0}^{15}$构成空间$P_{3,3}^{(2)}$的插值适定结点组.

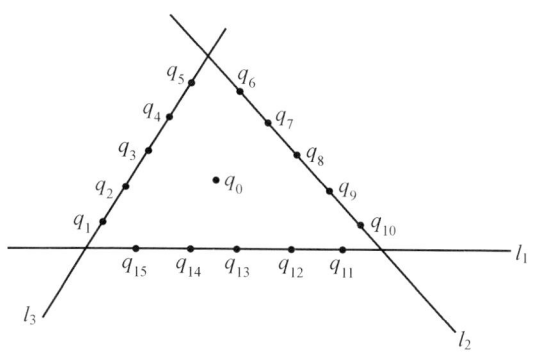

图 16.2

§3 平面代数曲线上的分次拉格朗日插值

定理 16.7 假设一个 k 次无重复分量分次代数曲线 $Q(x,y)=0$ 和一个直线 $L(x,y)=0$ 恰相交于 $2k$ 个相异点,记为 $\mu=\{q_i\}_{i=1}^{2k}$,若 $B \in I_{n,n}^{(2)}(Q)(n \geqslant k-1)$,并且 $B \cap \mu = \varnothing$,则有 $B \cup \mu \in I_{n+1,n+1}^{(2)}(Q)$.

证明 $B \cup \mu$ 所含点数为
$$2k+(n+1)^2-(n+1-k)^2$$
$$=(n+2)^2-(n+2-k)^2$$
恰为沿 k 次分次代数曲线 $Q(x,y)=0$ 的 $n+1$ 次分次插值适定结点组所含点数. 假设存在 $P(x,y) \in P_{n+1,n+1}^{(2)}$,且 $P(q_i)=0, \forall q_i \in B \cup \mu$,则只需证存在 $R(x,y) \in P_{n+1-k,n+1-k}^{(2)}$,使得 $P(x,y)=Q(x,y)R(x,y)$. 事实上,$P(x,y)$ 过 B 中的点,因此有 $P(q_i)=0$, $\forall q_i \in B$,而 $B \in I_{n,n}^{(2)}(Q)$,故存在

Lagrange 插值多项式

$$R(x,y) \in P^{(2)}_{n+1-k,n+1-k}$$

使得

$$P(x,y) = Q(x,y)R(x,y)$$

此即说明

$$B \cup \mu \in I^{(2)}_{n+1,n+1}(Q)$$

证毕.

定理 16.8 假设一个 k 次无重复分量分次代数曲线 $Q(x,y)=0$ 和一个 l 次代数曲线 $P(x,y)=0$ 恰相交于 $2lk$ 个相异点 $\mu=\{q_i\}_{i=1}^{2lk}$,而 $\{P,Q\}$ 是关于理想 $I=\langle P,Q \rangle$ 的弱 Gröbner 基,$B \in I^{(2)}_{n,n}(Q)(n \geqslant k-2)$ 且 $B \cap \mu = \Phi$,则有 $B \cup C \in I^{(2)}_{n+l,n+l}(Q)$.

证明 假定在我们证明过程中所用到的任何一个多项式均按分次反字典序以递减(关于 $y > x$)方式排列.

当 $n \geqslant k-1$ 时,点组 $B \cup \mu$ 所含点数为

$$2lk + (n+1)^2 - (n+1-k)^2$$
$$= (n+l+1)^2 - (n+l+1-k)^2$$

这恰好等于沿分次代数曲线 $Q(x,y)=0$ 的 $n+l$ 次分次插值适定结点组中所含点的个数,下证适定性.

假设存在分次多项式 $G(x,y) \in I \cap P^{(2)}_{n+l,n+l}$ 满足插值条件

$$G(q_i)=0, \forall q_i \in B \cup \mu$$

则我们只需证明存在分次多项式 $R(x,y) \in P^{(2)}_{n+l-k,n+l-k}$,使得

$$G(x,y) = Q(x,y)R(x,y)$$

成立即可. 由于 $\{P,Q\}$ 是关于理想 $I=\langle P,Q \rangle$ 的弱 Gröbner 基,则存在分次多项式 $\alpha(x,y) \in P^{(2)}_{n,n}, \beta(x,y) \in P^{(2)}_{n+l-k,n+l-k}$,使得

$$G(x,y) = \alpha(x,y) \cdot P(x,y) + \beta(x,y) \cdot Q(x,y)$$
(16.7)

由于对任意 $q_i \in B$，有 $G(q_i) = 0$，可知 $\alpha(q_i) \cdot P(q_i) = 0$，但 $P(q_i) \neq 0$，故有 $\alpha(q_i) = 0$.

又由于 $B \in I_{n,n}^{(2)}(Q), \alpha(x,y) \in P_{n,n}^{(2)}$，则存在分次多项式 $\widetilde{R}(x,y) \in P_{n-k,n-k}^{(2)}$ 使得

$$\alpha(x,y) = Q(x,y) \cdot \widetilde{R}(x,y)$$

将其代入式(16.7)中可得

$$G(x,y) = Q(x,y) R(x,y)$$
$$R(x,y) \in P_{n+l-k,n+l-k}^{(2)}$$

其中 $R(x,y) = \widetilde{R}(x,y) \cdot P(x,y) + \beta(x,y)$ 且. 证毕.

第六编
复平面的拉格朗日插值

第六编 复平面的拉格朗日插值

拉格朗日插值多项式在复平面上的平均逼近阶

第 17 章

设 D 是复平面上以若尔当闭曲线 Γ 为边界的区域,$w=\Phi(z)$ 是将闭区域 $\overline{D}$ 的余集保角映射到 $|w|>1$ 的函数,$\Phi(\infty)=\infty,\Phi'(\infty)>0,z=\psi(w)$ 为反函数,$\psi(\infty)=d>0$. 在 Γ 上考虑点 $z_{n,k}=\psi(w_{n,k})$,其中 $w_{n,k}=\exp\left(\dfrac{2k\pi}{n+1}\mathrm{i}\right),k=0,1,\cdots,n$,称为费耶尔点组.

设 $A(\overline{D})$ 是所有在 D 内解析,$\overline{D}$ 上连续的函数集合,对于 $f\in A(\overline{D})$,考虑它的在费耶尔点组 $\{z_{n,k}\}$ 上的拉格朗日插值多项式

$$L_n(f;z)=\sum_{k=0}^n f(z_{n,k})\dfrac{w(z)}{(z-z_{n,k})w'(z_{n,k})}$$
(17.1)

其中 $w(z)=\prod\limits_{k=0}^n(z-z_{n,k})$,它满足

Lagrange 插值多项式

$$L_n(f;z_{n,k}) = f(z_{n,k}), k=0,1,\cdots,n \quad (17.2)$$

目前已有很多工作研究拉格朗日插值多项式在单位圆上的平均收敛问题

$$\lim_{n\to+\infty}\int_\Gamma |L_n(f;z)-f(z)|^p |dz| = 0 \quad (p>0)$$
(17.3)

但是 Curtiss 推广到 Γ 是解析曲线情况,而 Альпер 与 Калиногорская 却进一步考虑 Γ 是具有 $2+\alpha$ 次光滑性的情况,其中 $\alpha>0$.

北京大学数学系的沈燮昌,钟乐凡两位教授在 1988 年只考虑 Γ 具有 $1+\alpha(\alpha>0)$ 光滑性情况(即 Γ 有参数表达式 $z=z(t)$,且满足 $z'(t)\in \text{Lip }\alpha$),不仅得到了极限关系式(17.3),且给出了逼近阶估计式. 此外还指出了,这个估计式是精确的. 我们有:

定理 17.1 设单连通区域 D 的边界 Γ 具有 $1+\alpha$ 次光滑性,其中 $\alpha>0$,则对于任意 $p(0<p<+\infty)$,及任意的函数 $f\in A(\overline{D})$,有

$$\left(\int_\Gamma |L_n(f;z)-f(z)|^p |dz|\right)^{\frac{1}{p}} \leqslant C\omega\left(f;\frac{1}{n}\right)$$
(17.4)

其中 C 是不依赖于 f 和 n 的常数[①],$\omega(f;\delta)$ 是函数 f 在 $\overline{D}$ 上的连续模.

证明 由定理的条件可知有

$$0<C_1\leqslant \left|\frac{\Psi(w)-\Psi(u)}{w-u}\right|\leqslant C_2$$

$$(|w|\geqslant 1, |u|\geqslant 1) \quad (17.5)$$

---

① 今后常数都用 C 或 C_i 表示,不管其数值大小.

$$C_2 \leqslant |\Psi'(w)| \leqslant C_3, \Psi'(w) \in \text{Lip } \alpha \quad (|w| \geqslant 1)$$
(17.6)

由(17.5)(17.6)两式可以得到
$$\left|\frac{\Psi'(w)}{\Psi(w)-\Psi(u)}-\frac{1}{w-u}\right| \leqslant C |w-u|^{\alpha-1}$$
$$(|w| \geqslant 1, |u| \geqslant 1) \quad (17.7)$$

由 $\Psi'(w) \in \text{Lip } \alpha$ 还可以得到
$$|\Psi''(w)| \leqslant C(|w|-1)^{\alpha-1}, |w|>1 \quad (17.8)$$

由赫尔德不等式,容易看出,$0 < p \leqslant 1$ 的情况是可以转化到 $p=2$ 的情况,因此今后我们只要对 $1 < p < +\infty$ 证明定理即可.

我们还要指出,用通常的方法可以证明,为了证明定理,只要证明:对任意的 $f \in A(\bar{D})$,成立
$$\left(\int_\Gamma |L_n(f;z)|^p |\mathrm{d}z|\right)^{\frac{1}{p}} \leqslant C \|f\|_\infty$$
$$(1 < p < +\infty) \quad (17.9)$$
就够了.

另外,还可知
$$L_n(f;z) = \frac{1}{n+1}\sum_{k=0}^n f(z_{n,k}) \cdot$$
$$\frac{w_{n,k}\Psi'(w_{n,k})(w^{n+1}-1)}{\Psi(w)-\Psi(w_{n,k})} \cdot \frac{\Pi_n(w)}{\Pi_n(w_{n,k})}$$
$$z = \Psi(w) \quad (17.10)$$

其中
$$\Pi_n(w) = \sum_{k=0}^n \frac{\Psi(w)-\Psi(w_{n,k})}{(w-w_{n,k})d} \quad (17.11)$$

引理 17.1 在定理的条件下,我们有
$$|\Pi_n(w)-1| \leqslant \frac{C}{n^\alpha}\ln n, |w|=1 \quad (17.12)$$

Lagrange 插值多项式

证明　考虑函数

$$\chi(w,u) = \begin{cases} \dfrac{\Psi(w)-\Psi(u)}{(w-u)d}, & w \neq u \\ \dfrac{\Psi'(u)}{d}, & w = u \end{cases} \quad (17.13)$$

由式 (17.6) 知，它是在 $|w|>1$，$|u|>1$ 解析，在 $|w|\geqslant 1$，$|u|\geqslant 1$ 上连续的二元函数，且作为 u 的函数是属于 Lip α 的. 此外有 $\chi(w,\infty)=1$，因此有

$$\ln \chi(w,u) = \sum_{j=1}^{+\infty} \frac{\alpha_j(w)}{u^j}, \quad |u|\geqslant 1, |w|\geqslant 1$$

(17.14)

且由于 $\ln \chi(w,u) \in \mathrm{Lip}\,\alpha$，式 (17.14) 在 $|u|\geqslant 1$ 上是收敛的.

此外，由 (17.11)(17.13)(17.14) 三式及 $w_{n,k}(k=0,1,\cdots,n)$ 的性质知

$$\ln \Pi_n(w) = \sum_{k=0}^{n} \ln \chi(w, w_{n,k})$$
$$= (n+1)\sum_{l=1}^{+\infty} \alpha_{l(n+1)}(w) \quad (|w|\geqslant 1)$$

(17.15)

为了估计 $|\alpha_j(w)|$，首先对 $1<\rho<\dfrac{3}{2}$，$|w|=1$ 估计

$$\int_{|u|=\rho} \left| \frac{\partial^2 \ln \chi(w,u)}{\partial u^2} \right| |du|$$
$$= \int_{|u|=\rho} \left| \frac{\Psi''(u)}{\Psi(w)-\Psi(u)} + \frac{(\Psi'(u))^2}{(\Psi(w)-\Psi(u))^2} - \frac{1}{(w-u)^2} \right| |du|$$

$$\leqslant \int_{|u|=\rho} \frac{\Psi''(u)}{\Psi(w)-\Psi(u)} \mid \mathrm{d}u \mid +$$

$$\int_{|u|=\rho} \left| \frac{\Psi'(u)}{\Psi(w)-\Psi(u)} - \frac{1}{w-u} \right| \cdot$$

$$\left| \frac{\Psi'(u)}{\Psi(w)-\Psi(u)} + \frac{1}{w-u} \right| \mid \mathrm{d}u \mid$$

$$= I_1 + I_2 \qquad (17.16)$$

由(17.5)(17.8)与(17.7)三式对$\mid w \mid = 1$,有

$$I_1 \leqslant \frac{C}{(\rho-1)^{1-\alpha}} \int_{|u|=\rho} \frac{\mid \mathrm{d}u \mid}{\mid w-u \mid} \leqslant \frac{C\ln\frac{1}{\rho-1}}{(\rho-1)^{1-\alpha}}$$

$$(17.17)$$

$$I_2 \leqslant C\int_{|u|=\rho} \frac{\mid \mathrm{d}u \mid}{\mid w-u \mid^{2-\alpha}} \leqslant C\frac{1}{(\rho-1)^{1-\alpha}}$$

$$(17.18)$$

因此,比较(17.16)—(17.18)各式就得到

$$\int_{|u|=\rho} \left| \frac{\partial^2 \chi(w,u)}{\partial u^2} \right| \mid \mathrm{d}u \mid \leqslant \frac{C}{(\rho-1)^{1-\alpha}} \ln \frac{1}{\rho-1}$$

$$(\mid w \mid = 1, 1 < \rho < \frac{3}{2}) \qquad (17.19)$$

于是,由式(17.19)及$\frac{\partial^2 \chi(w,u)}{\partial u^2}$中系数表达式,取$\rho = 1 + \frac{1}{j}$后有

$$\mid \alpha_j(w) \mid \leqslant \frac{1}{j(j+1)} \left| \frac{1}{2\pi \mathrm{i}} \int_{|u|=\rho} \left| \frac{\partial^2 \chi(w,u)}{\partial u^2} \right| \mid u^{j+1} \mid \mid \mathrm{d}u \mid \right|$$

$$\leqslant \frac{\rho^{j+1}}{j(j+1)} \frac{1}{2\pi} \int_{|u|=\rho} \left| \frac{\partial^2 \chi(w,u)}{\partial u^2} \right| \mid \mathrm{d}u \mid$$

$$\leqslant \frac{C\rho^{j+1}}{j(j+1)} \cdot \frac{1}{(\rho-1)^{1-\alpha}} \ln \frac{1}{\rho-1}$$

$$< \frac{C}{j^{1+\alpha}} \ln j \quad (\mid w \mid = 1) \qquad (17.20)$$

Lagrange 插值多项式

因此,由式(17.15)及(17.20)得

$$|\ln \Pi_n(w)| \leqslant (n+1) \sum_{l=1}^{+\infty} |\alpha_{l(n+1)}(w)|$$

$$\leqslant \frac{C}{(n+1)^\alpha} \ln(n+1) \quad (|w|=1)$$

$$(17.21)$$

而这与式(17.12)是等价的,引理 17.1 证明完毕.

现在再回到定理的证明,由式(17.10),对 $z = \Psi(w)$,有

$$L_n(f;z) = \frac{1}{n+1} \sum_{k=0}^{n} f(z_{n,k}) \frac{w_{n,k}\Psi'(w_{n,k})(w^{n+1}-1)}{\Psi(w) - \Psi(w_{n,k})} \cdot$$

$$\left(\frac{\Pi_n(w)}{\Pi_n(w_{n,k})} - 1\right) + \frac{1}{n+1} \sum_{k=0}^{n} f(z_{n,k}) \cdot$$

$$\left(\frac{w_{n,k}\Psi'(w_{n,k})(w^{n+1}-1)}{\Psi(w) - \Psi(w_{n,k})} - \frac{w_{n,k}(w^{n+1}-1)}{w - w_{n,k}}\right) +$$

$$\frac{1}{n+1} \sum_{k=0}^{n} f(z_{n,k}) \frac{w_{n,k}(w^{n+1}-1)}{w - w_{n,k}}$$

$$= A_n(f;w) + B_n(f;w) + C_n(f;w) \quad (17.22)$$

由引理 17.1 及式(17.5)得

$$|A_n(f;w)| \leqslant C \|f\|_\infty \frac{\ln n}{n^\alpha} \sum_{k=0}^{n} \left|\frac{w^{n+1}-1}{w - w_{n,k}}\right|$$

$$\leqslant C \|f\|_\infty \frac{\ln n}{n^\alpha} \cdot \ln n$$

$$\leqslant C \|f\|_\infty \quad (|w|=1)$$

为了估计 $|B_n(f;w)|$,不妨设 w 与 $w_{n,0}=1$ 的距离大小与其他 $w_{n,k}(k=1,\cdots,n)$ 的距离,因此有

$$|\text{arc } w| \leqslant \frac{\pi}{n+1}, \left|\frac{w^n-1}{w-1}\right| \leqslant C(n+1)$$

$$\left|\frac{1}{w-w_{n,k}}\right| \leqslant \begin{cases} \dfrac{n+1}{k} & \left(1 \leqslant k \leqslant \dfrac{n+1}{2}\right) \\ \dfrac{n+1-k}{k} & \left(\dfrac{n+1}{2} \leqslant k \leqslant n\right) \end{cases}$$

这样就有

$$\frac{1}{n+1}\left|f(z_{n,0})\left(\frac{\Psi'(1)(w^{n+1}-1)}{\Psi(w)-\Psi(1)} - \frac{w^{n+1}-1}{w-1}\right)\right| \leqslant C\|f\|_\infty$$
$$(17.24)$$

此外，由式(17.7)得

$$\left|\frac{1}{n+1}\sum_{k=1}^n f(z_{n,k})w_{n,k}(w^{n+1}-1) \cdot \right.$$
$$\left.\left(\frac{\Psi(w_{n,k})}{\Psi(w)-\Psi(w_{n,k})} - \frac{1}{w-w_{n,k}}\right)\right|$$
$$\leqslant \frac{C\|f\|_\infty}{n+1}\sum_{k=1}^n \frac{1}{|w-w_{n,k}|^{1-\alpha}}$$
$$\leqslant C\frac{\|f\|_\infty}{n+1}\sum_{k=1}^n \frac{(n+1)^{1-\alpha}}{k^{1-\alpha}} \leqslant C\|f\|_\infty$$
$$(17.25)$$

比较式(17.24)与(17.25)就有

$$|B_n(f;w)| \leqslant C\|f\|_\infty \quad (|w|=1)$$
$$(17.26)$$

由于 $C_n(f;w)$ 是次数不高于 n 的多项式，且有 $C(f;w_{n,k}) = f(z_{n,k})(k=0,1,\cdots,n)$，因此用马钦凯维奇－济格蒙德的结果得

$$\left(\int_0^{2\pi} |C_n(f;\mathrm{e}^{\mathrm{i}\theta})|^p \mathrm{d}\theta\right)^{\frac{1}{p}} \leqslant \left(\frac{C}{n}\sum_{k=0}^n |f(z_{n,k})|^p\right)^{\frac{1}{p}}$$
$$\leqslant C\|f\|_\infty \quad (17.27)$$

比较(17.22)(17.23)(17.26)与(17.27)各式就得到式(17.9)，定理证毕.

Lagrange 插值多项式

下面用例说明,当 D 是单位圆 $|z|<1$ 时,定理中式(17.4)的逼近阶是不能改进的. 事实上,取

$$f_0(z) = \sum_{k=0}^{+\infty} 2^{-\frac{k}{2}} z^{2^k}, \; |z| \leqslant 1$$

则对任意的 $\delta(0<\delta<1)$,存在 n 满足 $2^{-n-1} \leqslant \delta < 2^{-n}$,因而

$$|f_0(e^{i(\theta+\delta)}) - f_0(e^{i\theta})|$$
$$\leqslant \sum_{k=0}^{n} 2^{-\frac{k}{2}} |e^{i\delta 2^k} - 1| + 2\sum_{k=n+1}^{+\infty} 2^{-\frac{k}{2}}$$
$$\leqslant C\delta \sum_{k=0}^{n} 2^{\frac{k}{2}} + C2^{-\frac{n}{2}} \leqslant C\delta^{\frac{1}{2}}$$

因此有 $f_0(\pi) \in \text{Lip} \frac{1}{2}$. 这样,用定理后得到

$$\int_{|z|=1} |L_{2^n}(f;z) - f(z)|^2 |dz| \leqslant C2^{-\frac{n}{2}}$$

另外,$f_0(\pi)$ 在 $L^2(|z|=1)$ 上的最佳逼近多项式恰好是泰勒(Taylor)展开式的部分和,因此用 2^n 次多项式的最佳逼近为

$$\left(\int_{|z|=1} \left|\sum_{k=n+1}^{+\infty} 2^{-\frac{k}{2}} z^{2^k}\right|^2 |dz|\right)^{\frac{1}{2}}$$
$$= \sqrt{2\pi} \left\{\sum_{k=n+1}^{+\infty} 2^{-k}\right\}^{\frac{1}{2}} = \sqrt{2\pi} \, 2^{-\frac{n}{2}}$$

这说明,对于函数 $f_0(\pi)$,式(17.4)的逼近阶是精确的.

最后,我们还要指出,若 $f^{(m)} \in A(\overline{D})$ 时,其中 m 为自然数,则式(17.4)的逼近阶为

$$\frac{C_m}{n^m} \omega\left(f^{(m)}; \frac{1}{n}\right)$$

事实上,这只要利用,存在 n 次多项式 P_n,使

第六编 复平面的拉格朗日插值

$$\| f - P_n \|_\infty \leqslant \frac{C_m}{n^m} \omega\left(f^{(m)}; \frac{1}{n}\right)$$

其他步骤基本是一样的,就能证明这个结论.

Lagrange 插值多项式

复插值逼近[①]

第 18 章

北京大学的沈燮昌教授和黄河大学的涂天亮教授 1991 年介绍了复数域上各类插值多项式(有时也提到有理函数)的收敛性与发散性问题的近代成果,适当地介绍了复插值逼近阶的估计.本章共分七节,其中 §1 为问题的提出, §2 介绍紧集上解析函数的拉格朗日插值多项式收敛的充要条件, §3 介绍 $A(|z|\leqslant 1)$ 上函数的拉格朗日插值的收敛及发散问题, §4 是一般区域上拉格朗日插值的收敛问题, §5 介绍调和多项式的插值, §6 介绍埃尔米特及埃尔米特－费耶尔插值的收敛与发散性问题, §7 介绍有理函数插值的收敛性问题.

① 选自:数学进展,1991 年第 20 卷第 2 期.

第六编 复平面的拉格朗日插值

在实轴区间上用代数多项式进行插值,或在整个实轴上用三角多项式进行插值,并研究各种插值点上,各种不同的插值的收敛性问题、发散性问题以及勒贝格常数等问题,目前已有很多工作. 本章主要介绍复平面紧集上插值的一些近代成果,当然也适当地介绍某些经典的结果.

§1 问题的提出

设 K 是复平面上具有无限多点的紧集,取 K 中的三角阵列 $Z_n=\{z_{k,n}\}(k=1,2,\cdots,n;n=1,2,\cdots)$,它们之间互不相同(下面也要考虑相同的情形). 有时为了简单起见,记 $z_k=z_{k,n}$. 令

$$\omega_n(z)=\prod_{k=1}^{n}(z-z_k) \qquad (18.1)$$

及

$$l_k(z)=\prod_{\substack{j=1\\j\neq k}}^{n}\frac{z-z_j}{z_k-z_j}=\frac{\omega_n(z)}{(z-z_k)\omega'_n(z_k)} \qquad (18.2)$$
$$(k=1,2,\cdots,n)$$

显然,$l_k(z)(1\leqslant k\leqslant n)$ 是一个 $n-1$ 次多项式,且满足

$$l_k(z_j)=\begin{cases}1 & (j=k)\\ 0 & (j\neq k,j,k=1,2,\cdots,n)\end{cases} \qquad (18.3)$$

我们称 $\{l_k(z)\}(1\leqslant k\leqslant n)$ 为拉格朗日插值的基函数,而称

$$p_{n-1}(z)=\sum_{k=1}^{n}a_k l_k(z) \qquad (18.4)$$

为 $n-1$ 次拉格朗日插值多项式,其中 $\{a_k\}(1\leqslant k\leqslant$

Lagrange 插值多项式

n),是任意的复数序列,显然有

$$p_{n-1}(z_j) = \alpha_j \quad (j=1,2,\cdots,n) \quad (18.5)$$

特别地,若函数 $f(z)$ 在紧集 K 上有定义,且令

$$\alpha_k = f(z_k) \quad (k=1,2,\cdots,n) \quad (18.6)$$

则称

$$p_{n-1}(f,z) = \sum_{k=1}^{n} f(z_k) l_k(z) \quad (18.7)$$

为函数 $f(z)$ 在插值基点 $Z_n = \{z_k\} (1 \leqslant k \leqslant n)$ 上的 $n-1$ 次拉格朗日插值多项式,简称 $f(z)$ 的拉格朗日插值多项式,显然有

$$p_{n-1}(f,z_j) = f(z_j) \quad (1 \leqslant j \leqslant n) \quad (18.8)$$

若紧集 K 是闭区域 $\overline{D}$,其边界为有限条可求长的若尔当曲线 Γ,又设 $Z_n \subset D, f(z) \in A(\overline{D})$,这表示函数 $f(z)$ 在 D 内解析,$\overline{D}$ 上连续,则有

$$p_{n-1}(f,z) = \frac{1}{2\pi i} \int_{\Gamma} \frac{f(\zeta)}{\omega_n(\zeta)} \frac{\omega_n(\zeta) - \omega_n(z)}{\zeta - z} d\zeta \quad (z \in D)$$
(18.9)

及余项公式

$$f(z) - p_{n-1}(f,z) = \frac{1}{2\pi i} \int_{\Gamma} \frac{f(\zeta)}{\zeta - z} \frac{\omega_n(z)}{\omega_n(\zeta)} d\zeta \quad (z \in D)$$
(18.10)

Curtiss 也研究在 $z \in \Gamma$ 时的拉格朗日插值多项式及余项的积分表示问题,这需要用到主值积分;若区域 D 的边界 Γ 不是可求长的,则对 Γ 加上一些适当的条件,也可将拉格朗日插值多项式及余项用积分表示,但要用到重积分,这些就不再进一步介绍了.

自然会问:

(1) 是否对于某些插值基点 $Z_n = \{z_{k,n}\} (k=1, 2,\cdots,n; n=1,2,\cdots)$,任意 $f \in A(\overline{D})$,其拉格朗日插值

多项式 $L_{n-1}(f,z)$ 在闭区域 $\overline{D}$ 上一致收敛?

(2) 若不能一致收敛,则使一致收敛的 $f(z)$ 必是 $A(\overline{D})$ 的子空间,这个子空间有什么特征? 显然,这应该与插值基点 $Z_n(n=1,2,\cdots)$ 以及区域 $\overline{D}$ 的性质有关.

(3) 若不能在 $\overline{D}$ 上一致收敛,则能否对某些 Z_n $(n=1,2,\cdots)$,插值多项式在 D 内闭一致收敛到 $f(z)$?

(4) 若不能在 $\overline{D}$ 上一致收敛,则对那些 $Z_n(n=1,2,\cdots)$,插值多项式序列在 Γ 上平均收敛到函数本身,即

$$\lim_{n\to+\infty}\int_{\Gamma}|f(z)-L_{n-1}(f,z)|^p|\mathrm{d}z|=0 \quad (0<p<+\infty)$$

其收敛的阶又是什么?

(5) 若 $f(z)\in A(\overline{D})$,是否可以清晰地找出 Z_n $(n=1,2,\cdots)$,使其插值多项式在 $\overline{D}$ 上一致逼近 $f(z)$? 且求出其逼近阶.

(6) 若 $f(z)\in C(\Gamma)$,这表示函数 $f(z)$ 只在闭若尔当可求长曲线 Γ 上连续,$Z_n\in\Gamma$,则其拉格朗日插值多项式能否在 Γ 上一致收敛到 $f(z)$? 或其他的插值函数系能否在 Γ 上一致收敛到 $f(z)$? 或平均收敛到 $f(z)$?

(7) 若 $f(z)\in C(\Gamma)$,$Z_n\subset\Gamma$,则其拉格朗日插值多项式能否在 D 内闭一致收敛于某个解析函数 $F(z)$,它与 $f(z)$ 有什么关系?

在构造拉格朗日插值多项式时,我们用的是线性无关系

$$\{1,z,z^2,\cdots,z^{n-1}\} \quad (18.11)$$

Lagrange 插值多项式

然后再构造它们的线性组合,即 $n-1$ 次多项式,使满足式(18.6)或(18.8).但如果我们选择其他线性无关系,若具有给定极点的有理函数系,则同样地也可以提出上面七个问题.

现在我们要求构造出一个 N 次多项式 $p_N(z)$,它在插值基点 Z_n 上满足条件

$$p_N^{(j)}(z_k) = \alpha_k^{(j)} \quad (j=0,1,\cdots,s_k-1, k=1,2,\cdots,n)$$
(18.12)

其中

$$N = \left(\sum_{k=1}^n s_k\right) - 1$$

而 $\alpha_k^{(j)}(j=0,1,\cdots,s_k-1, k=1,2,\cdots,n)$,是任意 $N+1 = \sum_{k=1}^n s_k$ 个复数,则称 $p_N(z)$ 为埃尔米特插值多项式.

可以证明

$$p_N(z) = \sum_{k=1}^n \sum_{j=0}^{s_k-1} \alpha_k^{(j)} L_{k,j}(z) \quad (18.13)$$

其中

$$L_{k,j}(z) = \frac{A(z)}{(z-z_k)^{s_k}} \frac{(z-z_k)^j}{j!} \cdot$$

$$\left(\frac{(z-z_k)^{s_k}}{A(z)} \text{ 在 } z_k \text{ 处的 } s_k-j-1 \text{ 次泰勒展开}\right)$$
(18.14)

而

$$A(z) = \prod_{k=1}^n (z-z_k)^{s_k} \quad (18.15)$$

$L_{k,j}(z)$ 是 N 次多项式,它们满足

$$L_{k,j}^{(h)}(z_j) = \begin{cases} 1, & i=k, h=j, i,k=1,2,\cdots,n \\ 0, & \text{其他情况}, h,j=0,1,\cdots,s_k-1 \end{cases}$$
(18.16)

称为埃尔米特插值的基函数.

若函数 $f(z)$ 定义在紧集 K 上,且在 $Z_n \subset K$ 上有相应阶导数 $f^{(j)}(z_i)(j=0,1,\cdots,s_i-1,i=1,2,\cdots,n)$,则称

$$p_N(f,z) = \sum_{k=1}^{n} \sum_{j=0}^{s_k-1} f^{(j)}(z_k) L_{k,j}(z) \quad (18.17)$$

为函数 $f(z)$ 在 Z_k 上的埃尔米特插值多项式,若函数 $f(z)$ 定义在紧集 K 上,则也称

$$\widetilde{p}_N(f,z) = \sum_{k=1}^{n} f(z_k) A_k(z) + \sum_{k=1}^{n} \sum_{j=1}^{s_k-1} \alpha_k^{(j)} L_{k,j}(z)$$
(18.18)

为函数 $f(z)$ 在 Z_n 上的埃尔米特插值多项式,其中

$$A_k(z) = L_{k,0}(z) \quad (18.19)$$

此时有

$$\widetilde{p}_n(f,z_k) = f(z_k), (\widetilde{p}_N(f,z_k))^{(j)} = \alpha_k^j$$
$$(k=1,2,\cdots,n; j=1,2,\cdots,s_k-1) \quad (18.20)$$

特别地,称

$$Q_n(f,z) = \sum_{k=1}^{n} f(z_k) A_k(z) \quad (18.21)$$

为函数 $f(z)$ 在 Z_n 上的埃尔米特－费耶尔插值多项式.

显然,当 $f \in A(\overline{D})$,且 D 的边界 Γ 为可求长曲线,$Z_n \subset D$ 时,对 $p_N(f,z)$,公式(18.9)与(18.10)也成立.

特别地,当所有 $s_k = 2(k=1,2,\cdots,n)$ 时

Lagrange 插值多项式

$$\widetilde{p}_N(f,z) = \sum_{k=1}^{n} f(z_k) A_k(z) + \sum_{k=1}^{n} \alpha_k^{(1)} \beta_k(z)$$

(18.22)

其中

$$A_k(z) = L_{k,0}(z) = \left(1 - \frac{\omega'_n(z_k)}{\omega'(z_k)}(z - z_k)\right) l_k^2(z)$$

(18.23)

$$B_k(z) = L_{k,1}(z) = (z - z_k) l_k^2(z) \quad (18.24)$$

而 $l_k(z)$ 是由式(18.2)所确定的拉格朗日插值的基函数. $A_k(z)$ 与 $B_k(z)$ 都是 $2n-1$ 次多项式,它们满足

$$A_k^{(h)}(z_i) = \begin{cases} 1, & i=k, h=0 \\ 0, & \text{其他情况} \end{cases}$$

$(i, k = 1, 2, \cdots, n; h = 0 \text{ 或 } 1)$ (18.25)

$$B_k^{(h)}(z_i) = \begin{cases} 1, & i=k, h=1 \\ 0, & \text{其他情况} \end{cases}$$

$(i, k = 1, 2, \cdots, n; h = 0 \text{ 或 } 1)$ (18.26)

因此有

$$\widetilde{p}_N^{(h)}(f, z_i) = \begin{cases} f(z_i), & \text{当 } h = 0 \\ \alpha_i^{(1)}, & \text{当 } h = 1 \end{cases} \quad (i = 1, 2, \cdots, n)$$

(18.27)

当 $\alpha_k^{(1)} = f'(z_k)$ 时,$\widetilde{p}_N(f,z)$ 是 $f(z)$ 的 $2n-1$ 次埃尔米特插值多项式;当 $\alpha_k^{(1)} = 0 (k = 1, 2, \cdots, n)$,$\widetilde{p}_N(f,z) = Q_n(f,z)$ 是 $f(z)$ 的 $2n-1$ 次埃尔米特－费耶尔插值多项式.

此外,还可以考虑缺项插值,即在每一个插值点上插值多项式的导数不是依次地取给定的值,而是有的导数取给定的值.这是一个比较新型的插值,称为伯克霍夫(Birkhoff)插值.

第六编 复平面的拉格朗日插值

§2 紧集上解析函数的拉格朗日插值

设 K 是紧集，其余集 CK 是一个单连通区域，于是存在一个在 ∞ 处规格化的保形映射

$$z = \Psi(w) = dw + c_0 + \frac{c_1}{w} + \cdots \quad (d > 0)$$

(18.28)

它将 $|w| > 1$ 保形映射到 CK，其逆映射记作 $w = \Phi(z)$. 称 d 为紧集 K 的解析容量，此外用

$$C_\rho = \{z \mid |\phi(z)| = \rho > 1\}$$

记作在 CK 中的等势线.

设函数 $f(z)$ 在紧集 K 上解析，有兴趣的是，对于任意的三角形插值阵列 $Z_n = \{z_{k,n}\}(k=1,2,\cdots,n; n=1,2,\cdots) \in K$，其 $n-1$ 次拉格朗日插值多项式序列 (18.7) 是否一定在 K 上一致收敛？若一致收敛，则其收敛速度又如何？为此引入三角阵列 Z_n 一致分布的概念. 令

$$M_n = \max_{z \in K} |\omega_n(z)| = \max_{z \in \partial K} |\omega_n(z)| \quad (n=1,2,\cdots)$$

(18.29)

其中 $\omega_n(z) = \prod_{k=1}^{n}(z - z_{k,n})$，以及

$$H_n(z) = \frac{\omega_n(z)}{(d\Phi(z))^n}$$

(18.30)

由最大模原理容易得到

$$M_n \geqslant d^n$$

(18.31)

定义 18.1 我们说 $Z_n = \{z_{k,n}\}(k=1,2,\cdots,n; n=$

Lagrange 插值多项式

$1,2,\cdots$）在 K 上是一致分布的，如果

$$\lim_{n\to+\infty}\sqrt[n]{M_n}=d \qquad (18.32)$$

容易看出，若 $K=[-1,1]$，且以 n 次切比雪夫多项式的零点作为插值基点，即

$$\omega_n(z)=\frac{1}{2^{n-1}}\cos(n\cos^{-1}z),M_n=\frac{1}{2^{n-1}}$$

则由于映射函数为

$$\Psi(w)=\frac{1}{2}\left(w+\frac{1}{w}\right),d=\frac{1}{2}$$

因此满足一致分布的条件(18.32)．

一般来说，由于

$$Q_n(z)=\sqrt[n]{H_n(z)}=\frac{\sqrt[n]{\omega_n(z)}}{d\Phi(z)} \qquad (18.33)$$

在 CK 内闭一致有界，从而有 CK 上的正规族，可以证明下列定理．

定理 18.1 要使 Z_n 是 K 上一致分布的充要条件是在 CK 内闭一致地有

$$\lim_{n\to\infty}Q_n(z)=1,z\in CK \qquad (18.34)$$

对于一致分布的三角阵列，我们有下列重要的定理．

定理 18.2（Kalmar-费耶尔-沃尔什） 要使任意一个在紧集 K（其余集 CK 是单连通区域）上的解析函数 $f(z)$ 在 $Z_n\subset K$ 上的 $n-1$ 次拉格朗日插值多项式序列 $L_{n-1}(f,z)$ 在 K 上一致收敛到 $f(z)$ 的充要条件是 $Z_n=\{Z_{k,n}\}$ 在 K 上一致地分布．

进一步，若函数 $f(z)$ 在 C_ρ 内解析，$\rho>1$，在 C_ρ 上有奇点，则有

$$\varlimsup_{n\to\infty}\sqrt[n]{\max_{z\in K}\mid f(z)-L_{n-1}(f,z)\mid}=\frac{1}{\rho}$$
(18.35)

且对任意 $r(1\leqslant r<\rho)$,有

$$\varlimsup_{n\to\infty}\sqrt[n]{\max_{z\in C_r}\mid f(z)-L_{n-1}(f,z)\mid}=\frac{r}{\rho}$$
(18.36)

这就称为过收敛.

这个定理还可以推广到 CK 是有限连通时的情况,若 D 是由闭若尔当曲线 Γ 所围成的区域,且令

$$z_{k,n}=\Psi(\mathrm{e}^{\mathrm{i}\theta_{k,n}}),\theta_{k,n}\in[0,2\pi] \quad (18.37)$$

这样,我们得到 $\{z_{k,n}\}$ 关于 $\overline{D}$ 是一致分布的这一概念通过 $\{\theta_{k,n}\}$ 来表示的另一个定义.

定义 18.2 设 $\Theta_n=\{\theta_{k,n}\}(k=1,2,\cdots,n;n=1,2,\cdots)$ 满足

$$0\leqslant\theta_{1,n}\leqslant\theta_{2,n}\leqslant\cdots\leqslant\theta_{n,n}\leqslant 2\pi$$

我们称 $\{\theta_{k,n}\}$ 在 $[0,2\pi]$ 上是一致分布的,若对于任意的区间 $[\alpha,\beta]\subset[0,2\pi]$,有

$$\lim_{n\to+\infty}\frac{N^{(n)}(\alpha,\beta)}{n}=\frac{\beta-\alpha}{2\pi} \quad (18.38)$$

其中 $N^{(n)}[\alpha,\beta]$ 是 $\theta_n=\{\theta_{k,n}\}$ 在 $[\alpha,\beta]$ 上的个数.

我们称

$$z_{k,n}=\Psi(\mathrm{e}^{\mathrm{i}(\alpha_0+\frac{2k\pi}{n})}) \quad (k=1,2,\cdots,n,\alpha_0\text{ 是任意实数})$$
(18.39)

为费耶尔插值基点.今后经常取 $\alpha_0=0$ 或 $\alpha_0=-\dfrac{\pi}{n}$.这在后面研究中将起很大作用.

定理 18.3 若 Γ 是闭若尔当曲线,要使 Γ' 上的基点 Z_n 是一致分布的充要条件是由式(18.39)所对应的

Lagrange 插值多项式

$\Theta = \{\theta_{k,n}\}$ 也是一致分布.

现在在 Γ 上任取 n 个点 $\xi_{k,n}(k=1,2,\cdots,n)$,构造它们的范德蒙德行列式

$$V_n = V_n(\xi_{1n},\cdots,\xi_{nn}) = \prod_{1\leqslant k<j\leqslant n}(\xi_{jn} - \xi_{kn})$$

令

$$V_n(z_{1n},\cdots,z_{nn}) = \max_{\xi_{kn}\in\Gamma}|V_n(\xi_{1n}-\xi_{nn})|$$

则称 $\{z_{k,n}\}$ 为范德蒙德插值基点或称 Fekete 基点,显然有

$$|l_k(z)| \leqslant 1 \quad (k=1,2,\cdots,n)$$

其中 $l_k(z)(k=1,2,\cdots,n)$ 是按 Fekete 基点的拉格朗日插值基函数.

现在在 $\overline{D}$ 上考虑 n 次多项式

$$p_n(z) = \prod_{k=1}^{n}(z-\xi_k)$$

其中 $\xi_k \in \overline{D}(k=1,2,\cdots,n)$,令

$$\tilde{\mu}_n = \inf_{\xi_k,z\in D}\max |p_n(z)|$$

则存在 n 次多项式 $\tilde{\tau}_n(z)$,使

$$\tilde{\mu}_n = \max_{z\in D}|\tilde{\tau}_n(z)|$$

称 $\tilde{\tau}_n(z)$ 为区域 $\overline{D}$ 的切比雪夫多项式,其根 $z_k \in \overline{D}$ ($k=1,2,\cdots,n$),称为切比雪夫插值基点.

定理 18.4 范德蒙德插值基点和切比雪夫插值基点都是一致分布的.

当插值基点不是一致分布,但 $f(z)$ 仍在 $\overline{D}$ 上解析时,1969 年 Hlawka 也得到一个有关逼近的定理,这依赖于插值基点偏离于一致分布的程度.

第六编　复平面的拉格朗日插值

§3　$A(|z|\leqslant 1)$ 的拉格朗日插值多项式的收敛与发散问题

若只假设 $f(z)\in A(\overline{D})$，而不假设 $f(z)$ 在闭区域 $\overline{D}$ 上解析，则对任意的插值基点 $Z_n=\{z_{k,n}\}(k=1,2,\cdots,n,n=1,2,\cdots)$，必存在函数 $f_0(z)\in A(\overline{D})$，使得其拉格朗日插值多项式 $L_{n-1}(f_0,z)$ 在 $\overline{D}$ 上不一致收敛. 这从 $\overline{D}=\{|z|\leqslant 1\}$ 就可以看出.

早在 1916 年费耶尔取
$$\{z_{k,n}\}=\{e^{\frac{2k-1}{n}\pi i}\}\quad (k=1,2,\cdots,n) \quad (18.40)$$
它是 -1 的 n 次根. 利用三角插值中的函数，构造了
$$f_0(z)=\sum_{k=1}^{\infty}\frac{p_{2,3}k^3(z)}{k^2}\in A\quad (|z|\leqslant 1)$$
$$(18.41)$$
其中
$$p_{2n}(z)=\frac{1}{n}+\frac{z}{n-1}+\cdots+\frac{z^{n-1}}{1}-\frac{z^{n+1}}{1}-\frac{z^{n+2}}{2}-\cdots-\frac{z^{2n}}{n}$$
$$(18.42)$$
他证明了
$$L_{3^{n^3}}(f,1)>2n\ln 3 \quad (18.43)$$
因而有
$$\varlimsup_{n\to+\infty}L_n(f,1)=+\infty \quad (18.44)$$
1956 年 Альпер 对单位圆周 $|z|=1$ 上的任意三角阵列 $Z_n=\{z_{k,n}\}(n=1,2,\cdots)$，利用三角插值中的结果，得

Lagrange 插值多项式

$$\lambda_n = \max_{|z|\leqslant 1}\lambda_n(z) = \max_{|z|=1}\sum_{k=1}^{n}|l_k(z)| > \frac{\ln n}{8\sqrt{\pi}}$$
(18.45)

其中 $l_k(z)$ 是拉格朗日插值基函数,他还做出了一个引理:对于任意的自然数 $n,\varepsilon>0$,在 $|z|\leqslant 1$ 上存在解析函数 $\varphi_n(z)$,它在 $|z|=1$ 上任意 n 个点 $z_k(k=1,2,\cdots,n)$ 上取值为 $w_k=\varphi_n(z_k),|w_k|=1(k=1,2,\cdots,n)$,且满足

$$\max_{|z|\leqslant 1}|\varphi_n(z)| < 1+\varepsilon \qquad (18.46)$$

(这个引理在以后进一步地被 Clunie 与 Mason 所改进),利用这个引理他构造了函数

$$f_0(z) = \sum_{k=1}^{+\infty}\frac{\varphi_{n_k}(z)}{3^k}, \lambda_{n_k} > 2(k+1)3^k$$

它的拉格朗日插值多项式在 $|z|\leqslant 1$ 上不一致收敛,但 $f_0(z)\in A(|z|\leqslant 1)$.

显然,由式(18.44),利用 Banach-Steinhans 定理,也可知存在 $f_0\in A(|z|\leqslant 1)$,使 $L_n(f_0,z)$ 在 $|z|\leqslant 1$ 上不一致收敛,但这里给出了 $f_0(z)$ 的具体表达式.

1980 年 Герман 在 Erdös 工作的基础上做出了较为一般的研究. 但 1982 年 Vertesi 证明:对任意三角插值基点阵列,存在 $f_0\in A(|z|<1)$,使 $L_n(f_0,z)$ 在 $|z|=1$ 上几乎处处发散,即

$$\varlimsup_{n\to+\infty}|L_{n-1}(f_0,z)| = +\infty$$

在 $|z|=1$ 上几乎处处成立,且这个集合还是第二范畴的.

他的证明是基于他和 Erdös 的工作.

实际上,不仅是拉格朗日插值算子在闭区域上,一

第六编 复平面的拉格朗日插值

般地说,是不一致收敛. 利用它,构造出其他很多线性算子也具有在闭区域上的不一致收敛性. 例如,对于单位根,Gaier 考虑拉格朗日插值算子的平均值

$$A_n(f,z) = \frac{1}{n}\sum_{k=1}^{n} L_k(f,z) \quad (18.47)$$

他找到 $f_0(z) \in A(|z| \leqslant 1)$,使得 $A_n(f_0,z)$ 在 $|z| \leqslant 1$ 上不一致收敛. Somoji 对一般的线性算子得到了不一致收敛的结果. Vertesi 将他的一般结果用到研究拉格朗日算子 $(c,\alpha)(\alpha>0)$ 求和以及缺项插值——伯克霍夫 $(0,m_1,\cdots,m_q)$ 插值为 $(c,\alpha)(\alpha>0)$ 的求和上去,得到了不一致收敛性的非常一般的结果.

1983 年 Jebeleanu Petru 从另一个角度讨论了有关不一致收敛问题. 他证明了,对于 $|z|=1$ 上任意的 $Z_n = \{z_{k,n}\}$,在 $A(|z|=1)$ 上存在函数的稠密子集 B,使得对 $f \in B$,有

$$\sup_n \max_{|z| \leqslant 1} |L_{n-1}(f,z) - f(z)| = +\infty$$

此外,他还给出了 $|z|=1$ 上点态发散的结果.

若函数 $f(z)$ 除了属于函数类 $A(|z| \leqslant 1)$ 以外还有进一步很好的性质,则也可以得到一致收敛的结果. 这里有一个经典的结果.

定理 18.5 设 $z_{k,n} = e^{\frac{2k\pi}{n}i}(k=1,2,\cdots,n), f \in A(|z| \leqslant 1)$,则有

$$\max_{|z| \leqslant 1} |f(z) - L_{n-1}(f,z)| = O(E_n(f)\ln n)$$
$$= O\left(\omega\left(f,\frac{1}{n}\right)\ln n\right)$$
$$(18.48)$$

其中 $E_n(f)$ 是 $f(z)$ 在 $|z| \leqslant 1$ 上被 n 次多项式逼近的最佳逼近值,$\omega\left(f,\frac{1}{n}\right)$ 是 f 在 $|z|=1$ 上(因而也是

Lagrange 插值多项式

在 $|z| \leqslant 1$ 上）的连续模在 $\frac{1}{n}$ 处的值.

这里证明的关键是利用了勒贝格常数 λ_n 的估计
$$\lambda_n < 3\ln n \qquad (18.49)$$

顺便指出，结合(18.45)与(18.49)两式就得到了对于单位根进行插值的拉格朗日常数的上下界估计. 实际上还有更精确的估计. 我们这里不做过多介绍.

自然会问,估计式(18.48)是否最好？

1974 年,Szabados 对于插值基点 $z_{k,n} = e^{\frac{2k-1}{n}\pi i}$ ($k = 1, 2, \cdots, n$),以及任意连续模 $\omega(t)$ 构造了函数 $f_0(z) \in A(|z| \leqslant 1)$,其连续模 $\leqslant \omega(t)$,但满足
$$\varlimsup_{n \to \infty} \frac{f(1) - L_{n-1}(f, 1)}{\omega\left(\frac{1}{n}\right) \ln n} > 0 \qquad (18.50)$$

这就说明了式(18.48)中的逼近阶是精确的.

既然对于一般的 $A(|z| \leqslant 1)$,其拉格朗日插值多项式可以在 $|z| \leqslant 1$ 上不一致收敛. 于是,自然要研究其在 $|z| = 1$ 上的平均收敛问题.

最早的工作属于 Лозинский. 他先证明了在单位根上对 $f(z) \in A(|z| \leqslant 1)$ 进行插值,有
$$\lim_{n \to +\infty} \int_{|z|=1} |f(z) - L_{n-1}(f, z)|^p \, |dz| = 0$$
$$(0 < p < +\infty) \qquad (18.51)$$

后来,1964 年沃尔什与 Sharma 对 $p = 2$,利用拉格朗日插值基函数在 $|z| = 1$ 上的正交性
$$\int_{|z|=1} l_k(z) \overline{l_j(z)} \, |dz| = \begin{cases} \frac{2\pi}{n+1}, & j = k \\ 0, & j \neq k \end{cases}$$

重新证明了式(18.51),从而 $L_{n-1}(f, z)$ 在 $|z| < 1$ 内

第六编 复平面的拉格朗日插值

闭一致收敛到 $f(z)$.

1983年Sharma和Vertesi将上述 $p=2$ 推广到一般的情况:$0 < p < +\infty$. 这里的关键是将问题转化到实部与虚部逼近,应用了 Erdös-Feldhein 方法和多个拉格朗日插值基函数的正交性:设 ν_i 与 μ_i ($i=1,2,\cdots,s$) 为 $2s$ 个互不相同且小于 n 的自然数,则有

$$\int_{|z|=1} l_{\nu_1}\cdots l_{\nu_s} l_{\mu_1}\cdots l_{\mu_s} \mid dz \mid = 0$$

有兴趣地问,若 $f(z) \in C(\mid z \mid = 1)$,则用

$$\left\{1, z, \cdots, z^n, \frac{1}{z}, \frac{1}{z^2}, \cdots, \frac{1}{z^n}\right\} \quad (18.52)$$

作为基函数,在 $2n+1$ 个单位根上进行插值,其插值有理函数当 $n \to +\infty$ 时是否在 $\mid z \mid = 1$ 上平均收敛到 $f(z)$? 这似乎是对的. 但如果将函数系(18.52)换为一般的有理函数系,那又如何? 这似乎还应该与这些有理函数的极点分布密切相关.

Sharma 与 Vertesi 还进一步推广(18.51),考虑由 Motzkin-Sharma 引进的算子

$$L_{n,r}(f,z) = \sum_{k=0}^{n-1} f(\omega^k) l_{k,r}(z), \omega^n = 1 \quad (18.53)$$

其中 r 为任意非负整数,$0 \leqslant r < n$

$$l_{k,r}(z) = \frac{\omega^{(r+1)k}}{n} \frac{z^{n-r} - \omega^{k(n-r)}}{z - \omega^k} \quad (18.54)$$

(当 $r=0$ 时就是拉格朗日插值). Sharma 与 Vertesi 也证明了:对任何 $f(z) \in A(\mid z \mid \leqslant 1)$,有

$$\lim_{n \to +\infty} \int_{|z|=1} \mid f(z) - L_{n,r}(f,z) \mid^p \mid dz \mid = 0$$
$$(0 < p < +\infty) \quad (18.55)$$

他们还推广到亚纯函数情况.

此外,Chou 还考虑插值有偏差时的情况[①].

自然地,还可以考虑其他插值基点时的情况.

§4 一般区域上插值的收敛性问题

如果考虑一般区域上的插值,那么情况就会更复杂,因为这不仅与插值基点在区域上的分布有关,而且也与区域的分析性质有关.

先考虑内闭一致收敛问题.

定理 18.6 设 D 是若尔当曲线 Γ 所围的区域,$f(z) \in A(\overline{D})$.若对于 Γ 上的插值基点 $Z_n = \{z_{k,n}\}$ 所对应的勒贝格函数满足

$$\sum_{k=1}^{n} |l_k(z_0)| \leqslant M \quad (n=1,2,\cdots,z_0 \in D)$$

$$(18.56)$$

其中 M 为常数,则有

$$\lim_{n \to +\infty} L_{n-1}(f, z_0) = f(z_0) \quad (18.57)$$

若式(18.56)关于 z_0 在 D 内闭一致成立,即 M 不依赖于 n,则式(18.57)也关于 z_0 内闭一致地成立.

由此在条件(18.56)下,特别地取 $f(z) = \dfrac{1}{z-t}$,$t \in \overline{D}$. 由 Curtiss 在 1941 年的证明结果,知道式(18.37)(18.38)成立,且 z_n 在 Γ 一致分布.

反过来,可以问:怎样选择插值基点 Z_n,才能保证

---

① Chou Yun-Shyong. A generalization of Lagrange interpolation theorem. Journal of Approx. Theory,1985(44):253-257.

式(18.56)成立? Curtiss 有下面重要定理.

定理 18.7 设区域 D 的边界 Γ 为可求长,且 Z_n 为费耶尔插值基点,则内闭一致地有

(1) $\lim\limits_{n \to +\infty} \dfrac{\omega_n(z)}{-d^n} = 1 \quad (z \in D)$ (18.58)

(2) $\lim\limits_{n \to +\infty} \dfrac{\omega_n(z)}{d^n(\omega^n - 1)} = 1 \quad (z = \psi(\omega), z \in \overline{D})$

(18.59)

其中 $\omega_n(z) = \prod\limits_{k=1}^{n}(z - z_n)$.

(3) 进一步,设在 $|\omega| = 1$ 上,$\Psi'(\omega) \neq 0$ 且有界变差,则式(18.59) 在 Γ 上一致地成立.

这样一来,若设 Z_n 是费耶尔插值基点,并在 $|\omega| = 1$ 上 $\Psi'(\omega) \neq 0$ 且有界变差,则令 $z_{k,n} = \psi(w_{k,n})$ 后有

$$\lim_{w \to w_{k,n}} \Pi_n(w) = \dfrac{1}{d^n} \omega'_n(z_{k,n}) \Psi'(w_{k,n}) \dfrac{1}{n w_{k,n}^{n-1}}$$

(18.60)

其中

$$\Pi_n(w) = \dfrac{w_n(\Psi(w))}{d^n(w^n - 1)}$$
(18.61)

这是一个重要的函数,我们在下面还要对它进一步讨论. 此外,还有:当 $z_0 \in D$ 时

$$\lambda_k(z_0) = \dfrac{\omega_n(z_0)}{\omega'_n(z_{k,n})(z - z_{k,n})}$$
$$= \dfrac{\omega_n(z_0) \Psi'(w_{k,n})}{n d^n \Pi_n(w_{k,n}) w_{k,n}^{n-1}(z_0 - z_{k,n})}$$

因此当 n 充分大时,有

$$|\lambda_k(z_0)| \leqslant \dfrac{1+\varepsilon}{1-\varepsilon} \dfrac{\max\limits_{|w|=1} |\Psi'(w)|}{n} \dfrac{1}{\min\limits_{t \in \Gamma}|z_0 - t|}$$

Lagrange 插值多项式

$$(k=1,2,\cdots,n) \qquad (18.62)$$

由此可以得到式(18.56).这样,就得到了使式(18.56)满足的充分条件.

Curtiss 认为这个定理对纽线及多边形也成立.

似乎,条件(18.56)应该是对任意 $f \in A(\overline{D})$ 成立(18.57)的必要条件.

若考虑 $f(z) \in C(\Gamma)$,则将拉格朗日插值写成积分形式,利用 Helly 定理,有下列结果.

定理 18.8 设区域 D 的边界可求长,$Z_n \in \Gamma$ 是插值基点阵列,则要使对任意 $f(z) \in C(\Gamma)$ 有

$$\lim_{n \to +\infty} L_{n-1}(f, z_0) = \frac{1}{2\pi i} \int_\Gamma \frac{f(z)}{z - z_0} dz, z_0 \in D$$

$$(18.63)$$

成立的充要条件是:

(1) $\lim_{n \to +\infty} L_{n-1}\left(\frac{1}{z^k}, z_0\right) = 0 \quad (k=1,2,\cdots) \quad (18.64)$

(2) $\sum_{k=1}^{n} | l_k(z_0) | \leqslant M \quad (n=1,2,\cdots) \quad (18.65)$

若式(18.63)在 D 内闭一致成立,则式(18.64)及(18.65)也在 D 内闭一致地成立,反之亦然.

充分性是利用沃尔什逼近定理得到的,必要性是利用泛函性质得到的.

若 Z_n 是费耶尔插值基点,则式(18.64)成立.若再补充假设在 $|w|=1$ 上 $\Psi'(w) \neq 0$ 且是有界变差,则条件(18.65)成立.

还有什么具体的插值基点使(18.64)及(18.65)两条件同时成立?这是一个值得研究的问题.

现在来进一步研究拉格朗日插值多项式在闭区域上的一致收敛性以及逼近问题.前面已经指出,若只假

第六编 复平面的拉格朗日插值

设 $f(z) \in A(\overline{D})$,则一致收敛性是可以不成立的.

1955 年 Альпер 引进一类区域,称为区域(j);设区域 D 的边界 Γ 是光滑曲线,用 $\theta(s)$ 记作 Γ 上每一点切线与正实轴的夹角,s 是弧长参数,进一步设 $\theta(s)$ 的连续模 $\sigma(h)$ 满足条件

$$\int_0 \frac{\sigma(h)}{h} |\ln h| \, dh < +\infty \tag{18.66}$$

则称 D 为 Альпер 区域,或称区域 D 满足条件(j).

定理 18.9(Альпер) 设区域 D 满足条件(j),Z_n 是费耶尔插值基点,则有

$$\max_{z \in D} |f(z) - L_{n-1}(f,z)|$$
$$= O(E_n(f)) \ln n$$
$$= O\left(\omega\left(f, \frac{1}{n}\right) \ln n\right) \tag{18.67}$$

其中 $E_n(f)$ 是 f 在 $\overline{D}$ 上被 n 次多项式逼近时的最佳逼近值,$\omega(f,\delta)$ 为函数 $f(z)$ 在 Γ 上的连续模.

由此推出,若 $f(z)$ 在 Γ 上满足狄尼(Dini)—黎普希茨(Lipschitz)条件

$$\lim_{\delta \to 0} \omega(f,\delta) \ln \delta = 0 \tag{18.68}$$

则在 $\overline{D}$ 上一致地有

$$\lim_{n \to +\infty} L_{n-1}(f,z) = f(z) \tag{18.69}$$

证明的关键在于得到

$$O < m \leqslant |\Pi_n(w)| \leqslant M < +\infty \tag{18.70}$$

及

$$O < m_1 \leqslant \prod_{j \neq k} \left| \frac{z_{kn} - z_{jn}}{(w_{kn} - w_{jn})d} \right| \leqslant M_1 < +\infty \tag{18.71}$$

从而利用 $|w|=1$ 上的勒让德(Legendre)常数 $\tilde{\lambda}_n <$

Lagrange 插值多项式

$6 + \dfrac{4}{\pi}\ln n$,得到这里的勒让德常数

$$\lambda_n < P + Q\ln n \tag{18.72}$$

这里的 P 与 Q 是仅依赖于区域 D 的常数.

对上面的区域及插值基点,在 $f^{(k)}(z) \in A(\overline{D})$ 的条件下,得到

$$\max_{z \in D} | f^{(i)}(z) - L_{n-1}^{(i)}(f,z) |$$
$$= \left(\dfrac{\ln n}{n^{k-i}}\omega\left(f^{(n)}, \dfrac{1}{n}\right)\right) \quad (0 \leqslant i \leqslant k) \tag{18.73}$$

若区域 D 的边界 Γ 上任二点间弧长与弦长之比一致有界,设为 M,且 D 是一个凸区域,利用在这个凸区域上广义法贝尔多项式的零点对 $f(z) \in A(\overline{D})$ 进行插值,则 Kuprin 得到

$$\max_{z \in D} | f(z) - L_{n-1}(f,z) |$$
$$\leqslant E_n(f)\left(\dfrac{2e}{d} + \dfrac{1}{2} + 8M\ln\dfrac{L(n+1)^2}{2}\right)$$
$$\tag{18.74}$$

其中 L 为 Γ 的弧长.

沃尔什与 Rusell 考虑解析曲线 Γ 上的 L_p 逼近,后来 Sewell 推广到 $C^{2+\delta}$ 上(见后面定义)得到阶为 $\left(\dfrac{\ln n}{n}\right)^\alpha$,其中被逼近函数属于 Lip α(在 L_p 意义下),但没有实现插值逼近,1988 年沈燮昌与钟乐凡做出了进一步改进.

定理 18.10 设区域 D 的边界 $\Gamma \in C^{2+\delta}(\delta > 0)$,这表示 Γ 的参数方程 $z = z(t)$ 满足 $z''(t) \in \text{Lip }\delta, f(z) \in E^p(D), 1 < p < +\infty$,则在 D 内存在插值阵列 $Z_n = \{z_{k,n}\}(n=1,2,\cdots)$ 使得对任意的自然数 n,有

第六编 复平面的拉格朗日插值

$$\| f - L_{n-1} \|_p \triangleq \left(\int_\Gamma | f(z) - L_{n-1}(f,z) |^p | \mathrm{d}z | \right)^{\frac{1}{p}}$$
$$= O(E_{n,p}(f)) = O\left(\omega\left(f, \frac{1}{n}\right)_p \right)$$
(18.75)

其中 $E_{n,p}(f)$ 是函数 $f(z)$ 在空间 $L_p(\Gamma)$ 中被 n 次多项式逼近时的最佳逼近值,$\omega\left(f, \frac{1}{n}\right)_p$ 是函数 $f(z)$ 在 $L_p(\Gamma)$ 空间中的连续模在 $\frac{1}{n}$ 处的值.

需要指出的是,尽管 1960 年 Альпер 在条件
$$\int_0 \frac{\sigma(h)}{h} \mathrm{d}h < +\infty \qquad (18.76)$$
(见(18.66)中的定义)下得到了估计式
$$\| f - P_n \|_p = O\left(\omega\left(f, \frac{1}{n}\right)_p \right) \quad (18.77)$$
但 $P_n(z)$ 不是插值多项式,它是一般的 n 次多项式.

有兴趣的是考虑 $0 < p \leqslant 1$ 时的情况.

如果插值点在边界 Γ 上,也可以考虑函数类 $A(\overline{D})$ 在边界上的平均收敛问题.

定理 18.11(Curtiss) 设区域 D 的边界 Γ 是解析曲线,$f(z) \in A(\overline{D})$,考虑 Γ 上的费耶尔插值基点,则有
$$\lim_{n \to +\infty} \left(\int_\Gamma | f(z) - L_{n-1}(f,z) |^2 | \mathrm{d}z | \right)^{\frac{1}{2}} = 0$$
(18.78)

这个定理推广了沃尔什 - Sharma 定理.

这个定理的证明思想是将拉格朗日插值多项式表示为
$$L_{n-1}(f,z)$$

Lagrange 插值多项式

$$= \frac{1}{n}\sum_{k=1}^{n} f(\Psi(w_{k,n})) \frac{w_{k,n}\Psi'(w_{k,n})(w^n-1)\Pi_n(w)}{(\Psi(w)-\Psi(w_{k,n}))\Pi_n(w_{k,n})}$$

$$= \frac{1}{n}\sum_{k=1}^{n} f(\Psi(w_{k,n})) \frac{w_{k,n}\Psi'(w_{k,n})(w^n-1)}{\Psi(w)-\Psi(w_{k,n})} +$$

$$\frac{1}{n}\sum_{k=1}^{n} f(\Psi(w_{k,n})) \frac{w_{k,n}\Psi'(w_{k,n})(w^n-1)}{\Psi(w)-\Psi(w_{k,n})} \cdot$$

$$\left(\frac{\Pi_n(w)}{\Pi_n(w_{k,n})}-1\right) \tag{18.79}$$

其中 $\Pi_n(w)$ 为式(18.61)中所定义的函数.

Curtiss 深刻地研究了 $\Pi_n(w)$ 的性质,用级数方法,得到了估计式

(1) $\max\limits_{|w|=1} |\Pi_n(w)-1| = O(r^n) \quad (0<r<1)$
$$\tag{18.80}$$

(2) $\max\limits_{|w|=1} \left|\dfrac{\Pi_n(w)}{\Pi_n(w_{k,n})}-1\right| = O(r^n)$

$(0<r<1, 1\leqslant k\leqslant n)$ $\tag{18.81}$

这里本质地用到了 Γ 的解析性,因此映射函数 $\Psi(w)$ 在 $|w|\geqslant r_0$ 上单叶解析, $r_0<1, r_0<r<1$. 此外也用到了 L_2 中的帕斯伐尔(Parseval)等式.

1969 年 Альпер 与 Калиногорская 在边界条件进一步减弱下得到了三个有趣的定理.

定理 18.12 设区域 D 的边界 $\Gamma \in C^{2+\delta}(\delta>0)$, $Z_n=\{z_{k,n}\}$ 是费耶尔插值基点,则对任何 $f(z) \in A(\overline{D})$,有

$$\lim_{n\to+\infty}\left(\int_\Gamma |f(z)-L_{n-1}(f,z)|^p |dz|\right)^{\frac{1}{p}} = 0$$

$(0<p<+\infty)$

定理 18.13 设区域 D 的边界 Γ 满足 $\Psi''(w) \in$ Lip 1, 以及 $f(z) \in E^p(D)(p>1)$, 则对于费耶尔插值

基点 $Z_n = \{z_{k,n}\}$,有

$$\lim_{n\to+\infty}\left(\int_\Gamma |f(z) - \overline{L}_{n-1}(f,z)|^p |\mathrm{d}z|\right)^{\frac{1}{p}} = 0$$
(18.82)

其中

$$\overline{L}_{n-1}(f,z) = \sum_{k=1}^n \frac{1}{l_k}\int_{s_{k-1}}^{s_k} \cdot f(z(s))\mathrm{d}s \frac{\omega_n(z)}{(z-z_{k,n})\omega'_n(z_{k,n})}$$
(18.83)

其中 s 是 Γ 的弧长,$l_k = s_k - s_{k-1}$,$s_0 = s_n$,$z_{k,n} = z(s_k)$,$z(s)$ 是 Γ 的参数方程,$\omega_n(z) = \prod_{k=1}^n (z - z_{k,n})$,显然有

$$\overline{L}_{n-1}(f,z_{k,n}) = \frac{1}{l_k}\int_{s_{k-1}}^{s_k} f(z(s))\mathrm{d}s \quad (18.84)$$

定理 18.14 设区域 D 的边界 $\Gamma \in C^{2+\delta}(\delta > 0)$,$f(z) \in A(\overline{D})$,且 $f(z)$ 在 Γ 上是有界变差函数,则在 $\overline{D}$ 上一致地有

$$\lim_{n\to+\infty} L_{n-1}(f,z) = f(z) \quad (18.85)$$

1988 年沈燮昌与钟乐凡又做出了进一步的改进:

定理 18.15 设区域 D 的边界 $\Gamma \in C^{1+\delta}(\delta > 0)$,$Z_n = \{z_{k,n}\}$ 是费耶尔插值基点,则对任意 $f(z) \in A(\overline{D})$,$0 < p < +\infty$,有

$$\left(\int_\Gamma |f(z) - L_{n-1}(f,z)|^p |\mathrm{d}z|\right)^{\frac{1}{p}} = O(E_n(f))$$
$$= O\left(\omega\left(f,\frac{1}{n}\right)\right)$$
(18.86)

Lagrange 插值多项式

这是目前最好的结果①. 这里关键是用到在对于 Γ 较弱的条件下:$\Gamma \in C^{1+\delta}(\delta > 0)$,得到的估计式

$$\max_{|w|=1} | \Pi_n(w) - 1 | = O\left(\frac{\ln n}{n^\delta}\right) \quad (18.87)$$

及

$$\max_{|w|=1} \left| \frac{\Pi_n(w)}{\Pi_n(w_{k,n})} - 1 \right| = O\left(\frac{\ln n}{n^\delta}\right) \quad (1 \leqslant k \leqslant n)$$
(18.88)

以及马钦凯维奇-济格蒙德不等式.

此外,他们还说明了,一般说来,式(18.86)中逼近的阶是不能改进了. 事实上,取

$$f_0(z) = \sum_{k=1}^{\infty} 2^{-\frac{k}{2}} z^{2^k} \in A \quad (|z| \leqslant 1) \quad (18.89)$$

显然有 $f_0(z) \in \text{Lip}\,\frac{1}{2}$,但

$$\min_{p_n \in \Pi_n} \left(\int_{(z)=1} | f_0(z) - P_n(z) |^2 | \mathrm{d}z | \right)^{\frac{1}{2}} \geqslant C\left(\frac{1}{n}\right)^{\frac{1}{2}}$$
(18.90)

其中 $C > 0$ 是常数.

当然,他们还可以将估计式(18.90)推广到 $f^{(k)}(z) \in A(|z| \leqslant 1)$ 的情况,使得不等式(18.90)右边的估计式为

$$\frac{1}{n^k}\omega\left(f^{(k)}, \frac{1}{n}\right)$$

这里还可以问,要使定理 18.15 成立,加在边界 Γ

---

① 实际上,可以在条件 $\int_0 \frac{\sigma(t)}{t} |\ln t|^2 \mathrm{d}t < +\infty$ 下得到定理的结论,其中 $\sigma(t)$ 为函数 $\Psi'(w)$ 在 $|w|=1$ 上的连续模.

上的条件 $\Gamma \in C^{1+\delta}(\delta > 0)$,是否还可以减弱？沈燮昌在 1987 年在保加利亚举行的国际函数论构造会议上曾经提出,要使沈－钟定理(即定理 18.14)成立,加在 Γ 上的充要条件是什么？

对于 $f(z) \in A(\overline{D})$,在 n 个点上进行插值,若允许提高插值多项式的次数,则此插值多项式还是可能在 $\overline{D}$ 上一致收敛的,有下列定理.

定理 18.16 设区域 D 的边界 Γ 满足条件(j)(见式(18.66)),又设插值基点 $Z_n = \{z_{k,n}\} \subset \Gamma_n (n=1,2,\cdots)$,且存在常数 $M \geqslant 1$,使在 Z_n 上的拉格朗日插值基函数满足

$$\max_{1 \leqslant k \leqslant n} \max_{z \in D} |l_k(z)| \leqslant M \quad (n=1,2,\cdots)$$

(称 Z_n 为 M 正规点,§2 中定义的 Fekete 点为 1 正规的,单位根也是 1 正规的). 于是,对于任意的函数 $f(z) \in A(\overline{D})$,任意数 $\eta > 0$,必存在多项式序列 $\{P_n(z)\}$,使满足

(1) $P_n(z)$ 的次数 $\leqslant n(1+\eta)$;

(2) $P_n(z_{k,n}) = f(z_{k,n}), 1 \leqslant k \leqslant n, n=1,2,\cdots$;

(3) 在 $\overline{D}$ 上一致地有 $\lim\limits_{n \to +\infty} P_n(z) = f(z)$;

(4) $P_n = T(f)$ 是一个具体的算子.

在证明过程中,他应用了 Erdös 的想法,Альпер 的结果以及他与 Pommerenke 的联合工作.

1983 年 Kövari 对于凸区域也得到类似的结果,且得到了逼近阶的估计式.

定理 18.17 设 K 是紧凸集,边界是闭若尔当曲线,$Z_n = \{z_{k,n}\}$ 是 M 正规系,则对任意 $f(z) \in A(K)$,存在 $2^n - 1$ 次多项式序列 $P_n(z)$,它们满足

(1) $P_n(z_{k,n}) = f(z_{k,n}), k=1,2,\cdots,n, n=1,2,\cdots$;

(2) $\max\limits_{z \in K} | f(z) - P_n(z) | = O(E_n(f))$.

实际上,可以构造多项式 $P_n(z)$,使其次数 $\leqslant n(1+\eta)(\eta > 0)$ 是预先给定的任何数.

汤普森在 1972 年考虑了一类特殊的不光滑区域. 设 Γ 除了点 $p_1,\cdots,p_k$ 外有连续旋转切线且在 p_j 处有半切线,其内角为 $\beta_j \pi (0 < \beta_j < 2, j=1,2,\cdots,k)$,令

$$\Theta(w) = \left(\frac{1}{\Psi(w)} - \frac{1}{p_j} \right)^{\frac{1}{2-\beta_j}}$$

它将 $|w| > 1$ 保形映射到 z 平面上的区域 $\Omega^*, O \in \partial \Omega^*$ 且在 $z = 0$ 处有切线. 设 $\partial \Omega^*$ 的参数方程为

$$\theta(t) = \Theta(e^{2\pi it}) \quad (0 \leqslant t \leqslant 1)$$

定义 18.2 我们说 Γ 在 p_j 处是可允许角,若
(1) $0 < \beta_j < 1$;
(2) 存在常数 $\eta > 0$ 及常数 C 使得有

$$\theta(t) = c(t + \text{th}(t)), \quad |t| < \eta$$

其中 $h(0) = 0, h(t)$ 在 $|t| < \eta$ 中连续可微,且 $h'(t)$ 的连续模 $\omega(u)$ 满足

$$\int_0^\eta \frac{\omega(u)}{u} du < +\infty$$

定义 18.3 我们称曲线 Γ 是可允许的,若
(1) 曲线 Γ 除了有限个 $p_j (1 \leqslant j \leqslant k)$ 外都有连续旋转曲线,而在 $p_j (1 \leqslant j \leqslant k)$ 处都有可允许角;
(2) 存在自然数 N 及实数 ε,使得

$$\{p_j\} \subset \{z \mid z = \Psi(e^{2\pi(\frac{k}{N}+\varepsilon)i})\}$$

定理 18.18 若 Γ 是可允许曲线,它只具有一个可允许角 p,令

$$S_n = \{\Psi(e^{2\pi(t_0 + \frac{2k-1}{2n})i})\}_{k=1}^n$$

其中 $p = \Psi(e^{2\pi t_0 i})$,则对任何 $f(z) \in C(\Gamma)$,它在 S_n 上

的拉格朗日插值多项式 $L_{n-1}(f,z)$ 在 Γ 内闭一致有界.

一般地说,有下列定理.

定理 18.19 若 Γ 是上述可允许曲线,角 $\{p_j\}$ 包含在下面集合上

$$\{z \mid z = \Psi(e^{2\pi(\frac{k}{n}+t)i})\} \quad (k=1,2,\cdots,N)$$

则考虑插值基点为

$$S_{nN} = \{z \mid z = \Psi(e^{2\pi(\frac{k-1/2}{nN}+t)i})\}_{k=1}^{nN}$$

对函数 $f(z) \in C(\Gamma)$ 的 $nN-1$ 次拉格朗日插值多项式在 Γ 内闭一致有界.

汤普森还不取费耶尔插值基点,而是考虑与费耶尔点相接近的基点,也得到了拉格朗日插值多项式是收敛的结果.

定理 18.20 设区域 D 的边界 Γ 是若尔当可求长曲线,$z_{k,n} = \Psi(e^{2\pi i t_{k,n}}), k=1,2,\cdots,n$,满足条件

$$\sum_{k=1}^{n}\left|t_{k+1,n} - t_{k,n} - \frac{1}{n}\right| = o\left(\frac{1}{n}\right), t_{n-1,n} = t_{1,n}+1$$

(18.91)

则有

(1) $\quad \lim\limits_{n\to+\infty} \dfrac{\omega_n(z)}{-d^n} = 1, z \in D$ (18.92)

内闭一致成立,其中 $\omega_n(z) = \prod\limits_{k=1}^{n}(z-z_{k,n})$. 这对费耶尔点是成立的. 习惯上还将满足条件(18.92)的插值点 Z_n 称为平衡点组或渐近中性分布.

(2) 若 $\Psi'(w) \neq 0$ 且 $\Psi'(w) \in \text{Lip } 1$ 于 $|w|=1$ 上,则函数 $f(z) \in C(\Gamma)$ 在 $Z_n = \{z_{k,n}\}$ 上的拉格朗日插值多项式在 Γ 内闭一致有界.

因此根据上面介绍过的 Curtiss 定理,在 Γ 内闭一

Lagrange 插值多项式

致地有

$$\lim_{n\to+\infty} L_{n-1}(f,z) = \frac{1}{2\pi i}\int_\Gamma \frac{f(\zeta)}{\zeta-z}d\zeta, z\in D \tag{18.93}$$

汤普森还指出,若在条件(18.91)中将小o换成大O,则结论(18.93)可以不成立. 他取Z_n为1的$n+1$次单位根,除去$z=1$,有

$$Z_n = \{z_{k,n}\} = \{e^{\frac{2k\pi i}{n+1}}\} \quad (k=1,2,\cdots,n) \tag{18.94}$$

显然有

$$\sum_{k=1}^n \left| t_{k+1} - t_k - \frac{1}{n} \right| = \frac{3}{n+1} = O\left(\frac{1}{n+1}\right)$$

且

$$\lim_{n\to+\infty} L_{n-1}\left(\frac{1}{z},z\right) = \frac{1}{z-1} \neq \frac{1}{2\pi i}\int_{|\zeta|=1} \frac{\frac{1}{\zeta}}{\zeta-z}d\zeta = 0, z\in D$$

顾筱英还考虑了$\Gamma \in C^{1+\delta}(\delta>0)$所围区域中的亚纯函数,用在费耶尔点上的有理函数插值,得到了在Γ上的平均收敛定理.

§5 调和多项式插值

1929年沃尔什提出了下列问题:设D是区域,$Z_N=\{z_{k,N}\}(1\leqslant k\leqslant N)$是$\partial D$上的点,在什么条件下,对于任意一个在$\partial D$上定义的函数$u(z)$,存在一个唯一确定的多项式,它在$Z_N$的取值与$u(z)$的取值相同? 此外,再研究这个调和多项式当$N\to+\infty$时的渐近值. 这个问题与区域$D$上的狄利克雷问题是密切相

第六编　复平面的拉格朗日插值

关的.

若区域 D 的边界 Γ 是闭若尔当曲线,函数 $u(z)$ 在 D 内调和在闭区域 $\overline{D}$ 上连续,则由 Walsh 定理知,在 $\overline{D}$ 上必存在调和多项式序列,它在 $\overline{D}$ 上一致逼近 $u(z)$. 这里需要的是研究具有插值性质的调和多项式的存在性、唯一性以及渐近性质等问题.

设 $N=2n-1$,要找 $n-1$ 次调和多项式

$$\operatorname{Re} L_n(z) = a_0 + \sum_{j=1}^{n-1}(a_j r^j \cos j\theta - b_j r^j \sin j\theta)$$
(18.95)

其中

$$L_n(z) = \sum_{k=0}^{n-1} c_k z^k, c_k = a_k + \mathrm{i}b_k, z = r\mathrm{e}^{\mathrm{i}\theta}$$
(18.96)

它在 $z_k = r_k \mathrm{e}^{\mathrm{i}\theta_k}$ 上取值为 $\mu_k (k=1,2,\cdots,2n-1)$,即解方程

$$a_0 + \sum_{j=1}^{n-1} a_j r_k^j \cos j\theta_k - b_j r_k^j \sin j\theta_k = u_k$$
$$(u=1,2,\cdots,2n-1) \quad (18.97)$$

但是这个方程组是不一定有解的. 例如,取 $\theta_k = 0, 1 \leqslant k \leqslant 2n-1$,因此方程(18.97)中不出现 $b_j(1 \leqslant j \leqslant n-1)$,因而方程(18.97)就不一定有解.

显然,要使方程(18.97)对任意的 $\mu_k(1 \leqslant k \leqslant 2n-1)$ 有唯一解的充要条件是矩阵

$$T = \begin{cases} 1 & r_1 \cos \theta_1 & \cdots & r_1^{n-1}\cos(n-1)\theta_1 \\ 1 & r_2 \cos \theta_2 & \cdots & r_2^{n-1}\cos(n-1)\theta_2 \\ 1 & r_{2n-1} \cos \theta_{2n-1} & \cdots & r_{2n-1}^{n-1}\cos(n-1)\theta_{2n-1} \end{cases}$$

Lagrange 插值多项式

$$\left.\begin{matrix} r_1\sin\theta_1 & \cdots & r_1^{n-1}\sin(n-1)\theta_1 \\ r_2\sin\theta_2 & \cdots & r_2^{n-1}\sin(n-1)\theta_2 \\ r_{2n-1}\sin\theta_{2n-1} & \cdots & r_{2n-1}^{n-1}\sin(n-1)\theta_{2n-1} \end{matrix}\right\}$$
(18.98)

是非奇异的,因此有下面的定理.

定理 18.21(Curtiss)   在 $|z|=1$ 上 1 的 $2n-1$ 次单位根就不可能都在 $\operatorname{Re} P_{n-1}(z)=0$ 上.

定理 18.22(沃尔什)   在椭圆周的 $2n-1$ 个费耶尔点也不可能都在 $\operatorname{Re} P_{n-1}(z)=0$ 上.

定理 18.23(Curtiss)   设区域 D 的边界 Γ 是闭若尔当区域,$Z_{2n-1}=\{z_{k,n}\}\in\Gamma(1\leqslant k\leqslant 2n-1),u(z)\in C(\Gamma)$,则要使 $u(z)$ 在 Z_{2n-1} 上的 $n-1$ 次调和插值多项式 $H_n(u,r,\theta)$ 在 D 内闭一致收敛到 $u(z)$ 的狄利克雷问题解的充要条件是

$$\sum_{k=1}^{2n-1}|(\boldsymbol{T'}^{-1}\hat{\boldsymbol{\eta}}(r,\theta))_k|<M \quad (18.99)$$

在 D 内闭一致成立,其中 $\boldsymbol{T}$ 是矩阵(18.99),$\boldsymbol{T'}$ 是 $\boldsymbol{T}$ 的转置矩阵

$$\hat{\boldsymbol{\eta}}(r,\theta)=(1,r\cos\theta,\cdots,r^{n-1}\cos(n-1)\theta,$$
$$r\sin\theta,\cdots,r^{n-1}\sin(n-1)(\theta))^{\mathrm{T}}$$

$(\boldsymbol{T'}^{-1}\hat{\boldsymbol{\eta}})_k$ 表示第 k 个分量,它是 $n-1$ 次调和多项式且在 $z_{k,n}$ 上取值为 1,其他 $z_{j,n}$ 上取值为零.

尽管如此,Sobczyk 认为,并不是对任何 z_{2n-1},方程(18.97)都有解.他指出,甚至对于费耶尔插值基点,当 $n=2,3,4$ 时,也可以无解.但 1969 年 Curtiss 指出,对于闭解析曲线 Γ 及费耶尔插值基点,当 n 很大时,方程(18.97)是有唯一解的,且在 D 内闭一致收敛到 $u(z)\in C(\Gamma)$ 的狄利克雷问题的解,在 $L_2(\Gamma)$ 上平

均收敛到 $u(z)$.

Menke 还考虑了其他插值点组,称为最大点组. 他证明了对每一个 n,插值问题(18.97) 有唯一解且也内闭一致收敛到狄利克雷问题的解、无论是最大点组还是费耶尔点组都不是很容易地求出来的,前者与行列式有关,后者与映射函数有关.

1975 年 Menke 考虑另外一类点组,称为极值点组:设 Γ 是有方向的闭曲线,$a < b < c$ 表示三个在正方向有次序的点,a 在最前面,b 在 a 的后面,c 在 b 的后面,令

$$R_m(\Gamma) = \max |R(\zeta_1, \cdots, \zeta_m, w_1, \cdots, w_m)|$$

$$= \left| \prod_{j=1}^{m} \prod_{k=1}^{m} (w_k - \zeta_j) \right| \qquad (18.100)$$

其中 ζ_k 与 $w_k \in \Gamma (k=1,2,\cdots,m)$,$\zeta_k < w_k < \zeta_{k+1}$ ($k=1,2,\cdots,m$),$\zeta_m < w_m < \zeta_1$,对达到最大值的点组,称为第 m 个极值点组,记作 $\hat{\zeta}_k, \hat{w}_k (k=1,2,\cdots,m)$. 他得到了下列定理.

定理 18.24(Menke) 设 Γ 是闭解析曲线,$\zeta_{k,n}$,$w_{k,n}(k=1,2,\cdots,2n+1)$ 是第 $2n+1$ 个极值点组. 于是

(1) 存在常数 $c_1(\Gamma)$,使当 $n \geqslant c_1(\Gamma)$ 时,取 $w_{k,n}$ ($k=1,2,\cdots,2n+1$) 作为插值点组,则插值问题 (18.97) 总有唯一解 $H_n(z)$.

(2) 设 $u(z) \in C(\Gamma)$,则由上面所确定的 n 次调和多项式 $H_n(z)$ 在 Γ 内闭一致收敛到函数 $u(z)$ 在 Γ 内的狄利克雷问题的解

(3) 当 $n \geqslant c_2(\Gamma)$(常数) 时,有

$$\max_{z \in \Gamma} |u(z) - H_n(z)| = O(E_n \ln n)$$

$$(18.101)$$

Lagrange 插值多项式

其中 E_n 是函数 $u(z)$ 在 Γ 上用 n 次调和多项式逼近时的最佳逼近值.

利用沃尔什 — Sewell-Zlliott 的估计：若在 Γ 上 $u^{(k)}(z) \in \text{Lip } \alpha (0 < \alpha \leqslant 1)$，则有

$$E_n = O\left(\frac{1}{n^{k+\alpha}}\right)$$

由式(18.101)可以得到逼近的阶的估计.

证明的关键在于将 n 次插值多项式表示为

$$H_n(z) = c_0 + \sum_{j=1}^{n} c_j p_j(z) + \overline{c_j} \overline{p_j}(z)$$

(18.102)

其中 $p_j(z)$ 是 Γ 所围成区域 D 的 j 次法贝尔多项式. 先求出 n 次基调和多项式 $B_k(z)(k=0,1,\cdots,2n)$，它们满足

$$B_m(w_{k,n}) = \delta_{km} \quad (k,m = 0,1,\cdots,2n)$$

这里本质上要用到曲线 Γ 的解析性，法贝尔多项式的性质，$p_j(w_{kn})$ 与 ζ_k^j 的关系式，其中

$$\zeta_k = \Psi(e^{i(t_0 + \frac{2k\pi}{2n+1})}), t_0 \text{ 为某个实数}$$

由此证得了，对任何紧集 $K \subset D$，有

$$\sum_{m=0}^{2n} |B_m(z)| \leqslant M, M \text{ 依赖于 } K \quad (18.103)$$

及

$$\max_{E \in D} \sum_{m=0}^{2n} |B_m(z)| = O(\ln n) \quad (18.104)$$

当然对 $\zeta_{kn}(k=0,1,\cdots,2n)$，也可以进行插值.

1984 年 Reiched 考虑有理函数也得到实现逼近的调和多项式，并提供了一些数值的例子.

几乎以前所有的工作，在考虑调和插值多项式逼

近时,都要求区域 D 的边界 Γ 是解析曲线.自然要问,能否极大地减弱曲线 Γ 上的光滑性条件来得到类似的结果.

§6 埃尔米特与埃尔米特－费耶尔插值的收敛与发散问题

取特殊的插值基点
$$z'_{k,n}=\mathrm{e}^{\frac{2k-1}{n}\pi\mathrm{i}} \quad (1\leqslant k\leqslant n) \quad (18.105)$$
它是 -1 的 n 次根,存在一个函数 $f(z)\in A(|z|\leqslant 1)$ 在 (18.105) 上的埃尔米特－费耶尔多项式在 $|z|\leqslant 1$ 上不一致收敛,这与实轴上是不同的.

另外,在 $|z|<1$ 内仍有
$$\lim_{n\to+\infty}\hat{p}_n(f,z)=f(z)\in A \quad (|z|\leqslant 1)$$
$$(18.106)$$

Szabados 对闭圆 $|z|\leqslant 1$ 上逼近得到定理.

定理 18.25 设 $f(z)\in A(|z|\leqslant 1)$,对在式 (18.105) 上的埃尔米特－费耶尔插值多项式 $\hat{p}_n(f,z)$ 有估计式
$$\max_{|z|\leqslant 1}|f(z)-\hat{p}_n(f,z)|=O\left(\omega\left(f,\frac{1}{n}\right)\ln n\right)$$
$$(18.107)$$

证明的关键在于用到了
$$\lambda_n=\max_{|z|\leqslant 1}\sum_{k=1}^{n}|A_k(z)|\leqslant 4\ln n \quad (18.108)$$
$$\hat{p}_n(f,z)=L_{n-1}(f,z)+\frac{z(z^n+1)}{n}L'_{n-1}(f,z)$$
$$(18.109)$$

Lagrange 插值多项式

及 n 次多项式

$$|p'_n(z)| \leqslant O(n)\omega\left(p_n, \frac{1}{n}\right) \quad (|z| \leqslant 1) \tag{18.110}$$

他还证明了,存在 $f_0(z) \in A(|z| \leqslant 1)$,使得成立 $\omega(f,\delta) \leqslant \omega(\delta)$,其中 $\omega(\delta)$ 是任意预先给定的连续模函数,有

$$\varlimsup_{n \to +\infty} \frac{|\hat{p}_n(f,1) - f(1)|}{\omega\left(\frac{1}{n}\right)\ln n} > 0 \tag{18.111}$$

这也说明了式(18.107)是精确的.

由式(18.107)知,若 $f \in A(|z| \leqslant 1)$ 且满足狄尼—黎普希茨条件,则在 $|z| \leqslant 1$ 上一致地有

$$\lim_{n \to \infty} \hat{p}_n(f,z) = f(z)$$

郑州大学的王慧还得到了 $\hat{p}_n(f,z)$ 在 $|z|=1$ 上平均收敛到函数 $f(z)$ 的结果[①].

在实插值中有时加一个插值点或两个插值点会得到意想不到的收敛性效果,那么这在复插值中又如何呢? 在插值基点(18.105)上再加一个插值点 $z=1$,这样就得到了一个扩充了的埃尔米特—费耶尔插值多项式 $\overline{p}_n(f,z)$. 对于任何多项式 $p_n(z)$ 在 $|z|<1$ 内闭一致地有

$$\lim_{n \to +\infty} \overline{p}_n(p_m,z) = p_m(z)$$

可以问,对任意 $f(z) \in A(|z| \leqslant 1)$,是否成立

$$\lim_{n \to +\infty} \overline{p}_n(f,z) = f(z)$$

---

① 王慧. 单位根上 Hermite-Fejer 插值多项式的平均收敛. 研究生硕士学位论文,郑州大学,1988.

Берман还提出考虑算子
$$R_n(f,z)=\sum_{k=1}^n f(z_{kn})(l_k(z))^2$$
其中 $f(z)\in A(|z|\leqslant 1)$. 他发现了,对于 $f(z)=z^s$, s 为自然数,$R_n(z^s,z)$ 在 $|z|\leqslant 1$ 上除了 $z=0$ 以外处处发散,$R_n(1,z)$ 在 $|z|\leqslant 1$ 上处处发散.

一般地,若考虑有理函数算子
$$\hat{R}_n(f,z)=\frac{\sum_{k=1}^n f(z_{k,n})(l_k(z))^2}{\sum_{k=1}^n (l_n(z))^2}$$
其中 $f(z)\in A(|z|\leqslant 1)$,情况怎样?能否达到收敛性的效果?

邓继思考虑(18.105)的埃尔米特插值①,对 $f'(z)\in A(|z|\leqslant 1)$ 引入范数
$$\|\rho\|_1=\max\{\max_{|z|\leqslant 1}|f(z)|,\max_{|z|\leqslant 1}|f'(z)|\}$$
其埃尔米特插值多项式 $\hat{p}_n(f,z)$ 的范数有上下界估计
$$c<c_1\ln n\leqslant \|\hat{p}_n\|\leqslant c_2\ln n$$
(沈燮昌对常数 c_1 与 c_2 进一步精确化),由此可以得到在上述空间中的不收敛性以及逼近的误差估计.

在一般区域上工作很少,Gaier只对解析曲线研究了内闭一致收敛性.对此,沈燮昌不仅在单位圆且在具有二次光滑的曲线上,得到 $(0,1,\cdots,q)$ 埃尔米特—费耶尔插值逼近阶的估计.

---

① 邓继思. Hermite 插值. 研究生硕士学位论文,郑州大学,1988.

Lagrange 插值多项式

§7 有理函数插值的收敛性问题

我们先介绍沃尔什的一个经典定理.

定理 18.26(沃尔什) 设 $f(z) \in C(|z|=1)$，$p_n\left(z, \dfrac{1}{z}\right)$ 是 z 与 $\dfrac{1}{z}$ 的 n 次多项式，它在 1 的 $2n+1$ 次根上插值函数 $f(z)$，令

$$q_n(z) = p_n\left(z, \frac{1}{z}\right) \text{ 的非负幂部分} \quad (18.112)$$

$$q_{-n}(z) = p_n\left(z, \frac{1}{z}\right) \text{ 的负幂部分} \quad (18.113)$$

则内闭一致地有

$$\lim_{n\to+\infty} q_n(z) = f_1(z) \triangleq \frac{1}{2\pi i} \int_{|\zeta|=1} \frac{f(\zeta)}{\zeta - z} d\zeta$$

$$(|z| < 1) \quad (18.114)$$

$$\lim_{n\to\infty} q_{-n}(z) = f_2(z) \triangleq \frac{-1}{2\pi i} \int_{|\zeta|=1} \frac{f(\zeta)}{\zeta - z} d\zeta$$

$$(|z| > 1) \quad (18.115)$$

进一步，若 $f(z)$ 在 $\dfrac{1}{\rho} < |z| < \rho$ 上解析，$\rho > 1$，则 (18.114) 与 (18.115) 两式对应地在 $|z| \leqslant R < \rho$，$|z| \geqslant \dfrac{1}{R} > \dfrac{1}{\rho}$ 上一致地成立. 因此在 $\dfrac{1}{R} \leqslant |z| \leqslant R$，$R < \rho$ 上一致地有

$$\lim_{n\to+\infty} p_n\left(z, \frac{1}{z}\right) = f(z) \quad (18.116)$$

当 $f(z) \in C(|z|=1)$ 时，能否研究 $p_n\left(z, \dfrac{1}{z}\right)$ 在

第六编 复平面的拉格朗日插值

$|z|=1$ 上的收敛性或发散性问题.

一般地,能否将上述定理推广到有理函数系中去? 显然这应该与有理函数的极点分布有关. 我们指出,若插值点不在 $|z|=1$ 上,对于 $f(z) \in A(|z| \leqslant 1)$,Джрбашяи 对这类问题有过研究,对其他情况可参看沈燮昌的一些综合性文章.

设 $\alpha_j(1 \leqslant j \leqslant n)$ 是 n 个点,它们之间可以有相同,$\beta_k(1 \leqslant k \leqslant n+1)$ 是不同于 α_j 的 $n+1$ 个点,它们之间也可以相同. 任给 $n+1$ 个值 $\mu_k(1 \leqslant k \leqslant n+1)$,容易证明必存在唯一的形如下的有理函数

$$r_n(z) = \frac{b_0 z^n + b_1 z^{n-1} + \cdots + b_n}{(z-a_1)(z-a_2)\cdots(z-a_n)}$$
(18.117)

它在 β_k 处取值为 $\mu_k(k=1,2,\cdots,n+1)$(若 β_k 有相同,则用到适当阶导数即可).

若 $\beta_k(1 \leqslant k \leqslant n+1)$,全不相同,则有

$$r_n(z) = \sum_{k=1}^{n+1} \mu_k \frac{\omega(z)}{(z-\beta_k)\omega'(\beta_k)} \quad (18.118)$$

其中

$$\omega(z) = \frac{\prod_{j=1}^{n-1}(z-\beta_j)}{\prod_{k=1}^{n}(z-\alpha_k)}$$
(18.119)

这称为拉格朗日插值有理函数.

像在 §1 中式 (18.9) 与 (18.10) 一样,对于 $f(z) \in A(\overline{D})$,其中 D 是由有限个区域组成的集合,∂D 是由有限个若尔当可求长曲线组成的,若 $\beta_j(1 \leqslant j \leqslant n+1)$ 都位于 D 中,则有

Lagrange 插值多项式

$$r_n(z) = \frac{1}{2\pi i}\int_{\partial D} \frac{f(\zeta)}{\omega(\zeta)} \frac{\omega(\zeta)-\omega(z)}{\zeta-z} d\zeta$$
$$(z \in D, z \neq \alpha_k, 1 \leqslant k \leqslant n) \quad (18.120)$$

$$f(z) - r_n(z) = \frac{1}{2\pi i}\int_{\partial D} \frac{\omega(z)}{\omega(\zeta)} \frac{f(\zeta)}{\zeta-z} d\zeta$$
$$(z \in D, z \neq \alpha_k, 1 \leqslant k \leqslant n) \quad (18.121)$$

其中 $\omega(z)$ 由式(18.119)所确定.

因此,若对 $\alpha_j(1 \leqslant j \leqslant n)$ 与 $\beta_k(1 \leqslant k \leqslant n+1)$ 的分布作出一些假设,例如

$$\lim_{n \to +\infty}\left|\prod_{j=1}^{n}(z-\alpha_j)\right|^{\frac{1}{n}} = |\Phi_1(z)| \quad (18.122)$$

$$\lim_{n \to +\infty}\left|\prod_{k=1}^{n-1}(z-\beta_k)\right|^{\frac{1}{n}} = |\Phi_2(z)| \quad (18.123)$$

(这里认为 $\alpha_j = \alpha_{j,n}, \beta_k = \beta_{k,n}, n=1,2,\cdots$) 对于在 $\overline{D}$ 上解析的函数,可以像在 §2 节中一样研究极大收敛问题,这里不再介绍了.

这里我们想介绍,对于 $f(z) \in A(\overline{D})$,在 D 内可以适当选取插值点,在 $\overline{CD}$ 外可以适当选取极点 α_j ($1 \leqslant j \leqslant n$) 使得用插值有理函数 $r_n(z)$ 来逼近 $f(z)$ 时,有比用多项式更好的阶. 这里我们想介绍两个定理.

定理 18.27 设 $f(z) \in B_r H_1$,即 $f^{(r)}(z) \in A(|z| \leqslant 1)$,且 $f^{(r)}(z)$ 在 $|z|=1$ 的有界变差为 1,则存在着插值有理函数 $S_n(z)$,使

$$\max_{|z|=1}|f(z)-S_n(z)| = O\left(\frac{\ln^3 n}{n^{r+1}}\right) \quad (n=1,2,\cdots)$$
$$(18.124)$$

若用 n 次多项式逼近,一般只能得到阶为

$$\frac{1}{n^r}\omega\left(f^{(r)}, \frac{1}{n}\right) \quad (18.125)$$

第六编 复平面的拉格朗日插值

定理 18.28 设 $f(z) \in H_m^R(a,b,c)$，其中 $a \geqslant 0$，$b > 0, c > 1$，即表示 $f(z)$ 在 $|z| < 1+R$ 内除了 m 条射线 $\rho e^{i t_j}$ ($1 \leqslant \rho \leqslant 1+R, j = 1,2,\cdots,m$) 外解析，在 $|z|=1$ 上无限次可微，且满足

$$|f^{(r)}(z)| \leqslant M n^a b^n n^{cn} \quad (n=1,2,\cdots)$$
(18.126)

其中 M 为常数，则对任意自然数 n 及 $\varepsilon > 0$，存在插值有理函数 $R_n(z)$，使得有

$$\max |f(z) - R_n(z)| \leqslant c e^{-(1/2)n/(\ln n)^{3/2+\varepsilon}}$$
(18.127)

其中 c 为常数.

Lagrange 插值多项式

关于复数域上插值多项式的沃尔什过收敛理论

第 19 章

沃尔什在 1931 年前后提出了著名的有关复插值多项式过收敛的定理. 半个世纪来,这方面的工作没有引起人们足够的重视,直到 20 世纪 80 年代初,才开始引起许多数学家的兴趣. 在短短不到十年的时间内,就出现了几十篇有关的文章. 成为较热门的课题. 北京大学的娄元仁教授在 1991 年介绍了沃尔什过收敛问题最近几年来的主要研究成果及其发展动向.

§1 拉格朗日插值情况

用 R_ρ 表示圆 $D_\rho = \{z: |z| < \rho\}$ 内的解析函数全体;A_ρ 表示 R_ρ 中具有奇点在圆周 $\Gamma_\rho = \{z: |z| = \rho\}$ 上的函数全体;$\tilde{R}_\rho$ 表示 R_ρ 中具有泰勒系数满足 $\alpha_n = o(\rho^{-n})$ 的函数全体.

① 选自:数学进展,1991 年第 20 卷第 3 期.

(1) 沃尔什定理 设 $f = \sum_{k=0}^{\infty} \alpha_k z^k \in A_\rho (\rho > 1)$，用 $L_{n-1}(f;z)$ 表示 f 在基点 $\{e^{i2\pi k/n}\}_{k=0}^{n-1}$ 上的 $n-1$ 次拉格朗日插值多项式，并且令 $P_{n-1}(f;z) = \sum_{k=0}^{n-1} a_k z^k$. 那么著名的沃尔什定理可以叙述如下：

对任何 $f \in A_\rho (\rho > 1)$，有
$$\lim_{n \to \infty} \{L_{n-1}(f;z) - P_{n-1}(f;z)\} = 0, \forall z < \rho^2 \quad (19.1)$$

并且在 $|z| < \rho^2$ 的任何闭子集上收敛是一致的和几何的（即存在 $q, 0 < q < 1$，使上式花括号内的量为 $O(q^n)$). 此外，式 (19.1) 中的结果是最好的可能，即存在某个 $\tilde{f} \in A_\rho$ 和某个点 $\tilde{z} \in \Gamma_{\rho^2}$，当 $n \to \infty$ 时有 $L_{n-1}(\tilde{f};\tilde{z}) - P_{n-1}(\tilde{f};\tilde{z}) \nrightarrow 0$.

容易看出，式 (19.1) 中的收敛区域 D_{ρ^2} 比函数 f 的解析区域 D_ρ 扩大了，由此产生了过收敛概念.

(2) 沃尔什定理的一个推广 联系沃尔什定理，我们问：是否可以用与 f 相联系的其他 $n-1$ 次多项式代替 $P_{n-1}(f;z)$，使得过收敛区域更大些？

1980 年 Cavaretta, Sharma 和 Varga 引进了下面 $n-1$ 次多项式
$$Q_{n-1,l}(f;z) = \sum_{j=0}^{l-1} \sum_{k=0}^{n-1} \alpha_{jn+k} z^k \quad (19.2)$$

其中 l 是任意给定的正整数，令
$$\Delta_{l,n-1}(f;z) = L_{n-1}(f;z) - Q_{n-1,l}(f;z) \quad (19.3)$$

他们证明了下面结果.

定理 19.1 对任意 $f \in A_\rho (\rho > 1)$ 和任意正整数 l，有

Lagrange 插值多项式

$$\lim_{n\to\infty}\Delta_{l,n-1}(f;z)=0, \forall\ |z|<\rho^{l+1} \quad (19.4)$$

且在 $|z|<\rho^{l+1}$ 的任何闭子集上收敛是一致的和几何的. 此外,式(19.4) 中的结果是最好的可能,即存在某个 $\tilde{f}\in A_\rho$ 和某个 $\tilde{z}\in \Gamma_{\rho^{l+1}}$,当 $n\to\infty$ 时,有

$$\Delta_{\lambda,n-1}(\tilde{f};\tilde{z})\not\to 0$$

Cavaretta 等还指出:若 $f\in A_\rho \bigcap C(\bar{D}_\rho)$,则一致地有

$$\lim_{n\to\infty}\Delta_{l,n-1}(f;z)=0, \forall\ |z|\leqslant\rho^{l+1} \quad (19.5)$$

由上述结果,可以提出下面问题:

问题 1 为了使得式(19.5)一致成立,函数 f 应当满足哪些充分和必要的条件?

问题 2 设 $f\in R_1 \bigcap C(\bar{D}_1)$,并且对某 $\rho>1$ 及正整数 l 成立(19.4),问是否有 $f\in R_\rho$.

问题 3 序列 $\Delta_{l,n-1}(f;z)$ 在 $|z|\geqslant\rho^{l+1}$ 中有些什么特性?

(3) 关系式(19.5)成立的充要条件

对于问题 1,1986 年娄元仁教授给出了一个充要条件.

定理 19.2 设 $f\in R_\rho(\rho>1)$,l 是任意正整数,那么

$$\lim_{n\to\infty}\Delta_{l,n-1}(f;z)=0$$

在 $|z|\leqslant\rho^{l+1}$ 上一致成立的充要条件是:$f\in\widetilde{R}_\rho$.

注 1 由 Szabados 的一个结果(也见下面定理 19.3),在定理 19.2 中,将条件 $f\in R_\rho$ 换成 $f\in R_1 \bigcap C(\bar{D}_1)$ 时,定理仍然正确.

注 2 作为定理 19.2 的推论:设 $f\in A_\rho(\rho>1)$,l 为正整数,则 $\lim_{n\to\infty}\Delta_{l,n-1}(f;z)=0$ 在 $|z|=\rho^{l+1}$ 上一致

成立的充要条件是 $f \in A_\rho \cap \widetilde{R}_\rho$. 1986 年 Totik 也证明了此结果.

注 3 Szabados 曾提出下面问题:设 $\rho > 1, l$ 为自然数,$f \in R_1 \cap C(\overline{D}_1)$,且式 (19.5) 成立能否推出 $f \in R_\rho \cap C(\overline{D}_\rho)$? 定理 19.2 对 Szabados 的问题给予否定的回答,因为 $\widetilde{R}_\rho$ 中的某些函数可以不属于 $R_\rho \cap C(\overline{D}_\rho)$.

(4) 逆定理 1982 年 Szabados 给出了问题 2 的肯定回答.

定理 19.3 设 $\rho > 1, l$ 是自然数,而 $f \in R_1 \cap C(\overline{D}_1)$,如果序列

$$\{\Delta_{l,n-1}(f;z)\}_{n=1}^\infty \qquad (19.6)$$

在 $|z| < \rho^{l+1}$ 内任何闭子集上一致有界,则

$$f \in R_\rho$$

这个定理可以认为是定理 19.1 的逆定理. 综合定理 19.1 与 19.3,可以表述为:

定理 19.4 设 $f \in R_1 \cap C(\overline{D}_1), \rho > 1, l$ 是正整数,则要使

$$\lim_{n \to \infty} \Delta_{l,n-1}(f;z) = 0, \forall |z| < \rho^{l+1}$$

且在 $|z| < \rho^{l+1}$ 内内闭一致收敛,必需且只需

$$f \in R_\rho$$

(5) $\Delta_{l,n-1}(f;z)$ 在 $|z| \geqslant \rho^{l+1}$ 中的特性

1983 年 Saff 和 Varga 研究了问题 3,并指出:

定理 19.5 对任意 $f \in A_\rho(\rho > 1)$ 及正整数 l,序列 $\Delta_{l,n-1}(f;z)$ 在 $|z| > \rho^{l+1}$ 中至多在 l 个不同的点上有界. 在下面意义下这个结果是精确的,即对圆环 $\rho^{l+1} < |z| < \rho^{l+2}$ 中任意给定的 l 个不相同的点 $\{\eta_k\}_{k=1}^l$,存在函数 $\widetilde{f}(z) \in A_\rho$,使得

Lagrange 插值多项式

$$\lim_{n\to\infty}\Delta_{l,n-1}(\widetilde{f};\eta_k)=0 \quad (k=1,2,\cdots,l) \quad (19.7)$$

注 定理 19.5 中，$|\eta_k|<\rho^{l+2}$ 的限制是不必要的.

由定理 19.5，自然可以提出：

问题 4 对于 $|z|>\rho^{l+1}$ 中任意给定的 s 个不相同的点 $\{\eta_k\}_{k=1}^s$，为了使对应的式 (19.7) 成立，函数 f 应具有什么充分或必要的条件？

对这个问题，1983 年 Hermann 给出下面两个结果：

① 给定 $s(\leqslant l)$ 个不相同的点 $\{\eta_k\}_{k=1}^s$，$\rho^{l+1}<|\eta_k|<\rho^{l+1}$，令 $\omega_s(z)=\prod_{k=1}^s(z-\eta_k)$，$r$ 表示 $l+1,l+2,\cdots,l$ 的最小公倍数，$\alpha=\max\limits_{l\leqslant k\leqslant s}|\eta_k|$，设

$$f(z)=\omega_s(z)\varphi(z^r)+\psi(z) \quad (19.8)$$

其中 $\varphi\in A_{\rho^r}$，ψ 是 $|z|\leqslant\alpha^{1/(l+1)}$ 上的解析函数，则 $f\in A_\rho$，且有

$$\lim_{n\to\infty}\Delta_{l,n-1}(f;\eta_k)=0 \quad (k=1,2,\cdots,s)$$

② 如果 $f\in A_\rho$，$\rho^{l+1}<|\eta_k|<\rho^{l+2}(k=1,2,\cdots,l)$，并且使式 (19.7) 成立，那么有

$$f(z)=\omega_l(z)\varphi(z^{l+1})+\psi(z) \quad (19.9)$$

其中 $\varphi\in A_{\rho^{l+1}}$，而 $\psi\in R_{\gamma^{1/(l+1)}}$，$\gamma=\min\limits_{1\leqslant k\leqslant l}|\eta_k|$.

它们分别指出了问题 4 的一个充分条件与一个必要条件，显然这两个条件之间有较大的差距. 1986 年娄元仁教授对任意给定在圆环 $\rho^{l+1}\leqslant|z|<\rho^{l+2}$ 中的 s 个不相同的点 $\{\eta_k\}_{k=1}^s$，给出了使得对应的式 (19.7) 成立时，f 应满足的充分且必要的条件. 1988 年娄元仁教授对任意给定在 $|z|\geqslant\rho^{l+1}$ 上的任意 s 个不同点

$\{\eta_k\}_{k=1}^s$ 也给出了式(19.7)成立的一个充分且必要的条件,下面介绍娄元仁教授的两个定理.

定理 19.6 若 $f \in R_\rho (\rho > 1)$, l 是任意正整数,并且在 $|z| \geqslant \rho^{l+1}$ 中存在 $l+1$ 个不同的点 $\{\eta_k\}_{k=1}^{l+1}$,使得

$$\lim_{n \to \infty} \Delta_{l,n-1}(f;\eta_v) = 0 \quad (v=1,2,\cdots,l+1)$$

(19.10)

则有

$$f \in \widetilde{R}_{\sigma^{1/(l+1)}}, \sigma = \min_{1 \leqslant v \leqslant l+1} |\eta_v|$$

定理 19.7 设 $f \in R_\rho (\rho > 1)$, l 是任意正整数,而 $\{\eta_v\}_{v=1}^s$ 是任意 s 个不相同的点,且 $|\eta_1| \geqslant |\eta_2| \geqslant \cdots \geqslant |\eta_s| \geqslant \rho^{l+1}$,则

$$\lim_{n \to \infty} \Delta_{l,n-1}(f;\eta_v) = 0 \quad (v=1,2,\cdots,s)$$

(19.11)

的充分且必要的条件是

$$f(z) = \sum_{k=0}^{s_0} \omega_k(z) G_k(z) \quad (19.12)$$

其中 $s_0 = \min\{s,l\}$; $\omega_k(z) = \prod_{j=1}^{k}(z-\eta_j), k>0; \omega_0(z) = 1$;而

$$G_k(z) = \sum_{j=0}^{\infty} \alpha_j^{(k)} z^j \in$$

$$\begin{cases} \widetilde{R}_{|\eta_{k+1}|^{1/(l+1)}}, & \text{当 } k=0,1,\cdots,s_0-1 \text{ 或 } k=s_0<s \\ R_\rho, & \text{当 } k=s_0=s \leqslant l \end{cases}$$

且系数满足

$$\sum_{j=l+1}^{L} \alpha_{jn-v}^{(k)} = 0, L = (\ln|\eta_1|/\ln\rho)$$

Lagrange 插值多项式

$$(v=1,\cdots,k;n=1,2,\cdots;k=1,\cdots,s_0)$$

注 1 定理 19.7 包含了定理 19.5 和 19.6.

注 2 定理 19.7 也刻画了序列 $\Delta_{l,n-1}(f;z)$ 在 $|z|=\rho^{l+1}$ 上的特性. 由它可推出:对任何 $f \in A_\rho \setminus \widetilde{R}_\rho$, 在 $|z|=\rho^{l+1}$ 上序列 $\Delta_{l,n-1}(f;z)$ 至多在 l 个不同的点上趋于零,并且对 $|z|=\rho^{l+1}$ 上任意给定的 l 个不同的点 $\{\eta_v\}_{v=1}^l$,存在 $f_0 \in A_\rho \setminus \widetilde{R}_\rho$ 使得 $\lim\limits_{n\to\infty}\Delta_{l,n-1}(f;\eta_v)=0, v=1,\cdots,l$.

注 3 在定理 19.7 中,若用 $\Delta_{l,n-1}(f;\eta_v)=O(1)$ $(v=1,\cdots,s)$ 代替式(19.11),娄元仁教授在 1988 年也曾给出了相应的充分必要条件.

本段中的结果都是在 $\rho > 1$ 情况下得到的,自然可以提出下面问题:

问题 5 对 $|z|>1$ 中任意 $s(s \leqslant l)$ 个不同的点 $\{\eta_v\}_{v=1}^s$,是否存在 $f \in A_1 \cap C$ 使得式(19.11)成立?

问题 6 对任意 $f \in A_1 \cap C$,在 $|z|>1$ 中是否 $\Delta_{l,n-1}(f;z)$ 至多在 l 个不同的点上有界?

问题 7 对于 $f \in A_1 \cap C$,类似的定理 19.7 是否成立? 又问类似的定理 19.6 是否成立?

这三个问题,至今仍未见到解答.

(6)$\Delta_{l,n-1}(f;z)$ 的精确估计

1986 年 Totik 证明了下列定理:

定理 19.8 设 $f \in A_\rho (\rho > 1)$,l 是正整数及 $R > 0$,则有

$$\varlimsup_{n\to\infty} \max_{|z|=R} |\Delta_{l,n-1}(f;z)|^{1/n} = K_l(\rho,R)$$

$$(19.13)$$

其中

$$K_l(\rho,z) = \begin{cases} |z|/\rho^{l+1} & (|z| \geq \rho) \\ 1/\rho^l & (0 \leq |z| < \rho) \end{cases}$$

定理 19.9 设 $f = \sum_{k=0}^{\infty} \alpha_k z^k \in A_\rho (\rho > 1), l \geq 1$ 是整数,而 $\{\phi(n)\}$ 是正单调序列且满足 $\phi(2n) \sim \phi(n)$,则下面两个结论等价:

(1) $\max_{|z|=\rho^{l+1}} |\Delta_{l,n-1}(f;z)| = O(\phi(n))$;

(2) $a_n = O(\phi(n)/\rho^n)$.

注 由定理 19.9 也推出前面定理 19.2.

对任何 $f \in A_\rho(\rho > 1)$,令

$$B_l(f;z) = \overline{\lim_{n\to\infty}} |\Delta_{l,n-1}(f;z)|^{1/n}$$

$$\delta_{l,\rho}(f) = \{z : B_l(f;z) < K_l(\rho,z)\}$$

Totik 指出:

定理 19.10 设 $f \in A_\rho, l \geq 1$,则有

$$|\delta_{l,\rho}(f) \cap \{z : |z| > \rho\}| \leq l$$

$$|\delta_{l,\rho}(f) \cap \{z : 0 < |z| < \rho\}| \leq l-1$$

此处 $|S|$ 表示点集 S 的基数(即点的个数).

反之,Totik 也指出:(1) 对 $|z| > \rho$ 中任意 l 个不相同的点 $\{\eta_v\}_{v=1}^{l}$,存在 $f \in A_\rho$ 使得 $\{\eta_v\}_{v=1}^{l} \subset \delta_{l,\rho}(f)$;(2) 对 $0 < |z| < \rho$ 中任意 $l-1$ 个不相同的点 $\{\eta_v\}_{v=1}^{l-1}$,存在 $f \in A_\rho$,使得 $\{\eta_v\}_{v=1}^{l-1} \subset \delta_{l,\rho}(f)$.

上述结果表明,除少数例外点,对所有 z 都有 $B_l(f;z) = K_l(\rho,z)$.

问题 8 设 $f \in A_1 \cap C$,问定理 19.8 对 $\rho = 1$ 情况是否成立?

问题 9 对 $|z| > \rho$(或 $|z| < \rho$)中任意 l(或 $l-1$)个点 $\{\eta_v\}$,在 A_ρ 中满足 $B_l(f;\eta_v) < K_l(\rho,\eta_v)$ 的函

数具有什么特征？

问题 8 至今仍未解决；问题 9 已有解答，见本节(8).

(7) (l,ρ) — 特佳集(distinguished set)

1987 年 Ivanov 和 Sharma 引进了下面的概念.

称点集 Z 是 (l,ρ) — 特佳集，简称 (l,ρ) — 集，如果存在 $f \in A_\rho (\rho > 1)$，使得 $Z \subset \delta_{l,\rho}(f)$，即对任意 $z \in Z$，有 $B_l(f;z) < K_l(\rho,z)$. 显然在 (l,ρ) — 特佳集中的点上，$\Delta_{l,n-1}(f;z)$ 的收敛(或发散)的阶比其邻域内的其他点要好得多.

设 $Z = \{z_j\}_1^m$，其中 $|z_j| < \rho (j=1,\cdots,\mu)$，并且 $|z_j| > \rho (j = \mu+1,\cdots,m)$. 定义矩阵 X, Y 和 M 如下

$$X = \begin{pmatrix} 1 & z_1 & \cdots & z_1^{l-1} \\ \vdots & \vdots & & \vdots \\ 1 & z_\mu & \cdots & z_\mu^{l-1} \end{pmatrix}$$

$$Y = \begin{pmatrix} 1 & z_{\mu+1} & \cdots & z_{\mu+1}^l \\ \vdots & \vdots & & \vdots \\ 1 & z_m & \cdots & z_m^l \end{pmatrix} \quad (19.14)$$

$$M = M(X,Y) = \begin{bmatrix} X & & & & & & & \\ & X & & & & & & \\ & & \ddots & & & & & \\ & & & X & & & & \\ & & & & Y & & & \\ & & & & & Y & & \\ & & & & & & \ddots & \\ & & & & & & & Y \end{bmatrix} \quad (19.15)$$

后一式中，X 重复 $l+1$ 次，Y 重复 l 次. 他们证明了下列定理.

定理 19.11　为了使得点集 Z 是 (l,ρ)-特佳集,必须且只需 $\text{rank } \boldsymbol{M} < l(l+1)$.

设 $v_l(f) = \delta_{l,\rho}(f) \cap \Gamma_\rho$,则有

定理 19.12　对 Γ_ρ 上任意 $l+1$ 个点 $\{z_j\}_1^{l+1}$,存在 $f \in A_\rho$ 使得 $B_l(f;z_j) < \rho^{-l}, j=1,\cdots,l+1$.

他们提出下面问题:

问题 10　设 $Z = \{z_j\}_1^{l+1} \subset \Gamma_\rho$,能否将 Γ'_ρ 上的其他点添加到 Z 中,使得扩大后的点集仍是 (l,ρ)-特佳集?

他们在同一文章中,仅在 $l=1$ 情况下对问题 10 作了回答. 为此, 引进点集
$$U(Z) = \{z_0 : z_0 \in \Gamma_\rho, z_0 \notin Z,$$
$$\exists f \in A_\rho \text{ 使 } B_l(f;z_j) < \rho^{-l}, j=0,1,\cdots,l+1\}$$
$$U^*(Z) = \Gamma_\rho \backslash (U(Z) \bigcup Z)$$

定理 19.13　设 $z_j = \rho\exp(2\pi i\ \alpha_j)(j=1,2)$,且 $\alpha_2 - \alpha_1 = \alpha$ 是 $v \geqslant 2$ 阶代数数,则 $U(z_1, z_2) = \varnothing$.

定理 19.14　对 Γ_ρ 上的任何有限点集 $Z = \{z_j\}_1^m$,其中 $z_j = \rho\exp(2\pi i\ \alpha_j), \alpha_j(j=1,\cdots,m)$ 是有理数,则存在 $f \in A_\rho$,使得 $Z \subset \gamma_1(f)$.

问题 11　当 $l > 1$ 时,类似的定理 19.13 和 19.14 应当如何?

问题 12　在整个复平面上,点集 $\delta_{l,\rho}(f)$ 的构造特征如何? 是否有类似定理 19.11 那样的充要条件?

问题 13　定理 19.11 中的条件,使用不十分方便(特别当 l 较大时),能否给出其他便于检验的等价条件?

以上问题目前均未解决.

Totik 的工作及 Ivanov 和 Sharma 的工作,引起了

许多值得进一步研究的问题. 这里不一一列举, 有兴趣的读者可以参看 1985 年秋季在布达佩斯召开的纪念 A. Haar 国际学术会议上 Ivanov 和 Sharma 的报告.

(8) $\Delta_{l,n-1}^{(r)}(f;z)$ 的估计及 r 阶特佳点

娄元仁教授指出:

定理 19.15 设 $f \in R_\rho(\rho > 1), l \geqslant 1$ 和 $r \geqslant 0$ 都是整数, 而 $R > 0$ 是任何实数, 则有

$$\overline{\lim_{n \to \infty}} \max_{|z|=R} |\Delta_{l,n-1}^{(r)}(f;z)|^{1/n} \leqslant K_l(\rho, R)$$

(19.16)

并且, 当且仅当 $f \in A_\rho$ 时等号成立.

令

$$B_l^r(f;z) = \overline{\lim_{n \to \infty}} |\Delta_{l,n-1}^{(r)}(f;z)|^{1/n}, r \geqslant 0$$

设 $f \in A_\rho$, 若对一切 $v = 0, 1, \cdots, r-1$, 有

$$B_l^v(f;\eta) < K_l(\rho, \eta) \quad (v = 0, 1, \cdots, r-1)$$

则称 η 是 f 的 r 阶 (l, ρ)-特佳点. 今后, 我们把 r 阶 (l, ρ)-特佳点视为重合在一起的 r 个特佳点. 用 $\{\eta_v\}_{v=1}^s$ 表示 s 个点的集合, 其中某些点可以相同, 并用 p_v 表示 η_v 在 $\{\eta_j\}_{j=1}^v$ 中出现的次数. 我们指出

定理 19.16 设 $f \in R_\rho(\rho > 1), l$ 是任意自然数, 若在 $|z| > \rho$ 中存在 $l+1$ 个点 $\{\eta_v\}_{v=1}^{l+1}$ (或在 $|z| < \rho$ 中存在 l 个点 $\{\eta_v\}_{v=1}^l$), 使得

$$B_l^{p_v-1}(f;\eta_v) < K_l(\rho, \eta_v), v = 1, 2, \cdots, l+1 \text{ (或 } l)$$

则必有 $f \in R_\rho \setminus A_\rho$.

由定理 19.16 推出, 对任意 $f \in A_\rho(\rho > 1)$, 有下面结论

(a) 在 $|z| > \rho$ 中至多存在 l 个点 $\{\eta_v\}_{v=1}^l$, 使得

$$B_l^{p_v-1}(f;\eta_v) < K_l(\rho, \eta_v) \quad (v = 1, \cdots, l)$$

(b) 在 $|z|<\rho$ 中至多存在 $l-1$ 个点 $\{\eta_v\}_{v=1}^{l-1}$,使得
$$B_l^{p_v-1}(f;\eta_v) < K_l(\rho,\eta_v) \quad (v=1,\cdots,l-1)$$

(c) f 的 (l,ρ)-特佳点的阶数,既不在 $|z|>\rho$ 中大于 l,也不在 $|z|<\rho$ 中大于 $l-1$;

(d) 对整数 $r \geqslant l+1$ 和 $|z|>\rho$ (或 $r \geqslant l$ 和 $|z|<\rho$),恒有
$$\varlimsup_{n\to\infty}\left(\sum_{v=1}^r |\Delta_{l,n-1}^{(v)}(f;z)|\right)^{1/n} = K_l(\rho,z)$$

定理 19.17 设 $f \in A_\rho(\rho>1)$,l 是任意自然数,而 $\{\eta_v\}_{v=1}^s$ 是 $|z|>\rho$ 中的点集,$s \leqslant l$ (或 $|z|<\rho$ 中的点集,$s \leqslant l-1$),则
$$B_l^{p_v-1}(f;\eta_v) < K_l(\rho,\eta_v) \quad (v=1,\cdots,s)$$
的充分必要条件是
$$f(z) = \omega_s(z)G_s(z) + G_0(z)$$
其中 $\omega_s(z) = \prod_{j=1}^{s}(z-\eta_j)$,$G_0(z) \in R_\rho \setminus A_\rho$,而 $G_s(z) = \sum_{j=0}^{\infty} \alpha_j z^j \in A_\rho$,且其系数 $\alpha_{(l+1)n-v}=0$ (或 $\alpha_{ln-v}=0$),$v=1,2,\cdots,s$.

作为定理 19.17 的推论. 对 $\forall f \in A_\rho(\rho>1)$,$|\eta|>\rho$ 和 $s \leqslant l$ (或 $|\eta|<\rho$ 和 $s \leqslant l-1$). 点 η 是 f 的 s 阶 (l,ρ)-特佳点的充要条件是
$$f(z) = (z-\eta)^s G_s(z) + G_0(z)$$
其中 $G_s(z)$ 和 $G_0(z)$ 和定理 19.17 中相同.

特别当所有 $p_v=1(v=1,\cdots,s)$ 时,定理 19.17 给出了问题 9 的解答.

设 $Z=\{\eta_v\}_{v=1}^m$,其中 $|\eta_v|<\rho(v=1,\cdots,\mu)$ 和

Lagrange 插值多项式

$|\eta_v|>\rho(v=\mu+1,\cdots,m)$, p_v 表示 η_v 在 $\{\eta_j\}_{j=1}^v$ 中出现的次数,定义

$$X=[S_{i,j}]_{\mu\times l}, Y=[\widetilde{S}_{i,j}]_{(m-\mu)\times(l+1)}$$

其中元素满足

$$(z^{j-1})^{(p_i-1)}|_{z=\eta_i}=\begin{cases}S_{i,j} & (i=1,\cdots,\mu;j=1,\cdots,l)\\ \widetilde{S}_{i-\mu,j} & (i=\mu+1,\cdots,m;j=1,\cdots,l+1)\end{cases}$$

再按式(19.15)定义的 M. 对 Z 的元素允许重复时,Z 是 (l,ρ) — 集的充要条件是 $\operatorname{rank} M < l(l+1)$(比较定理 19.11).

问题 14 如果假设 $f\in R_1\cap C$ 或 $A_1\cap C$,类似的定理 19.15, 19.16 和 19.17 对 $\rho=1$ 是否成立?

问题 15 在定理 19.17 的条件下,给定 $\rho_v>\rho$ $(v=1,\cdots,s)$,问

$$B_l^{p_v-1}(f;\eta_v)=K_1(\rho_v,\eta_v)\quad(v=1,\cdots,s)$$

成立的充分必要条件如何?

问题 16 对任意 $f\in A_\rho(\rho>1)$ 和给定自然数 r,是否 $B_l^r(f;z)<K_l(\rho,z)$ 至多在 $|z|>\rho$ 中的 l(或 $|z|<\rho$ 中的 $l-1$)个互不相同的点上成立?

问题 17 设 $\{\eta_v\}_{v=1}^s$ 是任意 s 个点,$|\eta_v|>\rho$, $s\leqslant l$(或 $|\eta_v|<\rho$, $s\leqslant l-1$),而 $\{q_v\}_{v=1}^s$ 是任意给定整数,满足 $q_v\geqslant p_v$. 为了使得 $B_l^{q_v}(f;\eta_v)<K_l(\rho,\eta_v)$ $(v=1,\cdots,s)$ 对某个 $f\in A_\rho$ 成立,q_v 应满足什么条件?假如 q_v 已满足我们需要的条件,应如何刻画满足上述不等式的函数的特性?

以上各问题目前也都没有解决.

§2 埃尔米特与埃尔米特－伯克霍夫插值情况

（1）沃尔什定理的另一种推广

设 $f = \sum_{k=0}^{\infty} \alpha_k z^k \in A_\rho (\rho > 1)$，$r$ 是给定正整数，对任意正整数 n，用 $h_{r_{n-1}}(f;z)$ 表示在基点 $\{e^{i2\pi k/n}\}_{k=0}^{n-1}$ 上对 $f, f', \cdots, f^{(r-1)}$ 插值的 $rn-1$ 次埃尔米特插值多项式。令

$$\widetilde{Q}_{m-1,l}(f;z) = \sum_{k=0}^{m-1} \alpha_k z^k + \sum_{j=1}^{l} \beta_{j,r}(z^n) \sum_{k=0}^{n-1} \alpha_{k+(r+j-1)n} z^k$$

其中

$$\beta_{j,r}(z) = \sum_{k=0}^{r-1} \binom{r+j-1}{k}(z-1)^k \quad (j=1,2,\cdots)$$

记

$$\Delta_{m-1,l}(f;z) = h_{m-1}(f;z) - \widetilde{Q}_{m-1,l}(f;z)$$

(19.17)

1980 年 Cavaretta，Sharma 和 Varga 指出：

定理 19.18 对 $\forall f \in A_\rho (\rho > 0)$，任意正整数 r 和 l，有

$$\lim_{n \to \infty} \Delta_{m-1,l}(f;z) = 0, \forall |z| < \rho^{1+l/r} \quad (19.18)$$

且在 $|z| < \rho^{1+l/r}$ 内部任何闭子集上收敛是一致的和几何的。此外这个结果是最好可能的。

注 当 $r=1$ 时，定理 19.18 给出 §1 中定理 19.1。

（2）逆定理 1985 年 Cavaretta 等人指出：

定理 19.19 设 $f \in A_1 \cap C^{(r-1)}, \rho > 1, l$ 是自然数。若 $\{\Delta_{m-1,l}(f;z)\}_{n=1}^{\infty}$ 在 $|z| < \rho^{1+l/r}$ 中任意闭子集

Lagrange 插值多项式

上一致有界,则有 $f \in A_\rho$.

(3) 关系式(19.18)在闭圆上成立的条件

1986 年娄元仁教授指出:

定理 19.20 设 $f \in R_\rho(\rho > 1)$, r 和 l 是任何正整数,为了使得

$$\lim_{n \to \infty} \Delta_{m-1,l}(f;z) = 0, \forall \ |z| \leqslant \rho^{1+l/r}$$

一致成立,其充要条件是 $f \in \widetilde{R}_\rho$.

(4) $\Delta_{m-1,l}(f;z)$ 在 $|z| > \rho^{1+l/r}$ 中的特性

1983 年 Saff 和 Varga 指出:

定理 19.21 对 $\forall f \in A_\rho$ 和每一对正整数 r 和 l, $\Delta_{m-1,l}(f;z)$ 在 $|z| > \rho^{1+l/r}$ 中至多在 $r+l-1$ 个互不相同的点上有界. 此外,对 $|z| > \rho^{1+l/r}$ 中任意给定的 $r+l-1$ 个不同点 $\{\eta_k\}_{k=1}^{r+l-1}$,存在 $\widetilde{f} \in A_\rho$ 使得 $\lim_{n \to \infty} \Delta_{m-1,l}(\widetilde{f};\eta_k) = 0, k = 1, 2, \cdots, r+l-1$.

(5) $\Delta_{m-1,l}(f;z)$ 的精确估计

令

$$B_{r,l}(f;z) = \overline{\lim_{n \to \infty}} \ |\Delta_{m-1,l}(f;z)|^{1/m}$$

$$\overline{B}_{r,l}(f;R) = \overline{\lim_{n \to \infty}} \max_{|z|=R} |\Delta_{m-1,l}(f;z)|^{1/m}$$

1986 年 Ivanov 和 Sharma 指出:

定理 19.22 设 r, l 为自然数,$\rho > 0$,则对 $\forall f \in A_\rho$ 有

$$\overline{B}_{r,l}(f;R) = K_{r,l}(\rho, R) \quad (R > 0)$$

此处

$$K_{r,l}(\rho, z) = \rho^{-1-(l-1)/r} \max\{1, |z|^{1-l/r}, |z| \rho^{-1/r}\}$$

定理 19.23 设 r, l 为自然数,$R > 0, \rho > 1, f = \sum_{k=0}^{\infty} \alpha_k z^k \in A_\rho$,而 $\{\varphi(n)\}_1^\infty$ 是正单调序列,满足 $c^{-1} \leqslant$

$\varphi(2n)/\varphi(n) \leqslant c(c>0)$，则要使
$$\max_{|z|=R} |\Delta_{m-1,l}(f;z)| = O(\varphi(n)(K_{r,l}(\rho,R))^m)$$
必须且只需 $\alpha_n = O(\varphi(n)\rho^{-n})$.

(6) (r,l,ρ)－特佳集

称点集 Z 是 (r,l,ρ)－特佳集，如果存在 $f \in A_\rho$，使得对任何 $z \in Z$ 都有 $B_{r,l}(f;z) < K_{r,l}(\rho,z)$.

设 $Z = \{z_j\}_{j=1}^m$，其中 $|z_j| < \rho (j=1,\cdots,\mu)$ 及 $|z_j| > \rho (j=\mu+1,\cdots,m)$. 在公式 (19.14) 和 (19.15) 中，用 $r+l-1$ 代替 l，构造对应的矩阵 **X**,**Y** 和 **M**. Ivanov 和 Sharma 指出：Z 是 (r,l,ρ)－特佳集，必须且只需 rank **M** $< (r+l)(r+l-1)$. 他们还指出：在 $|z|=\rho$ 上任意 $l+r$ 个点都是 (r,l,ρ)－特佳集.

(7) 埃尔米特－伯克霍夫插值情况

设 $f = \sum_{k=0}^{\infty} \alpha_k z^k \in A_\rho(\rho > 1)$，**m** $= (m_0, m_1, \cdots, m_{s-1})$ 为整数向量，满足 $0 = m_0 < m_1 < \cdots < m_{s-1}$. 在 1 的 n 次根上 f 的 $(m_0, m_1, \cdots, m_{s-1})$ H－B 插值问题是求解满足
$$b_{ns-1}^{(m_j)}(f;\omega) = f^{(m_j)}(\omega) \quad (\omega^n = 1, j = 0, 1, \cdots, s-1)$$
的 $ns-1$ 次多项式 $b_{ns-1}(f;z)$.

先要问，这样的多项式是否存在且唯一？其实，上述问题有唯一解的充要条件是：m_j 满足 Pólya 条件
$$m_j \leqslant jn \quad (j=0,1,\cdots,s) \tag{19.19}$$
下面假设式 (19.19) 满足，令
$$B_{sn-1,0}(f;z) = \sum_{v=0}^{ns-1} a_v z^v$$
$$B_{sn-1,j}(f;z) = \sum_{v=0}^{n-1} a_{v+(j-1)n} b_{ns-1}(z^{b+(j-1)n}; z)$$

Lagrange 插值多项式

1980 年 Cavaretta，Sharma 和 Varga 对特殊情况 $(0, m), (0, 2, 3)$ 及 $(0, 1, \cdots, r-2, r+m-2)$ 的 H-B 插值问题，得到了过收敛的结果，其对应的过收敛半径分别为 $\rho^{1+l/2}, \rho^{1+l/3}$ 及 $\rho^{1+l/r}$。因此他们提出：

猜测 对 $\forall f \in A_\rho$ 及每个正整数 l，有
$$\lim_{n \to \infty} \left(b_{sn-1}(f; z) - \sum_{j=0}^{l-1} B_{sn-1,j}(f; z) \right) = 0$$
$$\forall \; |z| < \rho^{l+1/s}$$

且在 $|z| < \rho^{1+l/s}$ 内任意闭子集上收敛是一致且几何的。此外，此结果是最好可能的。

1983 年 Saxena，Sharma 和 Ziegler 证实了这个猜测正确。

(8) 问题

埃尔米特插值和埃尔米特－伯克霍夫插值情况下，过收敛问题的研究不像拉格朗日情况那样深入。因此，能否将 §1 中的结果推广到埃尔米特插值情况或埃尔米特－伯克霍夫插值情况，这些都是我们感兴趣的问题。例如：

问题 18 在埃尔米特插值情况，类似的定理 19.13 和 19.14 能否成立？

问题 19 对 $|z| > \rho$ 中任意 $r+l-1$ 个点 $\{\eta_v\}_{v=1}^{r+l-1}$（或 $|z| < \rho$ 中 $r+l-2$ 个点 $\{\eta_v\}_{v=1}^{r+l-2}$）满足 $B_{r,l}(f; \eta_v) < K_{r,l}(\rho, \eta_v)$ 的 A_ρ 中的函数应具有什么特性？

这些都是未解决的问题。读者可以根据 §1 中的结果及问题，自己提出更多的问题。

第六编 复平面的拉格朗日插值

§3 L_2-逼近

(1) Rivlin 的推广工作

设 $m = nq + c$,其中 q,c 是固定的正整数.用 $P_{n-1,m}(f;z)$ 表示所有 $Q_{n-1}(z) \in \pi_{n-1}$ 使得

$$\sum_{k=0}^{m-1} | f(\omega^k) - Q_{n-1}(\omega^k) |^2, \omega^m = 1 \quad (19.20)$$

达到最小值的多项式. 1982 年 Rivlin 指出:

定理 19.24 设 $f = \sum_{k=0}^{\infty} a_k z^k \in A_\rho, m = nq + c, q, c$ 是固定正整数,则

$$\lim_{n\to\infty}\left(P_{n-1,m}(f;z) - \sum_{k=0}^{n-1} a_k z^k\right) = 0, \forall | z | < \rho^{1+q}$$

且在 $| z | < \rho^{1+q}$ 内任意闭集上收敛是一致和几何的. 此外,这个结果是最好可能的.

注 1 当 $m = n$ 时,定理 19.24 给出沃尔什定理.

注 2 记

$$\Delta_{n-1,l,m}(f;z) = P_{n-1,m}(f;z) = \sum_{j=0}^{l-1}\sum_{k=0}^{n-1} a_{k+jm} z^k$$
$$(19.21)$$

用完全相同的证明方法,容易得出

$$\lim_{n\to\infty} \Delta_{n-1,l,m}(f;z) = 0, \forall | z | < \rho^{1+lq} \quad (19.22)$$

Rivlin 还讨论了下面过收敛问题.设 $l < \rho < \infty$, C_ρ 表示 z 平面上的椭圆,它是圆周 $|w| = \rho$ 在共形映照 $z = (w + w^{-1})/2$ 下的像.设 E_ρ 是 C_ρ 的内部区域.用 $A(E_\rho)$ 表示解析于 E_ρ 内,且在 C_ρ 上有奇点的函数全

Lagrange 插值多项式

体. 对任意 $f \in A(E_\rho)$, 用 $S_n(f;z)$ 表示 f 的切比雪夫级数的部分和, 即

$$S_n(f;z) = \frac{1}{2}A_0 + \sum_{k=1}^{n} A_k T_k(z)$$

用 $U_{n,m}(f;z)$ 表示在 $T_m(z)$ 的零点 $\{\xi_j^{(m)}\}_{j=1}^{m}$ 上函数 f 的 n 阶最小平方逼近多项式. Rivlin 指出:

定理 19.25 设 $f \in A(E_\rho)$, $m = nq + c$, 其中 $q > 1$ 和 c 是固定整数, 则

$$\lim_{n \to \infty}(U_{n,m}(f;z) - S_n(f;z)) = 0, \forall z \in E_\rho^{2q-1}$$

(19.23)

在 E_ρ^{2q-1} 内任何闭集上收敛是一致和几何的.

若用 $t_{n,m}(f;z)$ 表示在 $T_m(z)$ 的极值点 $\{\eta_j^{(m)}\}_{j=0}^{m}$ 上函数 f 的 n 阶最小加权平方逼近多项式 (其中 $\eta_0^{(m)}$ 和 $\eta_m^{(m)}$ 对应的权数为 $\frac{1}{2}$, 其余 $\eta_j^{(m)}$ 对应权数为 1). Rivlin 指出, 当用 $t_{n,m}(f;z)$ 代替 $U_{n,m}(f;z)$ 时, 式 (19.23) 仍成立.

从式 (19.23) 可以看出, 当 $q = 1$ 时, 不具有过收敛性. 有趣的是, Rivlin 指出: 对平均值

$$W_{n,m}(f;z) = \frac{1}{2}(U_{n,m}(f;z) + t_{n,m}(f;z))$$

有

$$\lim_{n \to \infty}(W_{n,m}(f;z) - S_n(f;z)) = 0, \forall z \in E_\rho^{4q-1}$$

因而, 它在 $q = 1$ 时也具有过收敛性.

Rivlin 的推广方向, 受到人们的关心和注意. 此后, 出现了许多进一步的研究和推广.

(2) $\Delta_{n-1,l,m}(f;z)$ 的精确估计

对式 (19.21) 中的量, 引入

第六编 复平面的拉格朗日插值

$$B_{l,q}(f;z) = \overline{\lim_{n\to\infty}} \mid \Delta_{n-1,l,m}(f;z) \mid^{1/n}$$

$$\overline{B}_{l,q}(f;R) = \overline{\lim_{n\to\infty}} \max_{|z|=R} \mid \Delta_{n-1,l,m}(f;z) \mid^{1/n}, R>0$$

记

$$K_{l,q}(\rho;z) = \begin{cases} \mid z \mid^{-lq-1}, & \text{当} \mid z \mid \geqslant \rho \\ \rho^{-lq}, & \text{当} \mid z \mid \leqslant \rho \end{cases}$$

1986 年 Ivanov 和 Sharma 也指出类似于§2 中(5)和(6)的结果：

① 对 $\forall f \in A_\rho$ 有 $\overline{B}_{l,q}(f;R) = K_{l,q}(\rho,R), R > 0$；

② 对 $f \in A_\rho$，正单调序列 $\{\varphi(n)\}, c^{-1}n^{-\alpha} < \varphi(n) < cn^\alpha$ (c, α 为适当常数)，则要使

$$\max_{|z|=R}\Delta_{n-1,l,m}(f;z) = O(\varphi(n)(K_{l,q}(\rho,R))^n)$$

必须且只需 $a_n = O(\varphi(n)\rho^{-n})$.

称点集 Z 是 (l,q,ρ) — 特佳集，如果存在 $f \in A_\rho$ 使

$$B_{l,q}(f;z) < K_{l,q}(\rho,z), \forall z \in Z$$

设 $Z = \{z_j\}_{j=1}^m$，其中 $\mid z_j \mid < \rho (j=1,\cdots,\mu)$ 且 $\mid z_j \mid > \rho (j=\mu+1,\cdots,m)$，在公式(19.14)和(19.15)中，用 (lq) 代替 l，构造对应的矩阵 $\boldsymbol{X}, \boldsymbol{Y}$ 和 $\boldsymbol{M}$，则有：

③ Z 是 (l,q,ρ) — 特佳集，必须且只需

$$\text{rank } \boldsymbol{M} < lq(lq+1)$$

④ $\mid z \mid = \rho$ 上任意 $lq+1$ 个点都是 (l,q,ρ) — 特佳集.

(3) 带有导数的 l_2 — 逼近

用 $P_{n,m,r}(f;z)$ 表示所有 $Q_n \in \pi_n$ 中使得

$$\sum_{v=0}^{r-1}\sum_{k=0}^{m-1} \mid Q_n^{(v)}(w^k) - f^{(v)}(\omega^k) \mid^2, \omega^m = 1$$

达到最小值的 n 阶多项式，记 $f = \sum_{k=0}^{\infty} a_k z^k$，令

Lagrange 插值多项式

$$S_{n,\lambda,m,r}(f;z) = \sum_{j=0}^{n-1} \frac{A_{\lambda,j}(r)}{A_{0,j}(r)} a_{\lambda m+j} z^j$$

其中 $A_{\lambda,j}(r) = \sum_{l=0}^{r-1}(j)_l (j+\lambda m)_l$, $(j)_l = j(j-1)\cdots(j-l+1)$, $(j)_0 = 1$. 1984 年 Cavaretta, Dikshit 和 Sharma 指出:

定理 19.26 设 $f \in A_\rho(\rho > 1), m = nq+c$, 其中 q 和 c 是固定正整数, 则对整数 $l \geqslant 1$, 有

$$\lim_{n\to\infty}\left(P_{n,m,r}(f;z) - \sum_{\lambda=0}^{l-1} S_{n,\lambda,m,r}(f;z)\right) = 0$$
$$|z| < \rho^{1+lq}$$

且内闭一致几何收敛.

(4) 插值兼 l_2 - 逼近

设 $P_{rm+n}(f;z)$ 表示 π_{rm+n} 中满足埃尔米特插值

$$Q_{rm+n}^{(v)}(\omega^k) = f^{(v)}(\omega^k)$$
$$(\omega^m = 1, k = 0, 1, \cdots, m-1; v = 0, 1, \cdots, r-1)$$

(19.24)

下极小化

$$\sum_{k=0}^{m-1} |Q_{rm+n}^{(r)}(\omega^k) - f^{(r)}(\omega^k)|^2$$

的多项式, 记 $S_{rm+n}(f;z) = \sum_{k=0}^{rm+n} a_k z^k$, 1985 年 Cavaretta, Sharma 和 Varga 指出:

定理 19.27 设 $f \in A_\rho, m = nq+c$, 其中 q 和 c 是固定的正整数, 则有

$$\lim_{n\to\infty}(P_{rm+n}(f;z) - S_{rm+n}(f;z)) = 0$$
$$(\forall \ |z| < \rho^{1+q/(1+rq)})$$

且内闭一致几何收敛.

对整数 $l \geqslant 1$, 他们还作出某个与 f 有关的 $rm+n$

第六编 复平面的拉格朗日插值

次多项式 $S_{rm+n,l}(f;z)$,使得

$$\lim_{n\to\infty}(P_{rm+n}(f;z)-S_{rm+n,l}(f;z))=0$$

$$(\forall \ |z|<\rho^{1+lq/(1+rq)})$$

若用 $P_{rm+n}(f;z)$ 表示 π_{rm+n} 中满足条件(19.24)下极小化

$$\sum_{k=0}^{m-1}\sum_{v=r}^{r+1}|Q_{rm+n}^{(v)}(\omega^k)-f^{(v)}(\omega^k)|^2$$

的多项式,他们指出相应的定理 19.27 仍成立.

设整数 $v_0=0<v_1<v_2<\cdots<v_r$,满足 Pólya 条件 $v_j\leqslant jm$. 用 $P_{rm+n}(f;z)$ 表示 π_{rm+n} 中满足埃尔米特-伯克霍夫插值

$$Q_{rm+n}^{(v_j)}(\omega^k)=f^{(v_j)}(\omega^k),\omega^m=1$$

$$(k=0,1,\cdots,m-1;j=0,1,\cdots,r-1)$$

下极小化

$$\sum_{k=0}^{m-1}|Q_{rm+n}^{(v_r)}(\omega^k)-f^{(v_r)}(\omega^k)|^2$$

的多项式. Cavaretta,Sharma 和 Varga 也给出:对 $\forall f\in A_\rho,m=nq+c,q$ 和 c 是固定正整数,有

$$\lim_{n\to\infty}(P_{rm+n}(f;z)-S_{rm+n}(f;z))=0$$

$$(\forall \ |z|<\rho^{1+q/(1+rq)})$$

且内闭一致几何收敛.

设 $m=nrs,s>1$,令

$U_s=\{w^v:v=0,1,\cdots,nrs-1,v\not\equiv 0(\mathrm{mod}\ s)\},\omega^m=1$

即 U_s 是由 $W(z)=(z^{nrs}-1)/(z^{nr}-1)$ 的零点组成的点集. 记 $N=nr(s-1),\mathscr{L}=\mathscr{L}(f;U_s)$ 表示 π_{N+n-1} 中所有在 U_s 上插值于 f 的多项式全体. 设 $P_{N+n-1}(f;z)$ 表示下面极小化问题的解

337

Lagrange 插值多项式

$$\min_{Q \to \mathscr{L}} \sum_{v=0}^{nr-1} | f(\omega^v) - Q(\omega^v) |^2$$

记

$$S_{N+n-1,0}(f;z) = \sum_{k=0}^{N+n-1} a_k z^k$$

$$S_{N+n-1,j}(f;z) = \sum_{v=0}^{N+n-1} a_{jm+v} z^v - z^n W(z) \sum_{v=0}^{nr-n-1} a_{jm-nr+n+v} z^v$$

1984 年 Sharma 和 Ziegler 指出:

定理 19.28 对 $\forall f \in A_\rho (\rho > 1)$,有

$$\lim_{n \to \infty} \left(P_{N+n-1}(f;z) - \sum_{j=0}^{l-1} S_{N+n-1,j}(f;z) \right) = 0, \forall |z| < R$$

其中 $R = \min\{\rho^{1+lrs/(rs-r+1)}, \rho^{ls/(s-1)}\}$,且在 $|z| < R$ 内任意闭子集上一致几何收敛.

(5) 圆环上的解析函数

设 G_ρ 表示圆环 $\rho^{-1} < |z| < \rho (\rho > 1)$,$A(G_\rho)$ 表示所有在 G_ρ 内解析但不在 $\overline{G}_\rho$ 上解析的函数类. 对任何 $f = \sum_{-\infty}^{+\infty} a_k z^k \in A(G_\rho)$,令 $S_{rm+n}(f;z) = \sum_{-rm-n}^{rm+n} a_j z^j$,用 $P_{rm+n}(f;z)$ 表示所有形如 $Q_{rm+n}(z) = \sum_{-rm-n}^{rm+n} c_v z^v$ 的"多项式"中满足埃尔米特插值

$$Q_{rm+n}^{(v)}(\omega^k) = f^{(v)}(\omega^k), \omega^{(2m)} = 1$$
$$(v = 0, 1, \cdots, r-1; k = 0, 1, \cdots, 2m-1)$$

(19.25)

并且极小化

$$\sum_{k=0}^{2m-1} | Q_{rm+n}^{(r)}(\omega^k) - f^{(r)}(\omega^k) |^2$$

的"多项式",1988 年 Dikshit,Sharma,Singh 和 Stenger 指出:

第六编 复平面的拉格朗日插值

定理 19.29 若 $f \in A(G_\rho)(\rho > 1)$ 且满足 $f(z) = f(z^{-1})$,而 $m = nq + c$,其中 q 和 c 是正整数,则

$$\lim_{n \to \infty}(P_{rm+n}(f;z) - S_{rm+n}(f;z)) = 0, \forall z \in G_{\tau(\rho)}$$

(19.26)

其中

$$\tau(\rho) = \begin{cases} \rho^{2q-1} & (r = 0) \\ \min\{\rho^{1+(2q-2)/(qr+1)}, \rho^{l+2/(qr-1)}\} & (r \geqslant 1) \end{cases}$$

而且在 $G_{\tau(\rho)}$ 内部任何闭集上一致几何收敛.

注 1 当 $r = 0$ 时,$P_n(f;z)$ 恰好给出 §3 中 Rivlin 结果中的 $t_{n,m}(f;z)$,而式 (19.26) 化为

$$\lim_{n \to \infty}\left(t_{n,m}(f;z) - S_n(f;z) - \sum_{v=1}^{l-1} S_{n,v}(f;z)\right) = 0$$

$$(\forall |z| < \rho^{2lq-1})$$

推广了 Rivlin 的结果,式中

$$S_{n,v}(f;z) = \sum_{j=0}^{n}(A_{2vm+j} + A_{2vm-j})T_j(z)$$

注 2 如果用 $\omega^{2m} = -1$ 代替式 (19.25) 中的 $\omega^{2m} = 1$,对应的"多项式" $\widetilde{P}_{rm+n}(f;z)$ 在 $r = 0$ 时恰好给出 $U_{n,m}(f;z)$,因此也得到式 (19.23) 的类似的推广.

(6) 问题

在本节中,主要介绍了沃尔什定理在 l_2 - 逼近方面的各种推广.进一步的研究工作还未充分展开.例如,下面一些问题目前尚未解决.

问题 20 定理 19.24—19.28 对应的逆定理是否成立(比较定理 19.3)?

问题 21 对于定理 19.25—19.28,对应的差序列在过收敛域外部有些什么特性(比较定理 19.5)?

问题 22 对于定理 19.25—19.28,对应的差序列

的精确估计如何(比较定理 19.8—19.9)?

问题 23 对于定理 19.25—19.28,能否建立相应的特佳集定理(比较定理 19.11).

问题 24 如果用埃尔米特－伯克霍夫插值代替埃尔米特插值,定理 19.29 中的结果有何变化?

§4 其他情况

(1) 插值多项式的平均值

设 $f \in A_\rho(\rho > 1)$,m 和 n 是正整数,$\omega = \exp(2\pi i/mn)$,令 $f_q(z) = f(z\omega^q)$ ($q = 0, 1, \cdots, m-1$),设

$$A_{n-1}(f;z) = \frac{1}{m}\sum_{q=0}^{m-1} L_{n-1}(f_q; z\omega^{-q})$$

$$A_{n-1,j}(f;z) = \frac{1}{m}\sum_{q=0}^{m-1} P_{n-1,j}(f_q; z\omega^{-q})$$

其中 $L_{n-1}(f;z)$ 表示在 1 的 n 次根上 f 的拉格朗日插值多项式,而 $P_{n-1,j}(f;z) = \sum_{v=0}^{n-1} a_{jn+v} \cdot z^v$.

1985 年 Price 指出:

定理 19.30 设 $f \in A_\rho(\rho > 1)$,l 是非负整数,β 是使得 $\beta m > l$ 的最小整数,则有

$$\lim_{n\to\infty}\left(A_{n-1}(f;z) - \sum_{j=0}^{l} A_{n-1,j}(f;z)\right) = 0$$
$$(\forall \ |z| < \rho^{1+\beta m}) \qquad (19.27)$$

且内闭一致几何收敛.

当 $m = 1, l \geqslant 0$ 时,定理 19.30 导出定理 19.30. 又

当 $l=0$ 时,定理 19.30 相当于定理 19.24 在 $c=0$ 的情况.

设 $r \geqslant 0$ 是整数,$b_{m-1}(f;z) \in \pi_{m-1}$ 满足埃尔米特插值问题
$$b_{m-1}^{(v)}(f;\omega^{jm}) = f^{(v)}(\omega^{jm})$$
$(j=0,1,\cdots,n-1; v=0,1,\cdots,r-1)$

令
$$B_{m-1,0}(f;z) = \sum_{v=0}^{m-1} a_v z^v$$
$$B_{m-1,j}(f;z) = \sum_{v=0}^{n-1} a_{v+(r+j-1)n} b_{m-1}(g_{v,j};z) \quad (j=1,2,\cdots)$$
其中 $g_{v,j}(z) = z^{v+(r+j-1)n}$,记
$$H_{m-1}(f;z) = \frac{1}{m} \sum_{q=0}^{m-1} b_{m-1}(f_q;z\omega^{-q})$$
$$H_{m-1,j}(f;z) = \frac{1}{m} \sum_{q=0}^{m-1} B_{m-1,j}(f_q;z\omega^{-q}) \quad (j=0,1,\cdots)$$

Price 指出:对 $\forall f \in A_\rho$ 和定理 19.30 中的 l 和 β,有
$$\lim_{n \to \infty} \left(H_{m-1}(f;z) - \sum_{j=0}^{l} H_{m-1,j}(f;z) \right) = 0$$
$$(\forall |z| < \rho^{1+\beta m/r}) \qquad (19.28)$$

Price 还对埃尔米特-伯克霍夫插值多项式的平均值得到完全类似于(19.28)的结论.

(2) 二重插值算子

设 $f \in A_\rho, \alpha, \beta \in D_\rho$ 是任意给定两个复数. 用 $P_{n-1}(z,\alpha,f)$ 表示 f 在基点 $\{\alpha e^{i2k\pi/n}\}_{k=0}^{n-1}$ 上的 $n-1$ 次拉格朗日插值多项式,对任意两个正整数 n 和 m,记
$$L_n f = P_{n-1}(z,\alpha,f), \widetilde{L}_m f = P_{m-1}(z,\beta,f)$$
并假设

Lagrange 插值多项式

$$m = m(n) = rn + q, s \leqslant \frac{q}{n} < 1, \frac{q}{n} = s + O\left(\frac{1}{n}\right)$$

(19.29)

其中 r 是给定的正整数,$s \in [0,1)$.

1986 年娄元仁教授指出:

定理 19.31 对 $\forall f \in A_\rho$,复数 $\alpha, \beta \in D_\rho$ 和满足式(19.29)的序列 $m = m(n)$,有

$$\lim_{n \to \infty}(\widetilde{L}_m L_n f - L_n \widetilde{L}_m f) = 0, \forall z \in D_{\widetilde{R}}$$

(19.30)

$$\widetilde{R} = \rho / \max\left\{\left|\frac{\alpha}{\rho}\right|^r, \left|\frac{\beta}{\rho}\right|^{r+s}\right\}$$

此外,除 ① $\alpha = \beta = 0$ 及 ② $\alpha^r = \beta^r$ 且 $m = rn$ 两种情况外,式(19.30) 是最好可能的,即存在 $f_0 \in A_\rho$ 和某点 $z_0(|z_0| = \widetilde{R})$ 使得 $[\widetilde{L}_m L_n f_0 - L_n \widetilde{L}_m f_0]_{z=z_0} \nrightarrow 0$.

注 1 在 ① 或 ② 情况,对 $\forall f \in A_\rho$,当 n 充分大时,恒有 $\widetilde{L}_m L_n f - L_n \widetilde{L}_m f \equiv 0 (\forall z \in C)$.

当 $\alpha = 1, \beta = 0$ 时,有:

推论 1 对 $\forall f \in A_\rho$ 及满足条件(19.29) 的 $m = m(n)$,有

$$\lim_{n \to \infty}(P_{n-1}(z, 1, f) - P_{n-1}(z, 1, P_{m-1}(z, 0, f))) = 0$$

$$(|z| < \rho^{r+1})$$

当 $\alpha = 0, \beta = 1$ 时,有:

推论 2 对 $\forall f \in A_\rho$ 及满足式(19.29) 的 m,有

$$\lim_{n \to \infty}(\overline{P}_{n-1}(z, 0, f) - P_{n-1}(z, 0, P_{m-1}(z, 1, f))) = 0$$

$$(|z| < \rho^{r+s+1})$$

注 2 当 $m = rn$ 时,推论 1 正好导出定理 19.1.

注 3 若 $m = rn + q$ 中的 q 取固定正整数,由条件 (19.29) 知 $s = 0$,这时推论 2 正好导出 Rivlin 的结果

(见定理 19.24).

(3) 某类有理插值

设 $f \in A_\rho(\rho > 1), \sigma > 1$, 考察形如
$$r(z) = Q(z)/(z^n - \sigma^n), Q \in \pi_{n+m} \quad (19.31)$$
的 $(m+n, n)$ 型有理函数. 用 $R_{n+m,n}(z; f)$ 表示在 1 的 $(n+m+1)$ 次根上插值于 f 的形如式(19.31)的有理函数; 而 $r_{n+m,n}(z; f)$ 表示所有形如式(19.31)的有理函数中极小化
$$\int_{|z|=1} |f(z) - r(z)|^2 |dz|$$
的有理函数.

1983 年 Saff 和 Sharma 指出:

定理 19.32 设 $\rho > 1, \sigma > 1$ 和整数 $m \geqslant -1$. 若 $f \in A_\rho$, 则有
$$\lim_{n \to \infty}(R_{n+m,n}(z; f) - r_{n+m,n}(z; f)) = 0$$
$$\begin{cases} \forall \ |z| < \rho^2 \quad (\sigma \geqslant \rho^2) \\ \forall \ |z| \neq \sigma \quad (\sigma < \rho^2) \end{cases}$$

此外, 这个结果是精确的.

Saff 和 Sharma 还指出: 对任意正整数 l, 存在形如式(19.31)的有理函数列 $r_{n+m,n}(z; f, v)$, 使
$$\lim_{n \to \infty}\left(R_{n+m,n}(z; f) - \sum_{v=0}^{l-1} r_{n+m,n}(z; f, v)\right) = 0$$
$$\begin{cases} \forall \ |z| < \rho^{l+1}, 若 \sigma \geqslant \rho^{l+1} \\ \forall \ |z| \neq \sigma, 若 \sigma < \rho^{l+1} \end{cases}$$

其中 $r_{m+n,n}(z; f, v) = P_{m+n,n}(z, v)/(z^n - \sigma^n)$, 而 $P_{m+n,n}(z, v)$ 由下面母函数给出
$$(z^n - \sigma^n)f(z) = \sum_{v=0}^{\infty}\left(\frac{z^{m+1}(z^n - \sigma^{-n})}{1 - z^{m+1}\sigma^{-n}}\right)^v P_{m+n,n}(z, v)$$

Lagrange 插值多项式

1985 年 Bokhari 在他的博士论文中把上面结果推广到埃尔米特插值和 l_2 — 逼近情况.

(4) $M_\rho(v)$ 类函数的有理插值

设 $M_\rho(v)(\rho>1)$ 表示在 D_ρ 内恰好有 v 个极点(计算重数)且不在 $z=0$ 和 $|z|=1$ 上的半纯函数. 对 $F \in M_\rho(v)$,用

$$S_{n,v}(F;z)=U_{n,v}(z)/V_{n,v}(z), U_{n,v} \in \pi_n, V_{n,v} \in \pi_v$$

表示满足插值条件

$$S_{n,v}(F;\omega)=F(\omega), \omega^{n+v+1}=1$$

的 (n,v) 型的有理函数,用

$$R_{n,v}(F;z)=P_{n,v}(z)/Q_{n,v}(z), P_{n,v} \in \pi_n, Q_{n,v} \in \pi_v$$

表示 F 的 (n,v) 型 Padé 逼近有理函数,即满足

$$R_{n,v}(F;z)-F(z)=O(z^{n+v+1}) \quad (z \to 0)$$

假设 $S_{n,v}(F;z)$ 和 $R_{n,v}(F;z)$ 的分母都已规范化,即首项系数为 1.

1981 年 Saff,Sharma 和 Varga 指出:

定理 19.33 设 $F \in M_\rho(v), \{a_j\}_{j=1}^v$ 是 F 的极点,它不在 $|z|=1$ 和 $z=0$ 上,则有

$$\lim_{n \to \infty}(S_{n,v}(F;z)-R_{n,v}(F;z))=0$$

$$\forall z \in D_{\rho^2} \setminus \bigcup_{j=1}^v \{a_j\}$$

且内闭一致几何收敛.

当考虑在 $|z|=R$ 上具有极点的有理函数时,类似的工作 Lopez Lagomasino 也有研究.

问题 25 对给定整数 $l>1$,对定理 19.33 能否给出类似于定理 19.1 形式的推广? 目前还没有这方面工作.

Saff,Sharma 和 Varga 还讨论了更一般的问题.

第六编 复平面的拉格朗日插值

设 E 是复平面上的有界闭集,其余集 K 是连通且正规的,即具有以 ∞ 为极点的格林(Green)函数. 对 $\sigma > 1$,用 Γ_σ 表示 E 的等势线 $|G(z)| = \ln \sigma$,用 E_ρ 表示 Γ_σ 的内部区域. 其次对整数 $v \geqslant 0$ 和 $\rho > 1$,用 $M(E_\rho;v)$ 表示在 E 上解析,在 E_ρ 上半纯且有 v 个极点(计算重数)的函数集合.

设 $F \in M(E_\rho;v)$,给定的两个三角插值阵列 $B = \{\beta_i^{(n)}\}$ 和 $\widetilde{B} = \{\widetilde{\beta}_i^{(n)}\}$,它们在 E 的外部都没有极限点. 用 $r_{n,v}(F;z)$ 表示规范化的形如
$$P(z)/Q(z), P \in \pi_n, Q \in \pi_v$$
的满足插值条件
$$r_{n,v}(F;\beta_i^{(n+v+1)}) = F(\beta_i^{(n+v+1)}) \quad (i = 1, 2, \cdots, n+v+1)$$
的有理函数. 用 $\widetilde{r}_{n,v}(F;z)$ 表示对应于 $\widetilde{B}$ 的类似的有理函数.

记 $\omega_n(z) = \prod_{i=1}^{n}(z - \beta_i^{(n)}), \widetilde{\omega}_n(z) = \prod_{i=1}^{n}(z - \widetilde{\beta}_i^{(n)})$,我们假设
$$\lim_{n \to \infty} |\omega_n(z)|^{1/n} = \Delta \exp G(z)$$
在 K 的每个有界闭子集上一致成立,其中 Δ 为 E 的容量. 将 $\widetilde{\omega}_n(z)$ 展开为
$$\widetilde{\omega}_n(z) = \omega_n(z) + \sum_{j=0}^{n-1} \gamma_i(n) \omega_f(z)$$
再假设对固定的 ρ 存在 $\lambda (-\infty < \lambda < 1)$,使得
$$\limsup_{n \to \infty} \left(\sum_{j=0}^{n} |\gamma_j(n)|(\Delta \rho)^j \right)^{1/n} \leqslant \Delta \rho^\lambda$$
Saff,Sharma 和 Varga 指出:

定理 19.34 设 $\rho > 1, F \in M(E_\rho;v), v \geqslant 0, \{\alpha_j\}_{j=1}^{v} \in E_\rho \backslash E$ 是 F 的 v 个极点,则有

Lagrange 插值多项式

$$\overline{\lim_{n\to\infty}}(r_{n,v}(F;z) - \tilde{r}_{n,v}(F;z)) = 0$$

$$(\forall z \in E\rho^{2-\lambda} \setminus \bigcup_{j=1}^{v}\{a_j\})$$

且内闭一致几何收敛.

关于上面定理,目前还有下列问题未解决.

问题 26 定理 19.34 中过收敛域的准确界线没有解决.

问题 27 定理 19.30—19.33 的逆定理(比较定理 19.3)是否成立?

问题 28 对于定理 19.30—19.33,对应的差序列在过收敛区域外部有什么特性(参考定理 19.5 和 19.7)?

(5) 三角插值基点阵列

设 $Z = \{z_{k,n}\}$ 是无穷三角插值阵列,满足

$$1 \leqslant |z_{k,n}| < \rho \quad (k=1,\cdots,n; n=1,2,\cdots)$$
$$(19.32)$$

对任意 $f \in A_\rho$,用 $P_{n-1}(f;Z;z)$ 表示 f 在 Z 的第 n 行的点列 $\{z_{k,n}\}_{k=1}^{n}$ 上的 $n-1$ 次插值多项式,记

$$Q_{n-1,l}(f;z) = \sum_{k=0}^{n-1}\sum_{j=0}^{l-1} a_{jn+k} z^k$$

Saff 和 Varga 曾提出下述猜测:不存在 $\sigma > \rho^2$,使得

$$\lim_{n\to\infty}(P_{n-1}(f;Z;z) - Q_{n-1,1}(f;z)) = 0 \quad (19.33)$$

对所有 $|z| < \sigma$ 和所有 $f \in A_\rho$ 成立.

1982 年 Szabados 和 Varga 证实了这个猜测正确. 他们假设 $Z = \{z_{k,n}\}$ 满足

$$0 \leqslant |z_{k,n}| < \rho \quad (k=1,\cdots,n; n=1,2,\cdots)$$
$$(19.34)$$

令 $\omega_n(z,Z) = \prod_{k=1}^{n}(z - z_{k,n})$. 用 $v_n(\rho,Z)$ 表示 $\omega_n(\rho,$

第六编 复平面的拉格朗日插值

Z)（当 $l>1$ 时）或 $\omega_n(\rho,Z)-\rho^n$（当 $l=1$ 时）的泰勒展开式中第一个非零项的模,假设

$$\mu = \varlimsup_{n\to\infty} v_n^{1/n}(\rho,Z) \geqslant 1 \quad (19.35)$$

他们得到：对 $|z|>\rho^{l+1}/\mu$ 中的每一个 $\tilde{z}$,存在 $\tilde{f}\in A_\rho$,使得序列

$$\{P_{n-1}(\tilde{f};Z;z)-Q_{n-1,l}(\tilde{f};z)\}_{n=1}^{\infty} \quad (19.36)$$

无界.

特别当 Z 满足式 (19.32) 时,有 $v_n(\rho,Z)\geqslant 1$,因此 $\mu\geqslant 1$. 这时由上面结果推出猜测成立.

令

$$\Delta_l(z,\rho,Z) = \sup_{f\in A_\rho}\varlimsup_{n\to\infty}|P_{n-1}(f;Z;z)-Q_{n-1,l}(f;z)|^{1/n}$$

Szabados 和 Varga 还指出：若 $Z=\{z_{k,n}\}$ 满足条件 (19.34),且对某 $\delta>1$ 满足

$$|z_{k,n}-\exp(2\pi ik/n)|\leqslant \delta^{-n} \quad (k=1,\cdots,n;n=1,2,\cdots)$$

则对每个正整数 l 有

$$\Delta_l(z,\rho,Z)\leqslant \frac{|z|}{\rho\min(\rho^l,\delta)} \quad (|z|>\rho)$$

$$(19.37)$$

此外,存在满足定理条件的 $\tilde{Z}=\{\tilde{z}_{k,n}\}$ 使得式 (19.37) 中的等号成立.

为了精确地确定序列 $\{P_{n-1}(f;Z;z)-Q_{n-1,l}(f;z)\}_{n=1}^{\infty}$ 几何地收敛于零的区域,Szabados 和 Varga 假设 $Z=\{z_{k,n}\}$ 满足

$$1\leqslant |z_{k,n}|\leqslant \rho'<\rho \quad (k=1,2,\cdots,n;n=1,2,\cdots)$$

$$(19.38)$$

对任意 $R>\rho'$ 和 z,令

$$G_l(z,R)=G_l(z,R,Z)$$

347

Lagrange 插值多项式

$$=\varlimsup_{n\to\infty}\left(\lim_{|t|=R}\left|(1-t^{-ln})\frac{z^n-1}{t^n-1}-\frac{\omega_n(z,Z)}{\omega_n(t,Z)}\right|^{\frac{1}{n}}\right)$$

$$\hat{G}_l(z,\rho)=\inf_{\rho^l<R<P}G_l(z,R)$$

他们指出:

定理 19.35 设 Z 满足条件(19.38),则对 $|z|>\rho$ 中的任何 z 有

$$\hat{G}_l(z,\rho)\geqslant\Delta_l(z,\rho,Z)\geqslant G_l(z,\rho)$$

推论 1 (1)若 z 是 $|z|>\rho$ 中满足 $\hat{G}_l(z,\rho)<1$ 的任何一点,则对每个 $f\in A_\rho$,差序列 $P_{n-1}(f;Z;z)-Q_{n-1,l}(f;z)$ 几何收敛于零;(2)若 z 是 $|z|>\rho$ 中满足 $G_l(z,\rho)>1$ 的任何点,则存在 $\tilde{f}\in A_\rho$,使得对应的差序列是无界的.

他们还提出了下面问题:

问题 29 是否有 $\hat{G}_l(z,\rho)=G_l(z,\rho)$? 若有,那么集合 $Y=\{z:G_l(z,\rho)=1\}$ 的形状如何?

问题 30 能否构造三角阵列 Z 使得 Y 不是圆周?

1983 年 Totik 回答了上述各问题. 指出:

(1) $\hat{G}_l(z,\rho)=G_l(z,\rho)$.

(2) 若在 $|z|>\rho$ 中某点 z_0 处有 $G_l(z_0,\rho)<1$,则 $Y=\{z:G_l(z,\rho)=1\}$ 表示中心在原点的一个圆周,$G_l(z,\rho)<1$ 和 $G_l(z,\rho)>1$ 分别表示这个圆周的内部和外部.

(3) 若(2)中条件不成立,则 Y 不一定是圆周(有例子).

1981 年 Baishanski 也研究了三角阵列插值多项式的过收敛问题.

附 录

附表 1　五个等距点的拉格朗日系数

s	$L_{-2}(s)$	$-L_{-1}(s)$	$L_0(s)$	$L_1(s)$	$-L_2(s)$	s
0.00	0.000000	0.000000	1.000000	0.000000	0.000000	0.00
0.01	0.000829	0.006600	0.999875	0.006733	0.000837	0.01
0.02	0.001649	0.013065	0.999500	0.013599	0.001683	0.02
0.03	0.002460	0.019396	0.998875	0.020595	0.002535	0.03
0.04	0.003261	0.025590	0.998001	0.027722	0.003395	0.04
0.05	0.004052	0.031647	0.996877	0.034978	0.004260	0.05
0.06	0.004833	0.037566	0.995503	0.042362	0.005131	0.06
0.07	0.005602	0.043347	0.993881	0.049872	0.006008	0.07
0.08	0.006359	0.048988	0.992010	0.057508	0.006888	0.08
0.09	0.007104	0.054489	0.989891	0.065267	0.007774	0.09
0.10	0.007838	0.059850	0.987525	0.073150	0.008663	0.10
0.11	0.008558	0.065069	0.984912	0.081154	0.009554	0.11
0.12	0.009265	0.070147	0.982052	0.089277	0.010447	0.12
0.13	0.009958	0.075081	0.978946	0.097520	0.011343	0.13
0.14	0.010637	0.079873	0.975596	0.105879	0.012238	0.14
0.15	0.011302	0.084522	0.972002	0.114353	0.013135	0.15

Lagrange 插值多项式

续附表 1

s	$L_{-2}(s)$	$-L_{-1}(s)$	$L_0(s)$	$L_1(s)$	$-L_2(s)$	s
0.16	0.011953	0.089027	0.968164	0.122941	0.014031	0.16
0.17	0.012588	0.093387	0.964084	0.131642	0.014927	0.17
0.18	0.013208	0.097603	0.959762	0.140453	0.015820	0.18
0.19	0.013812	0.101674	0.955201	0.149373	0.016712	0.19
0.20	0.014400	0.105600	0.950400	0.158400	0.017600	0.20
0.21	0.014972	0.109381	0.945361	0.167532	0.018485	0.21
0.22	0.015527	0.113016	0.940086	0.176768	0.019365	0.22
0.23	0.016065	0.116505	0.934575	0.186106	0.020240	0.23
0.24	0.016586	0.119849	0.928829	0.195543	0.021110	0.24
0.25	0.017091	0.123047	0.922952	0.205078	0.021973	0.25
0.26	0.017576	0.126099	0.916642	0.214709	0.022828	0.26
0.27	0.018044	0.129005	0.910204	0.224434	0.023676	0.27
0.28	0.018493	0.131766	0.903537	0.234225	0.024515	0.28
0.29	0.018925	0.134381	0.896643	0.244156	0.025344	0.29
0.30	0.019338	0.136850	0.889525	0.254150	0.026163	0.30
0.31	0.019731	0.139174	0.882184	0.264229	0.026970	0.31
0.32	0.020106	0.141353	0.874621	0.274391	0.027766	0.32
0.33	0.020462	0.143387	0.866840	0.284634	0.028549	0.33
0.34	0.020798	0.145277	0.858841	0.294955	0.029318	0.34
0.35	0.021115	0.147022	0.850627	0.305353	0.030073	0.35

附　录

续附表 1

s	$L_{-2}(s)$	$-L_{-1}(s)$	$L_0(s)$	$L_1(s)$	$-L_2(s)$	s
0.36	0.021412	0.148623	0.842199	0.315824	0.030812	0.36
0.37	0.021689	0.150081	0.833560	0.326368	0.031536	0.37
0.38	0.021946	0.151397	0.824713	0.336979	0.032242	0.38
0.39	0.022180	0.152569	0.815686	0.347658	0.032930	0.39
0.40	0.022400	0.153600	0.806400	0.358400	0.033600	0.40
0.41	0.022596	0.154489	0.796939	0.369204	0.034250	0.41
0.42	0.022773	0.155238	0.787279	0.380066	0.034879	0.42
0.43	0.022928	0.155847	0.777422	0.390984	0.035487	0.43
0.44	0.023063	0.156316	0.767370	0.401956	0.036073	0.44
0.45	0.023177	0.156647	0.757127	0.412978	0.036635	0.45
0.46	0.023271	0.156840	0.746694	0.424048	0.037173	0.46
0.47	0.023344	0.156896	0.736074	0.435163	0.037686	0.47
0.48	0.023396	0.156815	0.725271	0.446321	0.038172	0.48
0.49	0.023427	0.156600	0.714287	0.457517	0.038631	0.49
0.50	0.023438	0.156250	0.703125	0.468750	0.039063	0.50

附录应用于这样的问题——它所用的 x 的 5 个等距值 $x_{-2}, x_{-1}, x_0, x_1, x_2$ 已给定,做插值的点 x 离 x_0 最近.

如果 $x > x_0$,五个已知点排列的顺序应当是

其中 x_{-2} 是最小的一点.

如果 $x < x_0$,那么它们排列的顺序应当是

Lagrange 插值多项式

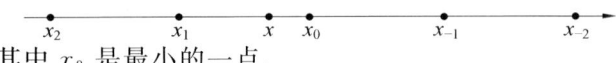

其中 x_2 是最小的一点.

不论是哪种情形,都有

$$s = \frac{x - x_0}{x_1 - x_0}$$

编辑手记

现代社会的特点是功能至上,忽视事物的本质与意义.这可以联想到伽利略的科学实验是由会问问题而且会解释答案的数学理论所引导的.从这时起,人所研究的自然不再是变化丰富的自然现象里所看到的自然.相反的,现代科学家用来描写世界的方法不是人经验得到的方法,也就是说,现象的世界首先经实验的改变以符合数学理论或法则.换言之,只有有计划的调整过或修改过的自然才有所谓的精确的自然律.面对真实现象人所经验到的全部性、完整性、繁富性,现在给化简成一些适合数学分析的个别因素.从此古典科学不再注意那讨论事物

Lagrange 插值多项式

本质和意义的存有理论,能制定我们所经验的实在功能性法则的程式才是古典科学关心的目标.对于古典科学来说,诸如"这是那一类的问题?它为何存在?出自何处?目的为何?"都是不相干的问题.古典科学以数学分析所有现象为其目标,并希望借此能解释所有现象.

拉格朗日插值多项式就是一个由观察,经验到抽象本质的工具.

在中国如果一本书与考试无关,那么它的命运就堪忧了,所以一个定理一定要在某个考试中用得上才行.不免俗,这里也举几个拉格朗日插值公式在解题中的应用的例子:

例1 (1) 设 $T(z)$ 是一个和 $P(z)=z^n-1$ 有公共根的整系数多项式.假设对 $P(z)$ 的每个根 α_i,我们有 $|T(\alpha_i)|\leqslant 1$,证明:$T(z)$ 可被 z^n-1 整除.

(2) 设 $T(z)$ 是一个非常数的整系数多项式,$T(0)\neq 0$.如果对 $P(z)$ 的每个根 α_i,我们有 $|T(\alpha_i)|\leqslant 1$,证明:存在一个唯一的整数 $k(0\leqslant k<n)$,使得 $T(z)+z^k$ 或 $T(z)-z^k$ 可被 z^n-1 整除,其中 $P(z)=z^n-1$.

(3) 设 $T(z)$ 是一个和 $Q(z)=z^n+1$ 有公共根的整系数多项式.假设对 $Q(z)$ 的每个根 β_i,我们有 $|T(\beta_i)|\leqslant 1$,证明:$T(z)$ 可被 z^n+1 整除.

(4) 设 $T(z)$ 是一个非常数的整系数多项式,$T(0)\neq 0$.如果对 $Q(z)=z^n+1$ 的每个根 β_i,我们有 $T(\beta_i)=1$,证明:存在一个唯一的整数 $k(0\leqslant k<n)$,使得 $T(z)+z^k$ 或 $T(z)-z^k$ 可被 z^n+1 整除.

(《美国数学月刊》征解题)

证明 所有四个问题都可立即从以下性质得出.

性质 设 $T(z)$ 是一个使得对 $P(z)$ 的每个根 α_i，$|T(\alpha_i)| \leqslant 1$ 的整系数多项式，其中 $P(z) = z^n - 1$ 或 $P(z) = z^n + 1$，那么 $T(z)$ 可被 $P(z)$ 整除或存在一个唯一的整数 $k(0 \leqslant k < n)$ 使得 $T(z) + z^k$ 或 $T(z) - z^k$ 可被 $P(z)$ 整除.

性质的证明 由多项式除法可知 $T(z) = Q(z)P(z) + R(z)$，其中 $Q(z)$ 和 $R(z)$ 都是整系数多项式并且 $\deg R \leqslant n - 1$. 设 $R(z)$ 在 $z = 0$ 处有一个 k 阶的零点，因此 $R(z) = z^k C(z)$，$C(0) \neq 0$（如果 $R(z) \equiv 0$，则结论已证），那么
$$|C(\alpha_i)| = |R(\alpha_i)| = |T(\alpha_i)| \leqslant 1$$
但是由拉格朗日关于 α_i 的内插公式得出
$$C(0) = \pm \frac{1}{n} \sum_{i=1}^{n} C(\alpha_i)$$
其中符号依赖于 $P(z)$ 的选择，因此由三角不等式得出
$$0 < |C(0)| = \left| \frac{1}{n} \sum_{i=1}^{n} C(\alpha_i) \right| \leqslant \frac{1}{n} \sum_{i=1}^{n} |C(\alpha_i)| \leqslant 1$$
然而 $C(0)$ 是一个整数，因此 $C(0) = 1$ 或 $C(0) = -1$. 但是那样就必须对所有的 i，$C(\alpha_i) = 1$ 或 $C(\alpha_i) = -1$，但是由于 $\deg C(z) < n$，那也就是说 $C(z) \equiv 1$ 或 $C(z) \equiv -1$.

例 2 repunit 是一个在十进位制下各位数字都是 1 的数. 求出所有的实系数多项式 f 使得如果 n 是一个 repunit，那么 $f(n)$ 也是.

（第 68 届美国大学生数学竞赛）

解 注意当且仅当对某个比 1 大的 10 的幂，$9n + 1 = 10^m$ 时，n 是一个 repunit. 反过来，如果我们令
$$g(n) = 9f\left(\frac{n-1}{9}\right) + 1$$

355

Lagrange 插值多项式

那么当且仅当 g 把大于的 10 的幂变为大于的 10 的幂时,f 把 repunit 变为 repunit. 我们将表明仅有的那种函数形如 $g(n) = 10^c n^d, d \geqslant 0, c \geqslant 1-d$,这意味着所需的多项式 f 对同样的 c,d 形如

$$f(n) = \frac{1}{9}(10^c(9n+1)^d - 1)$$

10 的幂的更方便的说法是对任意整数 k,形如 10^k 的数. 用这种说法,只须验证对任意使 $d \geqslant 0$ 的整数 c,d,形如 $10^c n^d$ 的函数把大于 1 的 10 的幂变为大于 1 的 10 的幂.

解法 1 设 $g(x)$ 的首项是 ax^d,并且注意 $a > 0$. 当 $x \to \infty$ 时,我们有 $g(x)/x^d \to a$;然而,当 x 是一个大于 1 的 10 的幂时,$g(x)/x^d$ 是一个 10 的幂. 10 的幂的集合没有正极限点,因此对 k 充分大,$x = 10^k$,$g(x)/x^d$ 必须等于 a,因此我们必须对某个 c 有 $a = 10^c$. 多项式 $g(x) - 10^c x^d$ 有无穷多个根,因此必须恒等于 0.

解法 2 我们对 $d = \deg(g)$ 实行数学归纳法. 如果 $d = 0$,对某个 c,我们有 $g(n) = 10^c$. 否则由(对任意 d 阶的多项式取至少 $d+1$ 个不同的有理数变为有理数应用)拉格朗日内插公式,g 有有理系数,因此 $g(0) = t$ 是有理数. 此外 g 只能有限次取某个值,因此叙列 $g(10^0), g(10^1), \cdots$ 包括了任意大的 10 的幂. 假设 $t \neq 0$,那么我们可选择一个正数 h 使得数 t 不能被 10^h 整除. 但是对 c 充分大,对某个 $b > h$,$g(10^c) - t$ 有可被 10^b 整除的分子,矛盾. 因此必有 $t = 0$,而我们可以对 $g(n)/n$ 应用归纳法假设而得出结论.

注 解法 2 利用了这一事实:g 作为一个有理系

数的多项式,在 Q 上,对 2-adic 和 5-adic 拓扑是连续的. 而在解法 1 中使用了对"∞-adic"拓扑即通常的实拓扑的连续性.

例 3 设 n 次一般形式可以分解

$$f(x) = \sum_{i=1}^{n} B_i x^i = B_n(x-a_1)(x-a_2)\cdots(x-a_n)$$

其中 a_i 是实数,设该曲线与 x 轴相交于 $A_1(a_1,0)$,$A_2(a_2,0)$,$\cdots$,$A_n(a_n,0)$.

若记在该曲线上的点 $A_i(a_i,0)$ 处的切线斜率为 $k_i(k_i \neq 0, B_n \neq 0, n > 2)$,则有

$$\frac{1}{k_1} + \frac{1}{k_2} + \cdots + \frac{1}{k_n} = 0$$

$$\frac{a_1}{k_1} + \frac{a_2}{k_2} + \cdots + \frac{a_n}{k_n} = 0$$

俗话说:高手在民间,本题取自网络.

贴题者 王雍熙,QQ:2430＊＊＊＊

证明 由 $k_i \neq 0$ 知 a_i 互不相等,求导得

$$f'(x) = B_n \sum_{j=1}^{n} \prod_{\substack{1 \leqslant i \leqslant n \\ i \neq j}} (x - a_i)$$

故

$$k_j = f'(a_j) = B_n \prod_{\substack{1 \leqslant i \leqslant n \\ i \neq j}} (a_j - a_i), j = 1, 2, \cdots, n$$

由此可知待证的两等式分别等价于

$$\sum_{j=1}^{n} \prod_{\substack{1 \leqslant i \leqslant n \\ i \neq j}} \frac{1}{a_j - a_i} = 0 \qquad (1)$$

$$\sum_{j=1}^{n} \left(a_j \cdot \prod_{\substack{1 \leqslant i \leqslant n \\ i \neq j}} \frac{1}{a_j - a_i} \right) = 0 \qquad (2)$$

令 $g(x) = 1$,则 $g(a_i) = 1 (i = 1, 2, \cdots, n)$,则由拉格朗

Lagrange 插值多项式

日插值公式，$g(x)$ 可写为

$$g(x) = \sum_{j=1}^{n}\Big(g(a_j) \cdot \prod_{\substack{1 \leqslant i \leqslant n \\ i \neq j}} \frac{x-a_i}{a_j-a_i}\Big)$$

$$= \sum_{j=1}^{n} \prod_{\substack{1 \leqslant i \leqslant n \\ i \neq j}} \frac{x-a_i}{a_j-a_i} = 1$$

对比 x^{n-1} 的系数，即得

$$\sum_{j=1}^{n} \prod_{\substack{1 \leqslant i \leqslant n \\ i \neq j}} \frac{1}{a_j-a_i} = 0$$

式（1）得证．

令 $h(x)=x$，则 $h(a_i)=a_i (i=1,2,\cdots,n)$，则由拉格朗日插值公式，$h(x)$ 可写为

$$h(x) = \sum_{j=1}^{n}\Big(h(a_j) \cdot \prod_{\substack{1 \leqslant i \leqslant n \\ i \neq j}} \frac{x-a_i}{a_j-a_i}\Big)$$

$$= \sum_{j=1}^{n}\Big(a_j \cdot \prod_{\substack{1 \leqslant i \leqslant n \\ i \neq j}} \frac{x-a_i}{a_j-a_i}\Big) = x$$

对比 x^{n-1} 的系数，即得

$$\sum_{j=1}^{n}\Big(a_j \cdot \prod_{\substack{1 \leqslant i \leqslant n \\ i \neq j}} \frac{1}{a_j-a_i}\Big) = 0$$

式（2）得证．

注 由上述过程可以看出，对比 x 的不同次数项，还可以造出其他恒等式，或者构造其他多项式函数以得到更多恒等式，从而得到更多类似的结论，大家可以自己试一下．

动笔之际 2017 年又过去了，转眼笔者到了奔六的年龄段，颇有些感慨．

正如一个诗人所写的：

编辑手记

但如今,突然面对着坟墓,
我冷眼向过去稍稍回顾,
只见它曲折灌溉的悲喜
都消失在一片亘古的荒漠,
这才知道我的全部努力
不过完成了普通的生活.
——穆旦

虽有些悲观但都是真理!

刘培杰
2017 年 12 月 15 日
于哈工大